Marilyn
Monroe

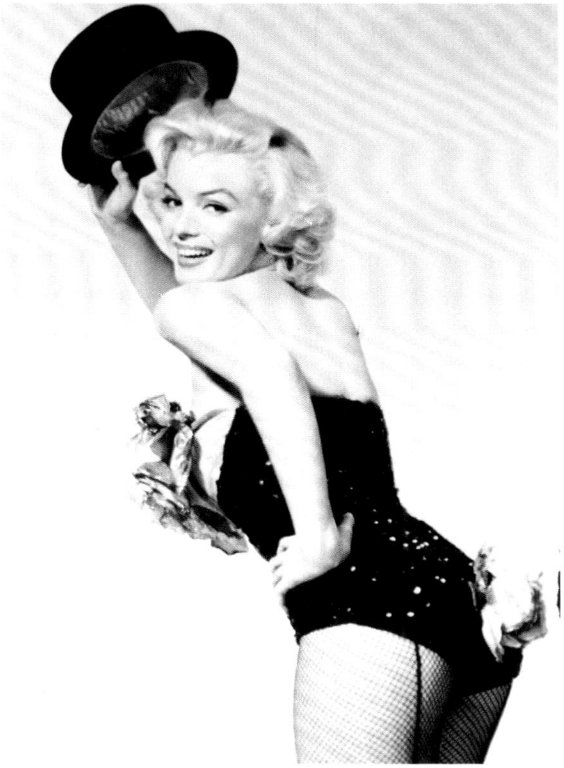

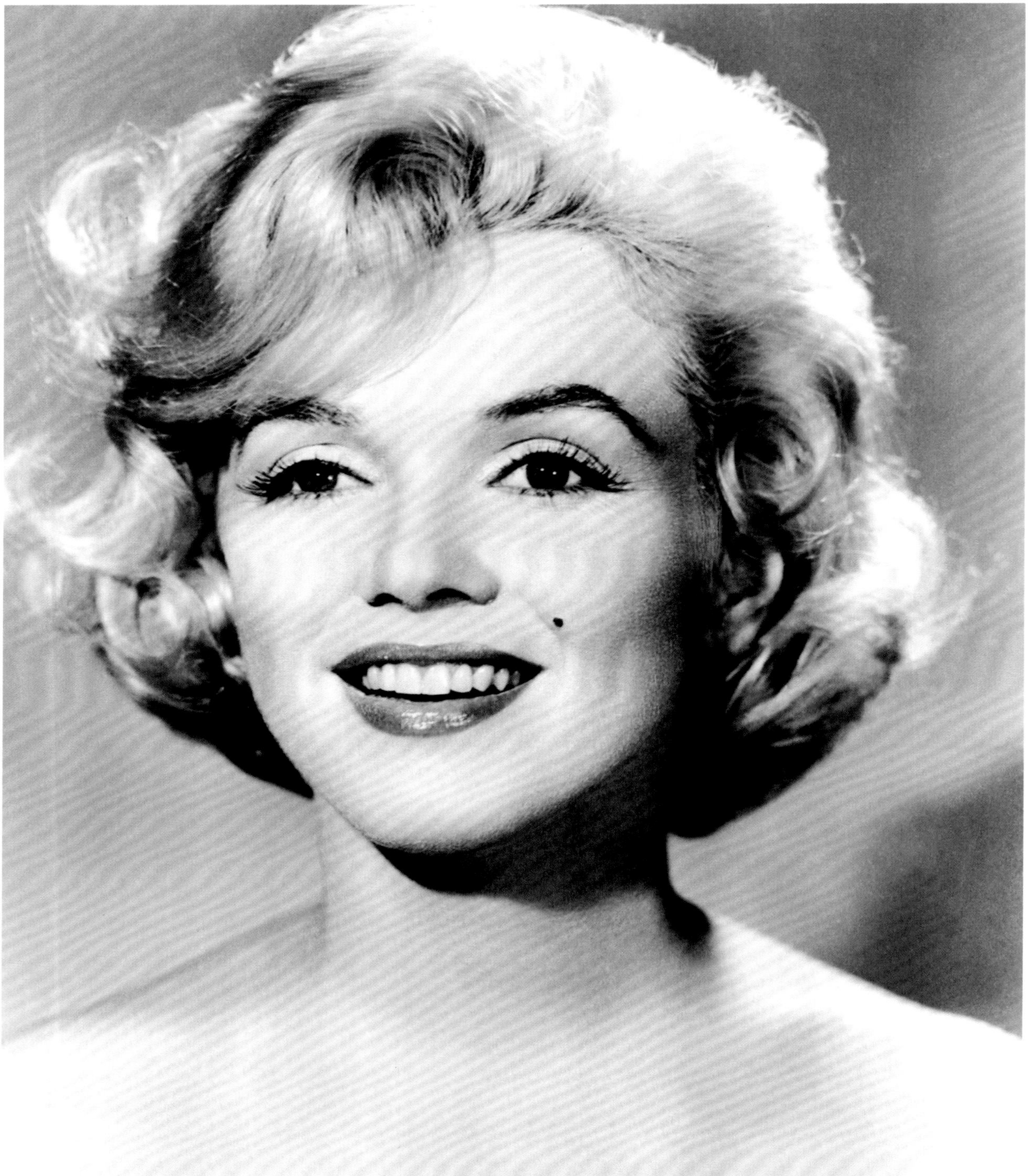

Marilyn Monroe

LA VIE EN IMAGE D'UNE ICÔNE GLAMOUR

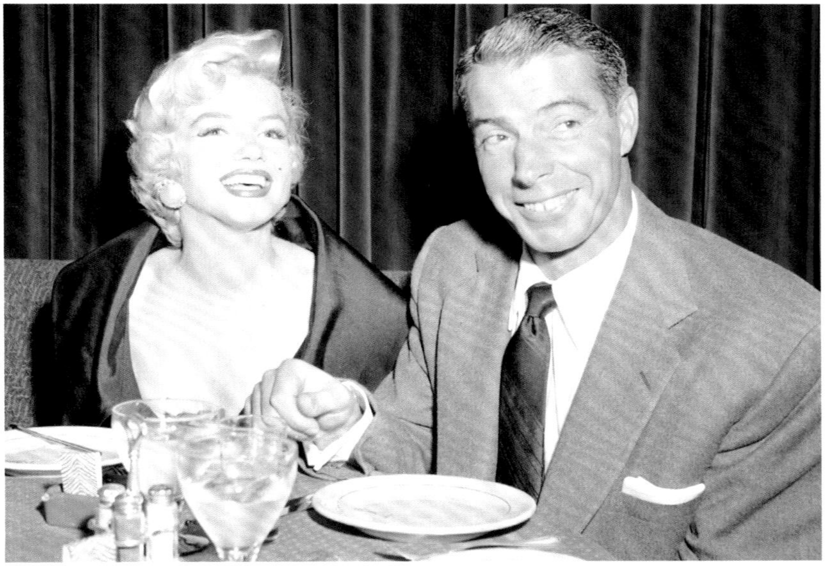

Marie Clayton

Parragon

Bath • New York • Singapore • Hong Kong • Cologne • Delhi
Melbourne • Amsterdam • Johannesburg • Auckland • Shenzhen

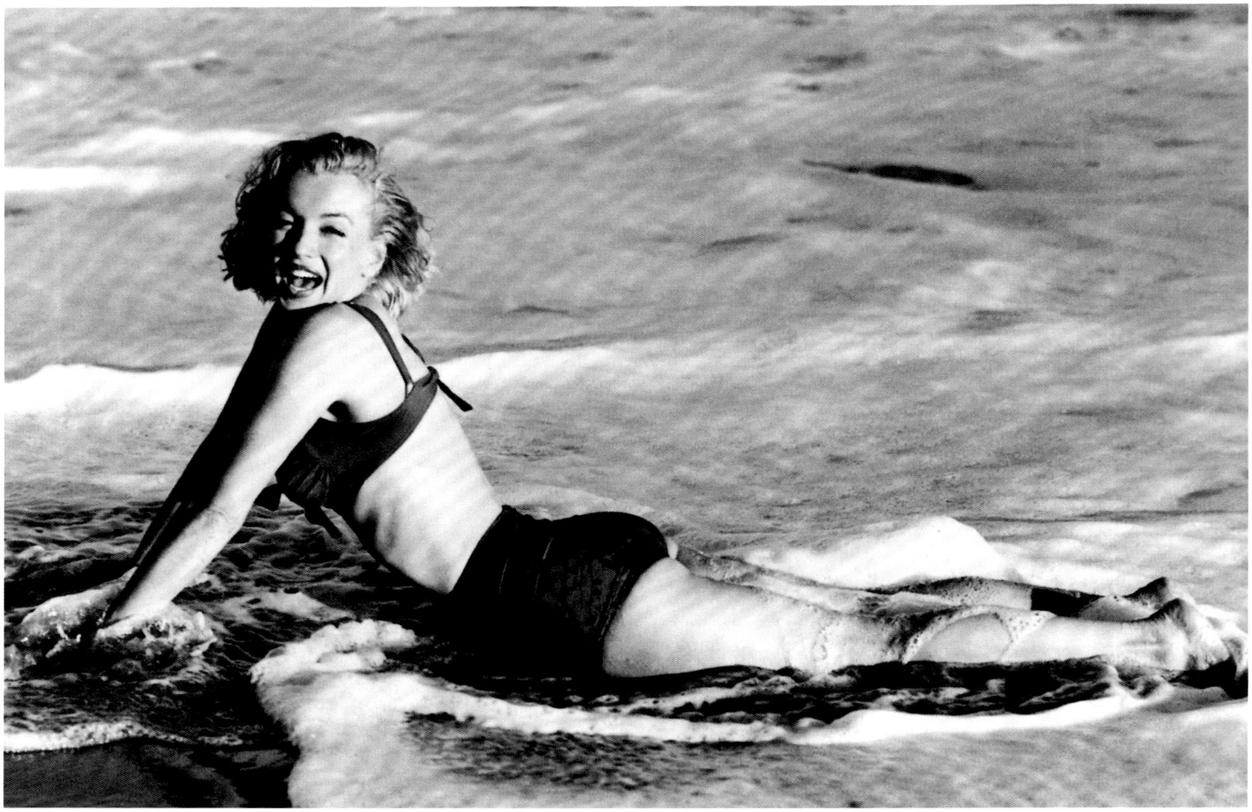

Parragon Books Ltd
Queen Street House
4 Queen Street
Bath, BA1 1HE
Royaume-Uni

Réalisation : *In*Texte, Toulouse

ISBN : 978-1-4454-9697-9

Imprimé en Chine
Printed in China

Sommaire

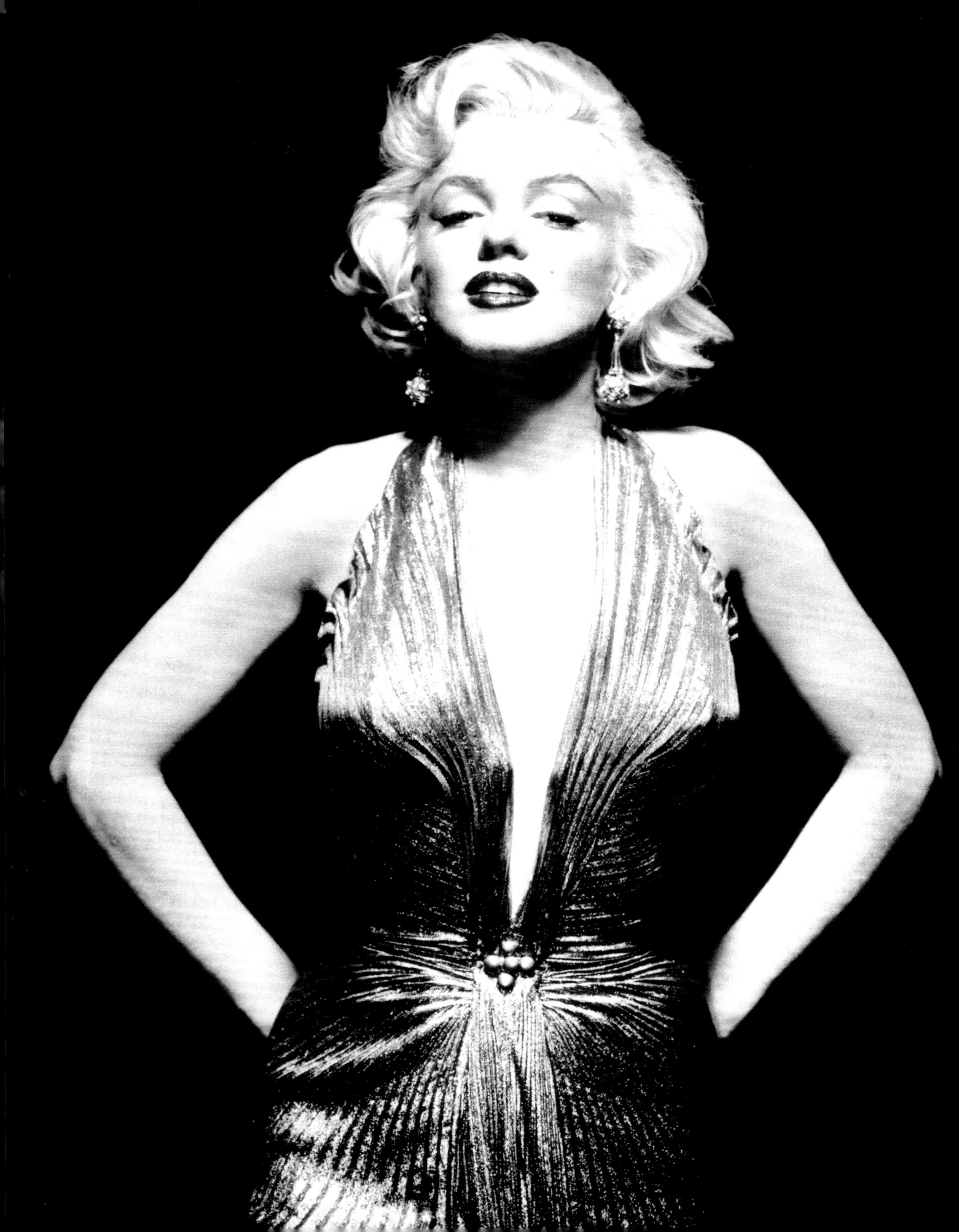

Norma Jeane Mortensen

Marilyn Monroe a disparu depuis bien des années, mais demeure l'une des plus belles légendes du XXe siècle. Elle rayonnait dans ses films d'une aura unique et fascinante, celle d'une femme-enfant, à la fois innocente et d'une sensualité exubérante, que les hommes désiraient, sans que les femmes voient en elle une rivale. Dans sa vie privée, c'était une femme superbe et complexe, d'une grande fragilité, qui ne demandait que d'être aimée pour se défaire de son passé malheureux.

Norma Jeane Mortensen était née du mauvais côté de la rue : enfant illégitime et non désirée, elle passa la majeure partie de sa tendre enfance dans des foyers d'accueil et se maria très jeune pour éviter de retourner à l'orphelinat. Elle rencontra très tôt son véritable amour, le cinéma, celui qui ne la laisserait jamais tomber, et entama avec lui une relation ambiguë. Elle combattit l'adversité avec acharnement, détermination et humour, et devint la star la plus célèbre du grand écran du XXe siècle. Au fil de sa brève carrière, elle est apparue dans des films devenus des classiques ; d'autres films, plus mineurs, ne doivent leur succès qu'à sa seule présence.

Le présent ouvrage fait revivre l'existence fascinante de Norma Jeane, depuis le désastre de son enfance en passant par sa vie de vedette jusqu'à la tragédie de sa mort. La superbe collection de photos comporte des photos de tournage et des portraits posés, ainsi que des instantanés volés à sa vie privée et à sa carrière. Les photos sont accompagnées de commentaires détaillés, qui contribuent à brosser un portrait complet de la plus célèbre comédienne du cinéma. Marilyn Monroe nous a quittés, mais la star demeure vivante en nous, inoubliable et inégalée.

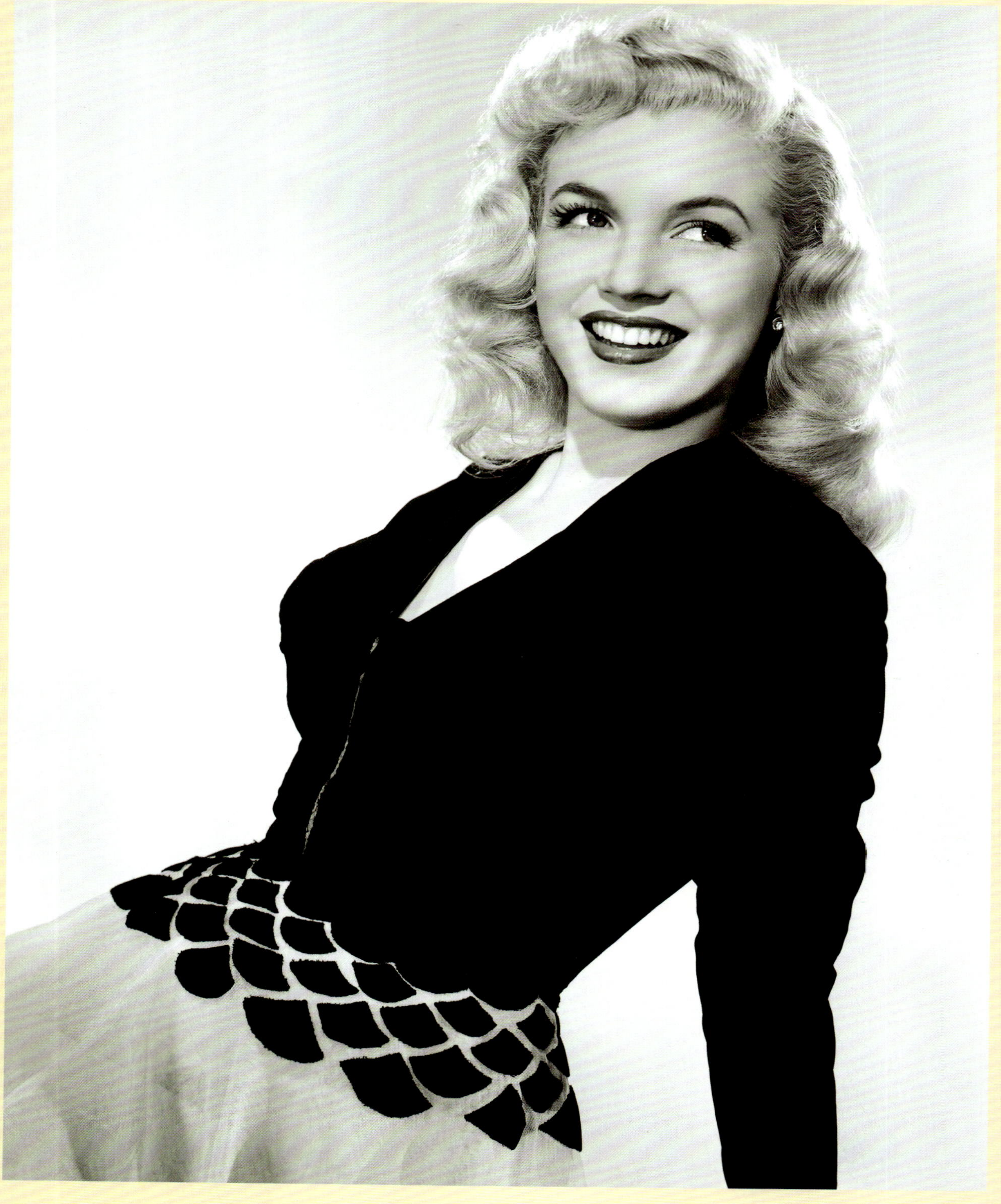

CHAPITRE UN

Les Reines du music-hall

Marilyn, une fois célèbre, donna bien des versions de son enfance, et il n'est pas facile d'y démêler le vrai du faux. Ce qui est certain, c'est qu'elle naquit le 1er juin 1926 à Los Angeles, non loin d'Hollywood. Sa mère, Gladys Pearl, monteuse à la Consolidated Film Industries, avait contracté un premier mariage avec John Baker, dont elle avait eu deux enfants, Jack et Berniece, mais cette union s'était soldée par un divorce en 1923. Baker partit pour le Kentucky avec ses enfants, laissant Gladys en Californie. Celle-ci rencontra Martin Edward Mortensen en 1924 et l'épousa. Ce second mariage ne dura pas non plus, et Mortensen disparut dans la nature avant que Gladys fût enceinte de son troisième enfant. Elle n'avoua jamais qui était le père, mais il est probable qu'il s'agisse de Charles Stanley Gifford, contremaître à la Consolidated. La petite fille fut déclarée sous le nom de Norma Jeane Mortensen, mais on l'appela Norma Jeane Baker pendant toute son enfance.

De l'avis général, Gladys n'avait pas la fibre maternelle. Malgré la naissance de ses deux premiers enfants, c'était encore une adolescente attardée qui confiait volontiers sa progéniture à une voisine pour aller danser. Quand naquit Norma Jeane, elle n'avait que 24 ans et n'avait pas de relation stable. Sa mère, Della Monroe, n'était pas en mesure de lui offrir un toit, car elle se préparait à partir en croisière dans le Sud-Est asiatique avec son amant du moment. Gladys dut se débrouiller avec l'aide d'une amie, Grace McKee. Peu après la naissance du bébé, elle dut reprendre son travail pour subvenir à ses besoins et confia l'enfant à la famille Bolender, des voisins de Della, revenue au pays.

Ida Bolender et son mari, Albert Wayne, formaient un couple très religieux et s'occupaient d'enfants pour arrondir leurs fins de mois. Marilyn les décrira plus tard comme des gens malheureux, vivant dans la pauvreté, mais il ne semble pas que ce fût vraiment le cas. Les Bolender n'étaient certes pas riches, mais ils vivaient confortablement, et Norma Jeane ne manquait de rien. La famille possédait même une voiture Ford modèle A et la fillette avait un petit chien nommé Tippy. Elle demeura chez les Bolender jusqu'à l'âge de 7 ans – ce fut sans doute sa plus longue période de stabilité affective, sans que cela fût pour autant une situation très équilibrée puisque Norma Jeane ne faisait pas vraiment partie de la famille. Elle se souviendra avoir appelé Ida « maman », pour s'entendre répondre : « Je ne suis pas ta mère. Ta mère, c'est la femme aux cheveux rouges. » De fait, sa mère venait la voir le week-end, mais ses visites s'espacèrent au fil du temps. Marilyn dira plus tard que Gladys ne souriant jamais et ne lui prodiguant aucune marque d'affection, il lui était difficile de l'appeler « maman ».

Le monde de Norma Jeane fut bouleversé lorsqu'un voisin tua son petit chien alors qu'elle avait 7 ans. La fillette en éprouva un chagrin si violent que les Bolender appelèrent Gladys à la rescousse. Celle-ci emmena alors sa fillette et acheta à crédit une petite maison dans Arbol Street, près d'Hollywood Bowl. Pour payer les traites, elle la loua à un couple d'Anglais qui avait une fille adulte, se réservant une pièce de la maison pour sa fille et pour elle. C'était un couple d'acteurs, et leur fille travaillait comme doublure. Gladys était toujours employée à la Consolidated, avec son amie Grace McKee, et les conversations étaient axées sur le cinéma et les vedettes.

Page ci-contre : Marilyn dans *Ladies of the Chorus*.

Malheureusement, cet intermède ne dura pas longtemps. L'année suivante, Gladys fut hospitalisée pour dépression nerveuse. Déclarée démente à la fin de 1934 et ayant apparemment perdu le sens de la réalité, elle passera sa vie dans divers hôpitaux jusqu'en 1967. La jeune Norma fut prise en charge par Grace, l'amie de sa mère, qui n'avait pas d'enfant et la traita comme sa fille, au point qu'elle obtint d'en être la tutrice légale. Admiratrice de Jean Harlow, Grace se persuada que Norma Jeane serait un jour elle aussi une étoile du cinéma. Elle dota l'enfant d'une garde-robe, lui apprit à se maquiller et l'emmena au cinéma. Cependant, ses projets furent contrecarrés par sa rencontre avec Erwin « Doc » Goddard, qui l'épousa après l'avoir brièvement courtisée. Un mois plus tard, Norma Jeane fut mise à l'orphelinat. Sans doute le couple désirait-il avoir une vie privée ou, ne disposant que de peu de ressources, préférait se débarrasser d'une bouche à nourrir. Quelles qu'en fussent les raisons, Norma Jeane se retrouva de nouveau abandonnée – et ce sentiment d'abandon la poursuivra toute sa vie, expliquant bien souvent son comportement.

La vie à l'orphelinat n'était pas aussi désagréable qu'elle voulut bien le laisser entendre plus tard. Il faut dire que les publicitaires des studios et les médias exploitèrent largement cet aspect de l'enfance de la future star.

Lorsqu'elle quitta l'orphelinat, peu après ses 11 ans, Norma Jeane fut placée dans une série de familles avant de retourner définitivement chez Grace et son mari. Doc avait trois enfants d'un précédent mariage. L'un d'eux, Eleanor, surnommée Beebe, avait à peu près le même âge que Norma Jeane, et les deux fillettes se lièrent d'amitié. Beebe avait eu une petite enfance dramatique auprès d'une mère psychotique et avait été placée dans plusieurs familles d'accueil, où elle avait beaucoup souffert. Beaucoup pensent que Marilyn s'est servie de certains épisodes de l'enfance de Beebe pour forger sa propre version d'enfant malheureuse.

Une nouvelle fois, cette stabilité tant désirée prit fin, lorsqu'on offrit à Doc un travail sur la côte est. De nouveau, Norma Jeane devint un fardeau, et les Goddard décidèrent de ne pas l'emmener. La fillette perdit donc par la même occasion sa première véritable amie. Mais Grace trouva une solution : Norma Jeane épouserait James, le fils de sa voisine et amie Ethel Dougherty, âgé de 21 ans.

James Dougherty, dit Jim, considérait Norma Jeane comme une gamine, mais fut flatté qu'elle s'amourachât de lui. Grace et Ethel conspirèrent pour multiplier leurs occasions de sorties, et Jim, qui commençait à porter sur Norma Jeane un regard différent, ne vit aucun inconvénient à l'épouser. Pour la jeune fille, c'était cela ou retourner à l'orphelinat.

Les jeunes mariés emménagèrent ensemble et Norma Jeane fit de son mieux pour être une bonne épouse, mais détestait son rôle de femme d'intérieur. Comme nombre de jeunes époux, Jim continuait à fréquenter ses amis, et sa femme se sentit vite délaissée. Le garçon avait du mal à supporter l'extrême sensibilité de Norma Jeane. Engagé dans la marine marchande, il fut muté à Santa Catalina. Mais d'autres complications surgirent : Norma Jeane s'attirait de nombreux admirateurs. Elle n'en était nullement responsable, mais Jim était jaloux.

Jim partit combattre dans le Pacifique, et Norma Jeane s'installa chez sa belle-mère, Ethel, qui lui trouva du travail chez son employeur, la Radio Plane Munitions Factory. C'est là qu'un photographe de l'armée, David Connover, remarqua la jeune femme et prit d'elle plusieurs clichés destinés à prouver aux troupes sur le front que leurs efforts étaient soutenus par les plus jolies filles du pays. Connover fut si impressionné par l'aisance de la jeune femme devant l'objectif qu'il revint plusieurs fois et lui suggéra de se lancer dans la carrière de modèle. Norma Jeane ne se le fit pas dire deux fois et signa très vite un contrat avec la Blue Book Modeling Agency, dirigée sur Sunset Boulevard par Emmeline Snively. L'agence ne se contentait pas de fournir du travail à ses modèles : elle leur apprenait à se maquiller, à bien se tenir, à poser et à s'habiller, le coût des leçons étant déduit des cachets des élèves. Norma Jeane, douée et volontaire, suivait ces cours tout en travaillant à Radio Plane. Miss Snively la persuada de se teindre les cheveux en blond et lui apprit à se montrer à son avantage sur les photos.

Le succès fut au rendez-vous, et Norma Jeane abandonna Radio Plane. Elle quitta sa belle-mère pour emménager seule, car Ethel n'appréciait guère sa nouvelle carrière ni son indépendance naissante. Il fut dès lors inévitable que la nouvelle vie de Norma Jeane sonnerait le glas de son mariage avec Jim, bien que leur divorce n'intervînt pas avant septembre 1946.

Dans le même temps, Norma Jeane entra à la National Concert Artists Corporation, qui devint son agence et obtint son premier essai de cinéma avec la Twentieth Century-Fox, en juillet 1946. La Fox lui offrit un contrat standard de six mois, au salaire de 75 dollars par semaine, avec option de reconduction pour six autres mois avec un salaire double. Grace McKee signa le contrat car Norma Jeane était encore mineure. Ben Lyon, recruteur de talents pour le studio, décida que l'artiste devait changer de nom. Norma Jeane désirait conserver son prénom et l'accola à Monroe, le patronyme de sa grand-mère. Mais Lyon lui suggéra de changer Jeane en Marilyn, reprenant le prénom de l'actrice Marilyn Miller. Norma Jeane y consentit, mais avoua des années plus tard qu'elle n'avait jamais aimé sa nouvelle identité et regrettait de ne plus se prénommer Jeane.

Marilyn Monroe ne tarda pourtant pas à découvrir qu'il lui restait bien du chemin à parcourir. Au cours de la première année de son contrat, elle n'obtint que trois petits bouts de rôle dans des films de série B, bien qu'elle n'eût cessé de poser pour des photographes. La Fox avait renouvelé son contrat pour six mois, mais elle fut remerciée au terme de la première année et se retrouva hors du circuit hollywoodien, comme des milliers de starlettes. Refusant d'abandonner, elle poursuivit son activité de modèle, tout en guettant l'occasion de tourner de nouveau. En mars 1948, au cours d'un des innombrables cocktails auxquels elle assista, elle fut présentée à Joe Schenck, cofondateur de la Fox, qui se révéla une relation influente et persuada les studios Columbia de l'engager pour six mois.

Chez Columbia, elle rencontra la professeure d'art dramatique Natasha Lytess, qui la prit en main avant de devenir son coach. C'est alors qu'elle tourna son premier film digne de ce nom, *Les Reines du music-hall (Ladies of the Chorus)*, où elle tient le rôle de Peggy Martin, une stripteaseuse désespérant d'épouser son petit ami, et où elle a l'occasion de chanter. Malgré de bonnes critiques, son contrat ne fut pas renouvelé.

Marilyn aurait pu se décourager, mais elle eut rapidement de la chance. Lors d'une fête de Nouvel An à New York, elle rencontra un agent influent, Johnny Hyde, qui tomba amoureux d'elle. Cet homme n'était pas seulement épris de Marilyn, il était aussi perspicace et avait repéré en elle l'étoffe d'une star. La carrière de Marilyn prit alors un tournant favorable. Peu après, elle tint un rôle déterminant dans un film des Marx Brothers, *La Pêche au trésor* (*Love Happy*, 1950), puis un rôle de danseuse de music-hall dans *Le Petit Train du Far West* (*A Ticket to Tomawack*, 1950). Désormais, Johnny était son agent et employait toute son énergie à propulser sa carrière. Un petit rôle dans *Quand la ville dort* (*Asphalt Jungle*, 1950) de John Huston attira l'attention sur elle, et elle ne tarda pas à obtenir un bon rôle dans *Ève* (*All About Eve*, 1950) de Joseph L. Mankiewicz. Ce film fut le plus grand succès de l'année 1950 et attira l'attention du patron de la Fox, Darryl Zanuck. Johnny Hyde put enfin obtenir pour elle un contrat exclusif à long terme.

Tout au long de cette période, Johnny Hyde, qui avait quitté sa femme après sa rencontre avec Marilyn, la pressait de l'épouser. Il l'avait introduite dans la société d'Hollywood, avait réglé ses dettes et payé quelques séances de chirurgie esthétique. Éperdument amoureux d'elle, il se savait malade du cœur et s'inquiétait de l'avenir de Marilyn. Si elle l'avait épousé, elle aurait été à l'abri du besoin. Mais elle persista à refuser, car elle n'entendait pas se marier avec un homme qu'elle n'aimait pas et, surtout, elle sentait confusément que personne ne prendrait au sérieux une actrice mariée. Sa décision lui coûta cher, car, en décembre, Johnny mourut d'une crise cardiaque. Marilyn en ressentit un grand chagrin – si elle n'éprouvait pas d'amour pour lui, elle lui portait néanmoins beaucoup d'affection. La famille de Johnny Hyde récupéra immédiatement tous les cadeaux qu'il lui avait faits et la chassa de l'appartement. Après l'enterrement, ses associés refusèrent de lui transmettre les appels téléphoniques. Marilyn était désormais livrée à elle-même. Son contrat arrivait à échéance, et il n'y avait plus personne pour veiller sur ses intérêts.

Elle refusa, une fois encore, de se décourager et prit son destin en main. Lors d'un cocktail, elle attira l'attention de Spyros Skouras, le président de la Fox. Il est vrai qu'elle était moulée ce jour-là dans une robe très ajustée... et son contrat fut renouvelé ! Au cours de l'année 1951, elle apparut dans quelques films insignifiants de la Fox, mais, en août, le studio accepta de la prêter à la RKO pour *Le démon s'éveille la nuit (Clash by Night)*, dirigé par Fritz Lang. Ce fut son premier rôle véritablement intéressant, avec un excellent metteur en scène. Bien que son intervention fût succincte, elle donna le meilleur d'elle-même et obtint de bonnes critiques. C'est cette prestation qui convainquit la Fox de s'intéresser réellement à elle. Il était temps de lui offrir un premier rôle.

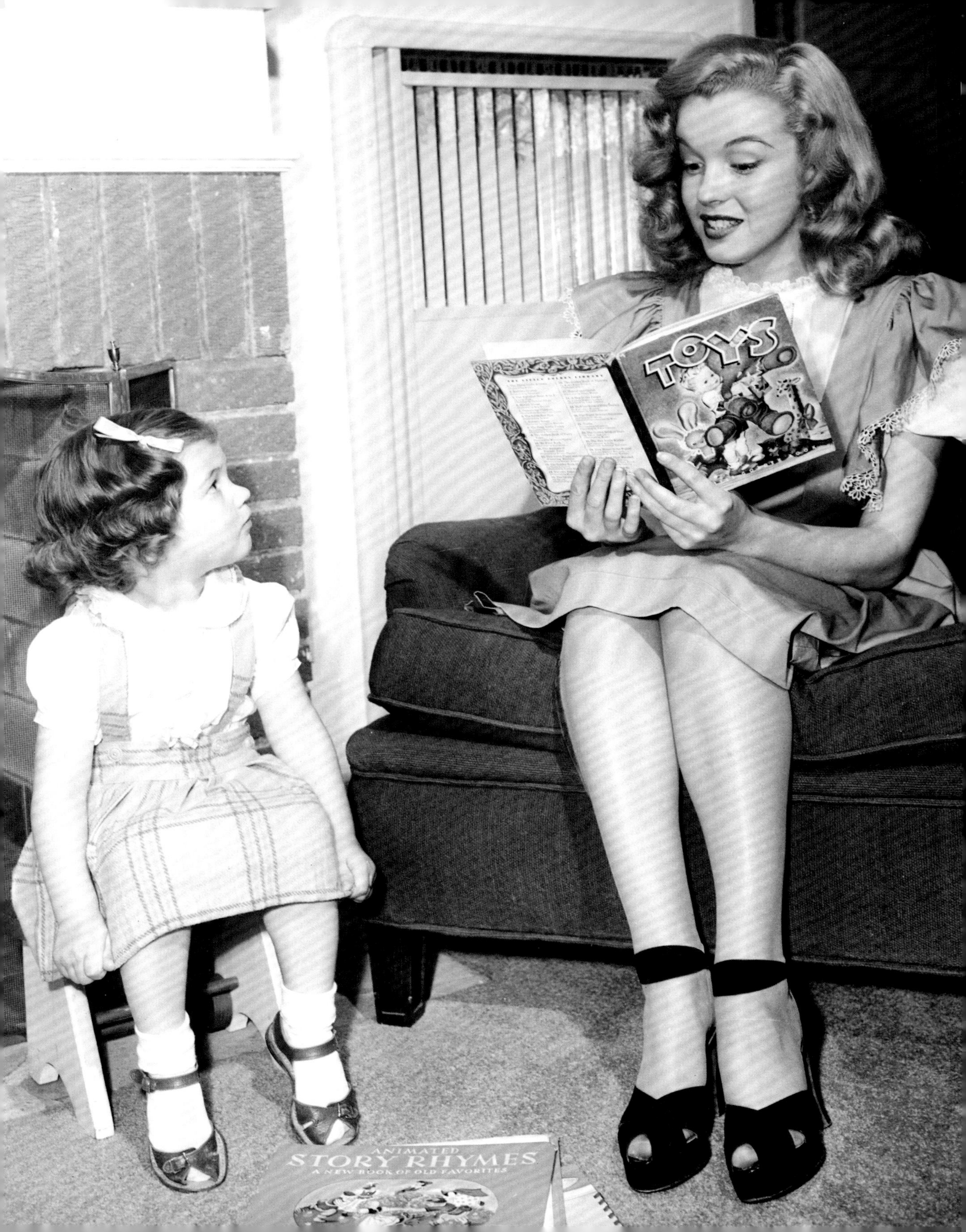
TOYS
ANIMATED
STORY RHYMES
A NEW BOOK OF OLD FAVORITES

Une étoile est née...

Page ci-contre : la jeune Norma Jeane, qui travaillait alors à la Radio Plane Munitions Factory, fut découverte par le photographe David Connover et engagée par la Blue Book Agency. Elle posait pour des photographes et ne mit pas longtemps à entrer à la National Concert Artists Corporation. Suivirent un bout d'essai à la Fox, puis un contrat de six mois. C'est Ben Lyon, de la Fox, qui changea le nom de la starlette en celui de Marilyn Monroe. Pour signaler la jeune starlette à l'attention du public, les publicitaires de la Fox inventèrent une fable : Marilyn Monroe aurait été découverte par un directeur de casting alors qu'elle faisait du baby-sitting. On la voit ici lisant un conte à la petite Joanne Metzler, âgée de trois ans. Les débutantes laissent volontiers raconter ce genre d'histoires, en espérant que l'occasion d'être remarquée se présentera un jour.

Ci-contre : autre aspect de l'apprentissage d'une starlette, les nombreux cours de comédie, de chant et de danse, de maintien ou de placement de la voix. Contrairement à l'image qu'elle donne à l'écran, Marilyn n'était pas une écervelée et travaillait d'arrache-pied. Elle suivit les cours de l'Actor's Lab, sur Sunset Boulevard, et ne cessa jamais de se perfectionner.

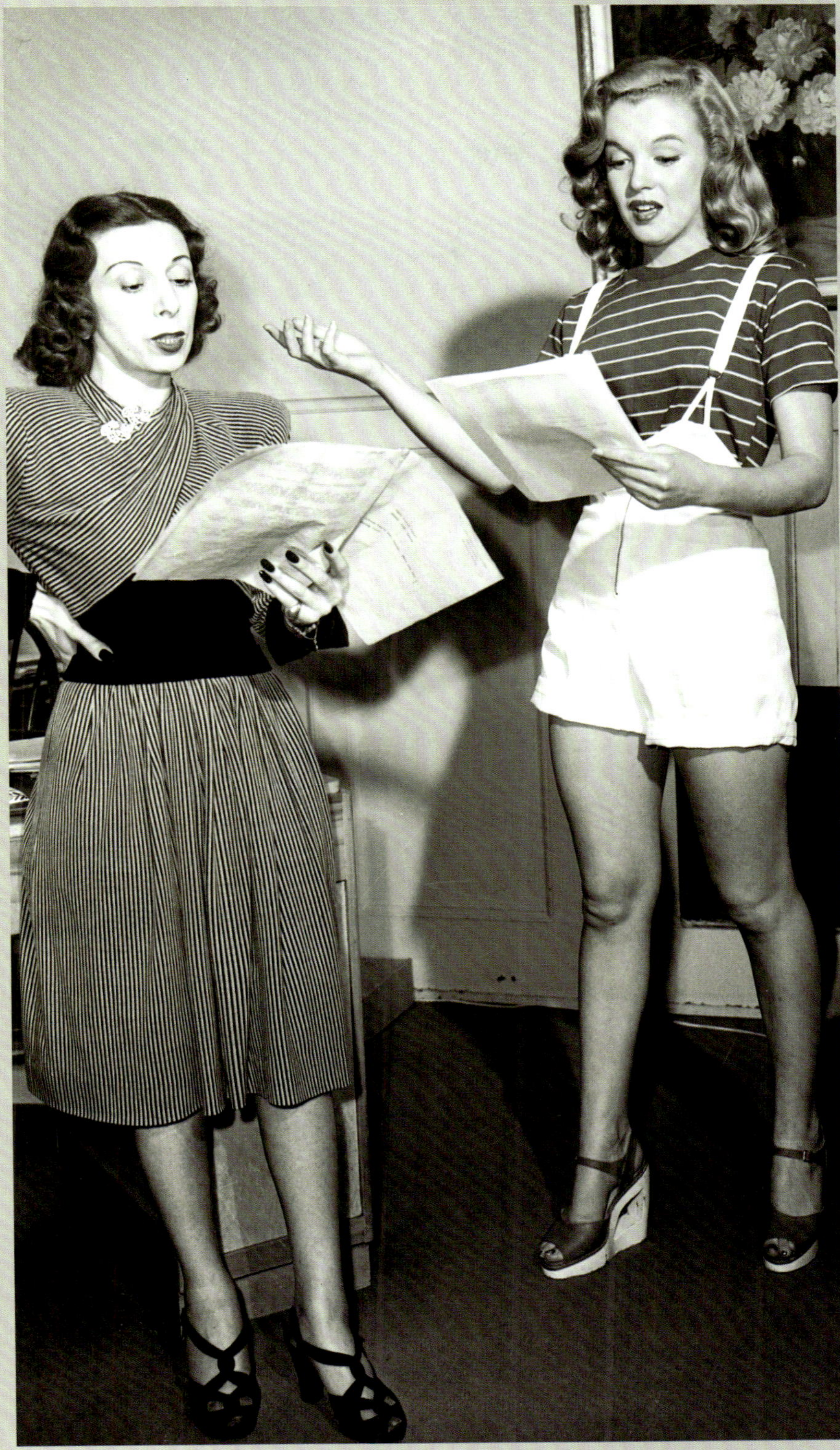

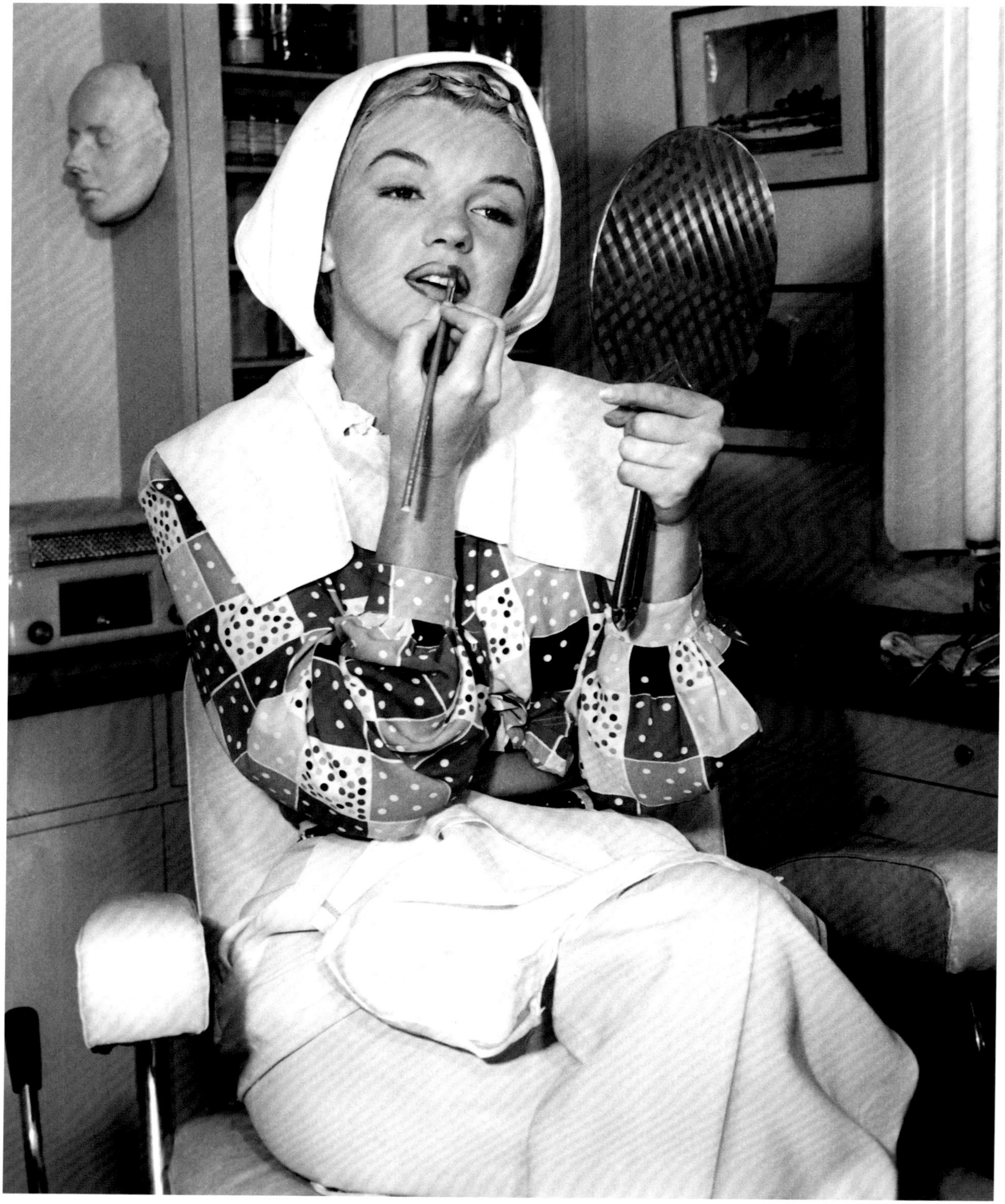

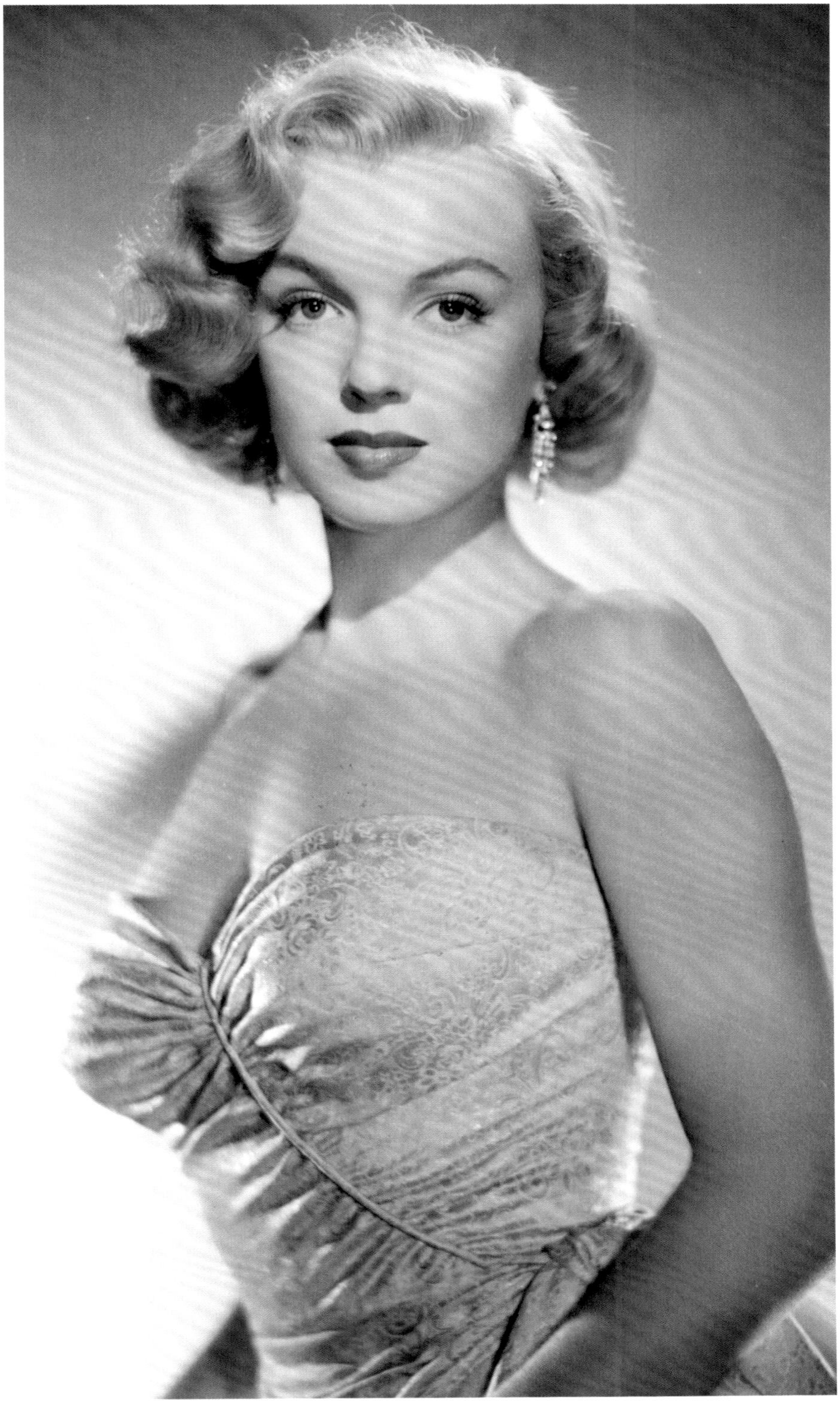

Souriez, s'il vous plaît…

Page ci-contre : le service de publicité de la Fox prenait quantité de photos glamour de toutes les actrices sous contrat. Marilyn se prêtait très volontiers à des séances de pose, car elle savait que sa carrière ne démarrerait vraiment que si elle était remarquée par un personnage influent – et elle s'y entendait particulièrement. Elle devint l'une des « filles » de Joseph M. Schenck et attira l'attention de Johnny Hyde. Parfois, les séances de pose avaient un aspect pratique, comme ici, sur le thème : « Comment ressembler à une vedette de cinéma ». On y voit Marilyn se maquiller devant l'objectif.

Ci-contre : une Marilyn plus mûre pose dans une robe sexy. À ce moment de sa carrière, elle n'était qu'une starlette parmi des centaines d'autres.

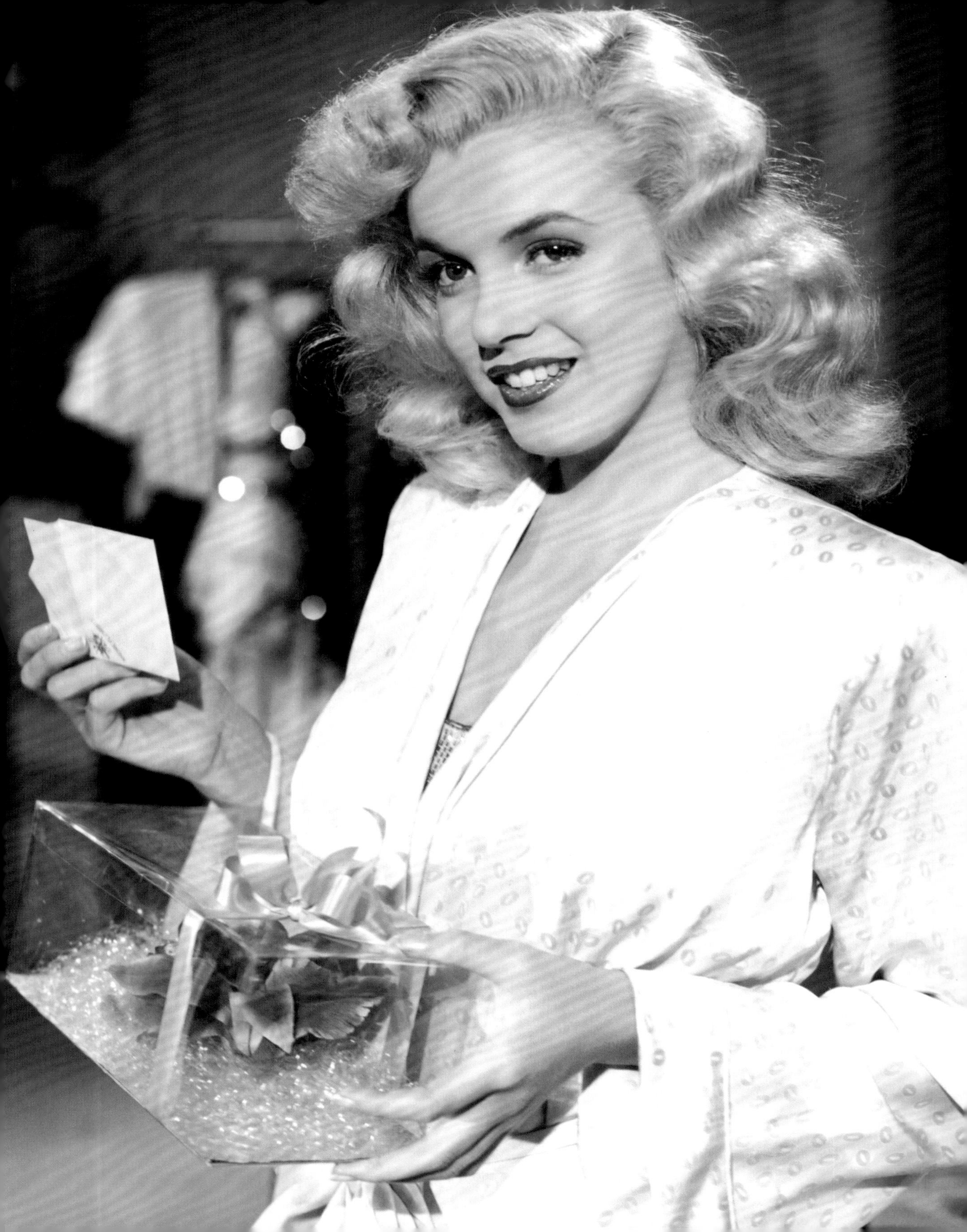

Le triomphe de l'amour

Page ci-contre : en 1948, Marilyn fut pendant quelques mois sous contrat avec les studios Columbia et joua dans *Les Reines du music-hall*. Le film lui permit de chanter pour la première fois, et on lui donna pour professeur Fred Karger, dont elle tomba amoureuse. Il refusa de l'épouser et se maria, plus tard, avec l'actrice Jane Wyman.

Ci-contre : Marilyn regarde dans les yeux Rand Brooks, qui joue le rôle de son petit ami, Randy Carroll. L'intrigue repose sur une histoire d'amour : les deux jeunes gens désirent se marier, malgré toutes les entraves qui les contraignent à cacher leur idylle. Bien entendu, leurs sentiments triomphent des embûches.

Ci-dessous : Earl Moran était un célèbre illustrateur américain pour ses dessins de pin-up, et Marilyn posa régulièrement pour lui entre 1946 et 1949 au tarif de 10 dollars l'heure. Ce travail régulier lui permit de gagner sa vie, alors qu'elle essayait de percer dans le cinéma. Moran fit d'elle plusieurs fusains et pastels qui figurèrent sur divers calendriers.

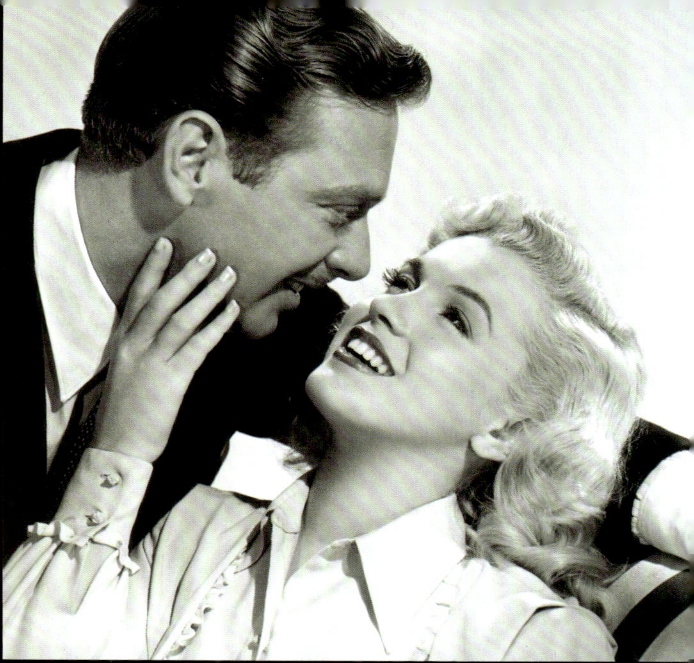

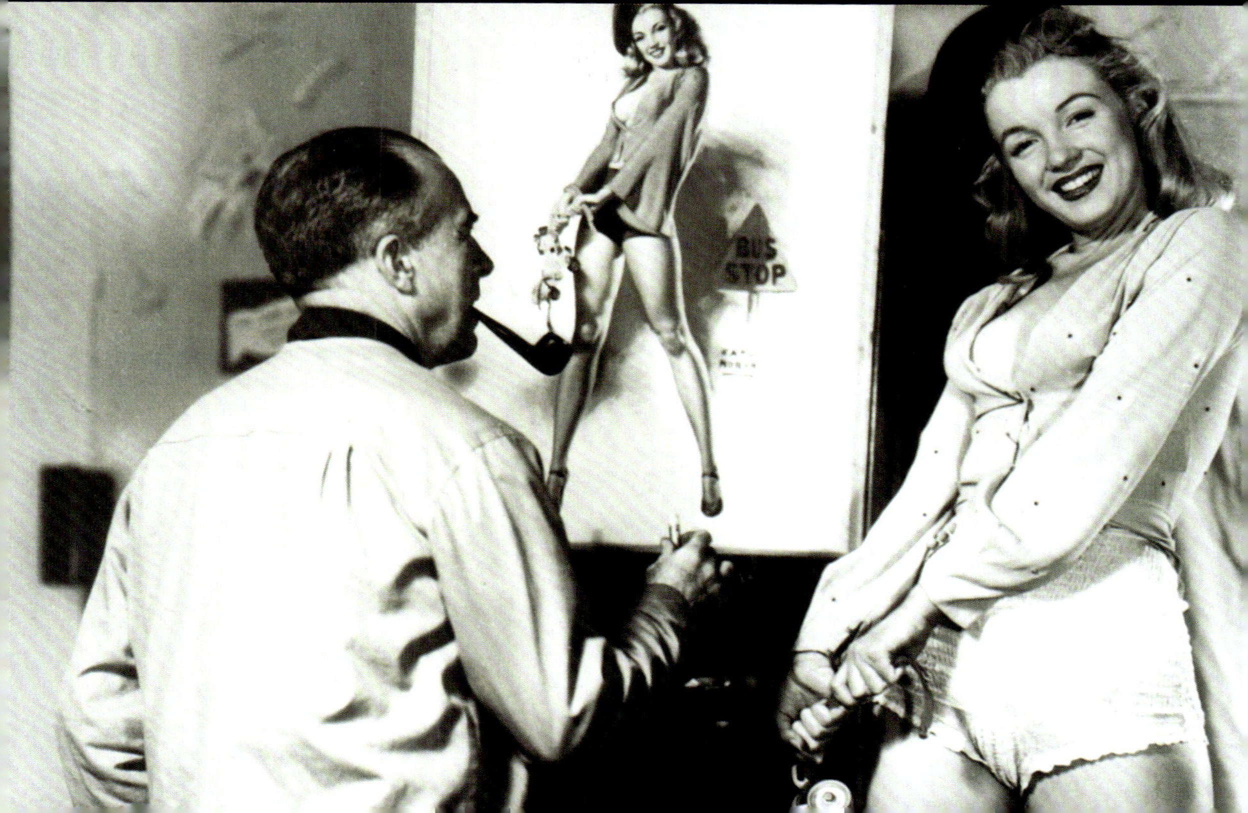

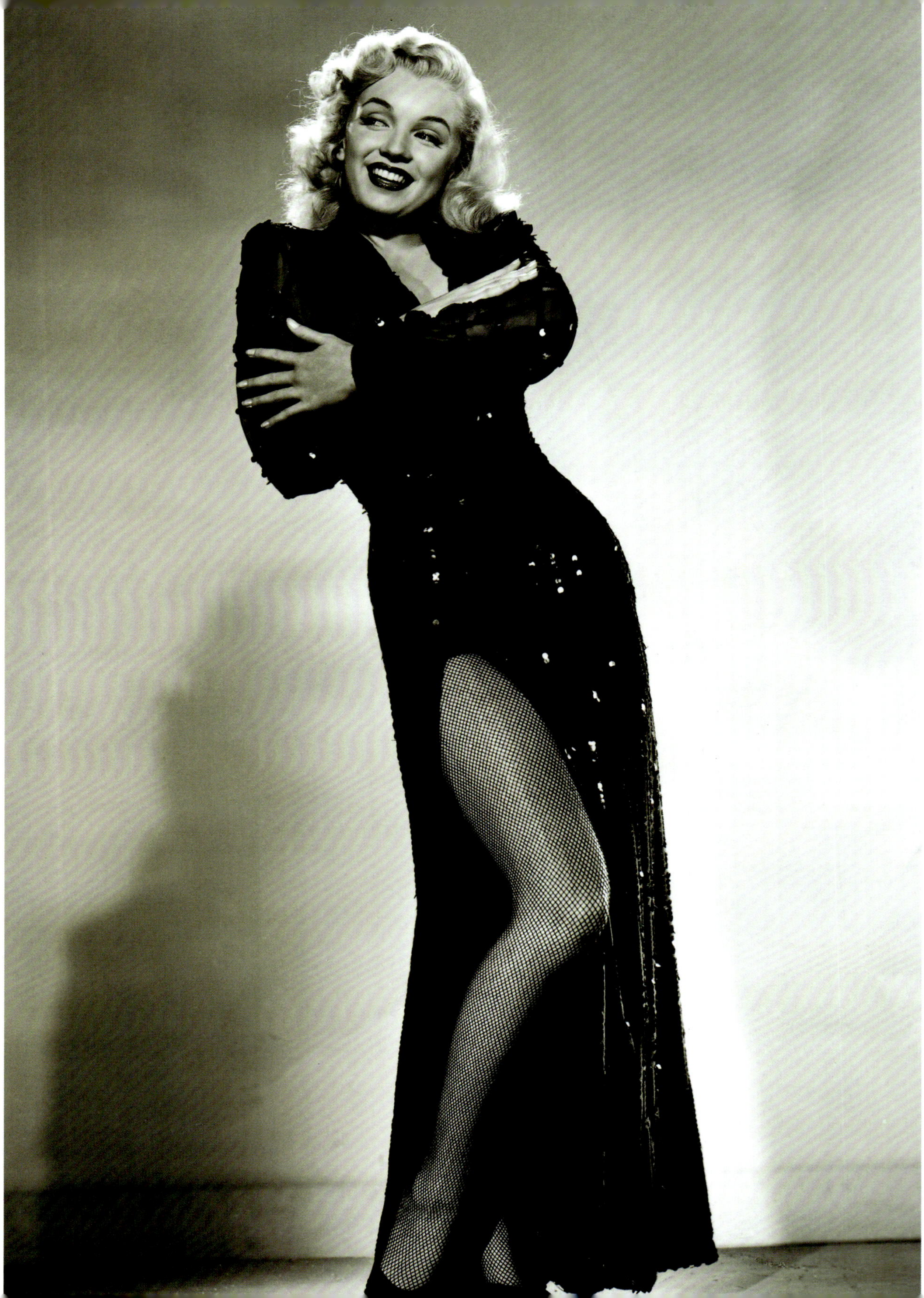

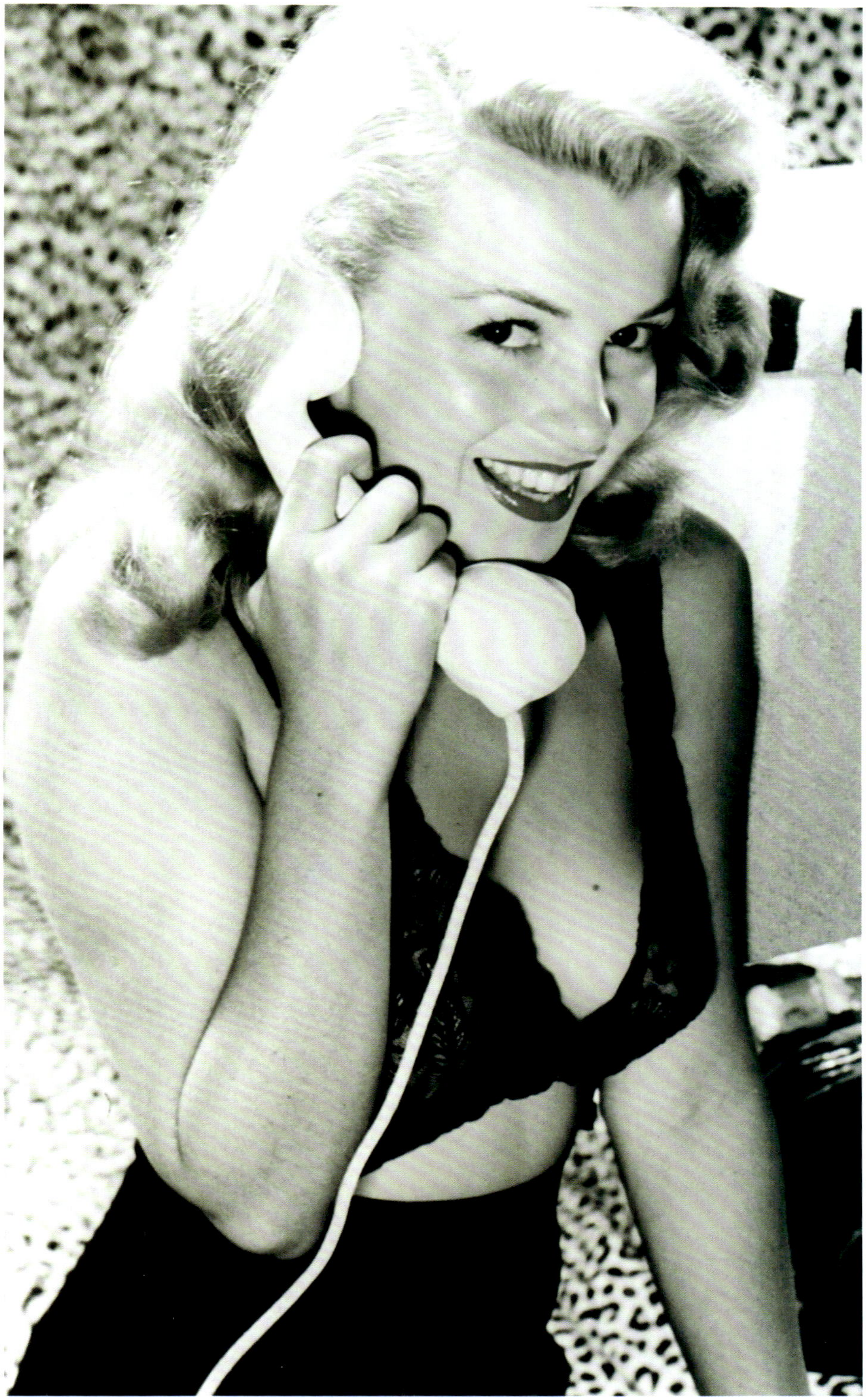

La petite amie de Johnny

Page ci-contre : *Les Reines du music-hall* furent tournées en 10 jours. Marilyn dira plus tard que, lorsque le film sortit en salle, elle était si émue qu'elle passa et repassa devant le cinéma pour contempler son nom à l'affiche.

Ci-contre : Marilyn prend à nouveau la pose. Malheureusement, le directeur des studios Columbia ne fut guère impressionné par sa performance, et son contrat ne fut pas reconduit. Mais Marilyn avait été prise sous l'aile de l'agent de William Morris, Johnny Hyde, un personnage très influent dans le milieu qui s'était notamment occupé de Rita Hayworth. Hyde introduisit sa protégée dans son cercle de relations et lui apporta son aide financière pour sa garde-robe, son coiffeur et quelques retouches esthétiques.

Double page suivante : *Les Reines du music-hall* offrit à Marilyn son premier rôle en tant que covedette dans un film de série B à petit budget. Même s'il n'eut qu'un faible impact sur sa carrière, le film parut intéressant aux yeux de la professeure d'art dramatique de la Columbia, Natasha Lytess, qui travailla avec Marilyn pour lui apprendre son rôle de chanteuse burlesque. Natasha devint rapidement le coach personnel de Marilyn, et celle-ci, qui manquait de confiance en elle, ne put plus se passer d'elle.

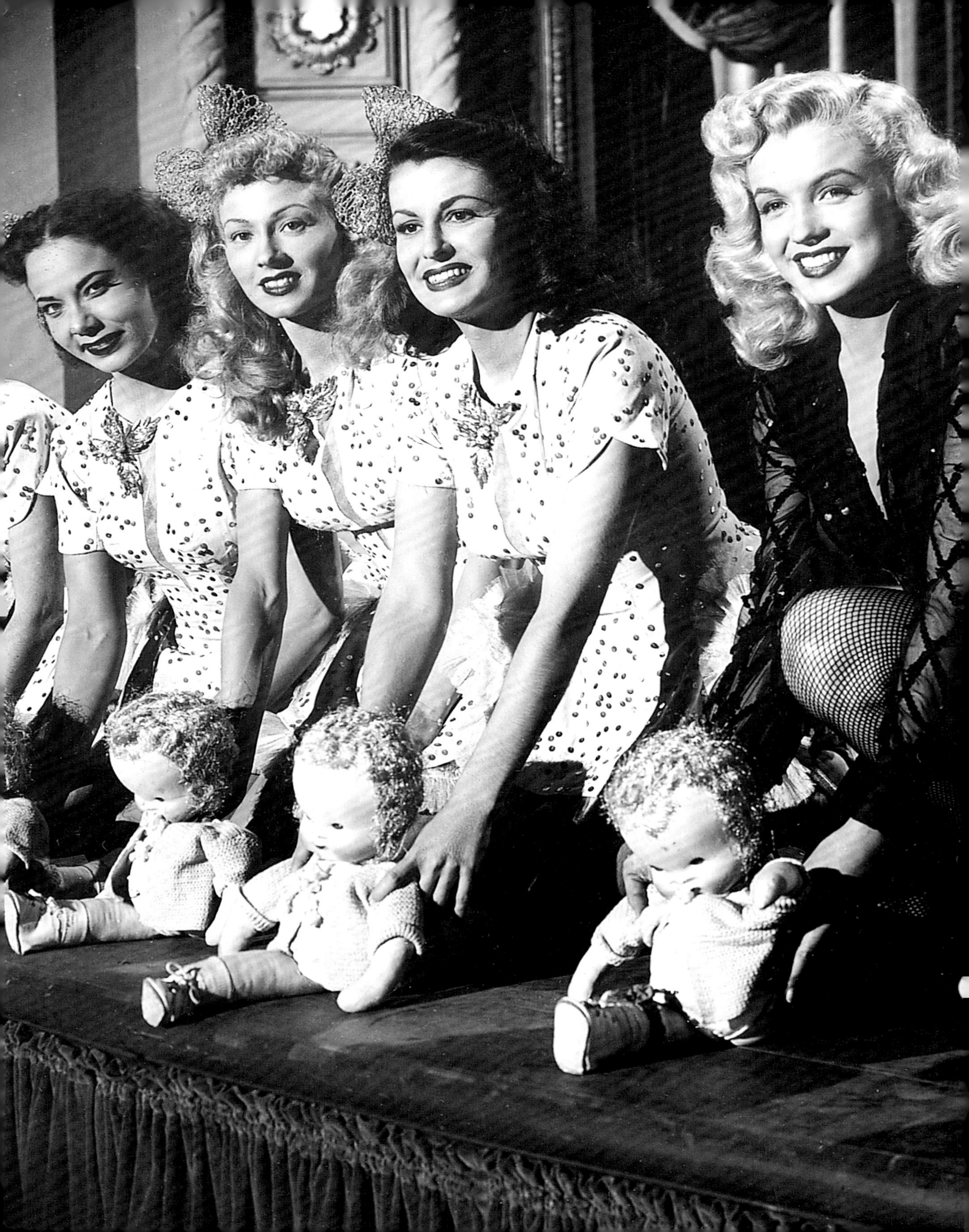

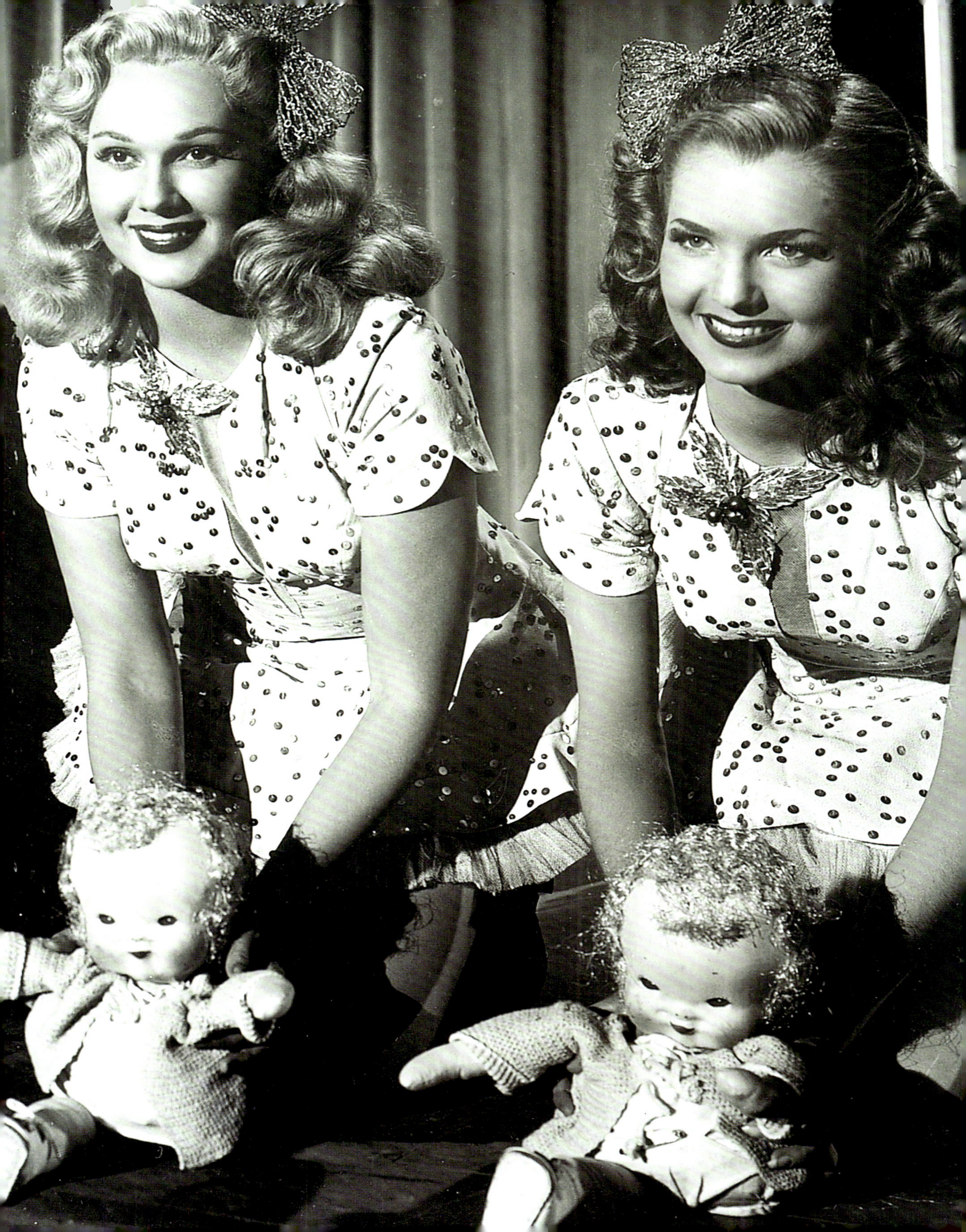

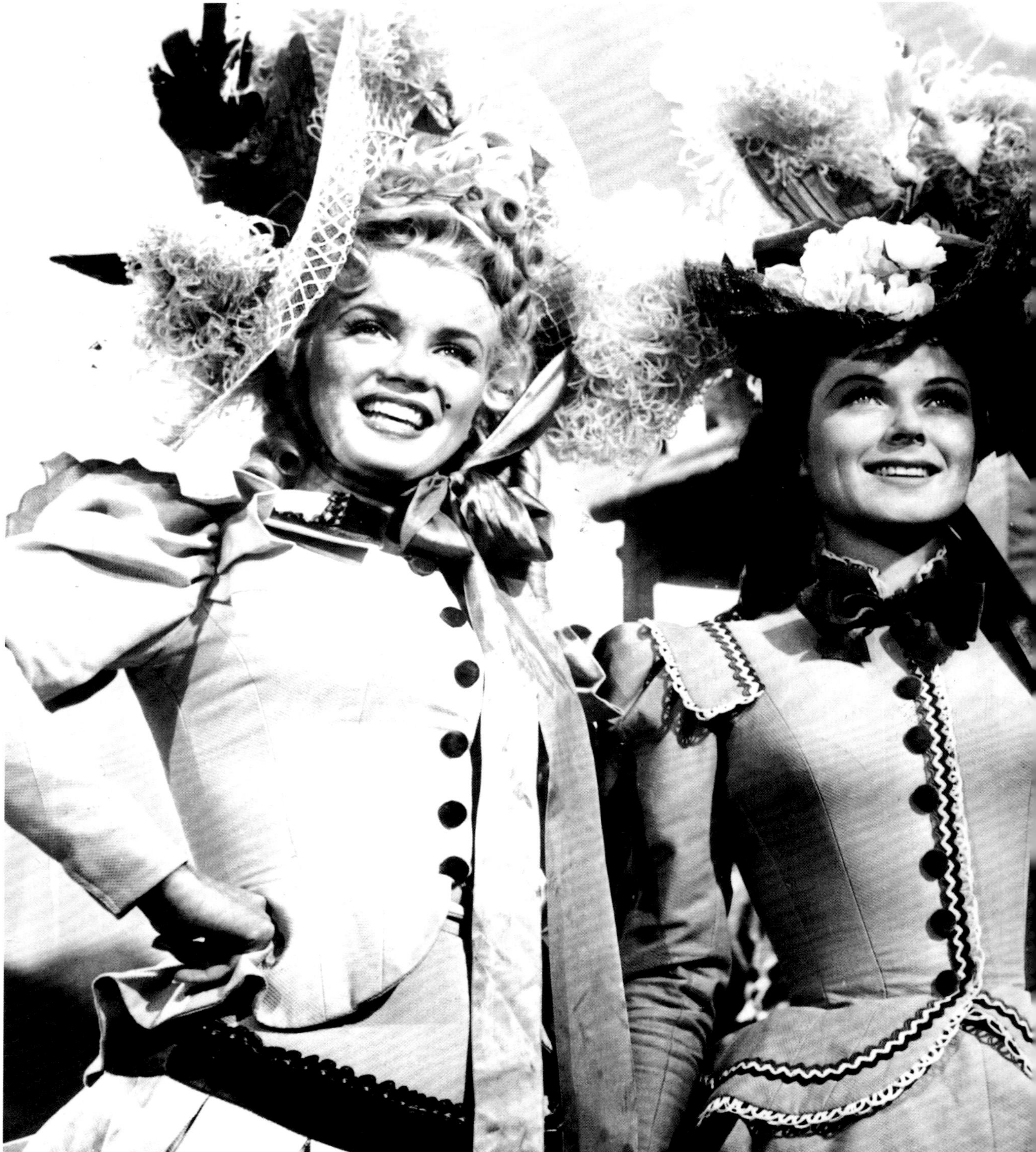

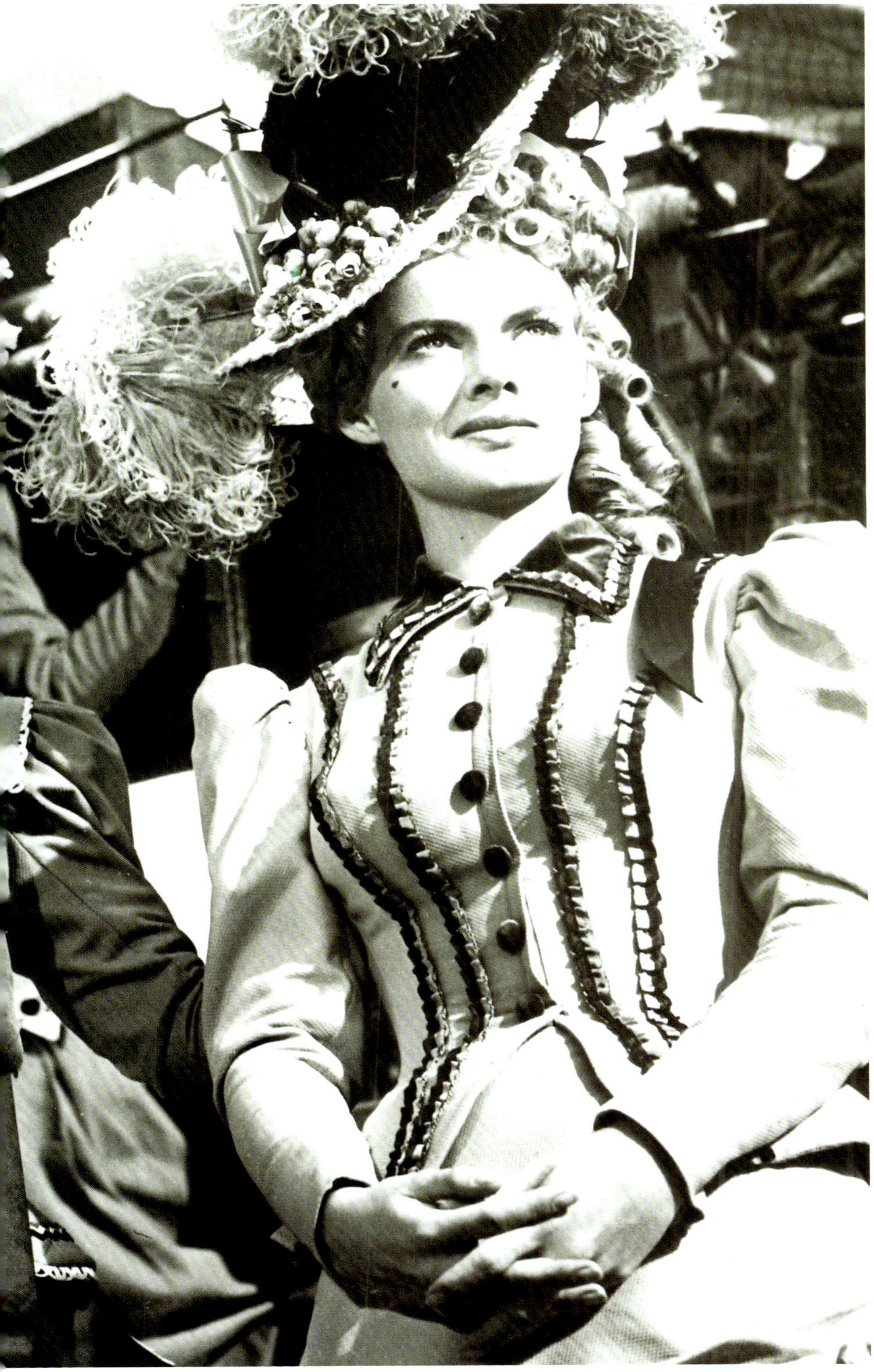

Le Petit Train du Far West…

Ce film (*A Ticket to Tomahawk*, 1950) fut le premier que Marilyn tourna pour la Twentieth Century-Fox, qui avait refusé de renouveler son contrat deux ans plus tôt. Elle y joue une danseuse de music-hall, impliquée dans l'histoire d'un patron d'entreprise de diligences tentant de sauver son affaire face au développement du chemin de fer. Ce banal western musical n'apporta pas grand chose à la carrière de l'actrice et aurait sans doute gagné à être soutenu par une meilleure publicité. Malheureusement, la Fox venait de faire tourner Betty Grable dans le western comique *Mam'zelle Mitraillette* (*The Beautiful Blonde from Bashful Bend*, 1947), qui n'avait obtenu que de mauvaises critiques et n'avait guère rapporté d'argent. Pour *Le Petit Train du Far West*, la Twentieth n'était donc pas disposée à faire de gros efforts.

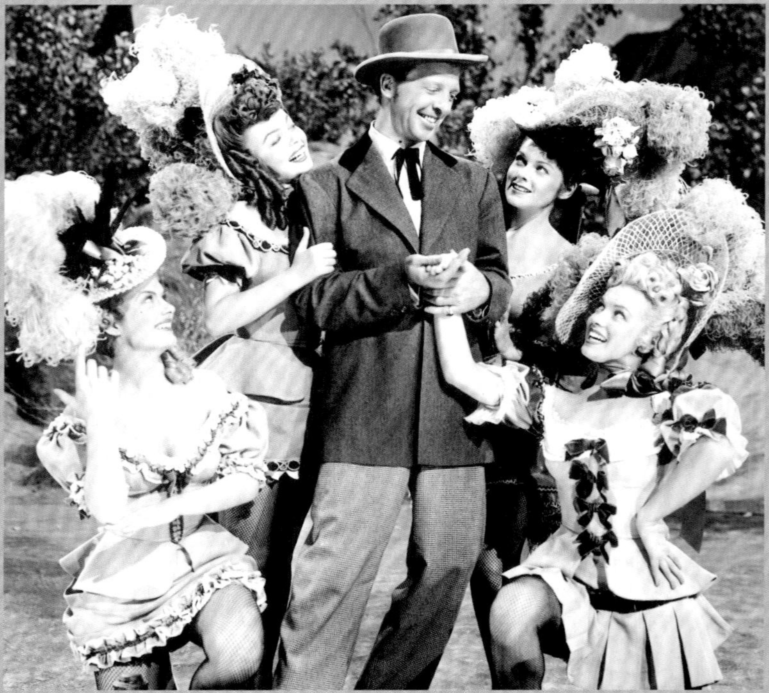

Quand la ville dort

Page ci-contre : c'est Johnny Hyde qui obtint pour Marilyn le rôle d'Angela, la maîtresse d'un avocat, dans *Quand la ville dort* (*The Asphalt Jungle*, 1950). Gros succès commercial, bien que tourné sans vedettes, le film de John Huston présente des criminels davantage comme des gens ordinaires que comme des gangsters. Marilyn n'avait que trois scènes, mais leur impact fut certain. Louis Calhern joue l'avocat véreux Alonzo D. Emmerich.

Ci-contre : Marilyn avec son partenaire Dan Dailey dans *Le Petit Train du Far West*.

Ci-dessous : Anne Baxter, Bette Davis, Marilyn et George Sanders, dans une scène d'*Ève*, dirigé par Joseph L. Mankiewicz. Hyde pensait qu'il valait mieux un petit rôle dans un grand film dirigé par un bon metteur en scène qu'un grand rôle dans un mauvais film, avec un réalisateur médiocre. Marilyn retint la leçon et sut en faire bon usage.

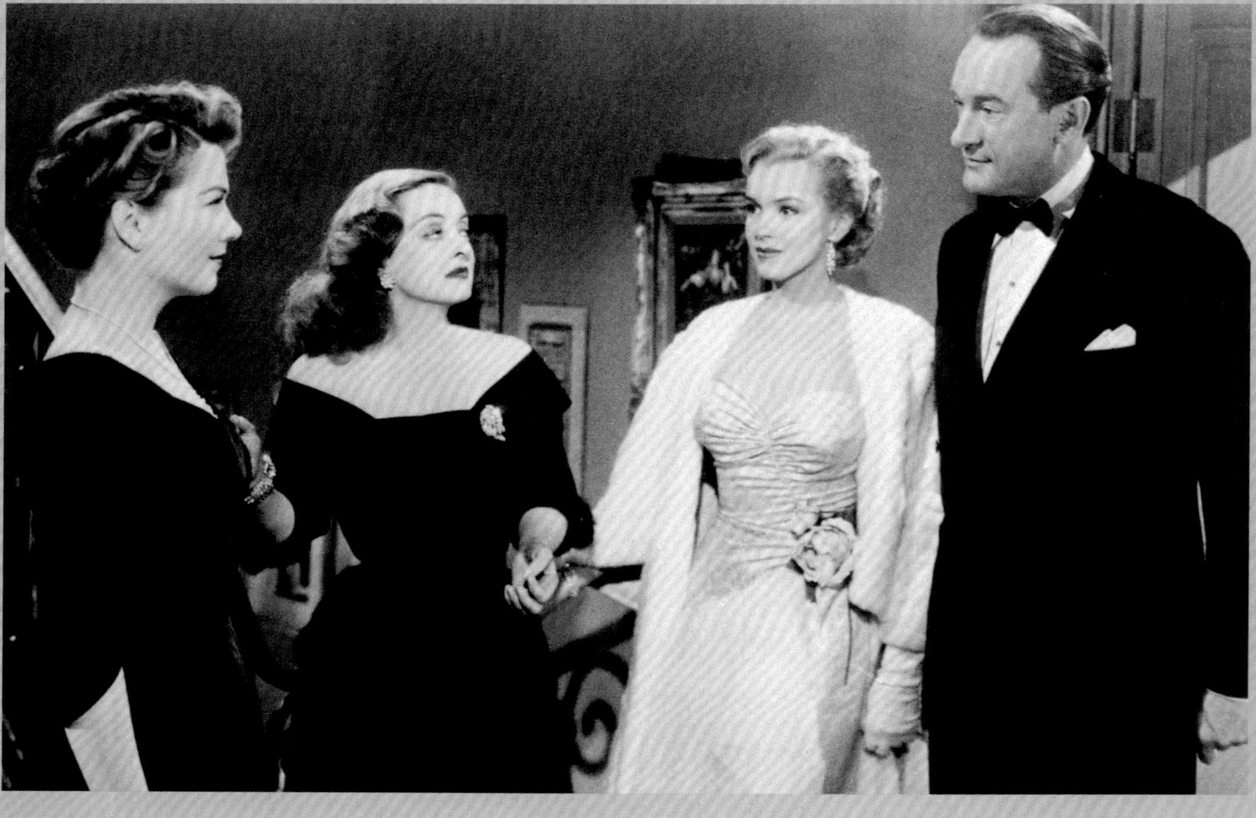

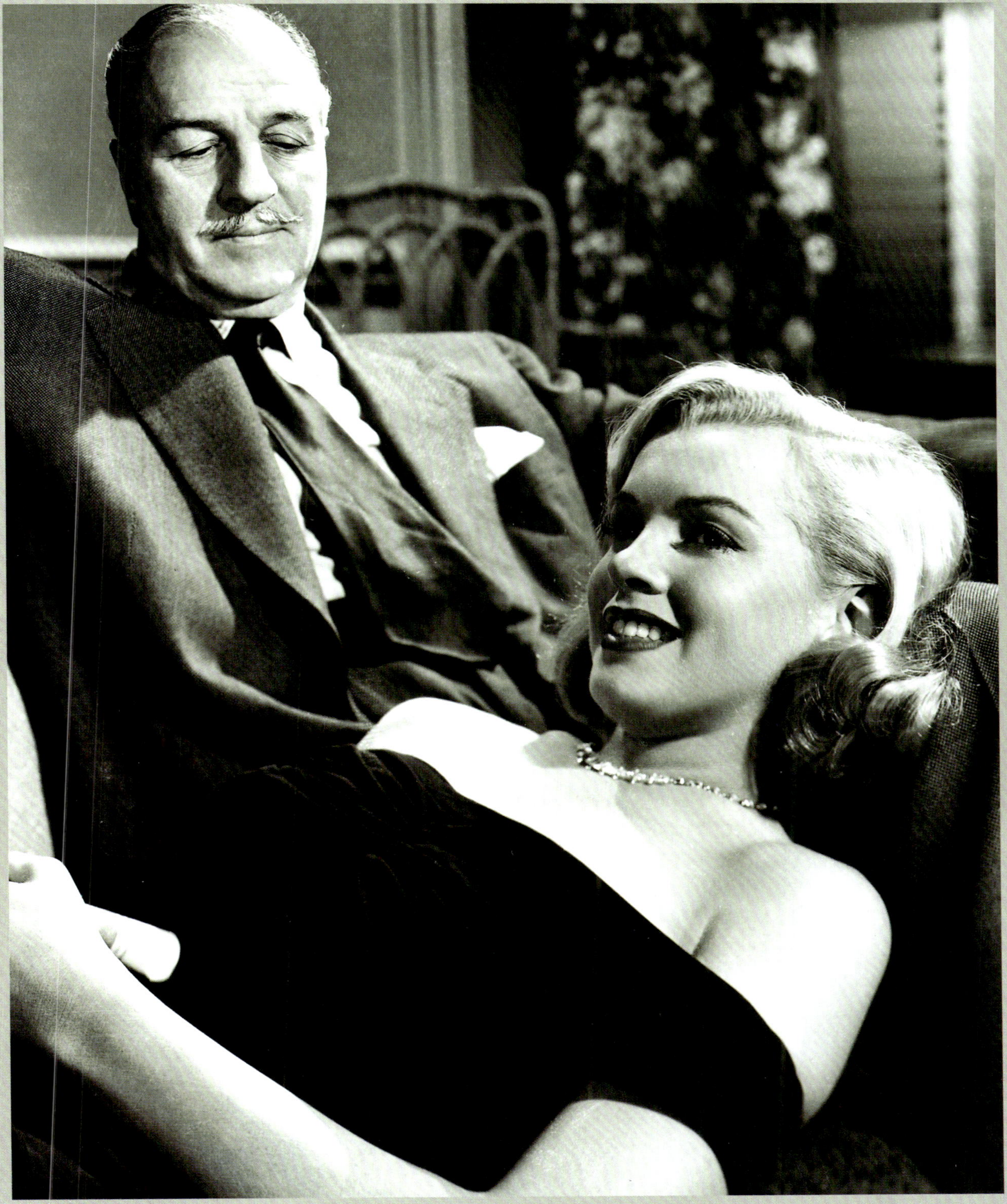

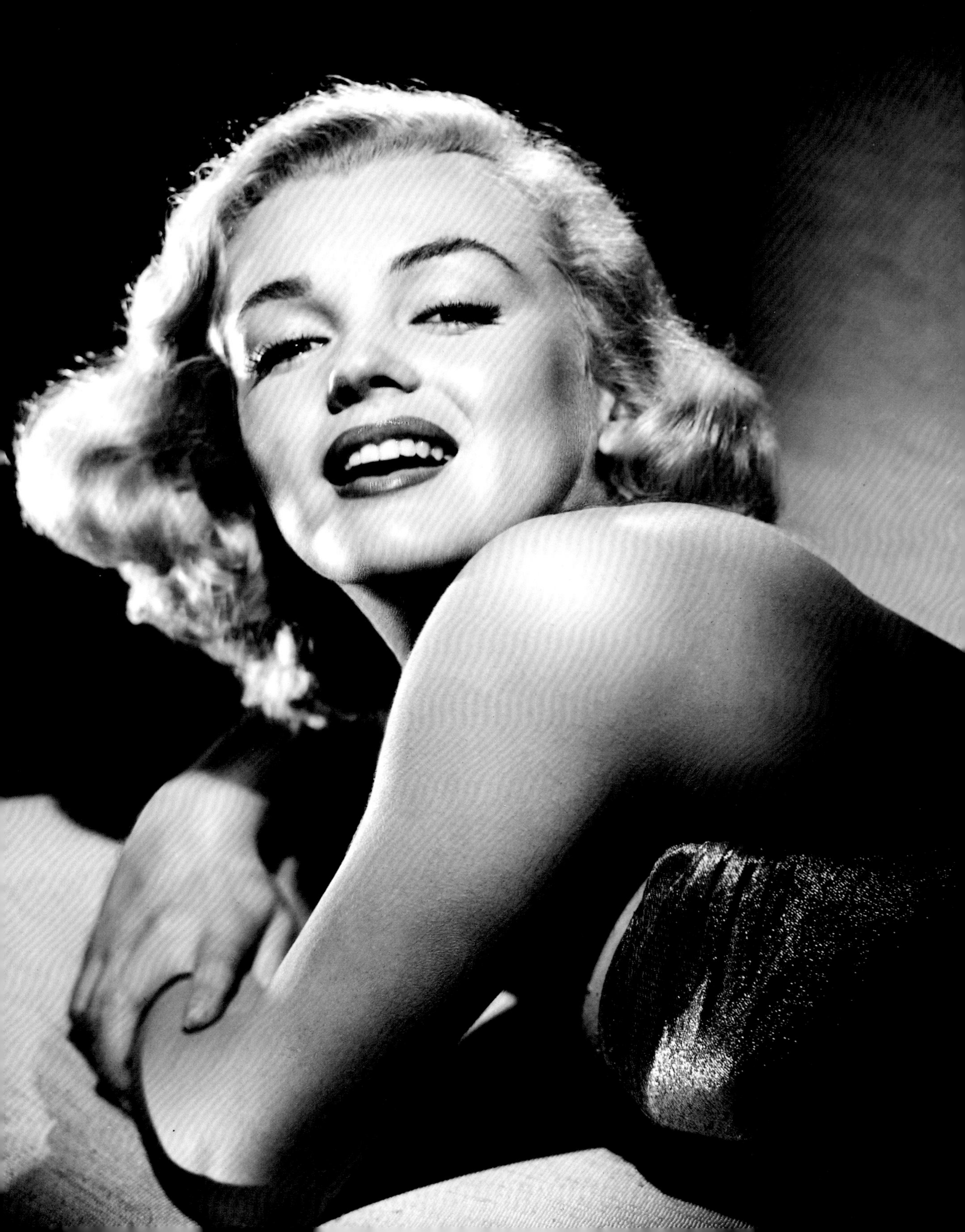

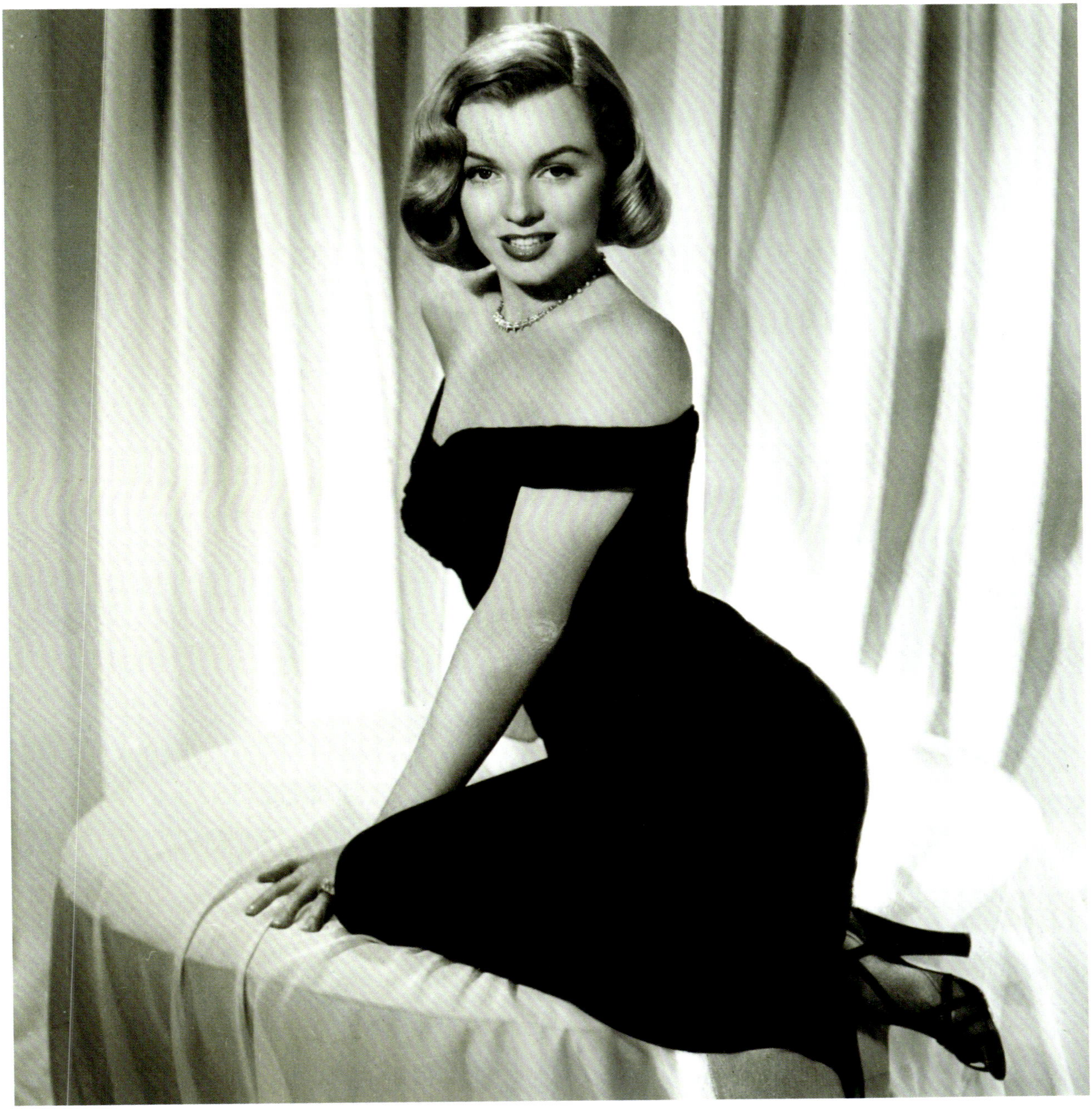

Pin-up

Les éditeurs de *Stars and Stripes*, le magazine des forces d'occupation américaines, décernèrent à l'unanimité le titre de Miss Cheesecake 1950 à Marilyn. La première division de marines partant pour la Corée l'élut Miss Moral. Marilyn estima toujours que sa popularité était due à l'affection que lui portaient les soldats, dont elle était la pin-up préférée.

Avec un puissant agent de cinéma à ses côtés et deux films à succès derrière elle, Marilyn semblait sur le chemin de la réussite. Mais Johnny Hyde mourut d'un infarctus, à la fin de 1951. Marilyn se retrouva seule et ne put plus compter que sur ses propres ressources.

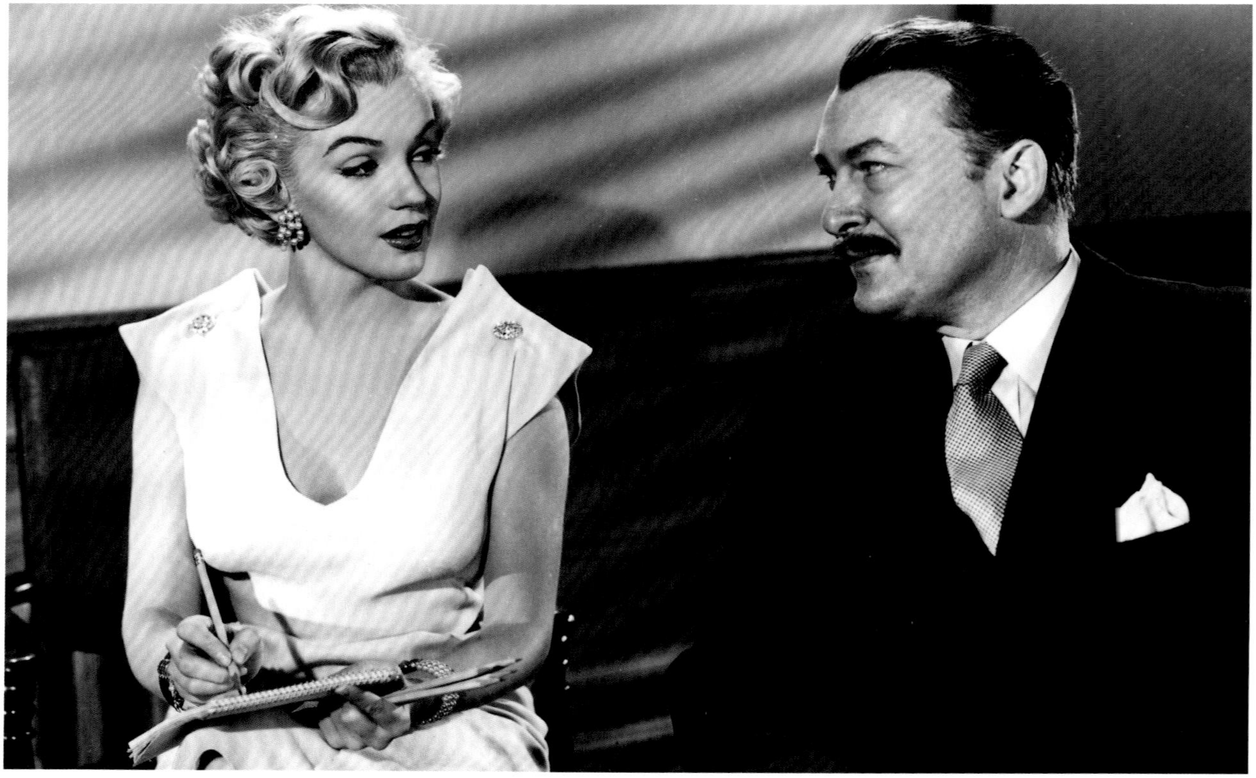

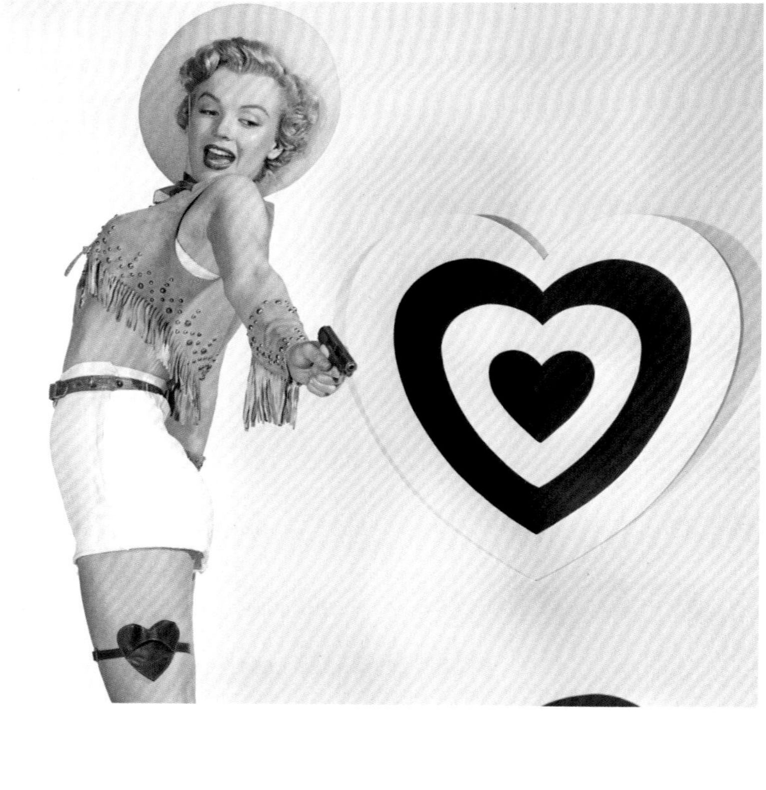

Miss Valentine

Page ci-contre : les portraits promotionnels étaient souvent glamour, et la Fox commença à voir en Marilyn une possible remplaçante à Betty Grable, désormais en fin de carrière. Marilyn continuait à poser pour des photos de charme…

Ci-contre : pour la Saint-Valentin 1951, Marilyn portait un costume sexy de cow-girl, devant une cible en forme de cœur.

Ci-dessus : Marilyn n'avait qu'un petit rôle dans *Rendez-moi ma femme* (*As Young as you feel*, 1951), mais son nom fut placé sous le titre, afin d'exploiter son récent succès, qui avait convaincu le patron du studio Darryl Zanuck de lui offrir un contrat à long terme. Dans cette scène, Marilyn interprète une secrétaire, Harriet, prenant du courrier sous la dictée de son directeur Louis McKinley, joué par Albert Dekker. C'est sur le plateau de *Rendez-moi ma femme*, alors que Marilyn était très affectée par la mort de Johnny Hyde, qu'Elia Kazan la présenta à l'écrivain Arthur Miller, une rencontre qu'elle n'oublia jamais.

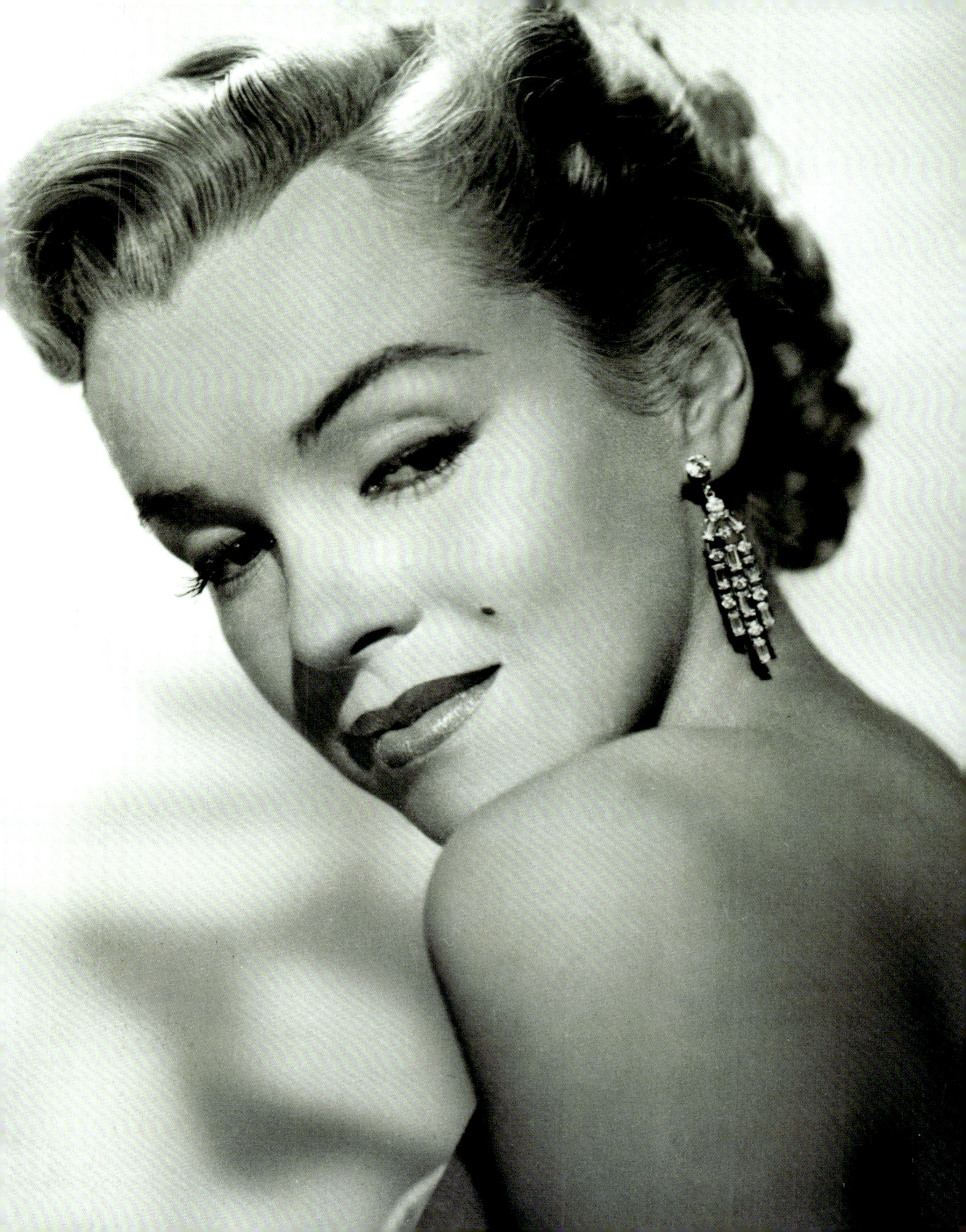

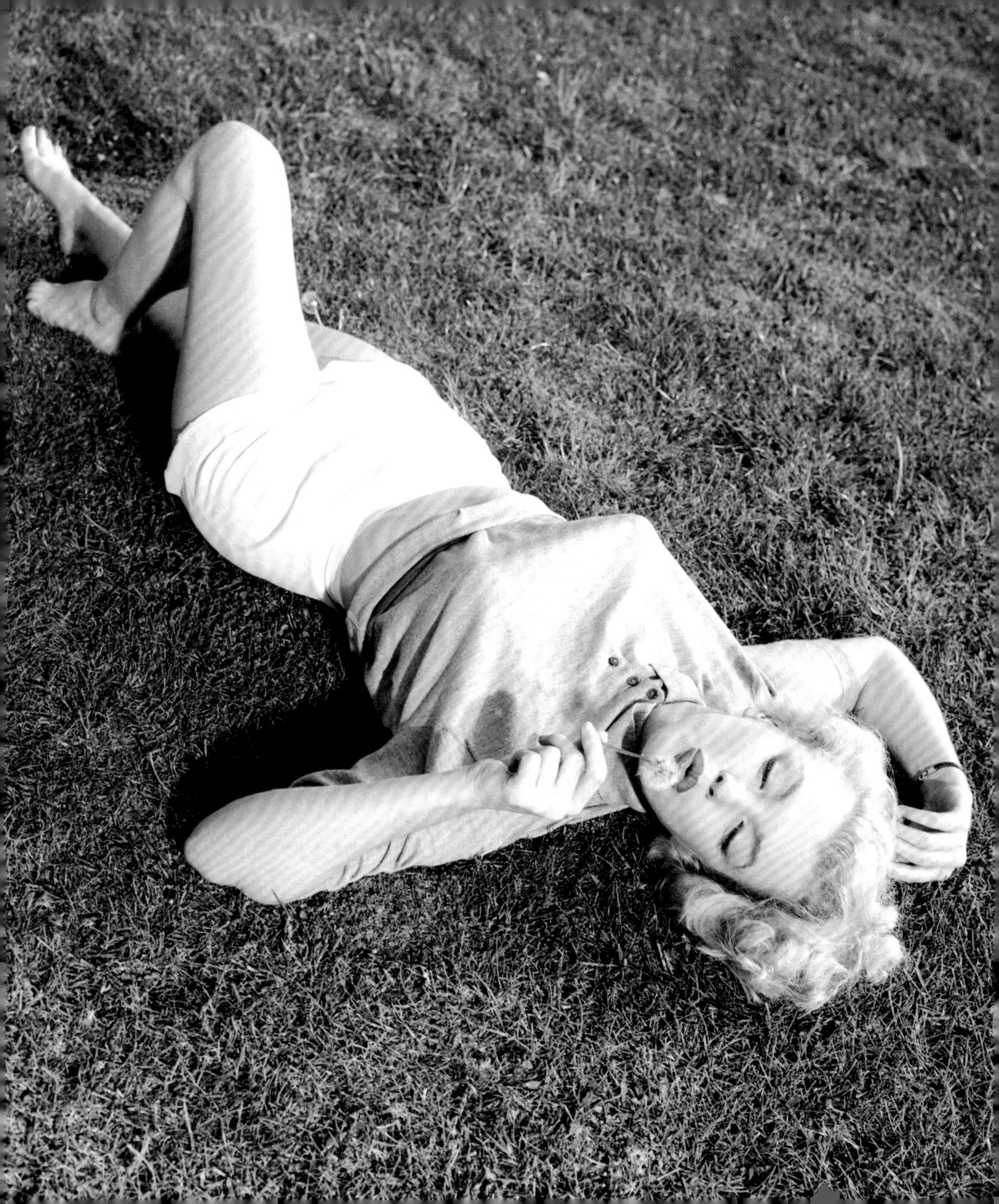

Gym… sexy !

Page ci-contre : Marilyn pratique sa gymnastique quotidienne devant l'objectif complaisant des photographes. Elle leur dit qu'il est essentiel de s'entraîner pour tonifier ses muscles et qu'elle admire la façon de marcher des Françaises : « Elles ne marchent pas dans la rue comme des juments, elles se trémoussent, elles sautillent, elles ondulent, elles sont vivantes. » Au début de sa carrière, Marilyn menait une vie saine, cultivait son corps et courait le matin. Plus tard, ces bonnes habitudes s'évanouirent avec le manque de sommeil et les médicaments, et l'angoisse s'empara d'elle.

Ci-contre : lors de son élection au titre de Miss Cheesecake, Marilyn posa, une épée en main, devant un gâteau à la crème, à l'occasion d'une fête donnée par Michael Gaszynski, un ancien diplomate polonais qui fêtait son passeport de citoyen américain.

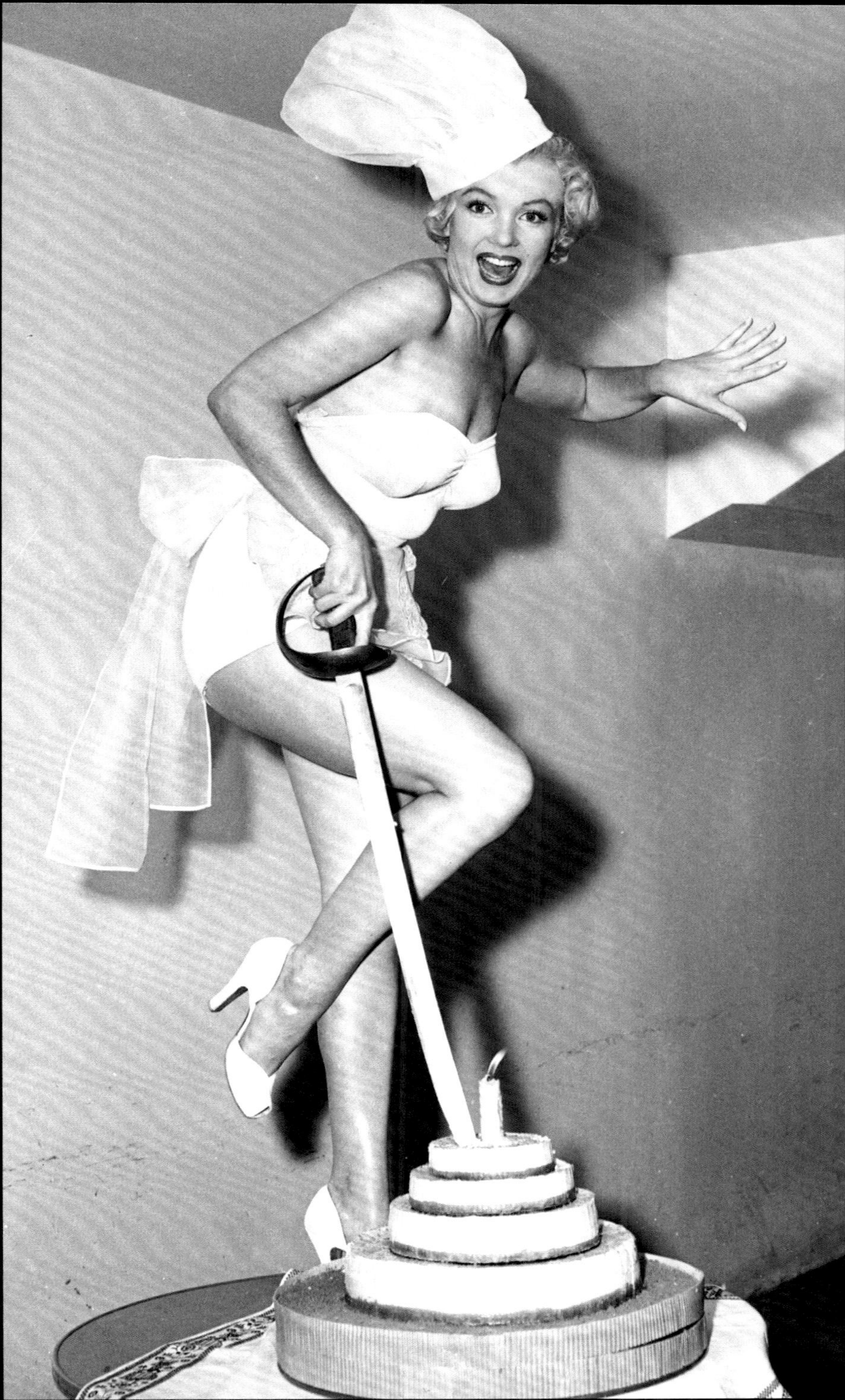

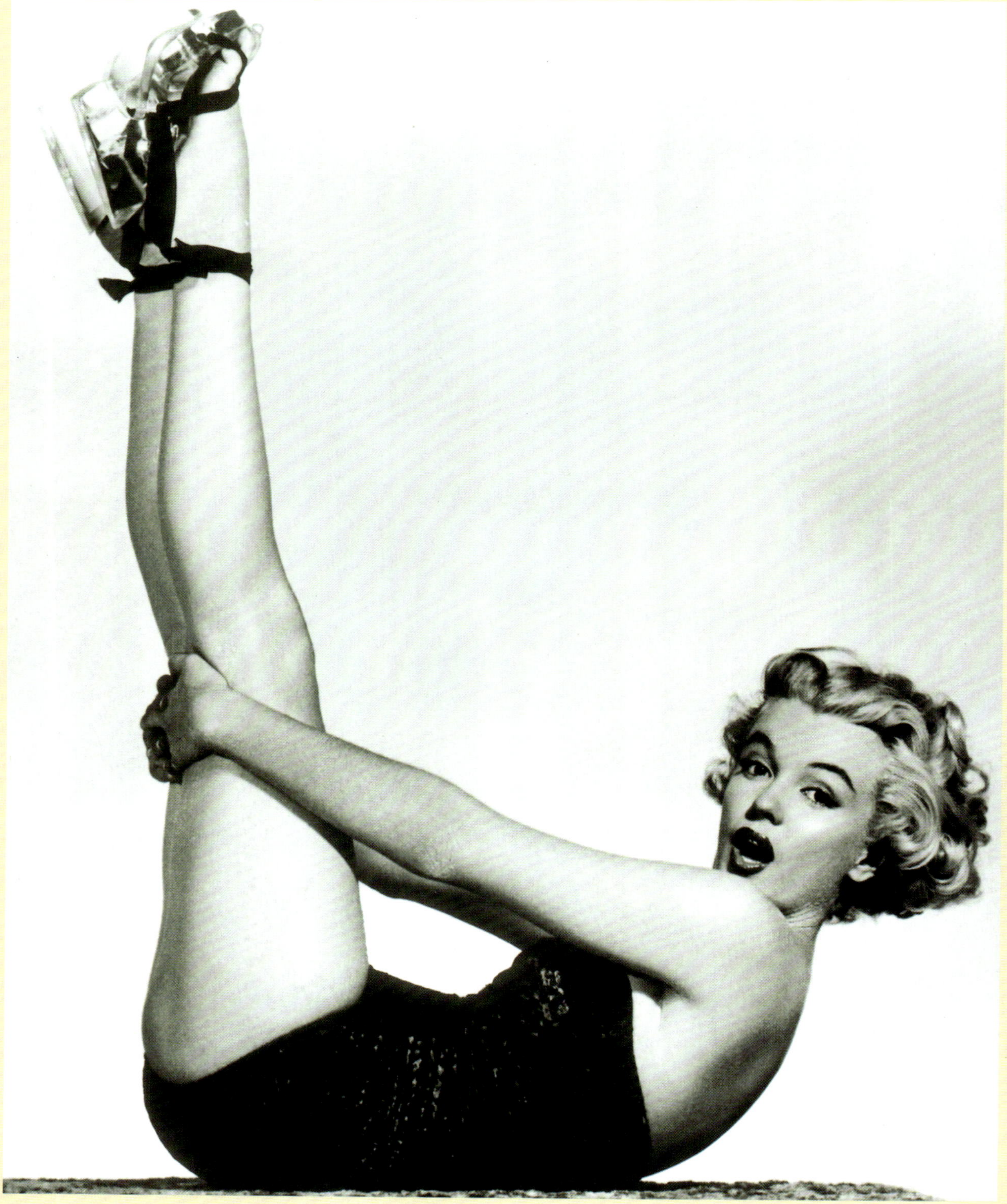

CHAPITRE DEUX

Les hommes préfèrent les blondes

À la fin de 1951, la Fox fit tourner Marilyn dans un drame sérieux dont elle avait la vedette, *Troublez-moi ce soir (Don't Bother to Knock)*. Mais l'insuccès commercial la renvoya aux comédies légères. La première fut *Chérie, je me sens rajeunir* (*Monkey business*, 1952), une comédie déjantée dans laquelle Marilyn joue la seule personne sensée. La sortie du film donna la mesure de sa popularité croissante, car la direction du cinéma fit davantage de publicité sur son nom que sur ceux de ses partenaires pourtant prestigieux, Cary Grant et Ginger Rogers.

Marilyn ne se rendait pas sur un plateau de tournage sans son coach privé, Natasha Lytess, qui se tenait toujours à proximité. Elle l'avait connue à la Columbia, à l'occasion du tournage des *Reines du music-hall*. Quand Marilyn renouvela son contrat avec la Fox, elle exigea que Natasha fût confirmée dans son rôle de coach d'art dramatique et de travailler avec d'autres acteurs sous contrat lorsque c'était possible. Marilyn se reposait entièrement sur Natasha, ce qui rendait fous les metteurs en scène et ses partenaires. Car, au lieu de suivre les indications du metteur en scène, elle demandait l'approbation de Natasha ; si cette dernière estimait que la prise n'était pas bonne, Marilyn exigeait de retourner la scène. Les metteurs en scène se voyaient coiffés par une étrangère, et ses partenaires se sentaient frustrés, car ils savaient que, parmi toutes les prises, la meilleure serait celle où Marilyn serait le plus à son avantage.

Lors du tournage de *Chérie, je me sens rajeunir*, une catastrophe se profila à l'horizon. En mai 1949, Marilyn avait posé nue pour le photographe Tom Keller, et la photo avait paru, de façon anonyme, sur un calendrier de 1952 qui trônait dans les vitrines des stations-service et des coiffeurs de tout le pays. Quelqu'un avait reconnu Marilyn dans la blonde langoureuse étendue sur du velours rouge, et ce fait divers allait être révélé dans la presse. Dans le climat moraliste du début des années 1950, le scandale pouvait ruiner sa carrière naissante : une jeune fille convenable ne pouvait poser nue et, en tout cas, aucune star d'Hollywood ne s'y serait risquée. La direction de la Fox estimait qu'il fallait nier catégoriquement, mais Marilyn pensait, au contraire, qu'il fallait dire la vérité et, pour la première fois, son avis fut écouté. Une interview exclusive fut accordée à la journaliste Aline Mosby et, en mars, l'histoire fit le tour des États-Unis. Marilyn confessa qu'elle était bien la blonde nue en question et expliqua que seul le besoin de payer ses dettes lui avait fait accepter ce moyen de gagner de l'argent, somme toute honnête. Elle ajouta que la femme du photographe avait assisté à la séance de pose et qu'elle n'avait rien fait dont elle pût avoir honte. Au lieu du désastre redouté, ce fut un triomphe. Marilyn s'attira la sympathie du public, et le calendrier fut réimprimé plusieurs fois dans les années 1950. On estime à 4 millions le nombre d'exemplaires vendus.

Deux jours plus tard, Marilyn rencontra le champion de base-ball Joe DiMaggio. Le joueur l'avait aperçue sur une publicité en compagnie de deux footballeurs des White Sox et avait demandé qui elle était. Il s'aperçut qu'un de ses amis la connaissait et il lui demanda de la lui présenter. Après un

Page ci-contre : Marilyn exposant ses charmes.

premier dîner, il l'appela chaque soir. Ils devinrent bientôt un couple célèbre, leur idylle s'étalant en première page de tous les journaux. Marilyn aimait la chaleur de sa famille italienne et se sentait en sécurité auprès de Joe.

Elle avait certes grand besoin d'aide, car, deux mois plus tard, de nouvelles ombres se projetèrent sur sa carrière. La publicité faite autour d'elle avait toujours été bâtie sur le fait qu'elle était une pauvre petite orpheline qui avait triomphé de l'adversité. Or voici qu'un journaliste avait retrouvé sa mère, qui était bien vivante et avait été reléguée dans des institutions pour malades mentaux. Cette affaire, révélée après celle du calendrier, risquait de mener Marilyn au désastre. Très vite, elle accorda une autre interview exclusive, cette fois à Erskine Johnson, et expliqua qu'elle n'avait pas connu sa mère car elle avait passé son enfance dans un orphelinat et dans des familles d'accueil. Elle ajouta que, lorsqu'elle avait appris l'existence de sa mère, elle avait pris contact avec elle et lui avait offert toute l'aide dont elle avait besoin. La seconde partie de sa déclaration était vraie. Le manager de Marilyn, Inez Melson, était en effet allée voir Gladys, dès 1951, pour s'assurer qu'elle ne manquait de rien. Cette fois encore, ces explications trouvèrent un accueil favorable auprès du public, qui lui demeura fidèle.

Dans le même temps, Marilyn se préparait à tourner *Niagara*, dont elle serait la vedette. Elle y interprète le rôle d'une séductrice machiavélique qui projette de tuer son mari pour vivre avec son amant. La scène où Marilyn écoute un disque en susurrant l'air était si chargée de sensualité qu'elle souleva les protestations du Women's Club of America et dut être modifiée en hâte. De fait, Marilyn repoussa tout le long du film les limites de la décence, selon les critères du moment, et décontenança ses partenaires. À la fin du tournage, nul ne douta plus qu'elle fût une véritable star.

L'année 1952 vit le tournage de cinq films dans lesquels elle apparaît : *Le démon s'éveille la nuit (Clash by night)* et *Cinq Mariages à l'essai (We're not Married)* pour la RKO, *Troublez-moi ce soir (Don't Bother to Knock)*, *Chérie, je me sens rajeunir (Monkey Business)* et *La Sarabande des pantins (O. Henry's Full House)* pour la Fox. Son dernier film pour la Fox était déjà programmé. Le studio avait acheté les droits des *Hommes préfèrent les blondes* pour Betty Grable, mais le réalisateur Howard Hawks, qui venait de tourner avec Marilyn *Chérie, je me sens rajeunir*, était convaincu qu'elle était l'actrice idéale pour incarner Lorelei Lee. Certains studios avaient réservé des actrices pour ce rôle, mais Marilyn n'en fut pas moins choisie comme partenaire à Jane Russel et, au début de novembre 1952, les essais de costumes et de maquillage commencèrent. Dans ce film, Marilyn a un look beaucoup plus sophistiqué que dans les précédents, et il faut y voir l'influence d'Hawks. Pour les scènes dansées, elle travailla d'arrache-pied avec le chorégraphe Jack Cole, car elle savait qu'elle manquait de technique, tout comme pour la comédie et le chant.

Désormais, les constants retards de Marilyn sur le tournage commençaient à poser des problèmes à la production. Alors qu'elle aurait dû être sur le plateau, elle restait enfermée dans sa loge pendant deux heures. Cette mauvaise habitude rendait fous les techniciens et ses partenaires, qui y voyaient une marque de non-professionnalisme, de paresse ou un manque de courtoisie délibéré. Cependant, Jane Russell découvrit rapidement la raison de ce comportement. Ce n'était pas que Marilyn ne voulait pas venir sur le plateau, mais tout simplement qu'elle ne le pouvait pas. Elle était terrifiée à l'idée de se retrouver devant la caméra, car elle ne supportait pas l'idée de ne pas être à la hauteur, de ne pas être parfaite. Elle passait des heures à retoucher son maquillage et à travailler sa scène – et c'est justement cette tension intérieure qui donne cette intensité unique à son jeu. Jane trouva une solution simple et efficace : tous les matins, elle passait chercher Marilyn dans sa loge. Une fois sur le plateau, elle pouvait travailler, pour autant que l'ambiance fût favorable et que Natasha ne fût pas loin.

L'année suivante, 1953, fut l'un des sommets de la carrière de Marilyn. *Niagara*, tourné en janvier, encaissa cinq fois plus de recettes que le budget dépensé, mettant Marilyn en tête du box-office. En avril, elle apprit qu'elle aurait un autre grand rôle dans *Comment épouser un millionnaire (How to Marry a Millionnaire)*. Elle travailla en compagnie de deux grandes vedettes, Betty Grable et Lauren Bacall. Les médias prétendirent que c'était la guerre entre Marilyn et Betty Grable – les deux étoiles, l'une montante, l'autre sur le déclin –, et le studio attisa les braises, mais, en réalité, elles s'entendirent bien et se lièrent d'amitié. Marilyn n'était pas ravie d'avoir à porter des lunettes à l'écran, mais les incidents provoqués par sa myopie confirmèrent son talent de comédienne.

Les hommes préfèrent les blondes sortit en juillet et devint rapidement un succès spectaculaire. Ce film, apprécié par le public comme par la critique, valut à Marilyn ses premières récompenses pour son talent de comédienne plus que pour ses attraits physiques : le prix de la meilleure actrice 1953 du magazine *Photoplay* et celui de « meilleure amie des diamants » par l'académie de la joaillerie.

Marilyn était passée directement des *Hommes préfèrent les blondes* à *Comment épouser un millionnaire*, presque sans prendre de repos, et s'apprêtait à tourner *Rivière sans retour* (*River of no Return*, 1954). Charles Feldman, de l'agence Famous Artists, qui était son agent bien qu'il n'y eût pas de contrat signé entre eux, se préoccupait de l'incidence de ces tournages répétés sur la santé de Marilyn. Quand le studio l'informa qu'elle tournerait immédiatement après un autre film musical, *La Diablesse en collants roses (The Girl in Pink Tights)*, Feldman lui conseilla de refuser. Dans son esprit, c'était aussi un moyen de signifier aux directeurs de studios à quel point Marilyn était devenue importante, prélude à une renégociation de son contrat. Marilyn était réticente à l'idée d'intenter une action contre le studio, qui risquait de la suspendre. Elle se sentait toujours fragile et avait peu d'argent devant elle. Mais, par ailleurs, elle n'avait pas très envie de tourner ce film. Elle était irritée parce que personne n'avait pris la peine de lui faire lire le script – on ne lui en avait procuré qu'un résumé – et estimait que le personnage qu'on lui proposait ne différait pas de ceux de ses deux derniers films. De peur d'être cantonnée à une certaine catégorie de films, elle aurait voulu se voir offrir des rôles plus diversifiés. Outre le fait qu'on ne l'associait pas au choix des nouveaux projets, le réalisateur était désigné d'office. Et Marilyn avait appris qu'il était capital pour elle de travailler avec un metteur en scène sachant tirer le meilleur d'elle-même. On lui avait récemment proposé d'être la vedette d'un film au tarif habituel de 1 500 dollars par semaine, renégocié en 1951 quand elle avait atteint la célébrité, alors que son partenaire Frank Sinatra était payé 3 500 dollars par semaine. Elle partit pour le Canada pour les repérages de *Rivière sans retour*, laissant tous ces problèmes en suspens.

À l'époque, elle avait d'autres sujets de préoccupation. Joe DiMaggio l'avait plusieurs fois demandée en mariage, mais elle n'arrivait pas à se décider. Certes, elle l'aimait et se rendait compte qu'il lui offrait soutien et stabilité, mais il ne s'intéressait pas au cinéma et était extrêmement jaloux de l'attention qu'elle suscitait chez les hommes. Il critiquait son amour de la gloire et sa façon provocante de s'habiller. Plus important encore, il voulait qu'elle abandonne le cinéma pour devenir une femme au foyer, alors que tout en elle tendait à la célébrité. Il fut décidé que Joe la rejoindrait au Canada et qu'ils prendraient calmement une décision, loin de l'agitation d'Hollywood.

Le tournage de *Rivière sans retour* ne fut pas une expérience heureuse. Le réalisateur Otto Preminger ne cachait pas son peu d'enthousiasme pour le projet et n'éprouvait aucune sympathie pour Natasha Lytess. Quand Natasha s'en prit au jeune acteur Tommy Rettig, lui faisant oublier son texte, Preminger la chassa du plateau. Marilyn et son partenaire Robert Mitchum avaient tous deux des rôles difficiles, en particulier dans les scènes de descente des rapides en radeau, qui leur imposaient de passer de longs moments dans l'eau glacée.

Après le tournage, Joe l'emmena passer quelques jours dans sa famille à San Francisco, puis ils rentrèrent à Hollywood. S'il désirait toujours la voir abandonner le cinéma, il approuvait son action contre le studio, surtout pour l'aspect financier. Dans son esprit, l'argent appelant le respect, plus elle serait payée, plus elle serait respectée. Marilyn, sous la pression de Natasha, avait pratiquement décidé de tourner dans *La Diablesse en collants roses*. Natasha craignait en effet qu'en refusant Marilyn ne perde son emploi à la Fox, mais Feldman n'était pas de cet avis. À ce stade de la réflexion, DiMaggio montra qu'il savait se conduire en homme d'affaires avisé. Il fit observer que, si Marilyn refusait le film, la Fox économiserait le surcoût dû à ses célèbres retards, ce qui fournit à Feldman un excellent argument pour négocier. Au premier jour du tournage, Marilyn ne se présenta pas sur le plateau.

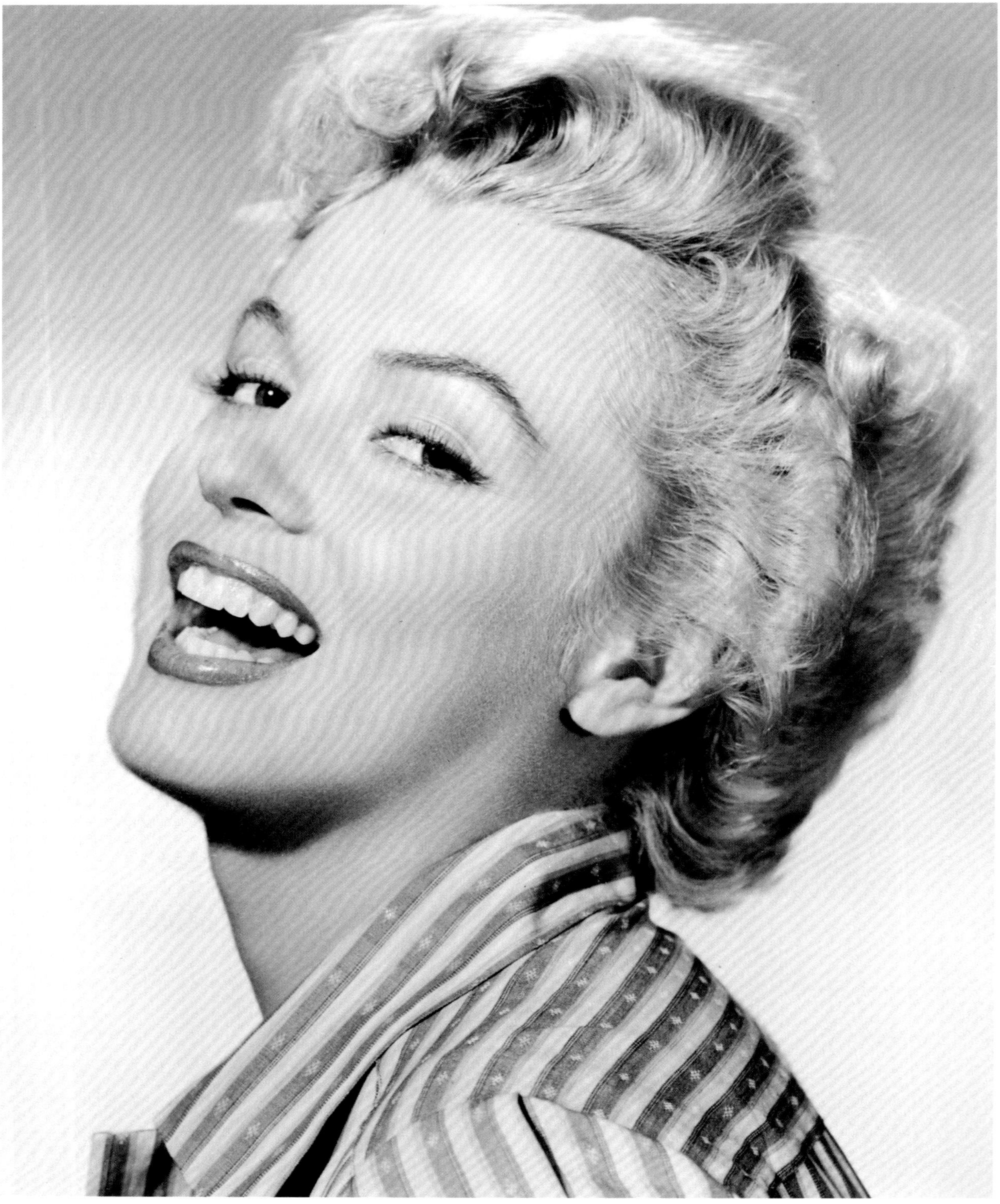

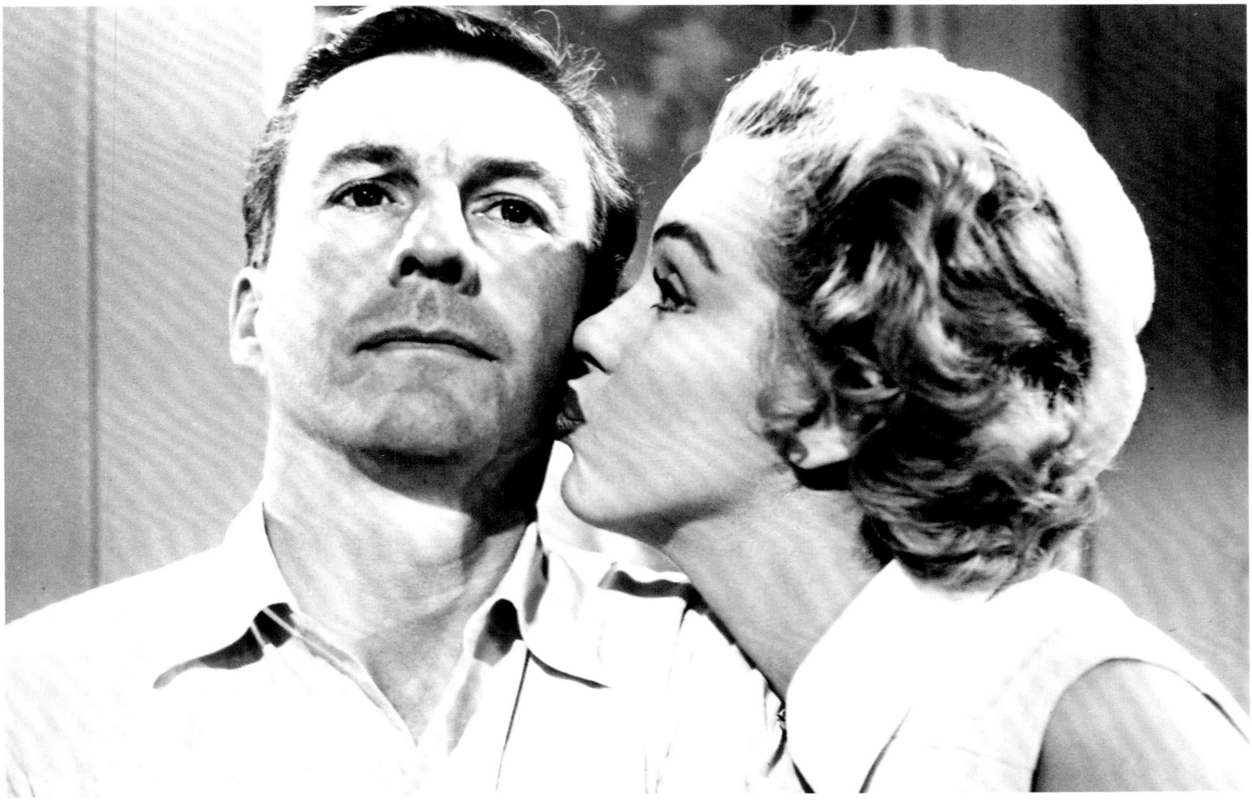

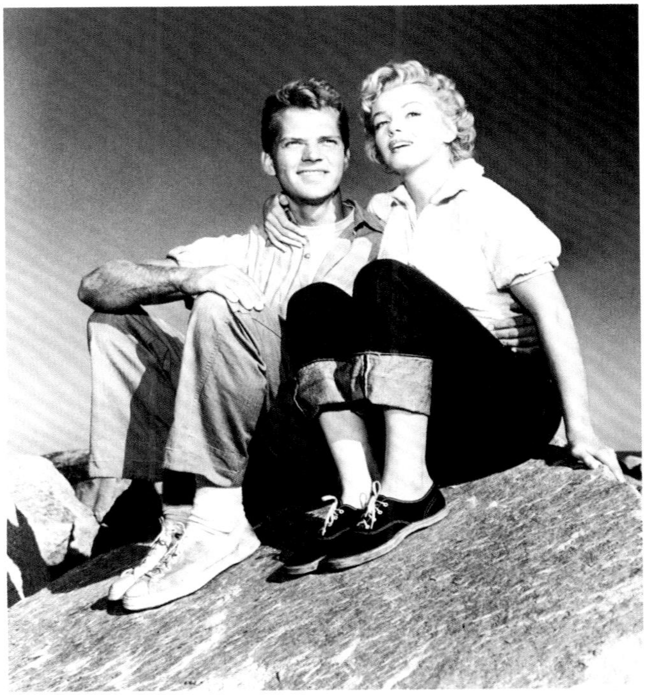

Cinq mariages à l'essai

Ci-dessus : David Wayne semble rester de glace alors que Marilyn pique un baiser sur sa joue dans une scène de *Cinq mariages à l'essai* (*We're not Married*, 1952), avec une distribution prestigieuse : Ginger Rogers, Fred Allen et Zsa Zsa Gabor. Marilyn joue le rôle d'une femme au foyer qui peut concourir, du fait de la nullité de son mariage, pour le titre de Miss Amérique. Son personnage fut ajouté à la hâte, pour profiter de sa notoriété montante. Le scénariste Nunnally Johnson admit plus tard qu'il avait délibérément créé des situations où Marilyn apparaîtrait en maillot de bain.

Page ci-contre : Marilyn commençait à beaucoup tourner, mais n'en oubliait pas pour autant l'importance de la publicité et était toujours prête à prendre la pose devant un objectif. Elle n'allait toutefois pas tarder à souhaiter échapper au stéréotype de la belle blonde écervelée.

Ci-contre : Marilyn pose avec l'acteur Keith Andes, qui joue le rôle de son amoureux dans *Le démon s'éveille la nuit*, sorti en 1952. Elle avait été prêtée par la Fox à la RKO, et c'était son premier rôle d'envergure requérant de réelles qualités d'actrice. Elle insista pour que son coach personnel Natasha Lytess fût présente sur le plateau, ce qui déplaisait fort au réalisateur Fritz Lang.

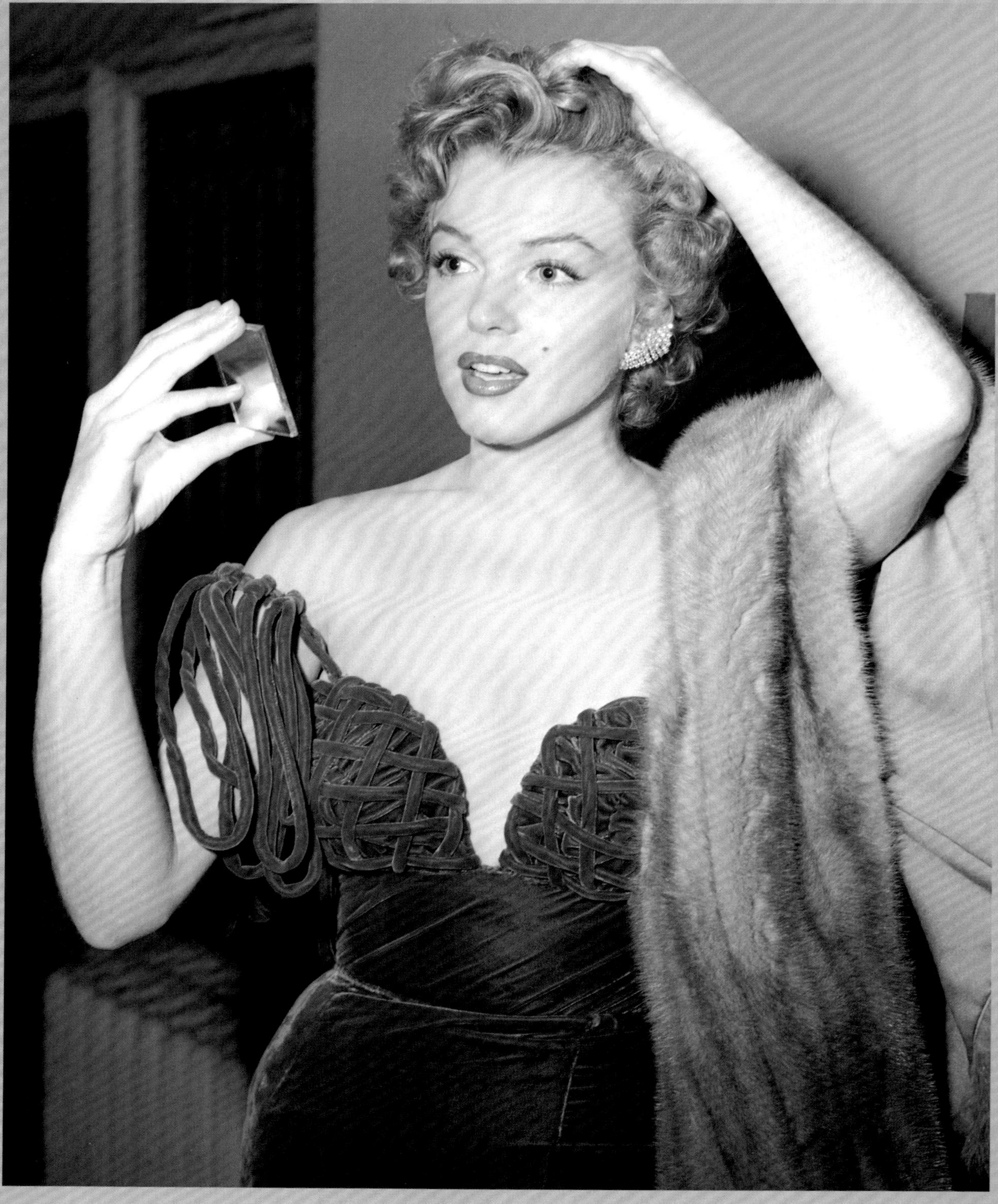

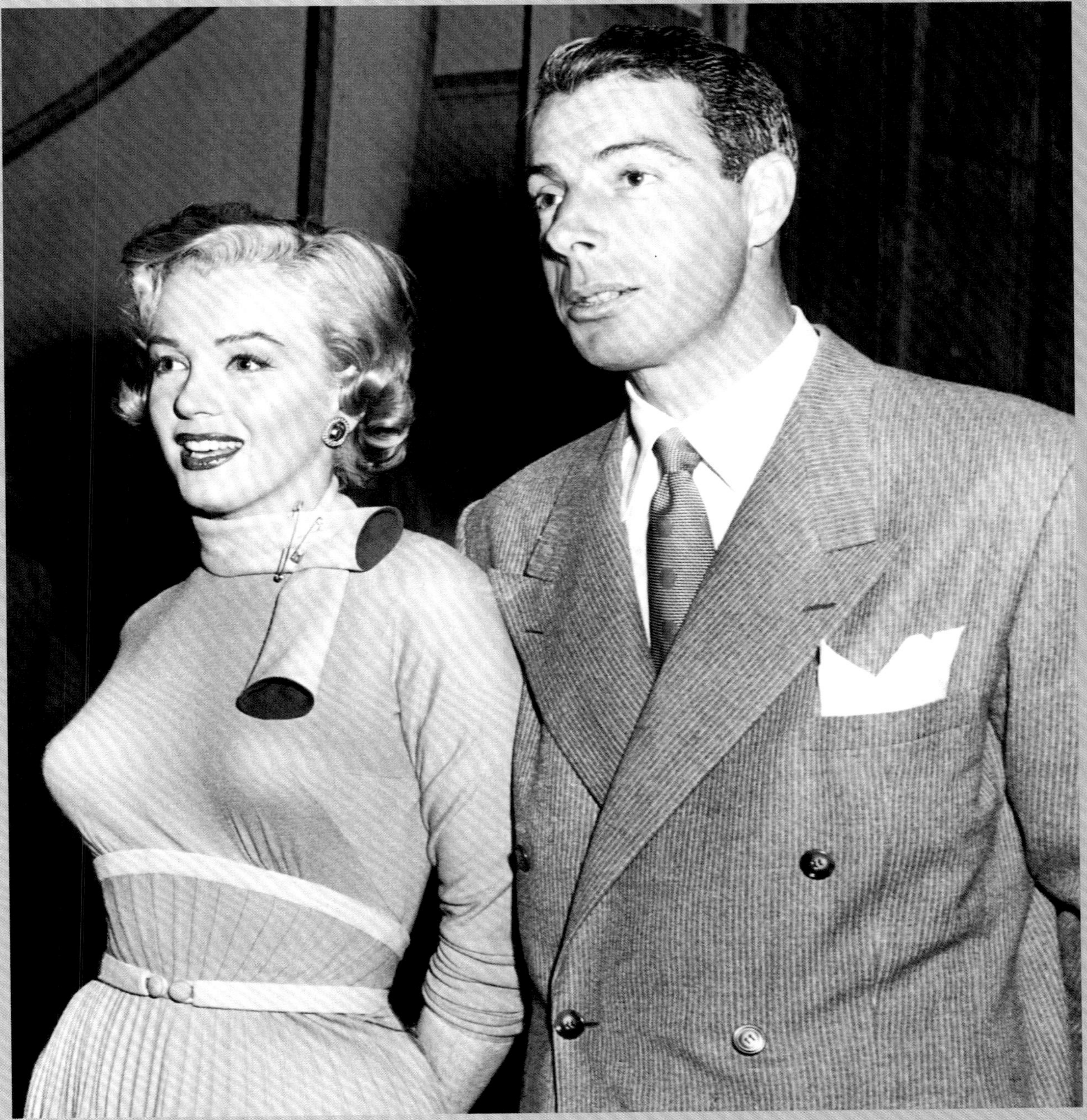

L'idylle avec Joe DiMaggio

Ci-dessus : Marilyn et Joe DiMaggio s'étaient rencontrés en mars 1952, au restaurant Villa Nova. Leur idylle fit rapidement la une des journaux. Quand Joe DiMaggio se rendit sur le plateau de *Chérie, je me sens rajeunir (Monkey Business)*, il fut photographié avec Marilyn et Cary Grant, mais les journaux coupèrent Cary Grant, et la photo du couple seul parut dans le monde entier.

Page ci-contre : Marilyn se refait une beauté. Elle passait des heures devant son miroir avant de se rendre sur le plateau. Non qu'elle fût vaniteuse, mais elle ne voulait pas apparaître en public sans donner le meilleur d'elle-même.

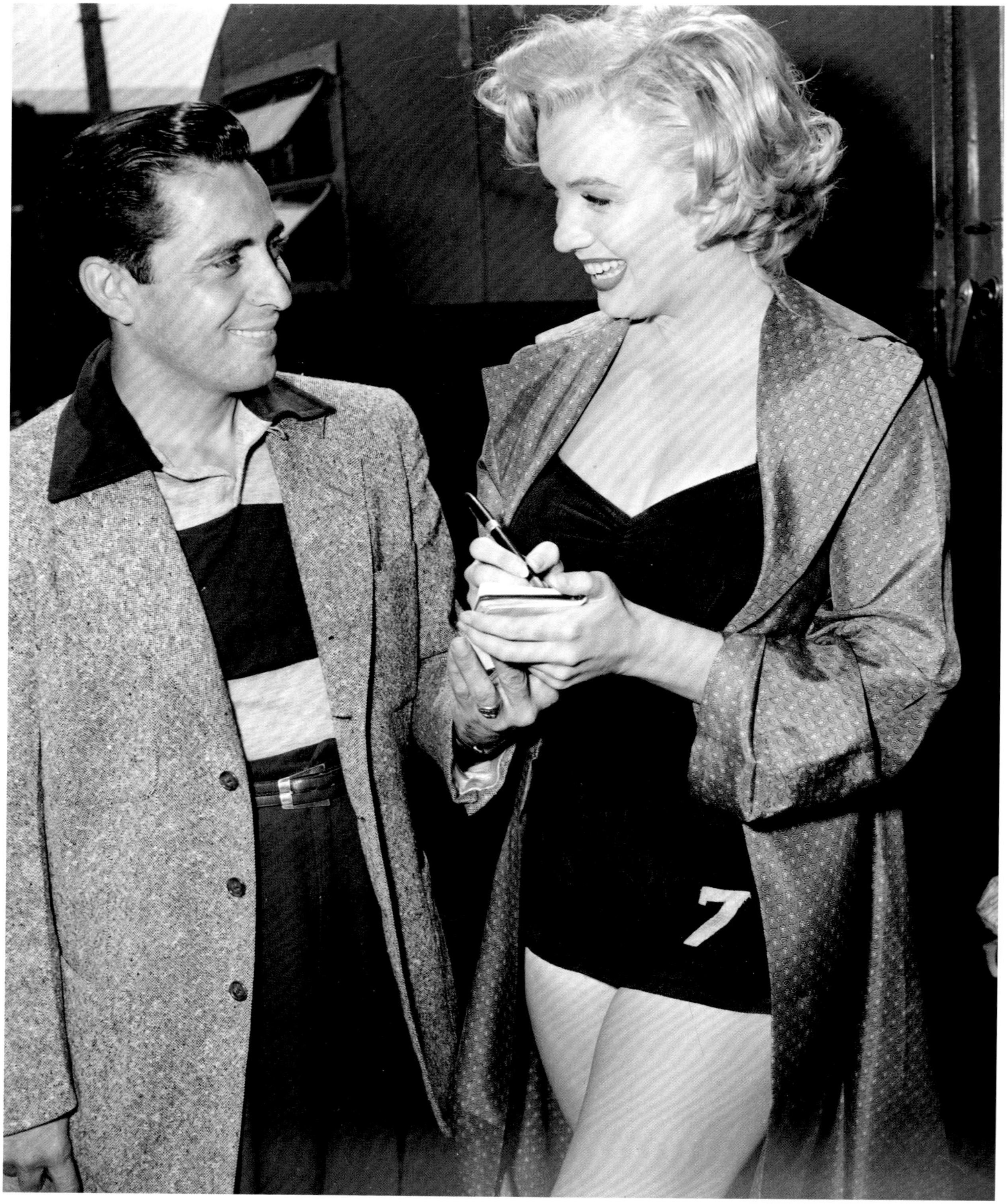

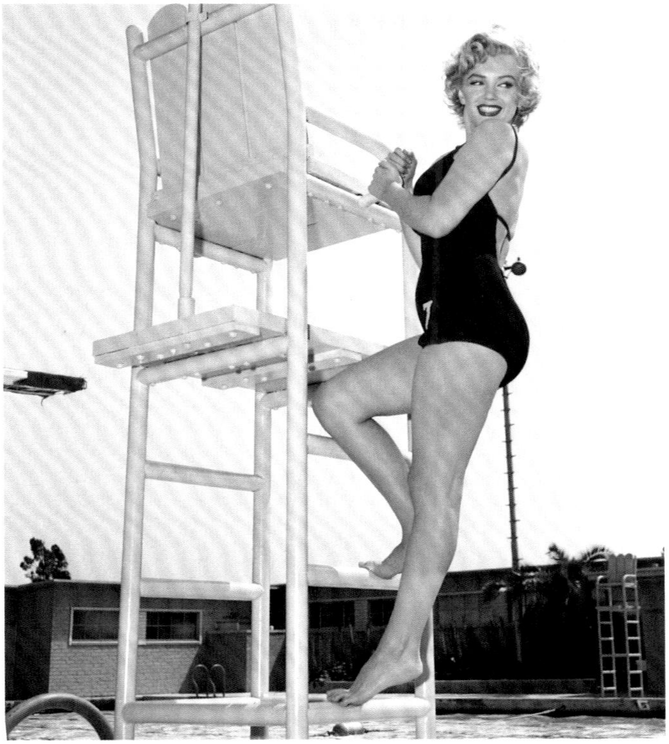

Une comédie loufoque

Ci-contre : Marilyn en maillot de bain auprès de Cary Grant, pour la promotion de *Chérie, je me sens rajeunir (Monkey Business)*, tourné au début de 1952. Ce film est une comédie débridée, interprétée par Cary Grant et Ginger Rogers. Avant le début du tournage, le metteur en scène Darryl Zanuck demanda aux scénaristes d'étoffer le rôle de Marilyn et celui… du chimpanzé !

Pendant le tournage, Marilyn eut une crise d'appendicite, mais refusa de se faire opérer avant d'avoir terminé le film, en avril. Cependant, bien qu'elle se fût donné beaucoup de mal pour conserver son rôle, elle arrivait régulièrement en retard sur le plateau, une mauvaise habitude qui s'aggrava au fil des années. Plus tard, Howard Hawks dit d'elle qu'elle était en retard tous les jours… mais qu'elle savait parfaitement son texte.

Page ci-contre : Marilyn signe un autographe à un admirateur. Un groupe de fans de New York, connu sous le nom de Monroe Six, était toujours présent sur les lieux où elle se trouvait. Lorsqu'elle vivait à New York, ils la suivaient partout, guettant le moindre de ses gestes. Elle appréciait leur dévotion et les invita tous un jour à pique-niquer à Roxbury, où elle vivait avec Arthur Miller.

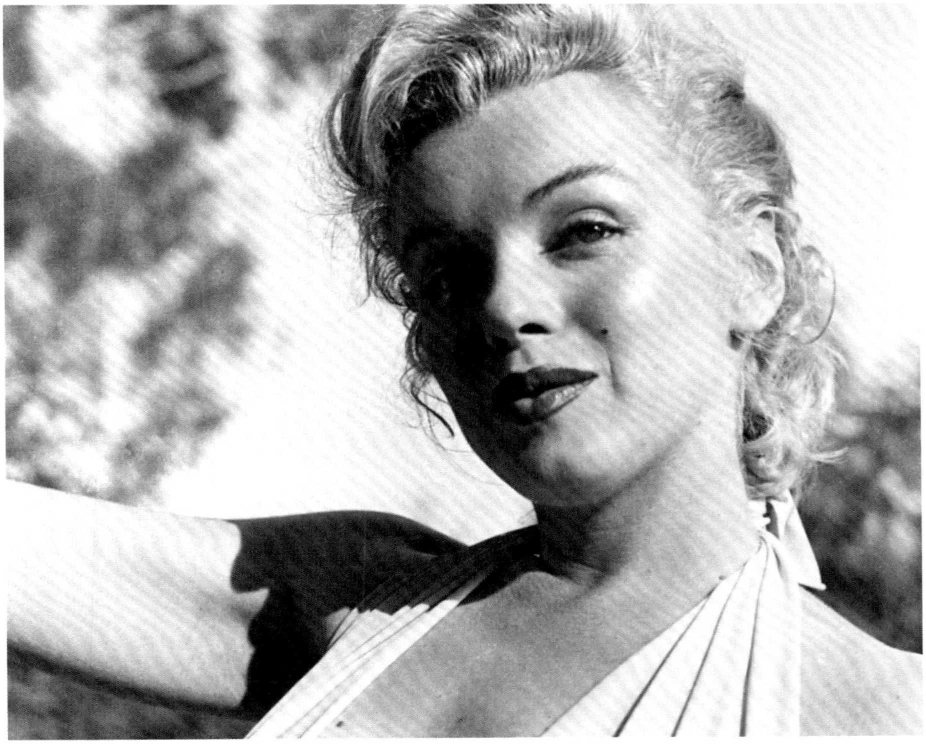

Le calme avant la tempête

Ci-contre : Marilyn se repose au soleil dans sa maison d'Hollywood. Peu après avoir réalisé son rêve d'enfant, jouer avec Cary Grant dans un film d'Howard Hawks, son passé revint la hanter. Elle avait été reconnue sur un calendrier largement diffusé aux États-Unis, pour lequel elle avait posé nue, et la clause de moralité autorisait le studio à la renvoyer si la réaction du public était défavorable. À l'aube du succès, Marilyn risquait de perdre ce qu'elle avait eu tant de mal à conquérir. Contre l'avis du studio, elle admit publiquement avoir posé pour ces photos pour gagner de l'argent. Le public lui pardonna, et l'épisode accrut sa popularité.

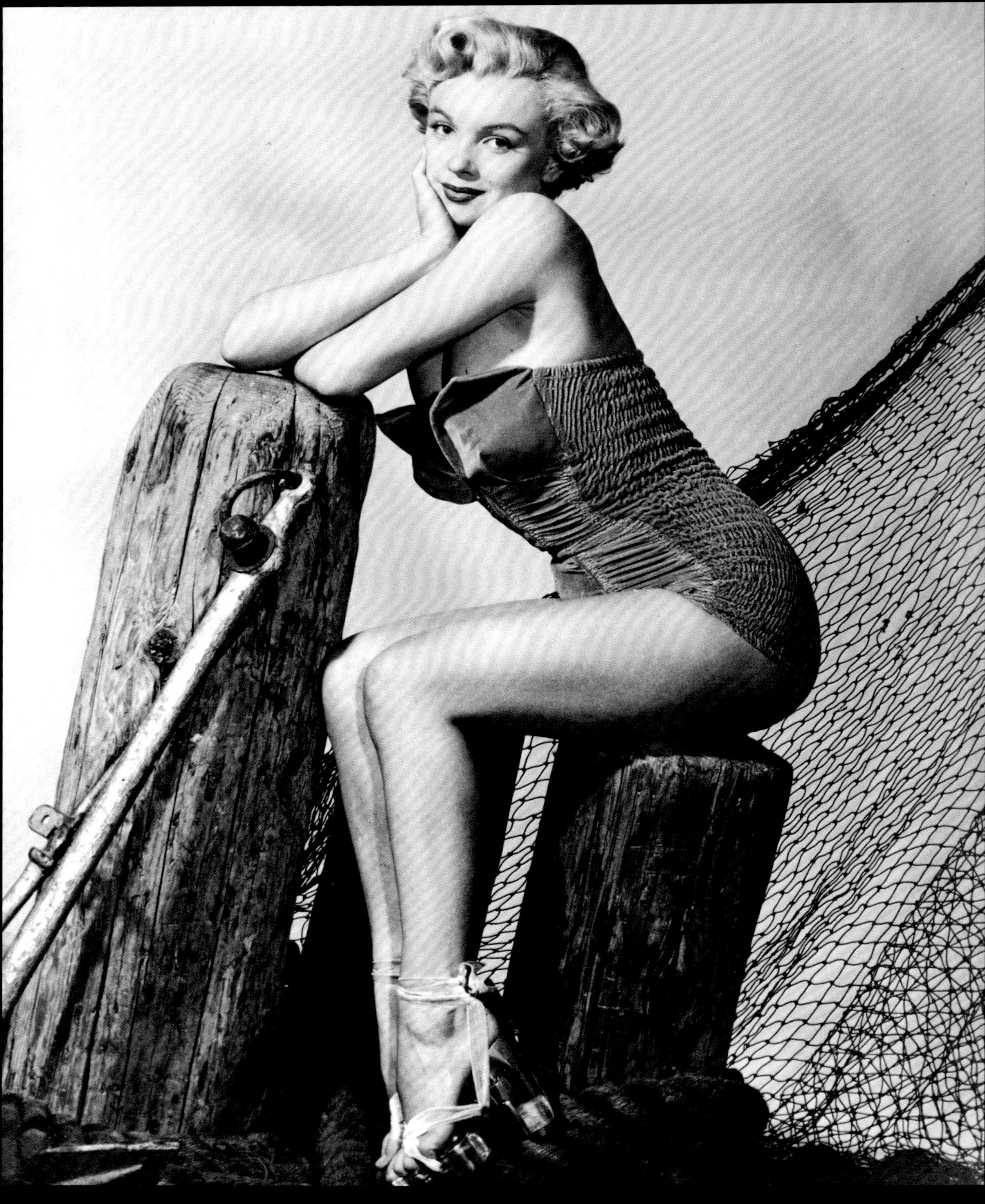

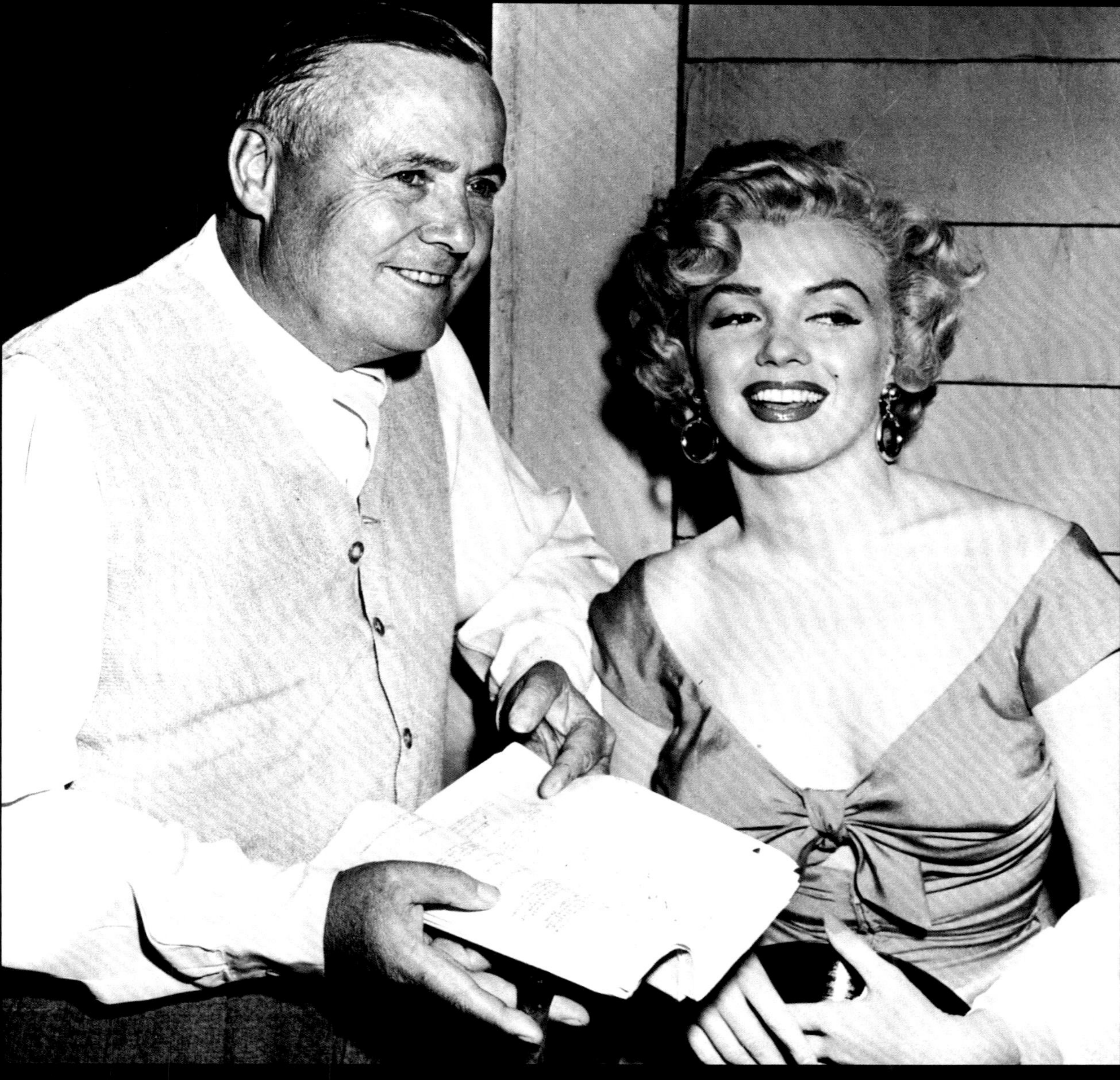

Les chutes du Niagara

Ci-dessus : Marilyn et Henry Hathaway, réalisateur de *Niagara*. Pour son second rôle de premier plan, Marilyn partagea la vedette avec… les chutes du Niagara. Un plan est demeuré célèbre : Marilyn, moulée dans une jupe noire, s'éloignant à 100 mètres de la caméra en balançant les hanches de façon provocante. Cette scène fit sensation, et Marilyn confia au magazine *Life* : « Je marche depuis que j'ai six mois, et depuis, c'est ainsi que je me déplace. »

Page ci-contre : une photo promotionnelle. À ses débuts, Marilyn était considérée comme une blonde sans cervelle, et rien de plus. Ce jugement la rendait furieuse, car il l'empêchait de prétendre à des rôles plus sérieux. Cela venait en partie du patron du studio, Darryl Zanuck, qui pensait sérieusement que Marilyn avait la tête vide ; mieux estimée, Marilyn aurait pu réussir plus vite et obtenir des rôles plus variés. Cela ne l'empêcha cependant pas de développer une personnalité qui plut au public, même si elle a passé le reste de sa carrière à démontrer qu'elle valait mieux que son image.

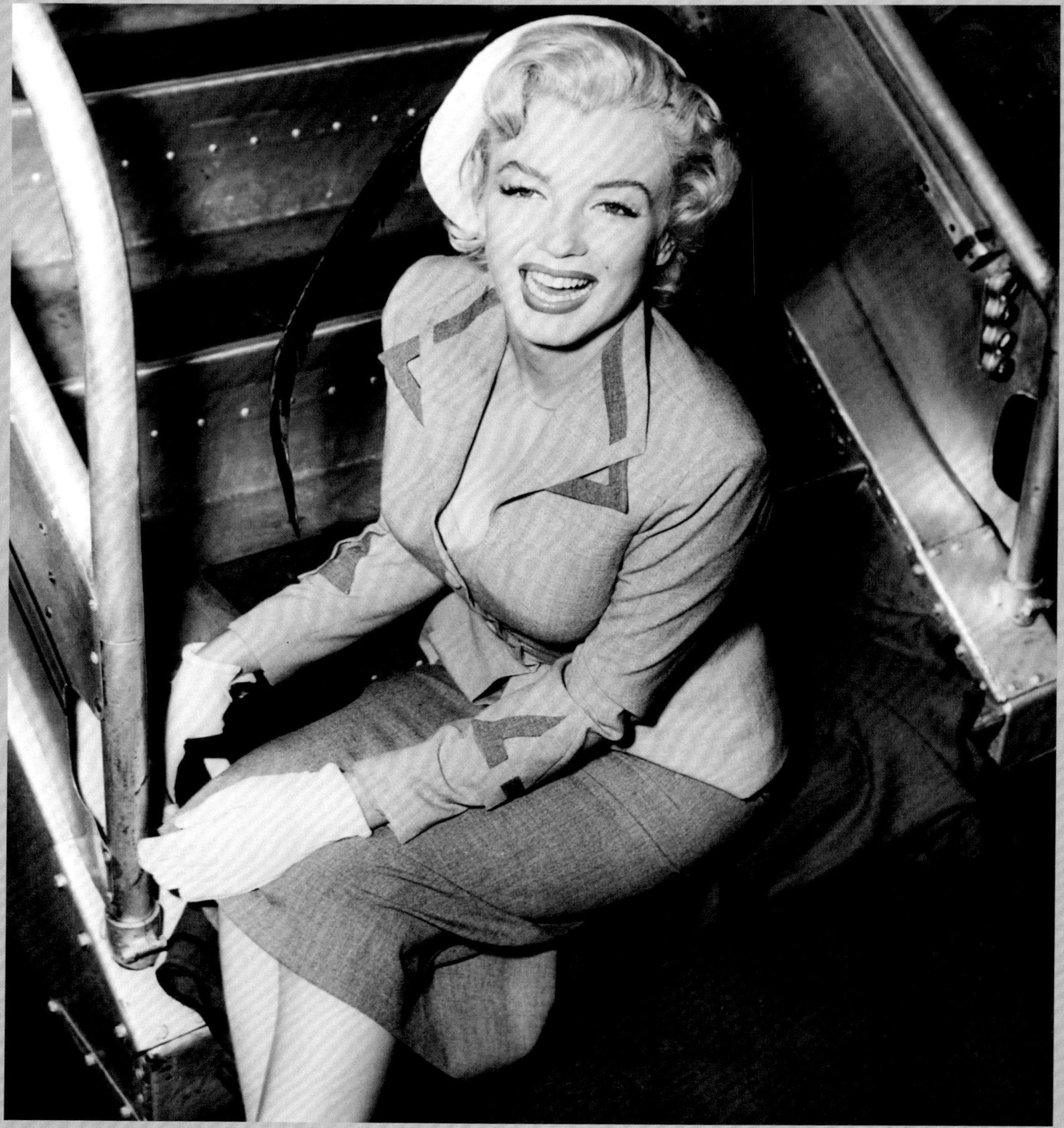

Les hommes préfèrent les blondes…

Ci-dessus : Marilyn arrive à New York en octobre 1952 pour la promotion de *Chérie, je me sens rajeunir*. Ce sera l'une de ses rares apparitions en public en l'espace de quelques mois. En effet, après des années d'une incessante campagne de publicité pour faire progresser sa carrière, le studio lui manifesta enfin sa confiance et lui demanda de ne plus se consacrer désormais qu'à la préparation de son nouveau rôle dans le prochain film d'Howard Hawks, *Les hommes préfèrent les blondes*, tiré d'un roman d'Anita Loos.

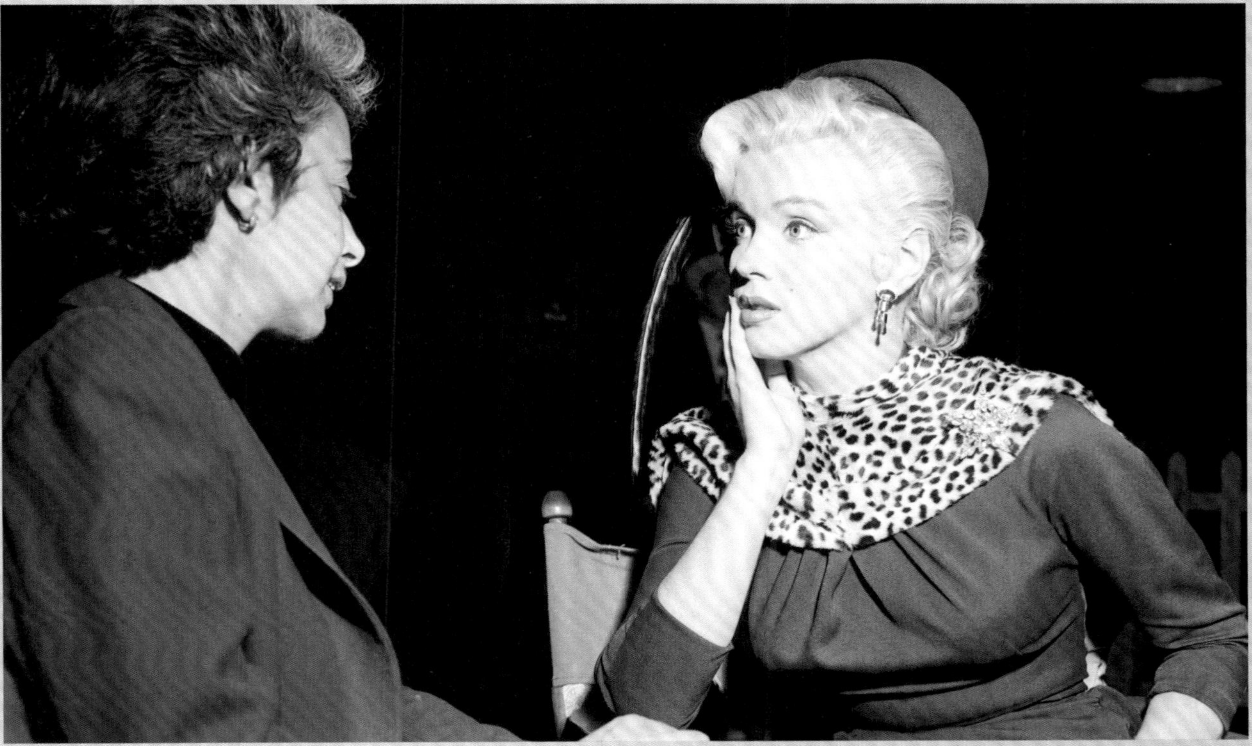

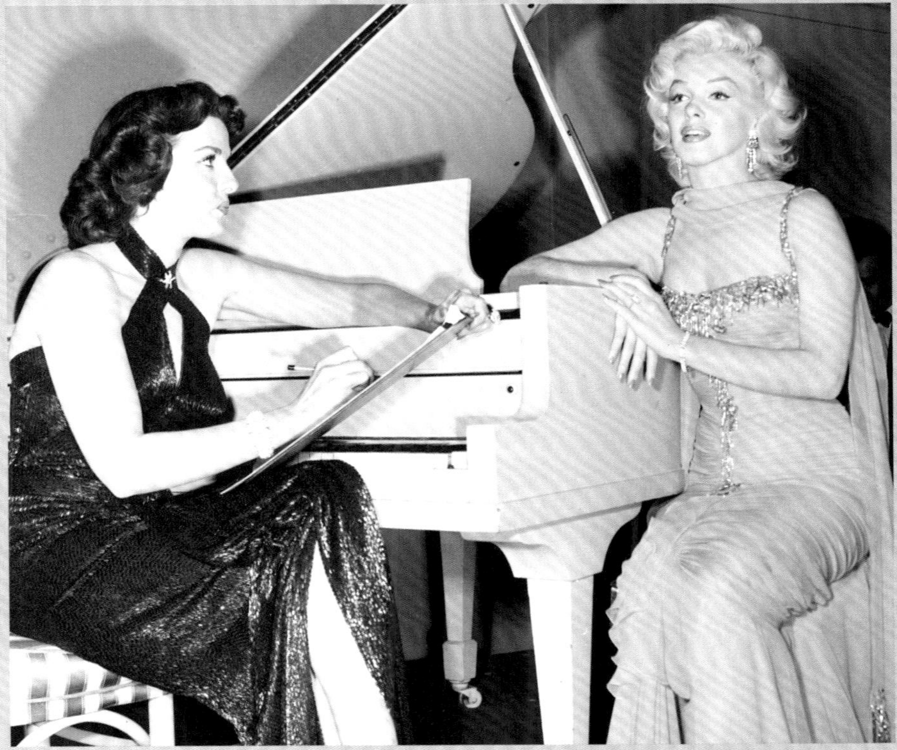

Un cadeau d'anniversaire

Howard Hawks, qui avait déjà dirigé Marilyn dans *Chérie, je me sens rajeunir*, préféra traiter cette adaptation comme une pure comédie, et non comme une comédie dramatique. Il persuada Darryl Zanuck, directeur de production de la Fox, que l'association d'une actrice confirmée comme Jane Russell et d'une débutante populaire comme Marilyn contribuerait au succès du film. Pour son vingt-sixième anniversaire, Marilyn fut ravie de se voir offrir le rôle de Lorelei, créé à Broadway par Carol Channing.

Ci-dessus : la professeure d'art dramatique Natasha Lytess explique un détail à Marilyn.

Ci-contre : Jane Russell avec Marilyn sur le plateau des *Hommes préfèrent les blondes*. Les deux actrices s'entendirent très bien, bien que le salaire de Jane fût dix fois supérieur à celui de sa partenaire, qui ne gagnait que ce qui était stipulé dans son contrat.

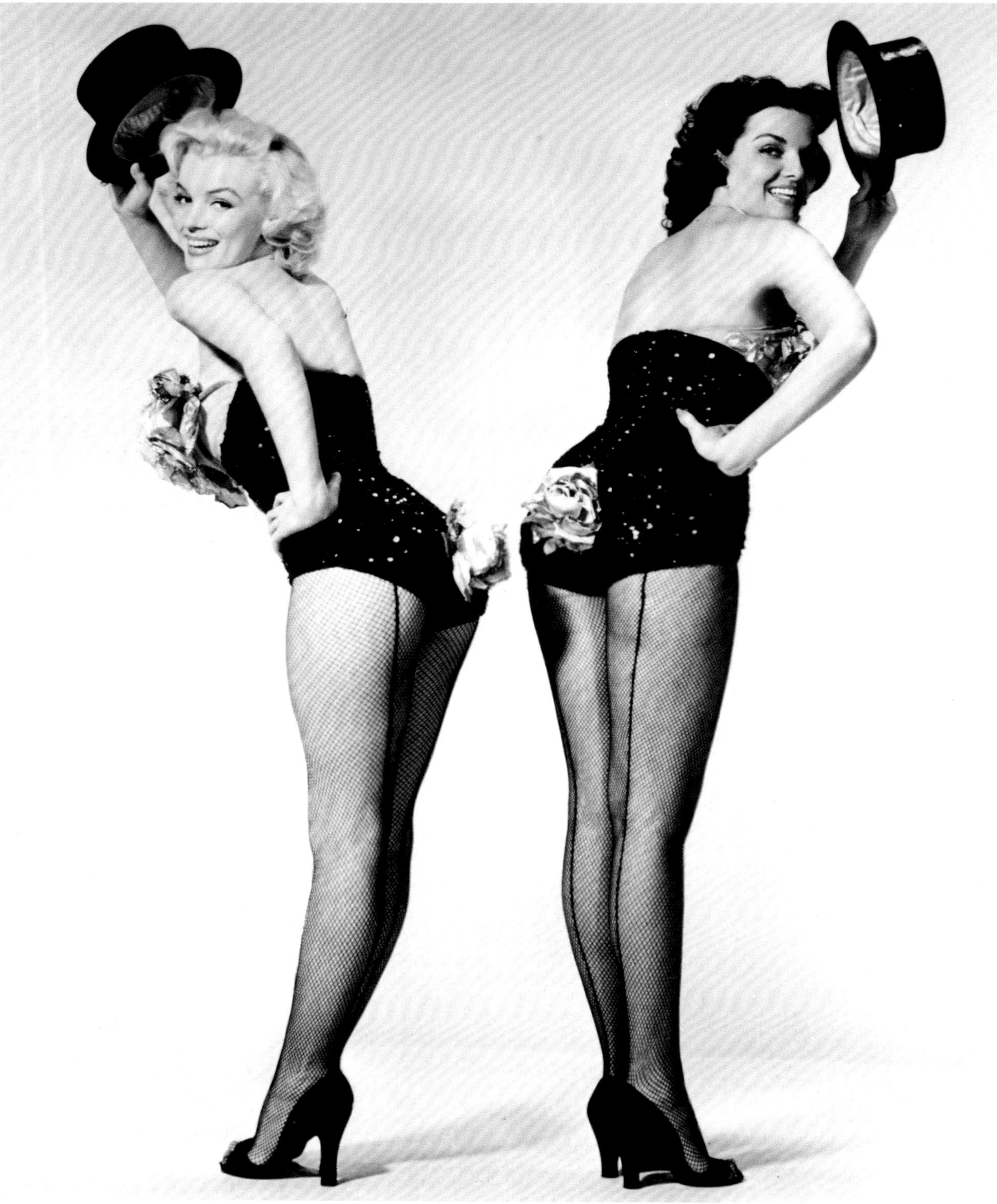

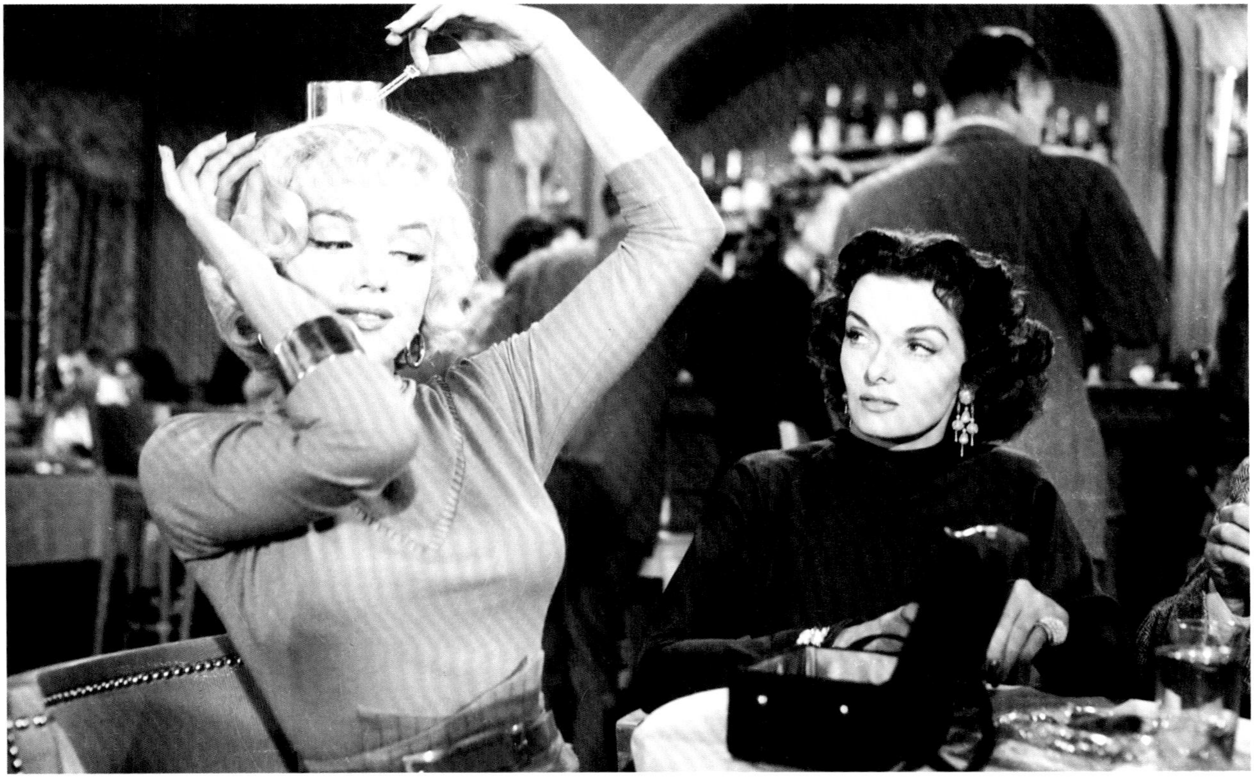

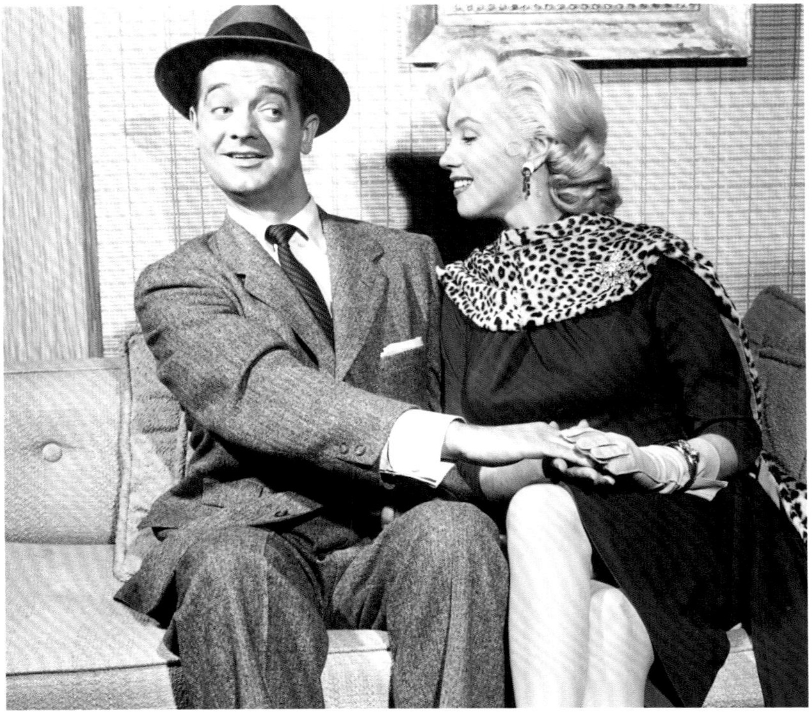

Two Little Girls from Little Rock…

Page ci-contre : Jane et Marilyn jouent deux actrices de revue prenant le bateau pour la France, où Lorelei doit épouser son riche fiancé, Gus Esmond. Le père du jeune homme est convaincu que Lorelei est une croqueuse de diamants et engage un détective privé pour confirmer ses soupçons. Marilyn, bien déterminée à exploiter la chance qui lui était offerte, travailla beaucoup ses numéros avec le professeur de danse Jack Cole. Les deux actrices ouvrirent le film par la chanson *Two Little Girls from Little Rock*, mais le numéro le plus connu est la chanson interprétée par Marilyn *Diamonds Are a Girl's Best Friend*.

Ci-dessus : dans le film, ayant admiré une tiare en diamants, Lorelei essaie un rond de serviette pour juger de son effet, se déclarant adorer toute nouvelle façon de porter des diamants.

Ci-contre : un nouvel acteur, Tommy Noonan, joue le rôle du riche héritier Gus Esmond. Ce gentil naïf ne peut que tomber dans les filets de la bombe explosive Lorelei.

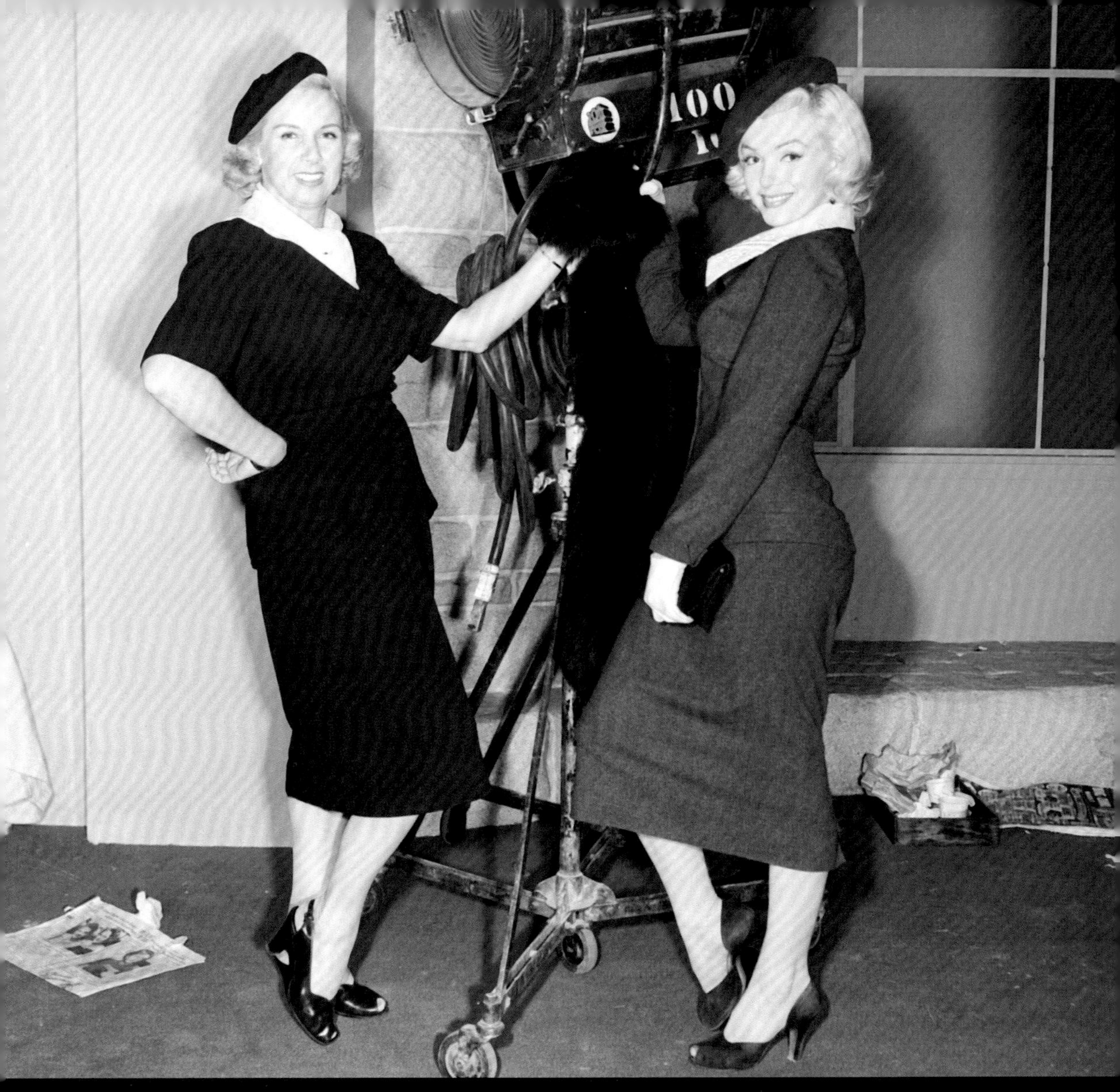

Une équipe soudée

Ci-dessus : Marilyn avec Irene Crosby, sa doublure dans *Les hommes préfèrent les blondes*. Sur le plateau, Marilyn avait rassemblé autour d'elle un petit groupe avec lequel elle entretenait d'étroites relations. Natasha était toujours présente, ainsi que son fidèle maquilleur Whitey Snyder et sa coiffeuse Gladys Whitten, pour la soutenir et l'encourager.

Page ci-contre : Marilyn étudie plusieurs manuscrits originaux du directeur de théâtre Max Reinhardt, qu'elle vient d'acquérir pour la somme de 1 335 dollars. Cet intérêt lui était sans doute inspiré par Natasha Lytess, qui avait fait partie de la compagnie théâtrale de Reinhardt, en Allemagne. Les journaux taxèrent Marilyn de légèreté, car son achat privait une bibliothèque universitaire de manuscrits importants. Marilyn répliqua qu'elle pensait en faire don à l'université. En fait, les fils de Reinhardt les rachetèrent pour une forte somme.

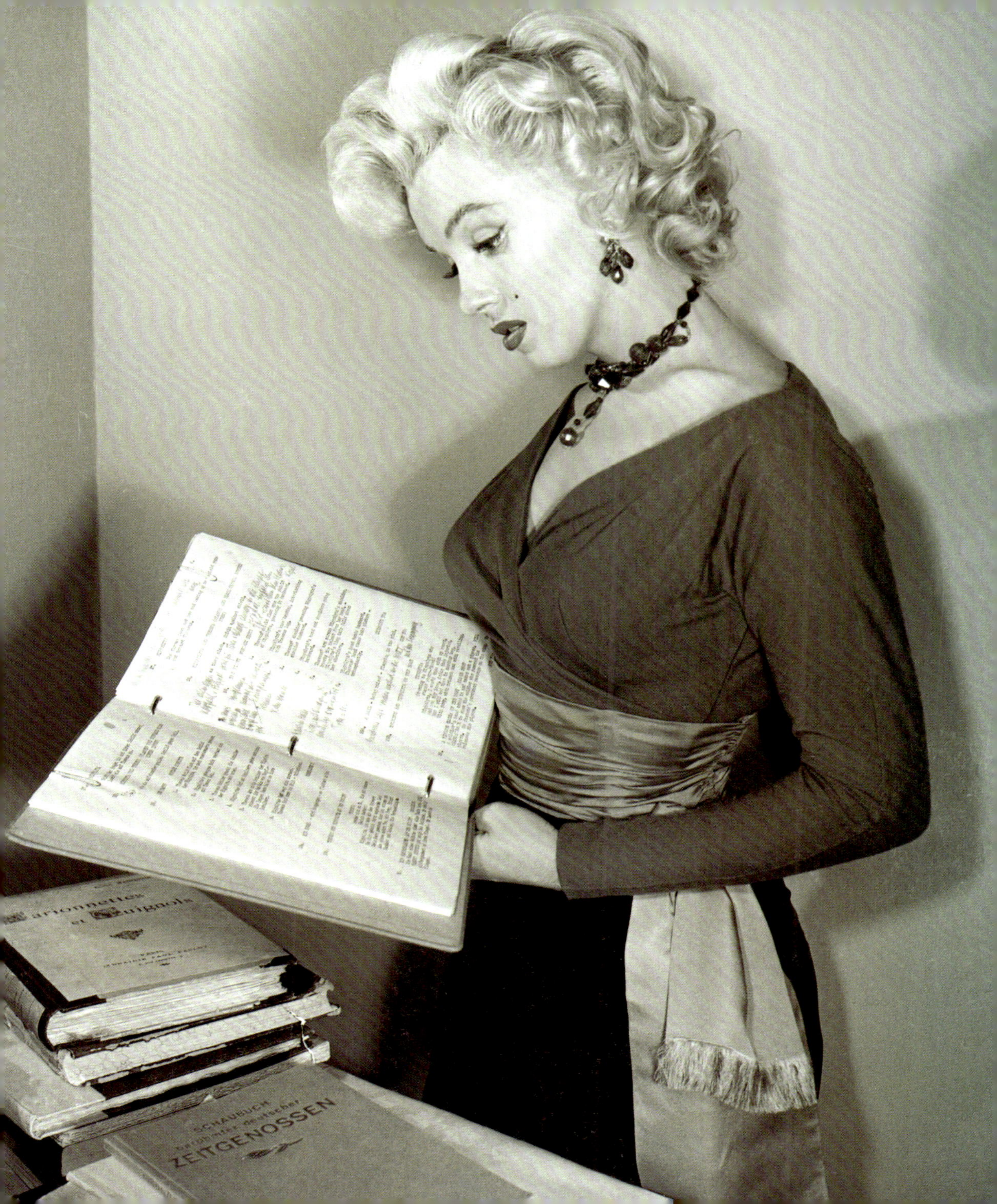
SCHAUBUCH
berühmter deutscher
ZEITGENOSSEN

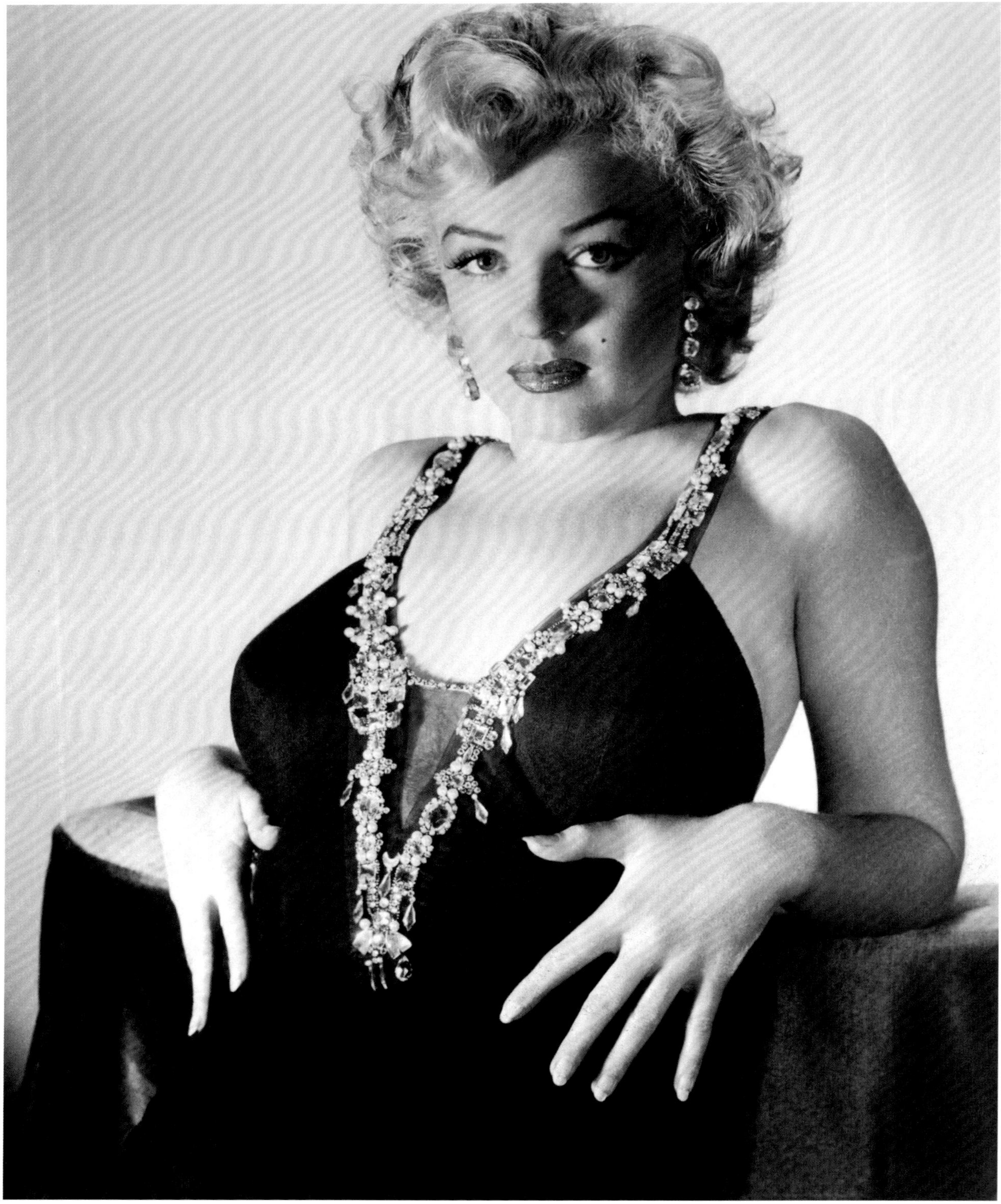

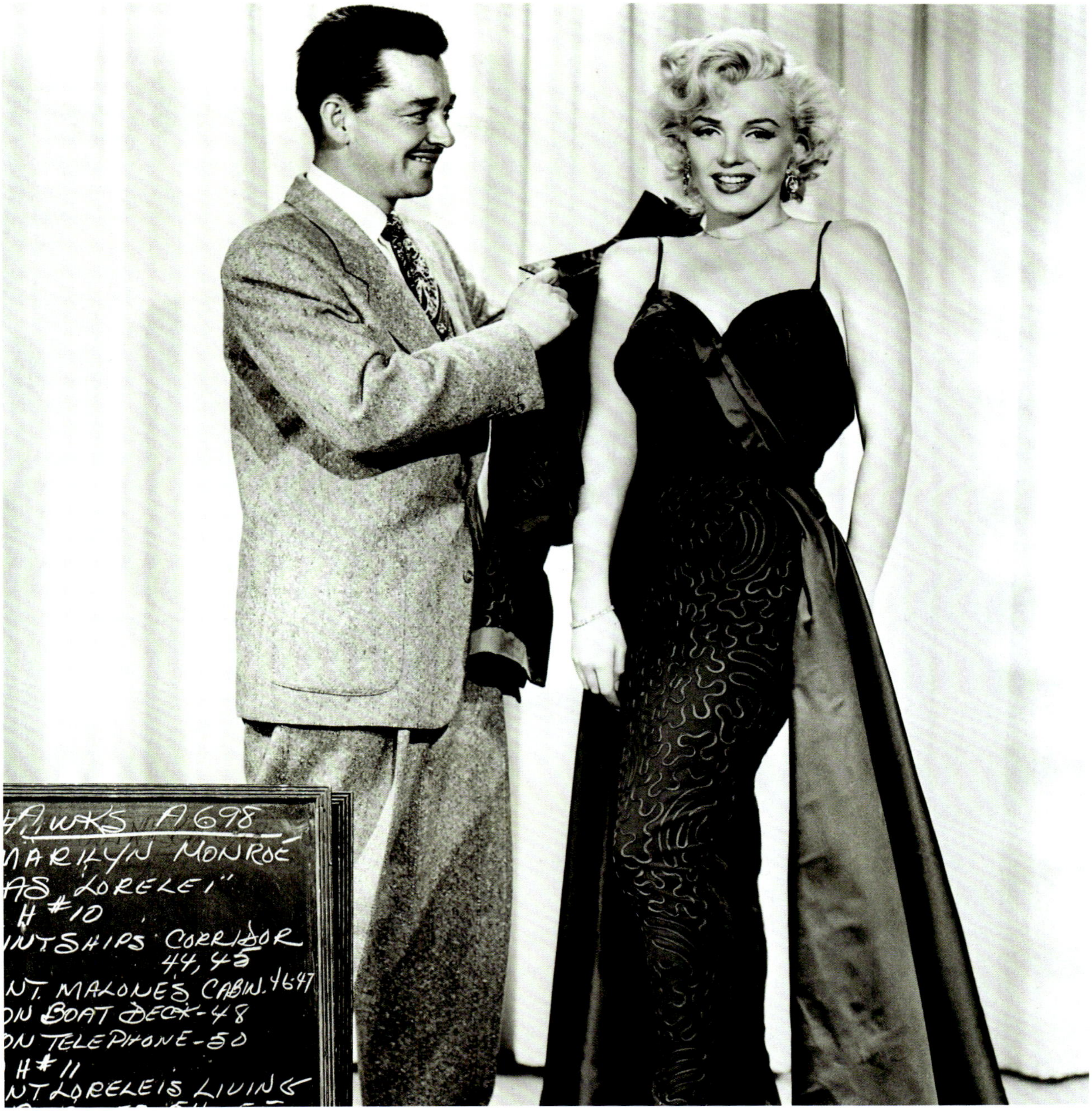

Des robes de rêve…

Page ci-contre et ci-dessus : le couturier attitré d'Hollywood, William Travilla, dessina de nombreuses robes pour Marilyn, dont celles des *Hommes préfèrent les blondes*. Tant Howard Hawks que Travilla s'ingénièrent à infléchir, par des costumes sophistiqués, l'image de Marilyn à l'écran.

Double page suivante : Marilyn et Jane Russell impriment l'empreinte de leurs mains devant le Grauman's Chinese Theater, pour la promotion des *Hommes préfèrent les blondes*. Marilyn suggéra avec humour qu'il aurait mieux valu laisser l'empreinte de ses fesses et celles de la poitrine de Jane.

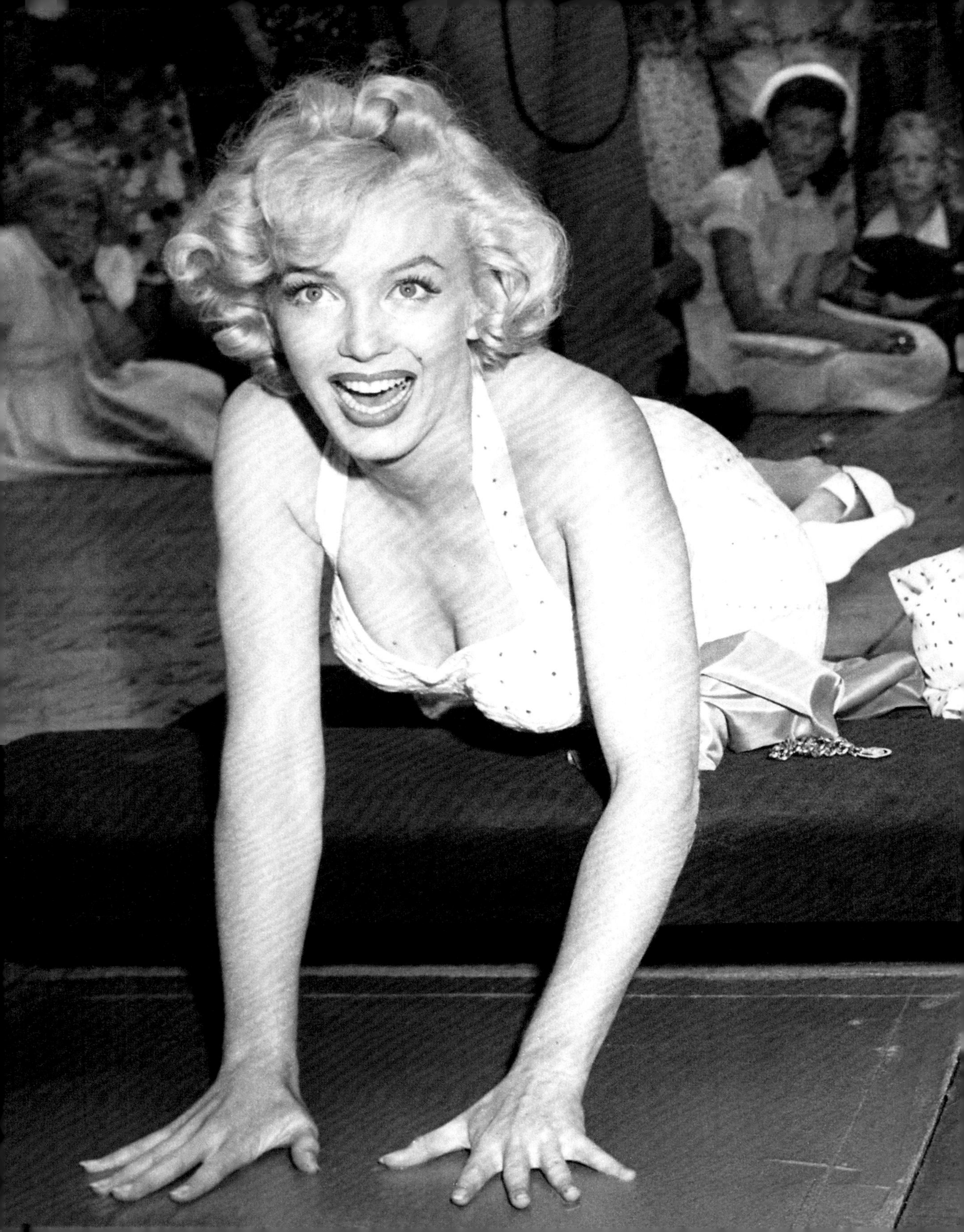

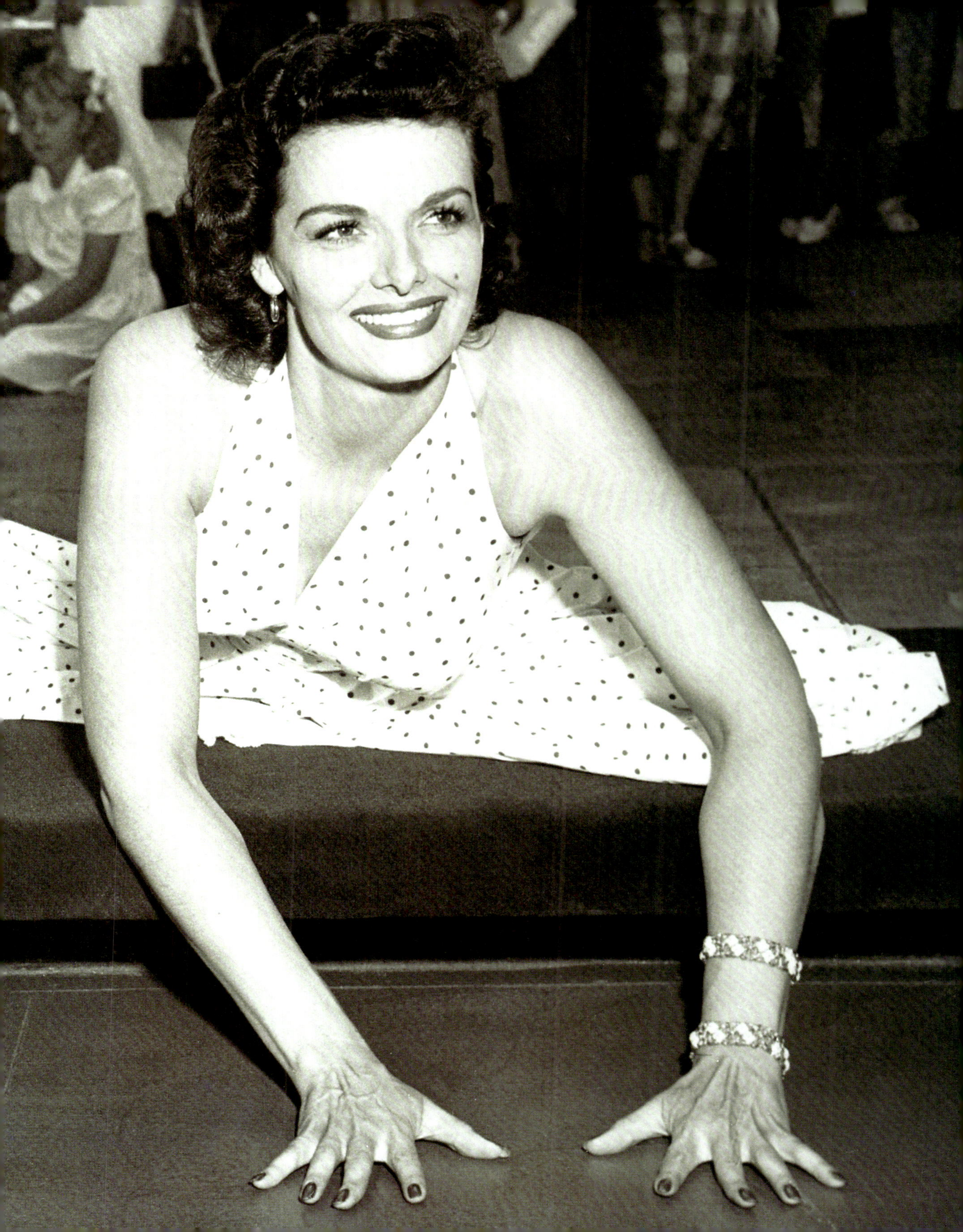

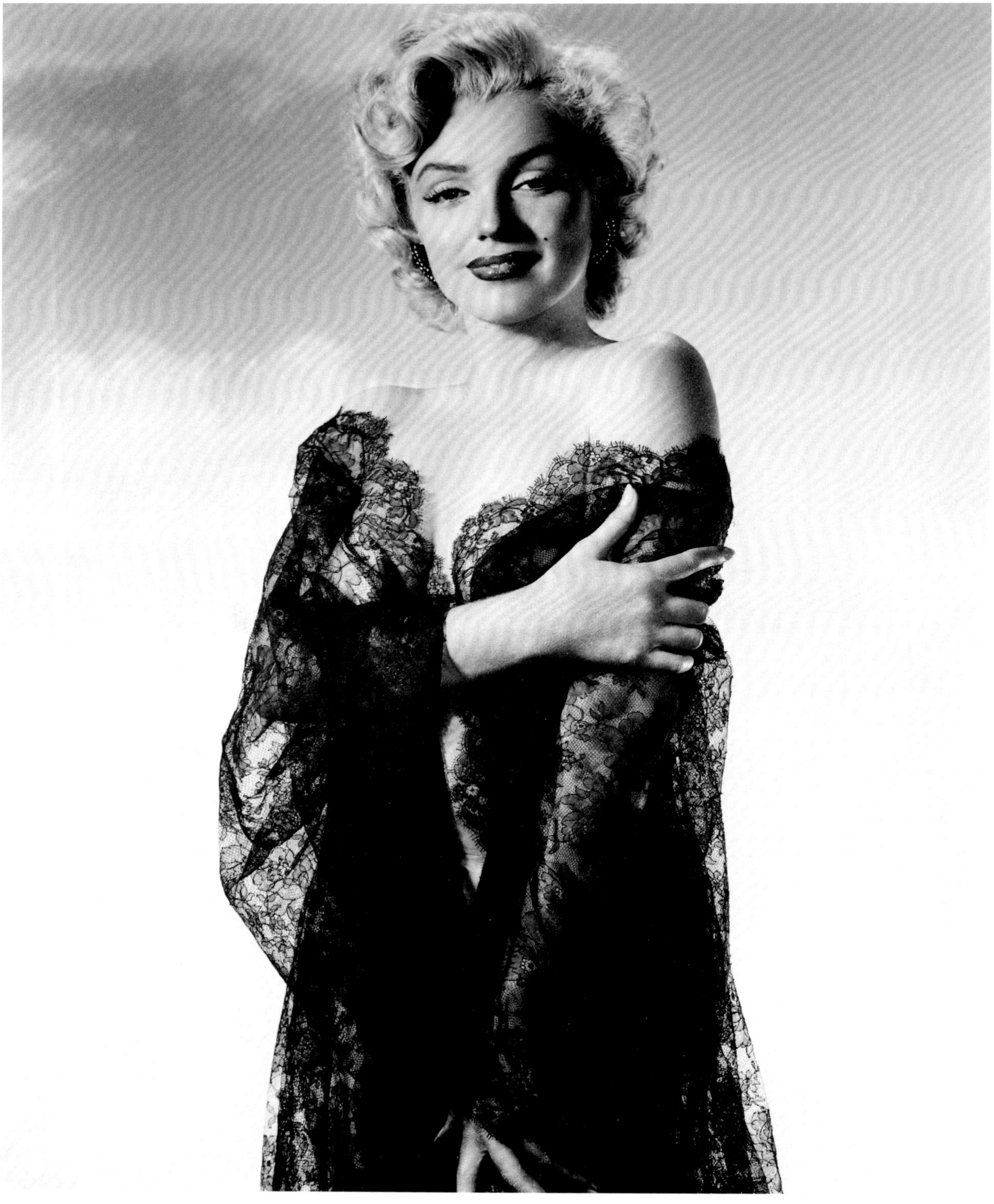

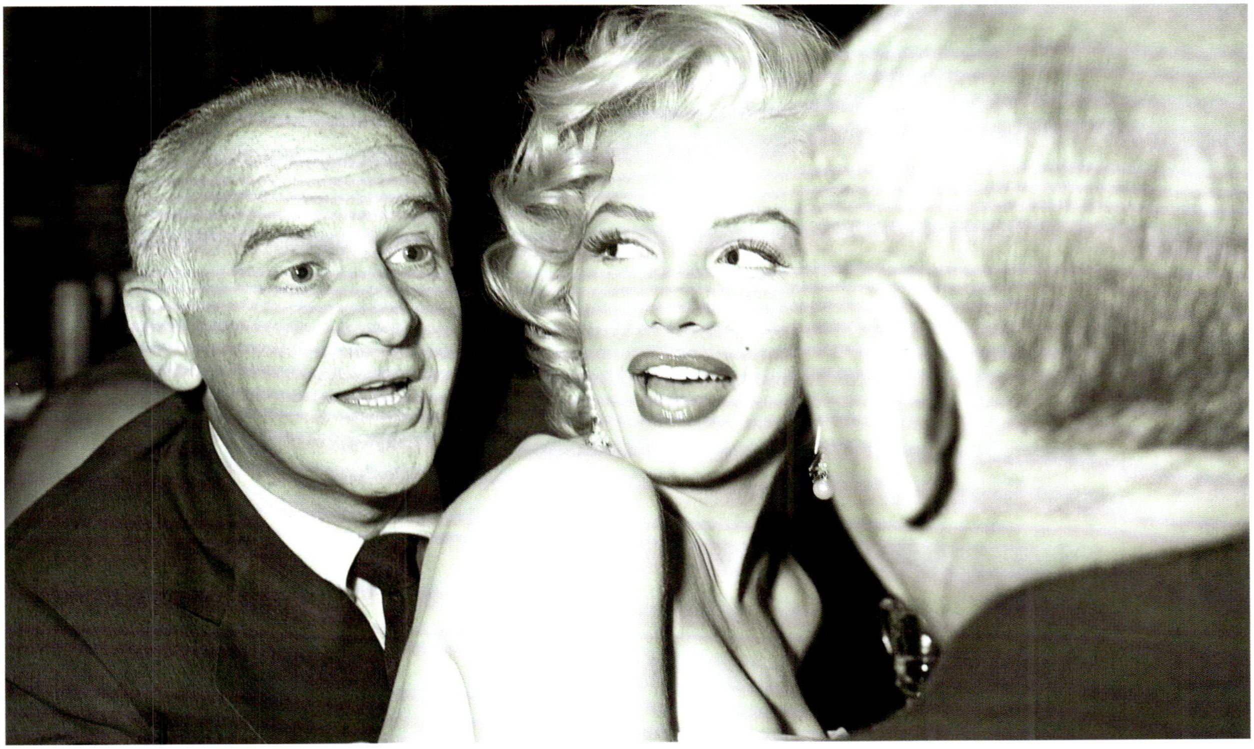

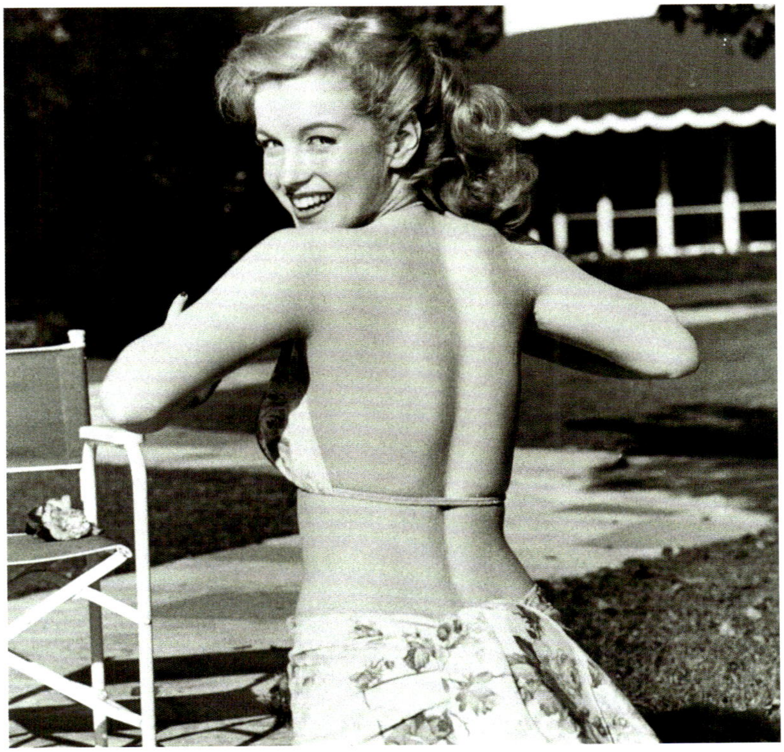

Des nuages à l'horizon

Page ci-contre : Marilyn semble parfaitement à son aise sur cette photo promotionnelle. Pourtant, à peine eut-elle surmonté la tempête provoquée par sa photo sur un calendrier que sa mère refit surface, alors que le service de presse l'avait toujours prétendue orpheline. Mais un journaliste persévérant retrouva la trace de Gladys Baker et révéla qu'elle venait de faire un séjour en hôpital psychiatrique.

Ci-dessus : le chroniqueur Walter Winchell, spécialiste des potins, Marilyn et Joe Schenck, à l'anniversaire de Winchell au Ciro's, à Hollywood, en mai 1953. Winchell était un ami de Joe DiMaggio.

Ci-contre : selon le cameraman Frank Powolny, Marilyn avait la plus belle chute de reins qu'il ait vue dans toute sa carrière.

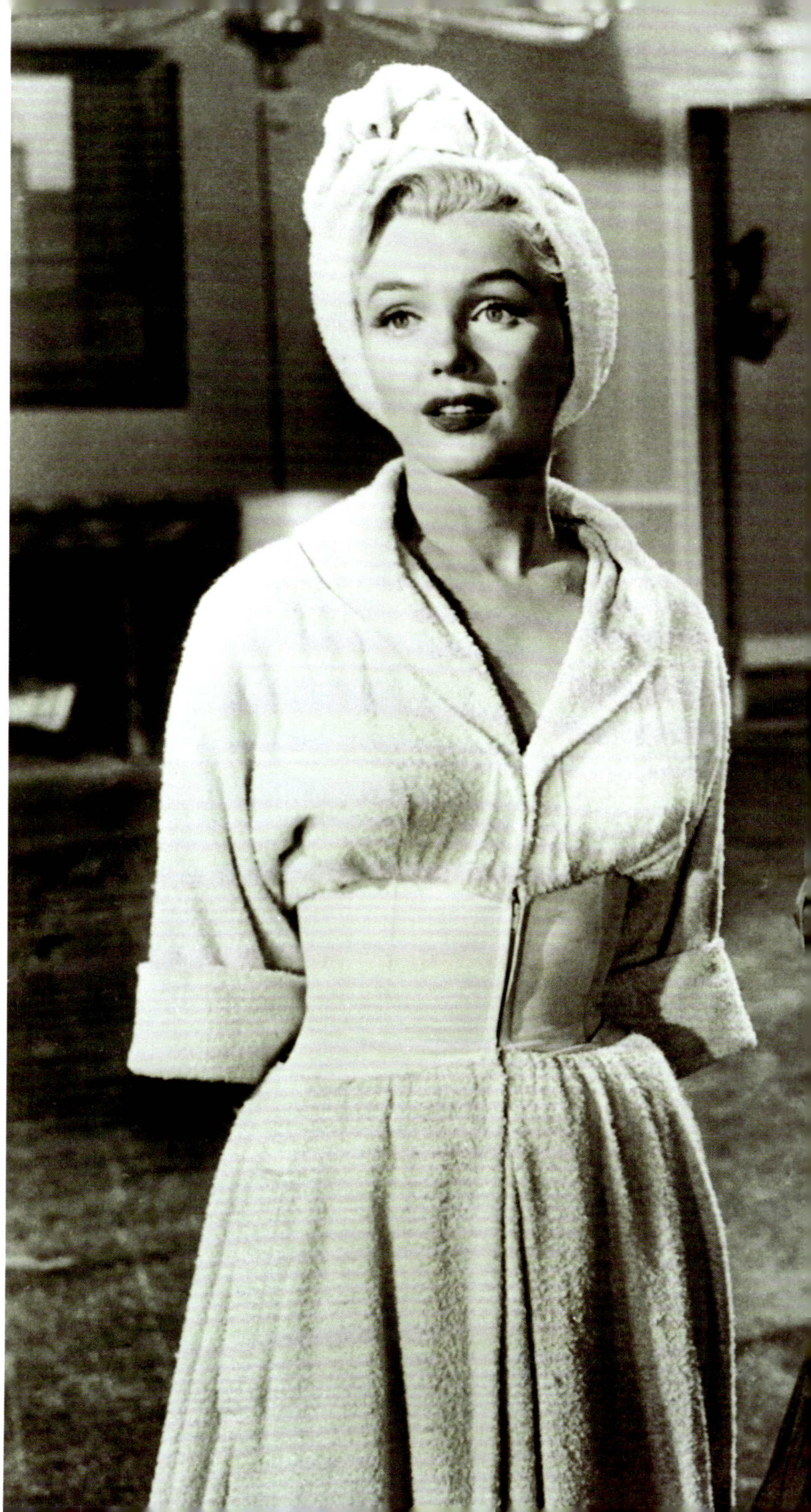

Comment épouser un millionnaire

Marilyn dans le personnage de Pola Debevoise, dans *Comment épouser un millionnaire*, avec ses partenaires Betty Grable et Lauren Bacall. Le film fut conçu pour profiter du succès des *Hommes préfèrent les blondes*, bien que ni le script ni la réalisation n'aient égalé le film d'Hawks. Marilyn était épuisée par l'effort fourni pour son précédent film, et ses nerfs en furent sérieusement éprouvés.

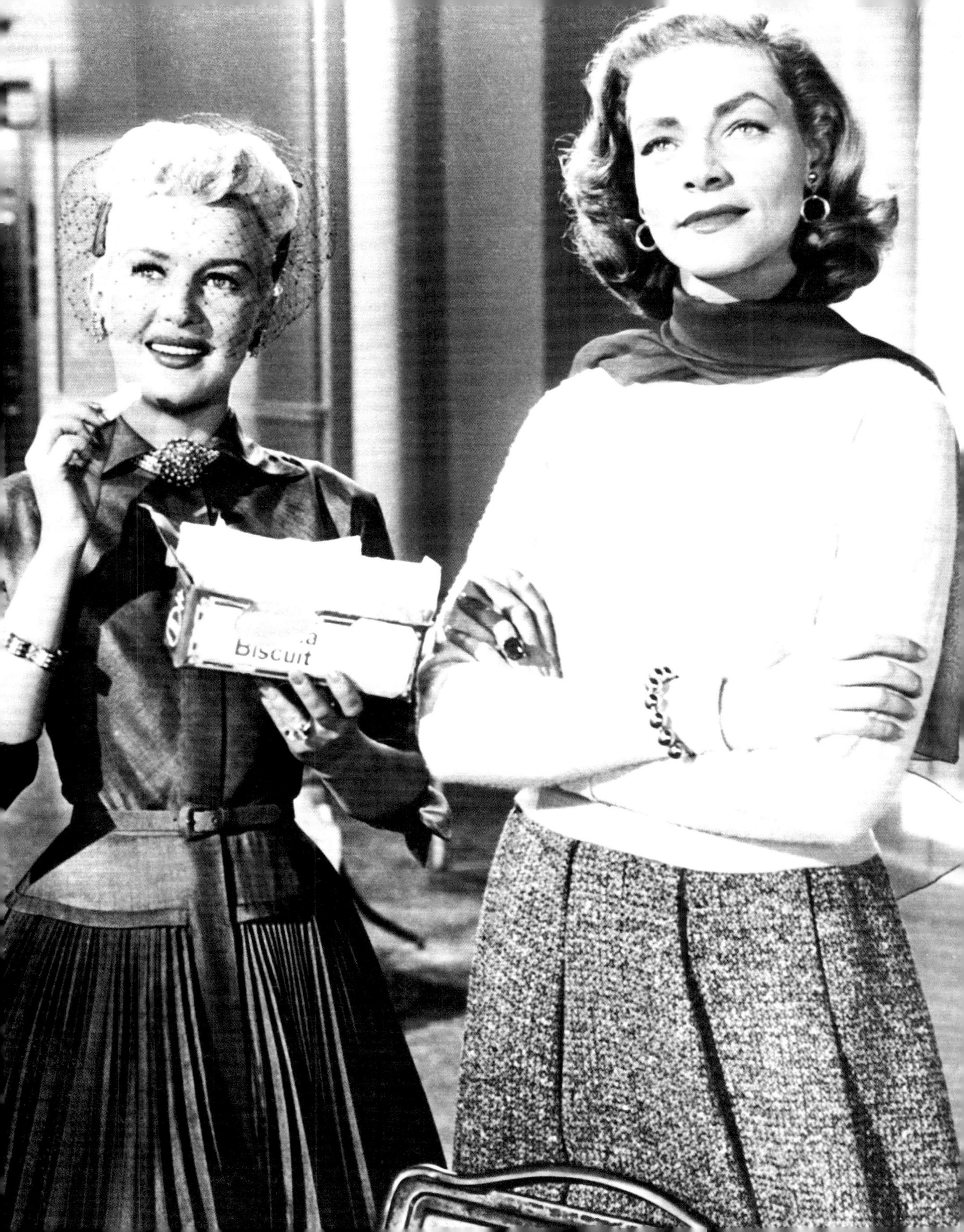
Biscuit

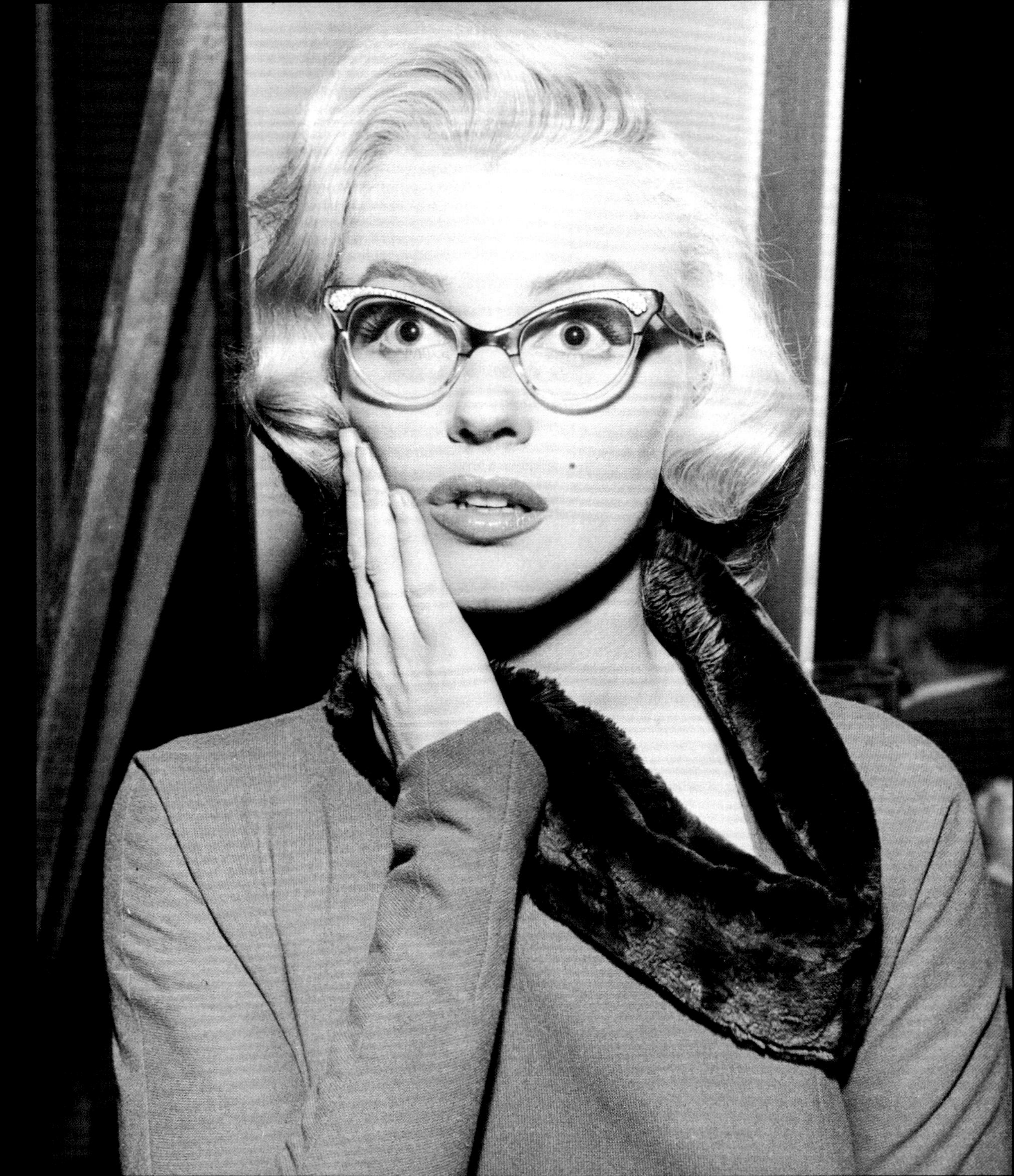

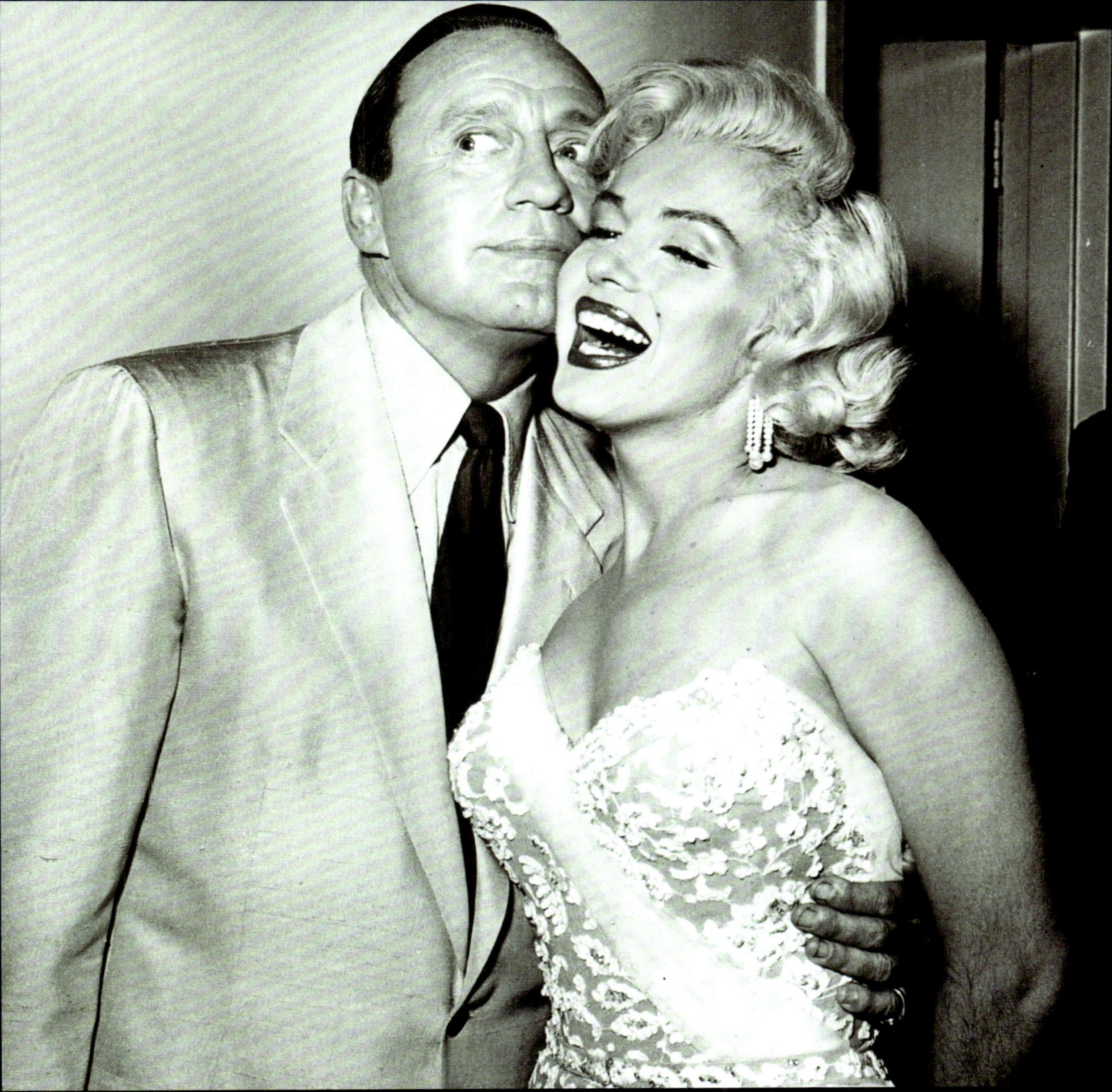

On the Jack Benny Show

Page ci-contre : le personnage interprété par Marilyn était très myope, mais refusait de porter des lunettes en public, ce qui entraîna plusieurs épisodes cocasses.

Ci-dessus : le comédien Jack Benny enlace Marilyn sur une photo promotionnelle, lors de sa participation à son émission Jack Benny Show, transmise en direct depuis le Shrine Auditorium de Los Angeles, le 13 septembre 1953. Marilyn y joua un petit sketch avec Benny et chanta *Bye Bye Baby*, avant de faire la promotion de *Comment épouser un millionnaire*. Elle se tira très bien de cette épreuve, face à un Jack Benny très professionnel. Marilyn, qui devait toujours refaire plusieurs fois ses scènes, ne fut cette fois nullement impressionnée par le direct.

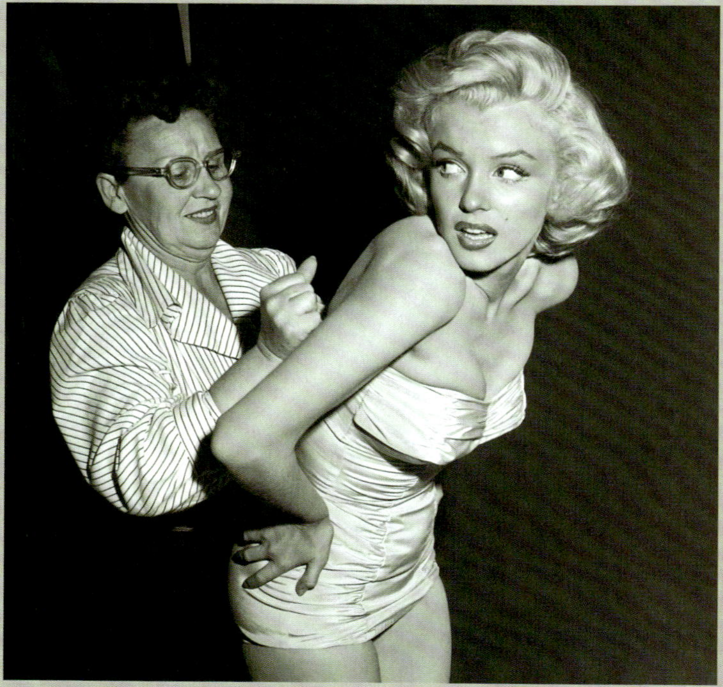

Rivière sans retour

Page ci-contre : sur le tournage de *Rivière sans retour*, en Alberta (Canada), en août 1953, Marilyn glissa sur un rocher et se blessa la jambe. Elle dut porter un bandage et se reposer quelques jours. Ce ne fut pas le seul incident. Pour le film *Comment épouser un millionnaire*, le réalisateur Jean Negulesco avait accepté, pour faire plaisir à Marilyn, de tolérer les interventions de Natasha Lytess. Mais pour *Rivière sans retour*, Otto Preminger écarta Natasha du plateau, insistant pour qu'elle se tînt dans sa loge. Le partenaire de Marilyn, Robert Mitchum, rebaptisa le film « le film sans retour ».

Ci-dessous : encore une photo en maillot de bain… Tous les photographes avec lesquels Marilyn travailla louèrent son professionnalisme.

Ci-contre : un essayage avant de poser pour un photographe, en vue des célébrations de la fête de l'Indépendance.

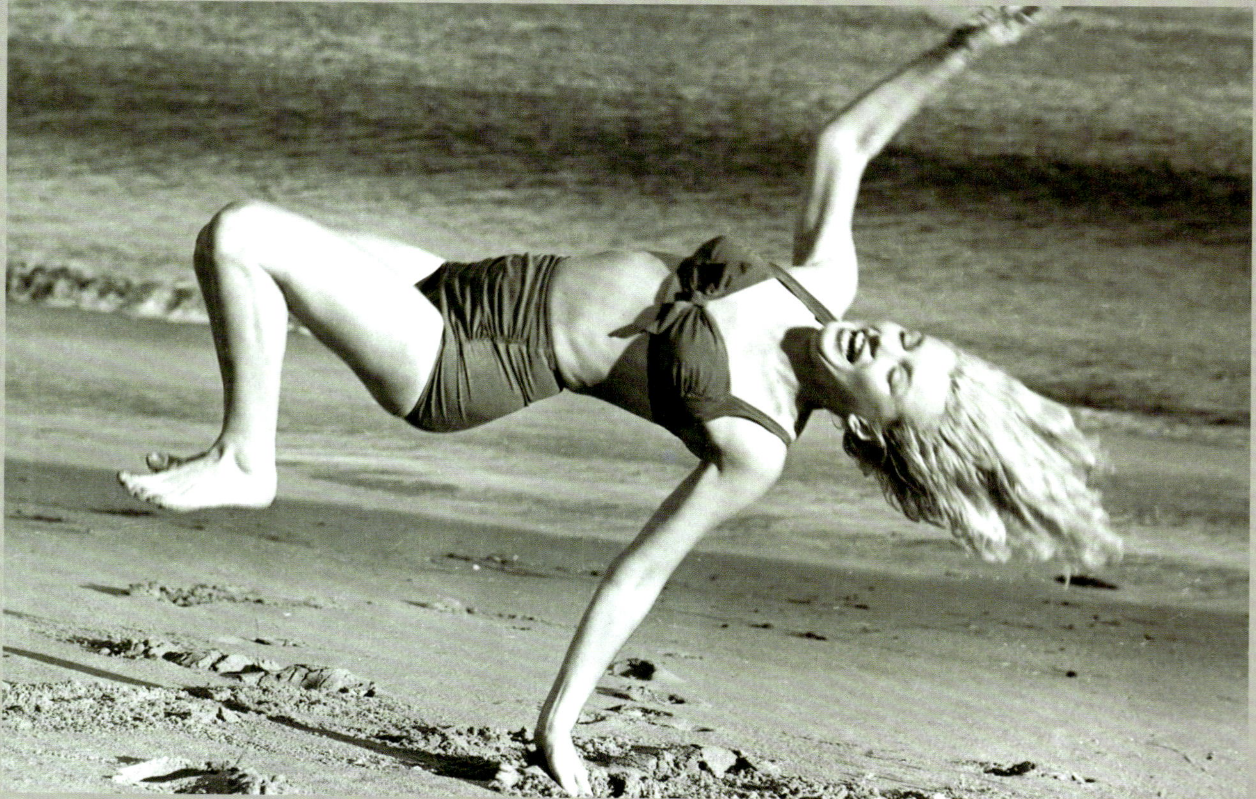

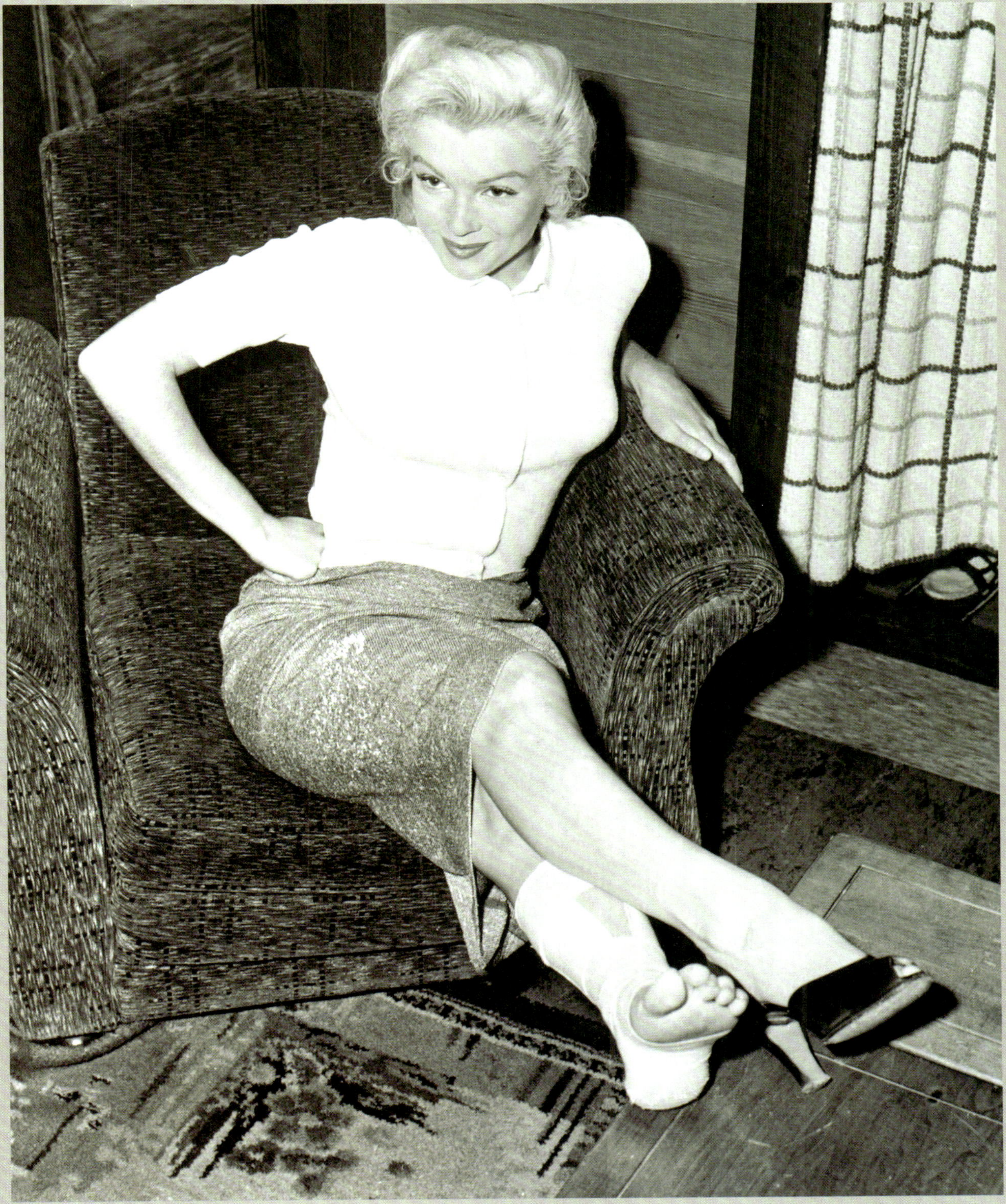

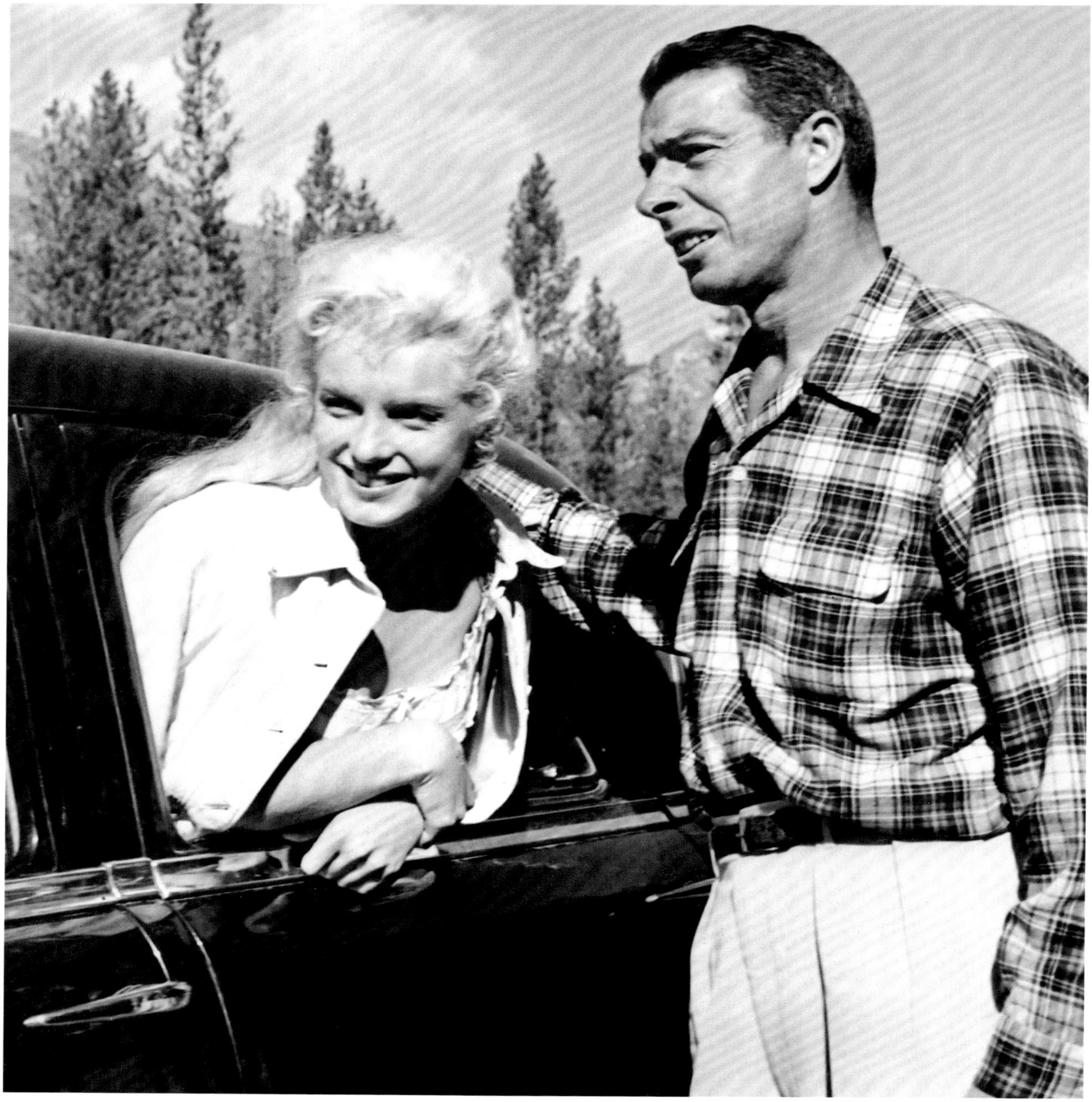

Toujours indécise

Ci-dessus : Marilyn et Joe continuèrent à se fréquenter, bien que Joe préférât se tenir loin des projecteurs. Il l'accompagnait rarement en public, l'attendant le plus souvent à l'extérieur pour la raccompagner chez elle. Joe DiMaggio rejoignit Marilyn sur le tournage de *Rivière sans retour*. Leur relation durait déjà depuis plusieurs années, mais Marilyn ne pouvait se décider au mariage.

Page ci-contre : Tommy Rettig, qui jouait dans *Rivière sans retour*, et Marilyn au cinéma. Après des débuts difficiles, leur relation devint excellente.

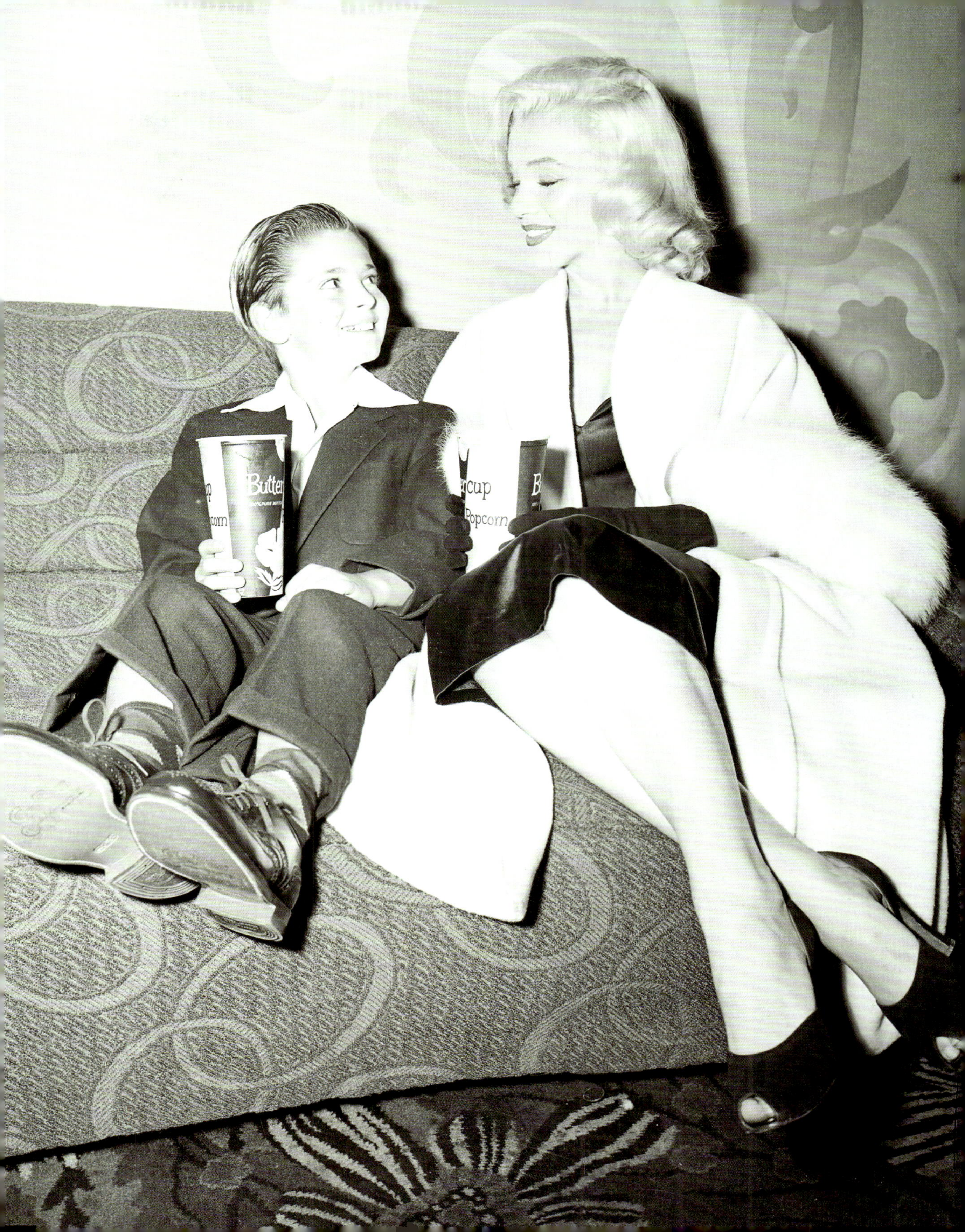
Butter
Popcorn

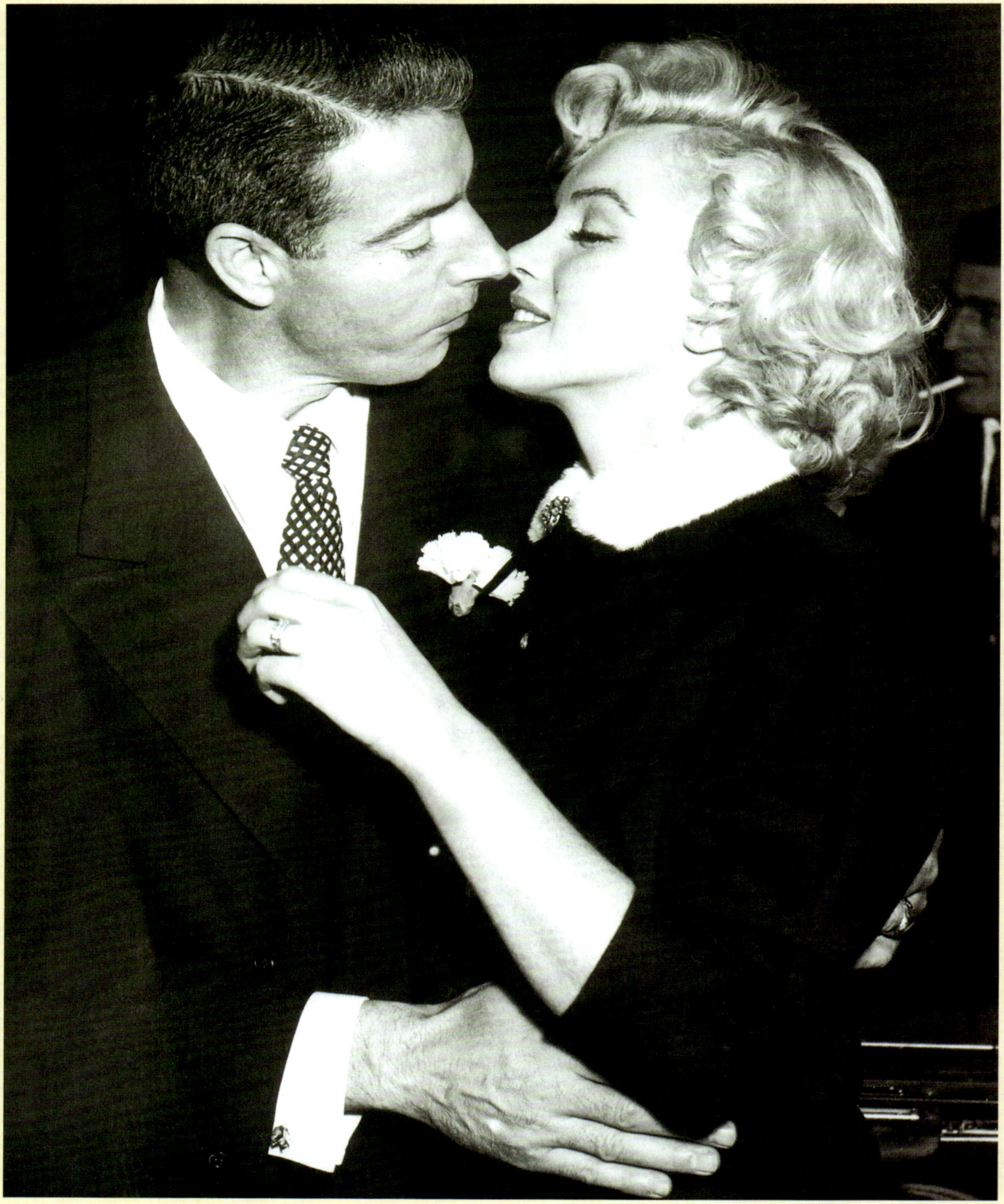

CHAPITRE TROIS

La Joyeuse Parade

La réponse de la Fox à la défection de Marilyn pour *La Diablesse en collants roses* fut immédiate. Le studio ne pouvait s'en prendre directement à elle, mais son agent et Natasha furent éloignés. Famous Artists informa le studio que Marilyn n'était pas en mesure de commencer le film, faute d'avoir lu le scénario. Elle pensait que Natasha serait à ses côtés, comme toujours, mais, à cette occasion – peut-être dépitée de perdre un travail lucratif –, Natasha critiqua l'attitude de Marilyn et tenta d'obtenir un dédommagement. Marilyn ne le lui pardonna jamais et, bien qu'elles aient encore travaillé sur deux autres films, le charme était rompu.

Dans le même temps, le studio demanda à Marilyn de tourner de nouvelles prises pour la *Rivière sans retour*. De toute évidence, une chose était de refuser d'entamer un projet et une autre de ne pas en terminer un, ce qui aurait empêché sa sortie et coûté des centaines de milliers de dollars au studio. Marilyn pensa tout d'abord qu'il s'agissait d'une ruse pour la faire revenir au studio et prit l'avion pour San Francisco avec Joe. Cependant, ses agents lui assurèrent que ces retouches étaient indispensables et la persuadèrent de rentrer. Dès que les scènes complémentaires furent tournées, Marilyn retourna à San Francisco et se tint dans l'expectative. Le studio n'avait d'autre alternative que de la suspendre.

Un fait nouveau se produisit. Marilyn appréciait tout ce que Joe faisait pour elle : il ne se tenait plus à l'écart du cinéma, comme il le faisait auparavant, et s'intéressait de près à ses problèmes avec la direction de la Fox. Peut-être pensa-t-elle qu'il avait renoncé à la voir abandonner sa carrière. Toujours est-il qu'elle accepta de l'épouser. Ils se marièrent à San Francisco, et Marilyn ne l'annonça au studio que le jour même. Malgré ses efforts pour se marier dans l'intimité, la presse fut très présente et les photos du mariage parurent dans tous les journaux. La Fox ne put faire moins que de lever sa sanction contre Marilyn, sous peine de paraître mesquine, et informa Famous Artists que l'actrice reprendrait son travail à la fin de janvier.

Les jeunes mariés goûtèrent leur lune de miel pendant une bonne semaine, dans un chalet de montagne isolé, loin de la foule et du bruit. Marilyn dit plus tard que cette période d'intimité leur avait permis de mieux se connaître. À la fin de janvier, Joe dut se rendre à New York. Les époux retournèrent donc à Los Angeles, pour découvrir que la Fox avait enfin envoyé le scénario de *La Diablesse en collants roses*. Après l'avoir lu, Marilyn déclara que le rôle ne lui convenait pas. Elle était maintenant dans la position de demander au studio de lui proposer de meilleurs rôles, et la suite était prévisible. On ne parla plus de la suspendre. Le studio déclara même à la presse que ses derniers films ayant été d'énormes succès, il était le mieux placé pour décider de sa carrière. Dans les coulisses, Charles Feldmann, de Famous Artists, renégociait tranquillement le contrat de Marilyn. Elle demandait plus d'argent et entendait décider du scénario, du metteur en scène et du preneur de vues.

Depuis qu'il n'était plus question de la suspendre, Marilyn était libre, et Joe l'invita à l'accompagner au Japon,

Page ci-contre : Marilyn et Joe le jour de leur mariage.

afin de prolonger leur lune de miel. À leur arrivée à Tokyo, ce ne fut pas Joe qui fut le centre de l'attention, mais bien Marilyn. À la conférence de presse qu'il tint à leur hôtel, les questions ne s'adressaient qu'à elle. Elle annonça qu'elle se rendrait en Corée quelques jours plus tard, afin de rencontrer les soldats américains. Joe n'approuva pas, mais Marilyn, qui avait toujours été la vedette préférée des troupes, estimait qu'elle leur devait bien un peu d'encouragements par sa seule présence.

De retour à Los Angeles, elle découvrit que la Fox avait renoncé à *La Diablesse en collants roses* et lui offrait à la place un bon rôle dans *La Joyeuse Parade* et la promesse d'être la vedette de *Sept Ans de réflexion* – une pièce à succès de Broadway, qui serait dirigée par Billy Wilder. Son salaire n'avait pas augmenté, mais il le serait en août 1954, date à laquelle entrerait en vigueur un nouveau contrat. Elle demanda un supplément de 100 000 dollars pour *Sept Ans de réflexion*, mais le studio refusa. Il fut également décidé que Darryl Zanuk choisirait seul les films qu'elle tournerait ainsi que les réalisateurs. S'il avait agréé les demandes financières de Marilyn, qui sait ce qu'elle aurait exigé par la suite ! Marilyn fit marche arrière, souhaitant seulement approuver le choix du chorégraphe et du professeur d'art dramatique, mais le studio n'accéda pas non plus à ses désirs. Finalement, il lui fut accordé de choisir son professeur de comédie et de danse. La situation avait l'air de s'être détendue mais Marilyn, qui avait compris qu'elle ne pourrait exercer le contrôle sur ses films comme elle le souhaitait, avait déjà d'autres projets personnels en tête.

Son personnage dans *La Joyeuse Parade* fut écrit à la dernière minute pour contrebalancer celui qu'elle devait tenir dans *La Fille aux collants roses*. Le résultat ne fut pas très heureux, mais la trame du film devait servir de support à la musique d'Irving Berlin, et la distribution incluait des vedettes chevronnées comme Ethel Merman et le chanteur Johnnie Ray. Marilyn travailla beaucoup son rôle, pour ne pas être surclassée par des partenaires plus expérimentés. Malheureusement, elle ne s'entendit pas avec le réalisateur Walter Lang et souffrit d'une bronchite contractée en Corée en s'exhibant en plein air devant les soldats par une température glaciale. Beaucoup de critiques s'accordent à dire que ce film est l'une de ses moins bonnes prestations, et Marilyn fut très déçue par l'accueil qui lui fut réservé. Elle avait cru que le studio était dans le vrai quand il prétendait savoir ce qui était bon pour elle et se sentait flouée.

Le tournage de *La Joyeuse Parade* ayant duré plus longtemps que prévu, Marilyn dut commencer *Sept Ans de réflexion* dans la foulée, sans aucune pause. Lorsqu'elle vint s'installer à New York pour tourner, Joe fit bonne figure à l'aéroport mais, en réalité, des ombres planaient déjà sur leur mariage. La jalousie de Joe s'était manifestée en plusieurs occasions – peut-être même accompagnée de violences physiques, selon certains témoignages –, et Marilyn commençait à penser qu'elle s'était lourdement trompée. Cependant, Joe l'aimait toujours. Quelques jours plus tard, il la rejoignit à New York. Il se tenait le plus souvent loin du tournage, mais il se trouva malheureusement là lors de la fameuse scène où l'on voit Marilyn, toute jupe retroussée par le souffle d'une grille d'aération du métro, pratiquement dénudée des pieds à la taille, se trémousser devant des passants en délire. Le sang de Joe ne fit qu'un tour et il quitta le plateau, la mine sombre. À son retour à l'hôtel, les époux eurent une violente dispute, qui sonna le glas de leur union.

Si la vie privée de Marilyn était en lambeaux, du moins sa carrière se portait-elle bien. En 1953, le photographe Milton Greene avait pris d'elle une série de photos qui lui avaient plu : les clichés semblaient témoigner d'une Marilyn différente et faisaient apparaître des aspects de sa personnalité jusqu'alors inconnus. Greene avait écouté ses griefs contre le studio et, désireux lui-même de produire des films, lui suggéra de fonder ensemble leur propre compagnie. Comme il était évident que Marilyn n'aurait jamais son mot à dire à la Fox, elle envisagea sérieusement de fonder une maison de production avec Milton Greene, Marilyn Monroe Productions. Ainsi, elle serait libre de choisir ses rôles et aurait le contrôle total de sa carrière, ce qu'elle désirait ardemment. Par la même occasion, elle décida de se séparer de Famous Artists, car elle pensait que Feldman n'avait eu aucune influence favorable sur son contrat.

En décembre 1954, elle se rendit à New York, d'abord à l'hôtel, puis chez Greene et sa femme, dans leur maison de

Weston (Connecticut). Dès le début de l'année suivante, Marilyn et Greene tinrent une conférence de presse pour annoncer la naissance de Marilyn Monroe Productions. Mais la Fox n'était pas disposée à perdre son meilleur élément sans se battre, et ses avocats mirent en avant le fait que Marilyn était encore sous contrat d'exclusivité pour quatre ans. De leur côté, les hommes de loi de Marilyn Monroe Productions avaient épluché le contrat avec la Fox et avaient découvert un certain nombre d'anomalies et de clauses d'annulation – comme le non-paiement des 100 000 dollars réclamés pour *Sept Ans de réflexion*. Le contrat était donc entaché de nullité.

La bataille d'experts dura toute l'année 1955, bien que la pression fût lentement retombée. Marilyn Monroe Productions cherchait un investisseur pour mettre en œuvre ses projets, mais, le temps passant, l'aide providentielle n'arrivait pas, et Marilyn avait un train de vie à assurer. Car si la Fox était enfin prête à sortir *Sept Ans de réflexion*, le studio, et c'était grand dommage pour lui, n'avait plus d'autre film en vue pour Marilyn. Fin décembre 1955, Marilyn signa avec la Fox un nouveau contrat sur d'autres bases : son salaire devenait bien plus conséquent, avec un pourcentage sur les bénéfices, et elle aurait son mot à dire sur le scénario, le metteur en scène et le directeur de la photo. De plus, elle pourrait produire un film personnel une fois par an. Dans le domaine des avantages acquis par un acteur, c'était une grande première et une brèche ouverte dans la puissance des grands studios.

Marilyn ne tourna aucun film en 1955 et mit à profit cette pause pour prendre des cours de comédie avec Lee Strasberg, à l'Actors Studio. Strasberg était persuadé de son réel potentiel d'actrice et eut une grande influence sur ses prestations suivantes. Au début, ayant trop peu confiance en elle pour suivre les cours de groupe, elle prenait des cours privés à domicile. Strasberg lui conseilla aussi d'entamer une psychanalyse, afin de résoudre les conflits hérités de son enfance. S'empressant de suivre ce conseil, elle prit contact avec le Dr Margaret Hohenberg. Lee Strasberg remplaça également Natasha Lytess par son épouse Paula, qui joua désormais le rôle de coach permanent dans tous les films de Marilyn.

À New York, Marilyn pouvait se promener en ville incognito, portant des vêtements informels, un foulard sur la tête, des lunettes de soleil sur le nez. La plupart du temps, elle trouvait cette situation agréable, mais d'autres fois, elle ne pouvait s'empêcher de se glisser à l'improviste dans le rôle de la star. Les témoins de cette transformation à vue en étaient stupéfaits. À un moment, c'était une personne ordinaire et, en un déclic, son magnétisme surgissait comme par magie et elle faisait tourner toutes les têtes.

À cette époque, grâce aux Greene, Marilyn fut introduite dans les cercles littéraires de New York, ce qui ne s'était jamais produit à Hollywood. Elle fréquentait les réceptions et les premières, et participait à des spectacles de charité. Bien que son divorce fût bien engagé, Joe DiMaggio, toujours dans le circuit, se rendait souvent à New York pour lui offrir aide et soutien. Les journalistes prenaient cela pour un indice de réconciliation, mais elle soutint toujours qu'ils n'étaient plus que de bons amis. Peut-être Joe aurait-il souhaité qu'il en fût autrement, mais c'est à ce moment que Marilyn entama une relation avec l'écrivain Arthur Miller.

Ils s'étaient rencontrés à Hollywood en 1950 et, à son retour à New York, elle lui avait écrit plusieurs fois. Miller était l'un des auteurs de romans et de pièces de théâtre les plus célèbres du moment. Il avait obtenu en 1848 le prix Pulitzer pour sa pièce *Mort d'un commis voyageur*, sans renouer avec le succès par la suite. Marilyn vivant désormais à New York et fréquentant les milieux littéraires, ils étaient destinés à se revoir. À leur première rencontre, Miller avait été séduit d'emblée, et il en avait été de même pour Marilyn. Mais, à l'époque, il était marié et avait deux enfants. S'il n'avait pas désiré divorcer, Marilyn n'avait pas non plus voulu jouer le rôle d'intruse dans le ménage. C'était désormais différent : le mariage de Miller était en crise. Marilyn et lui passèrent de plus en plus de temps ensemble, en public et en privé, et la presse ne tarda pas à découvrir leur relation. À la première de la pièce de Miller *Vu du pont*, Marilyn rencontra les parents de Miller. Peu après, elle fut invitée chez eux et, après son départ, Miller déclara qu'il allait l'épouser. Personne ne le prit au sérieux, pourtant, moins d'un an plus tard, Marilyn et lui étaient bel et bien mariés.

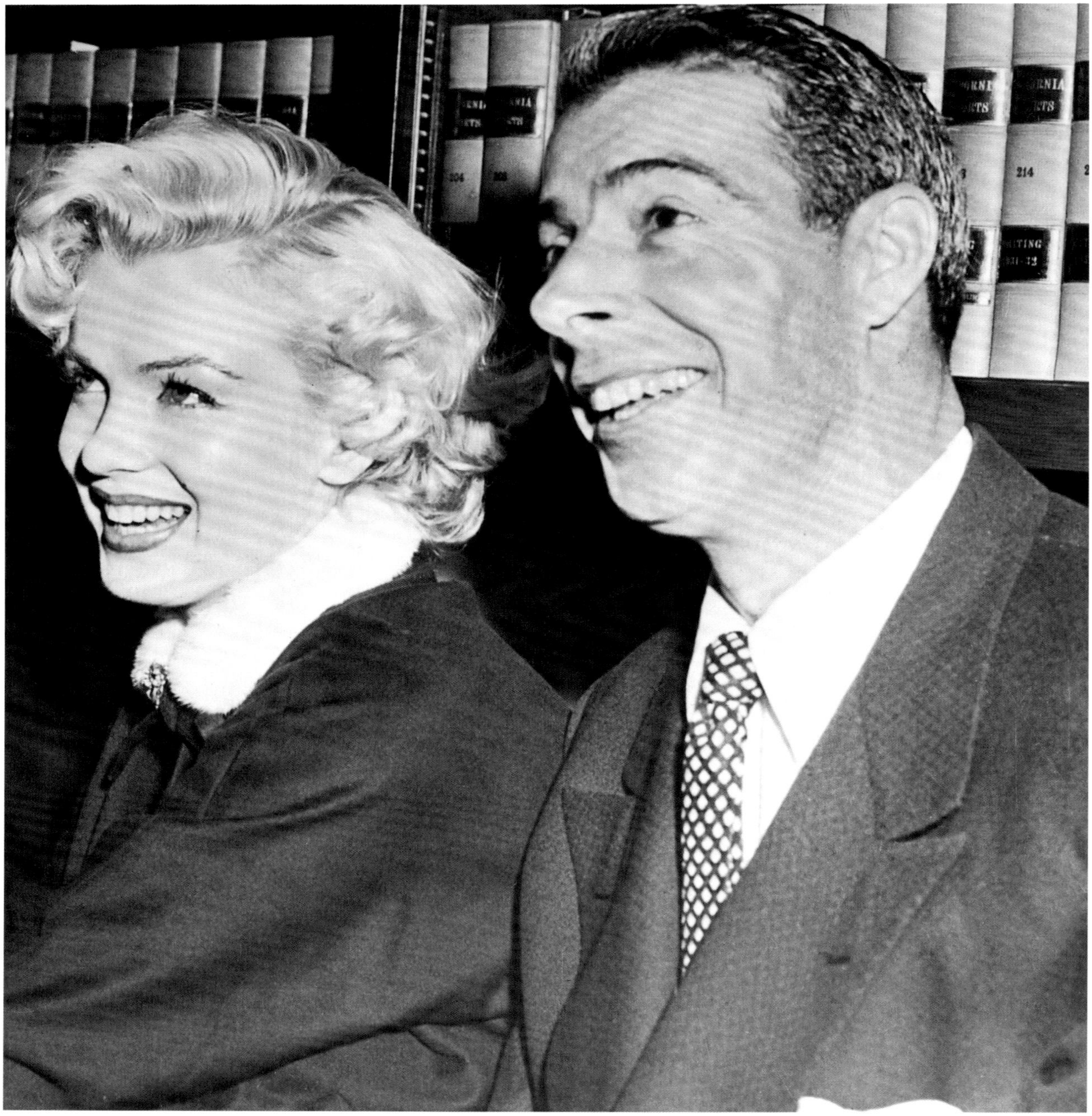

Lune de miel…

Au moment de son mariage, Marilyn était en conflit avec la Fox (elle était même suspendue), mais elle prévint le service de publicité du studio une heure avant la cérémonie. Ce fut suffisant pour que la nouvelle se répandît et, malgré le désir de discrétion du couple, des centaines de journalistes affluèrent à la mairie de San Francisco. Il n'y eut aucune photo du passage devant l'officier de l'état civil, mais, à la sortie, Marilyn et Joe, souriants, se prêtèrent volontiers à quelques photos, saluant leurs admirateurs avant de s'engouffrer dans la Cadillac bleue de Joe. Ils passèrent leur nuit de noces au Clifton Motel de Paso Robles, avant d'aller se réfugier dans un chalet de montagne, pour couler des jours tranquilles à se promener et à pêcher.

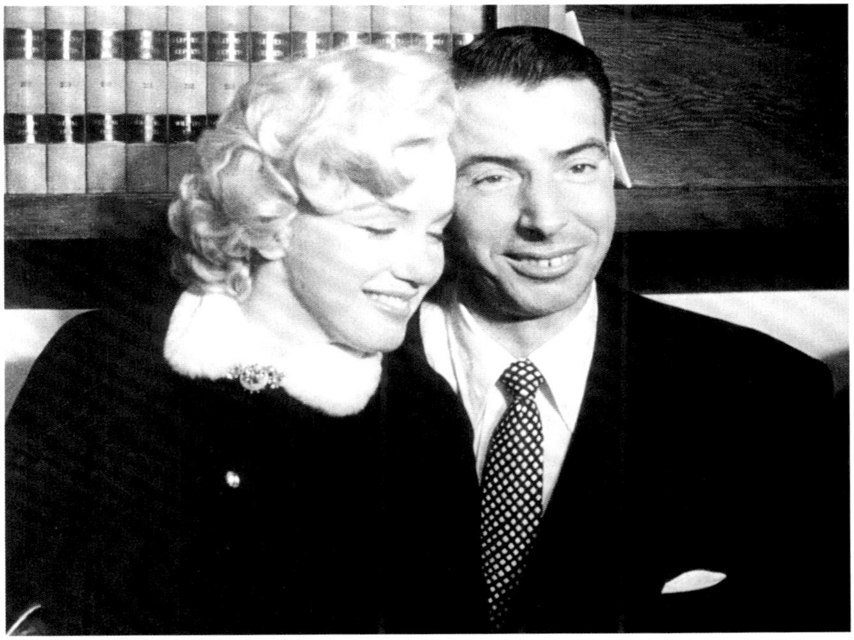

Deux tourtereaux...

Ci-contre : si la décision de se marier avait été longue à prendre, les sentiments des jeunes mariés n'en étaient pas moins sincères lorsqu'ils s'embrassèrent le jour de leur mariage en janvier 1954. La cérémonie avait été voulue très discrète. Marilyn portait une stricte robe marron foncé à col d'hermine, et Joe un costume bleu marine, avec la même cravate à pois qu'il arborait lors de sa rencontre avec Marilyn. Joe désirait un mariage religieux, mais Marilyn et lui étant divorcés, la chose fut impossible. La cérémonie dura trois minutes, et Marilyn promit « d'aimer, honorer et de chérir » son mari… mais oublia le terme « obéir » !

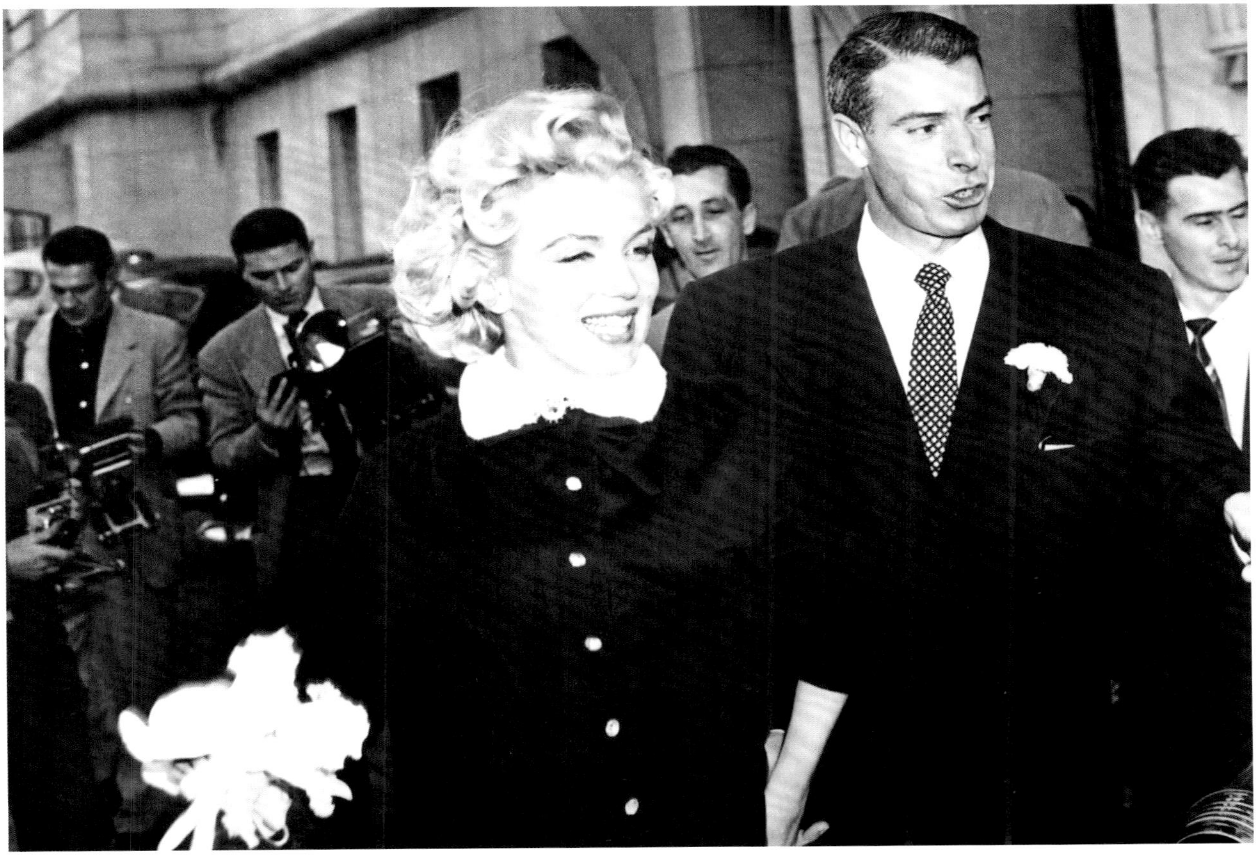

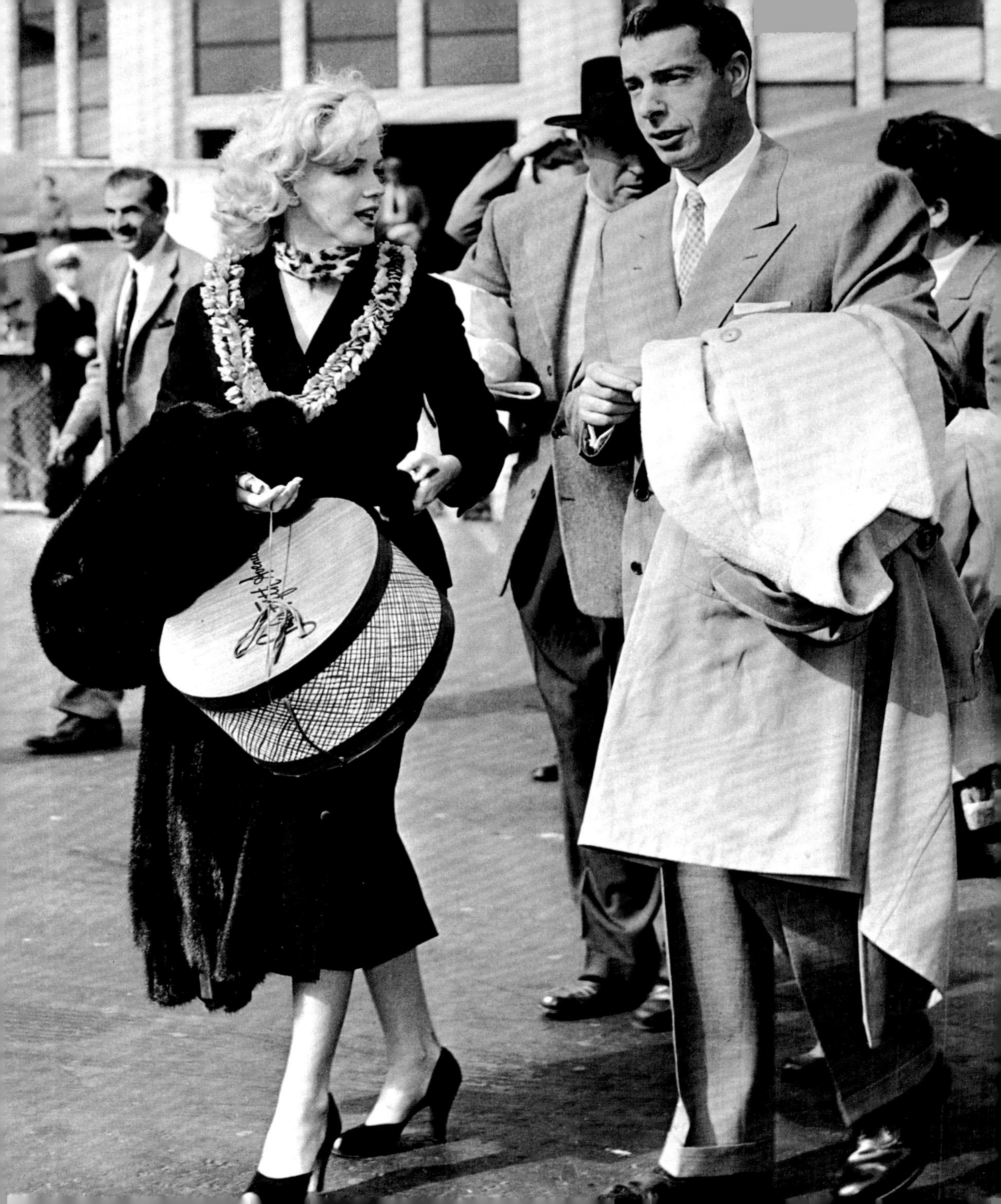

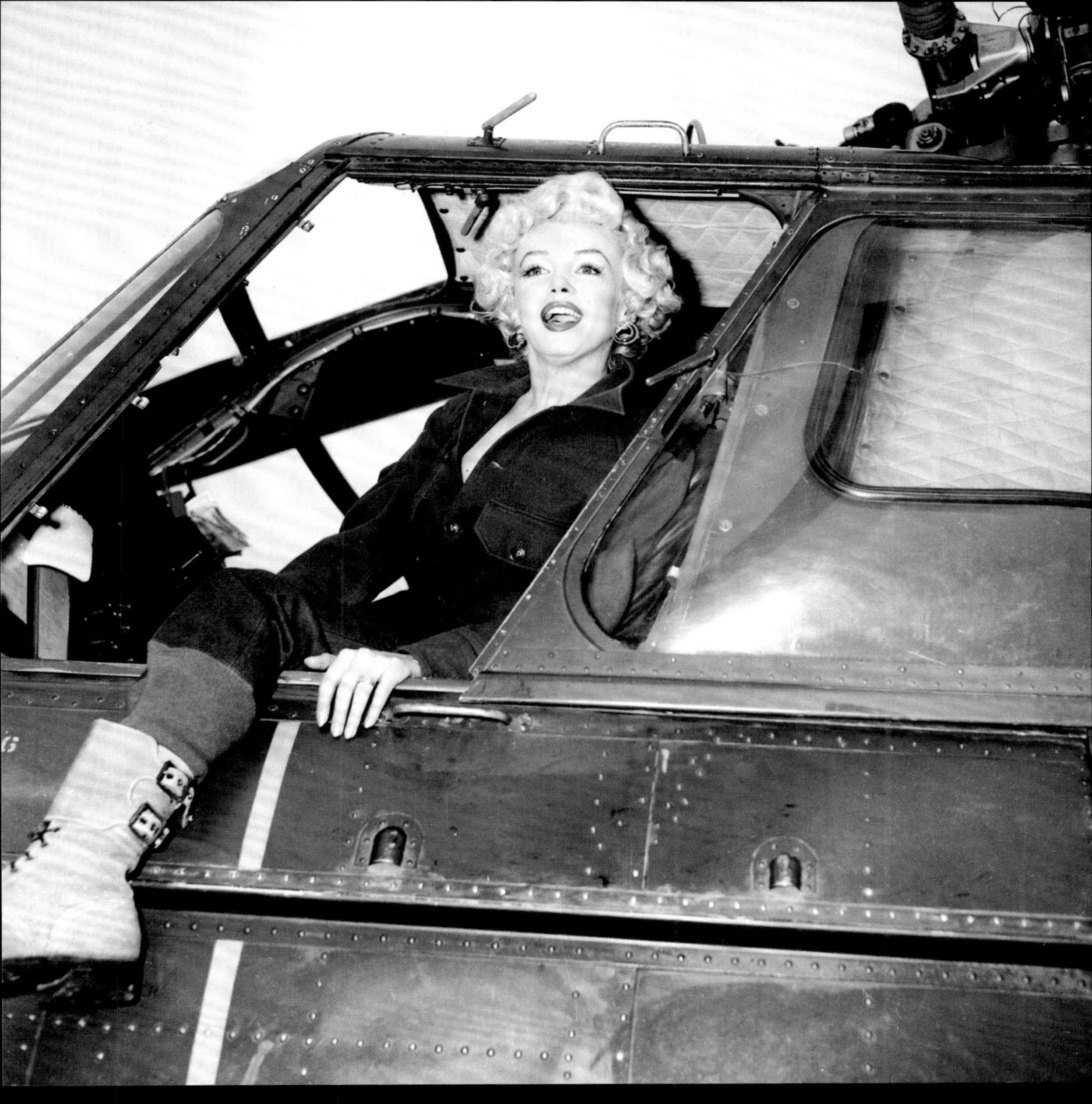

En route pour Tokyo…

Page ci-contre : Joe avait été invité à Tokyo pour l'ouverture de la saison japonaise 1954 de base-ball. Marilyn, suspendue par la Fox pour avoir refusé de tourner dans *La Diablesse en collants roses*, décida de l'accompagner. Cette photo les montre lors de leur bref passage à Honolulu. Durant tout le voyage, Marilyn était au centre de toutes les attentions. Dès le début de leur union, Joe put mesurer combien il était difficile d'être marié à l'un des plus célèbres sex-symbols. Il ne lui plaisait guère de voir sa femme admirée par d'autres hommes, d'autant que Marilyn ne dédaignait pas de provoquer leur attention et s'en réjouissait.

Ci-dessus : invitée par le général John E. Hull, Marilyn arrive à l'aéroport militaire de Séoul, pour saluer les troupes engagées dans la guerre de Corée.

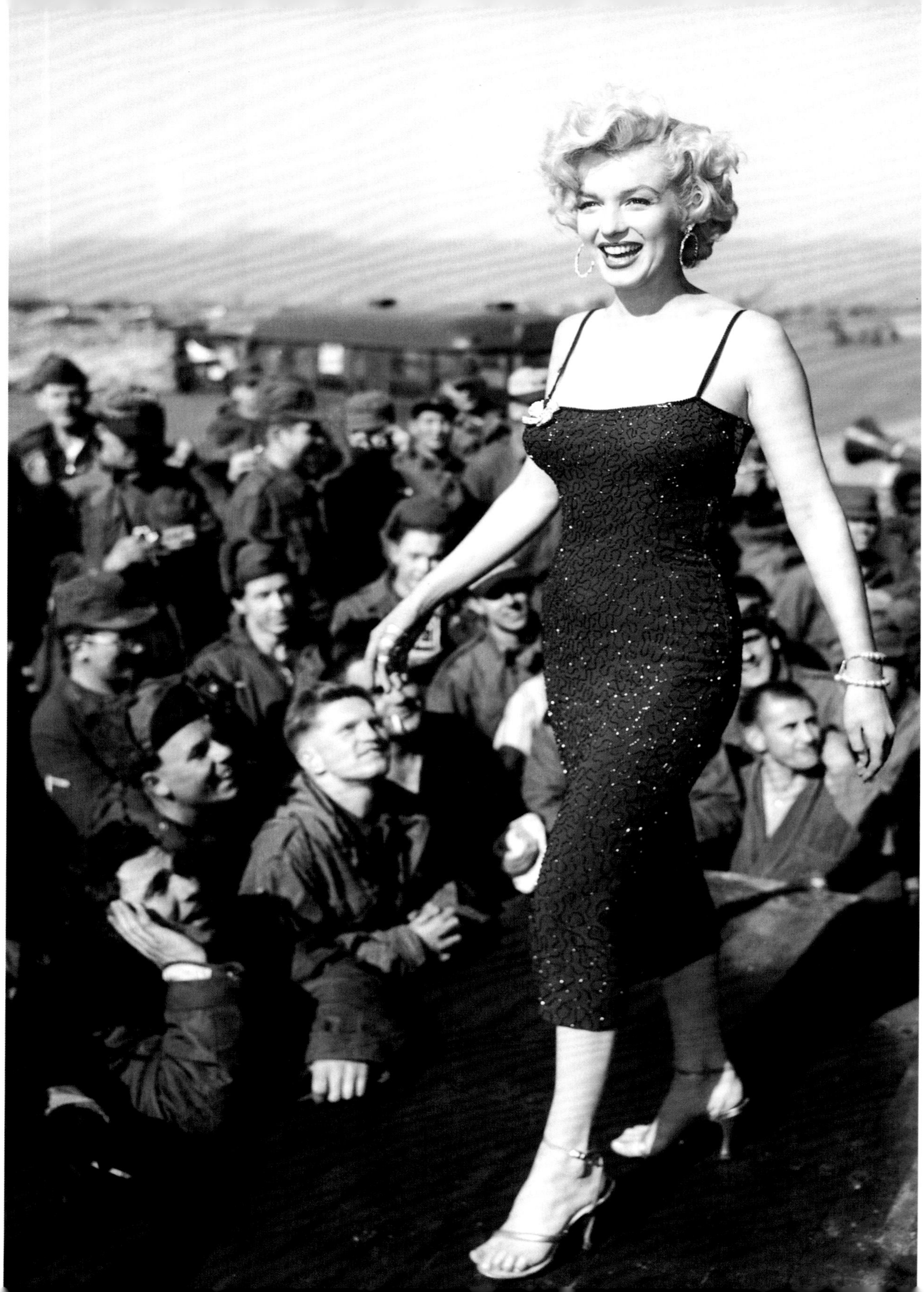

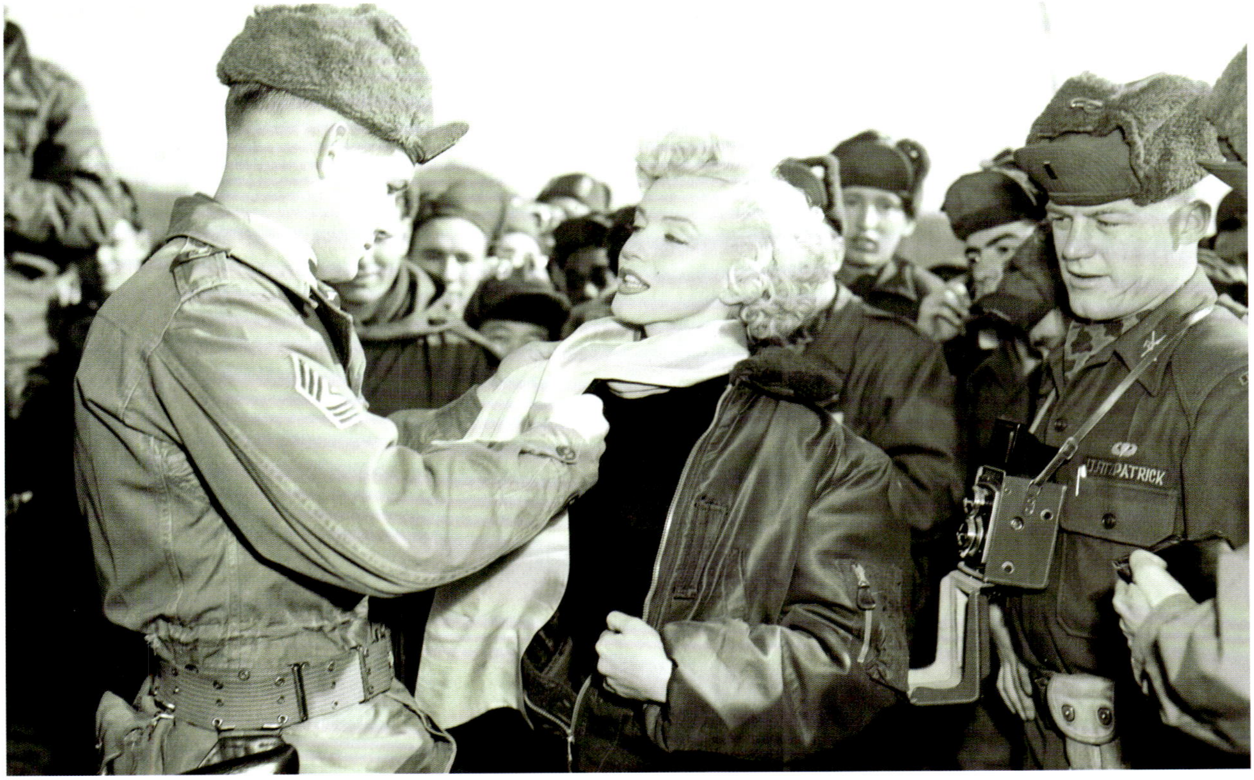

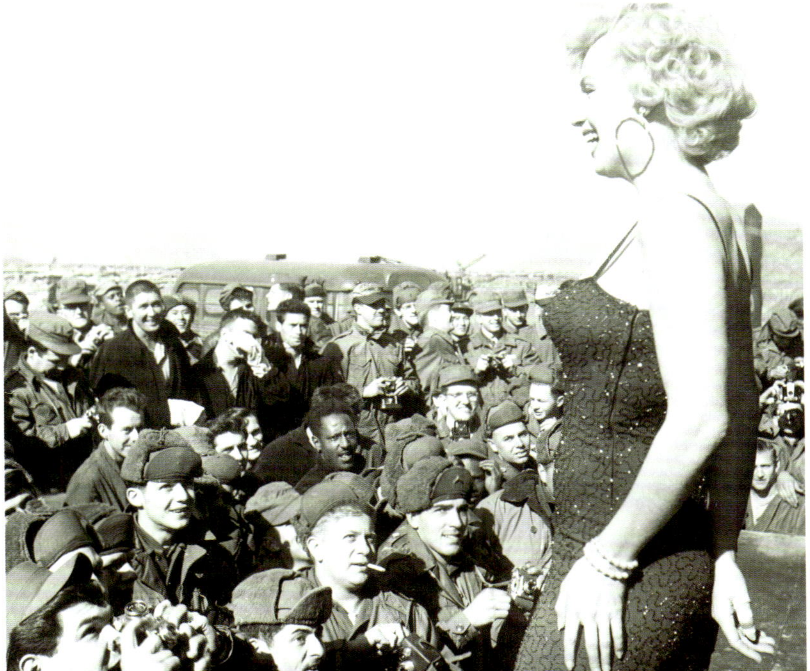

En Corée…

Page ci-contre : malgré un froid glacial et des bourrasques de neige, Marilyn apparaît moulée dans une robe rouge légère, brodée de sequins, sans soutien-gorge. Si elle ne semblait pas souffrir du froid, elle contracta néanmoins une pneumonie à son retour au Japon. Ici, elle se déhanche de sa manière suggestive, sous les vivats et les sifflets des soldats.

Ci-dessus : le sergent Guy Morgan, de Marion (Caroline du Nord), offre à Marilyn le foulard de la 25e division « Wolfhounds ».

Ci-contre : pendant cette tournée de quatre jours, Marilyn donna dix spectacles et chanta ses chansons favorites : *Diamonds Are a Girl's Best Friend*, *Bye Bye Baby* et *Somebody to Love Me*. Elle ajouta *Do It Again* (« Fais-le-moi encore »), mais les paroles furent édulcorées (« Embrasse-moi encore »), pour ne pas enflammer davantage un auditoire déjà surexcité. La voici sur scène à la base aérienne K-47 de Chunchon, en Corée.

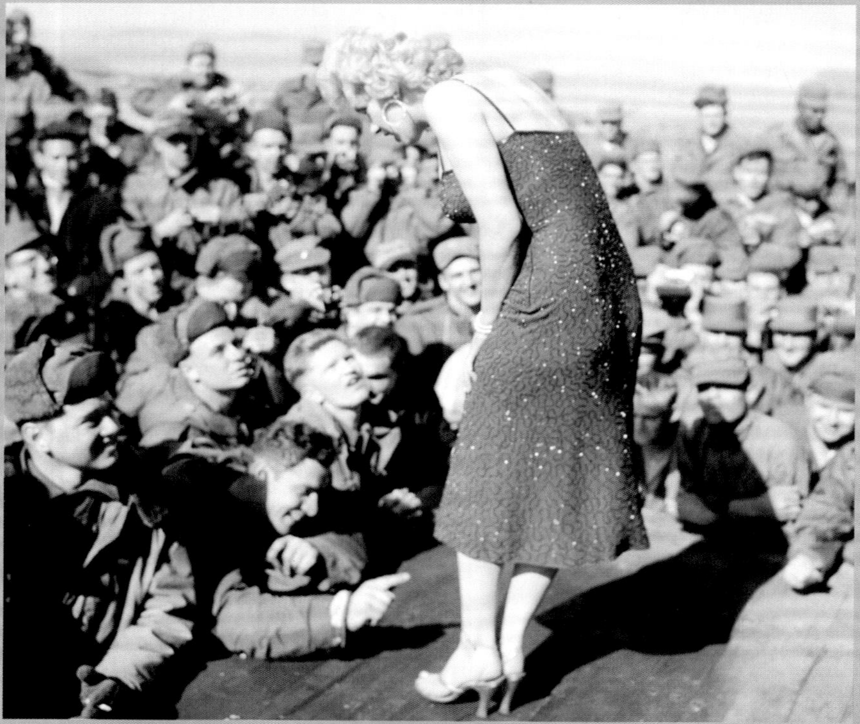

Un accueil enthousiaste

Ci-contre : de nombreux soldats avaient fait des kilomètres pour voir Marilyn et ils lui réservèrent un accueil délirant. Pendant son séjour en Corée, une grande partie de ses spectacles fut filmée, et les séquences furent montées en un documentaire dont elle assura le commentaire.

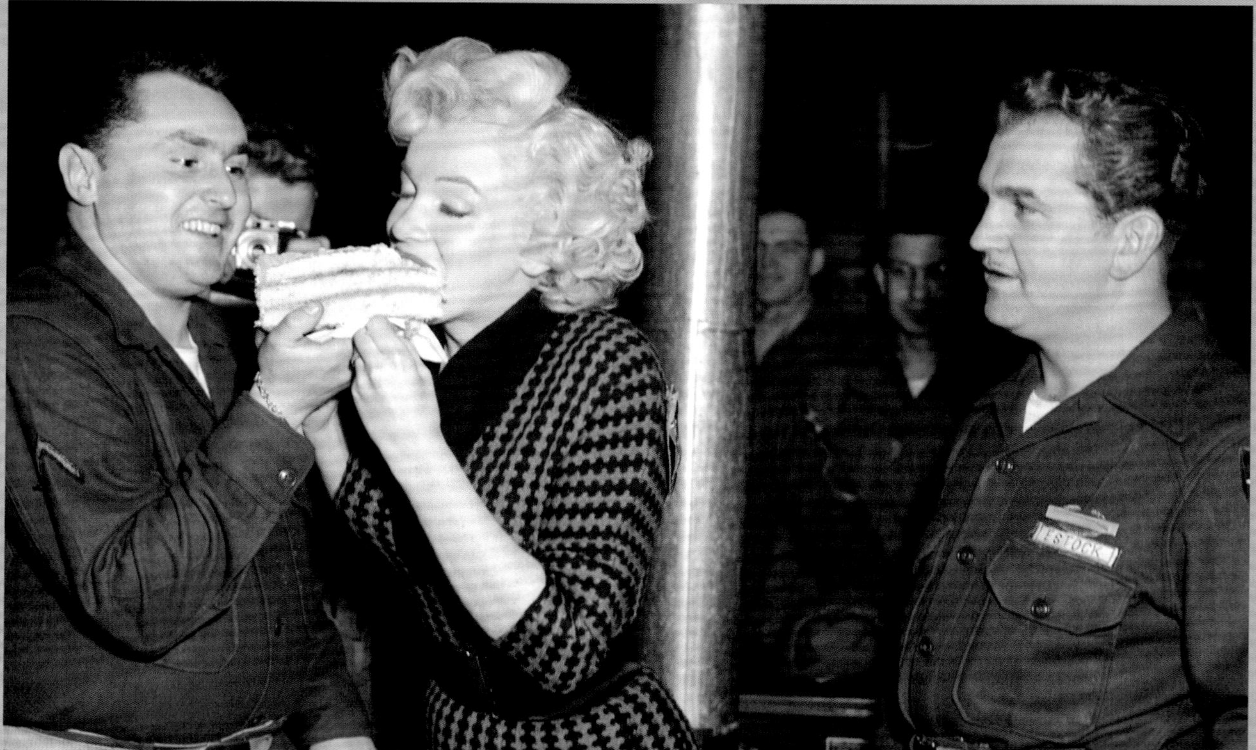

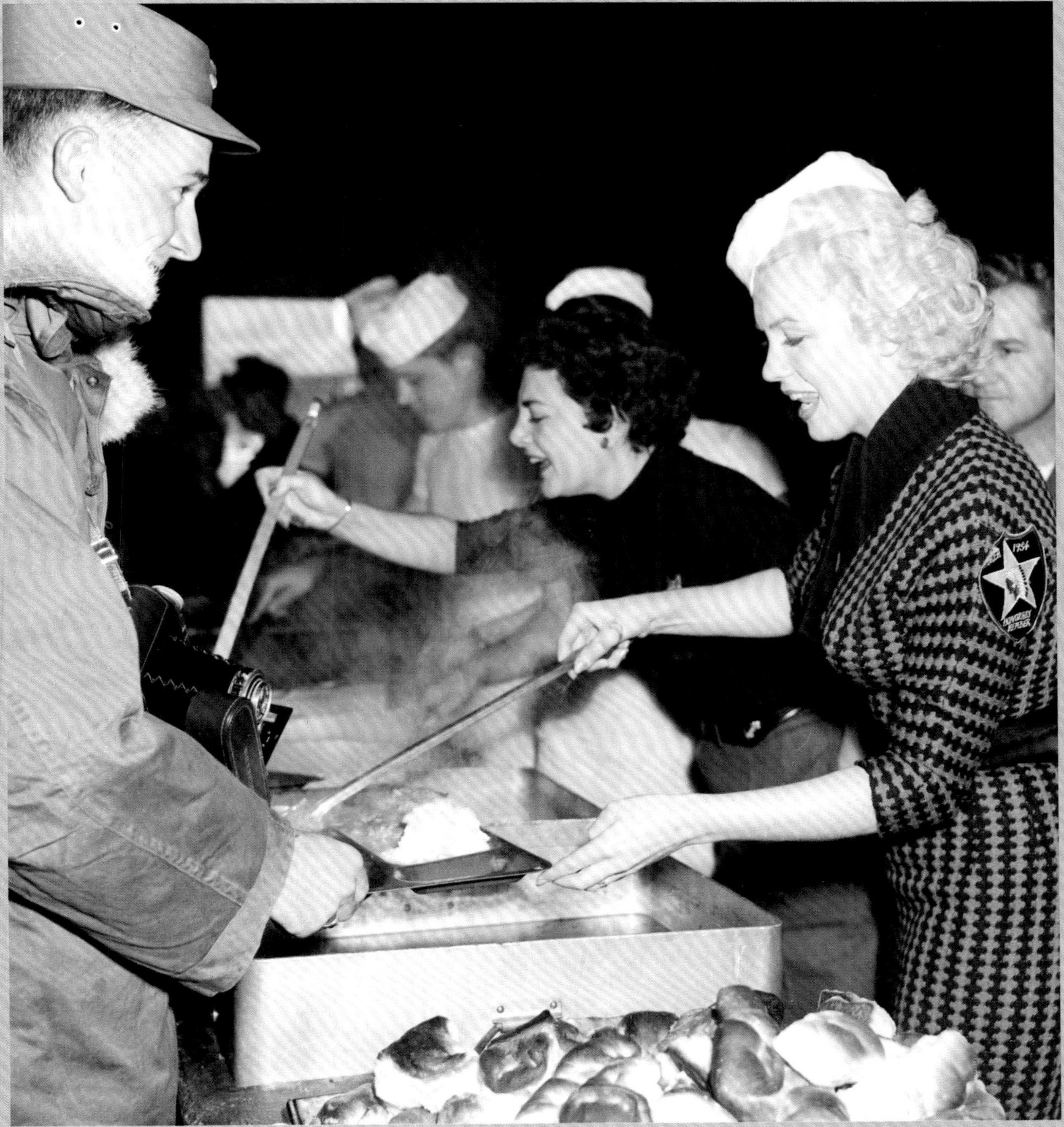

Du soutien pour les soldats

Ci-dessus : le soldat James R. Goggin prend des photos pendant que Marilyn fait le service au mess de la 2e division.

Page ci-contre, en bas : Marilyn mord de bon cœur dans un gâteau. Les soldats diront d'elle qu'elle avait bon appétit et mangeait de tout.

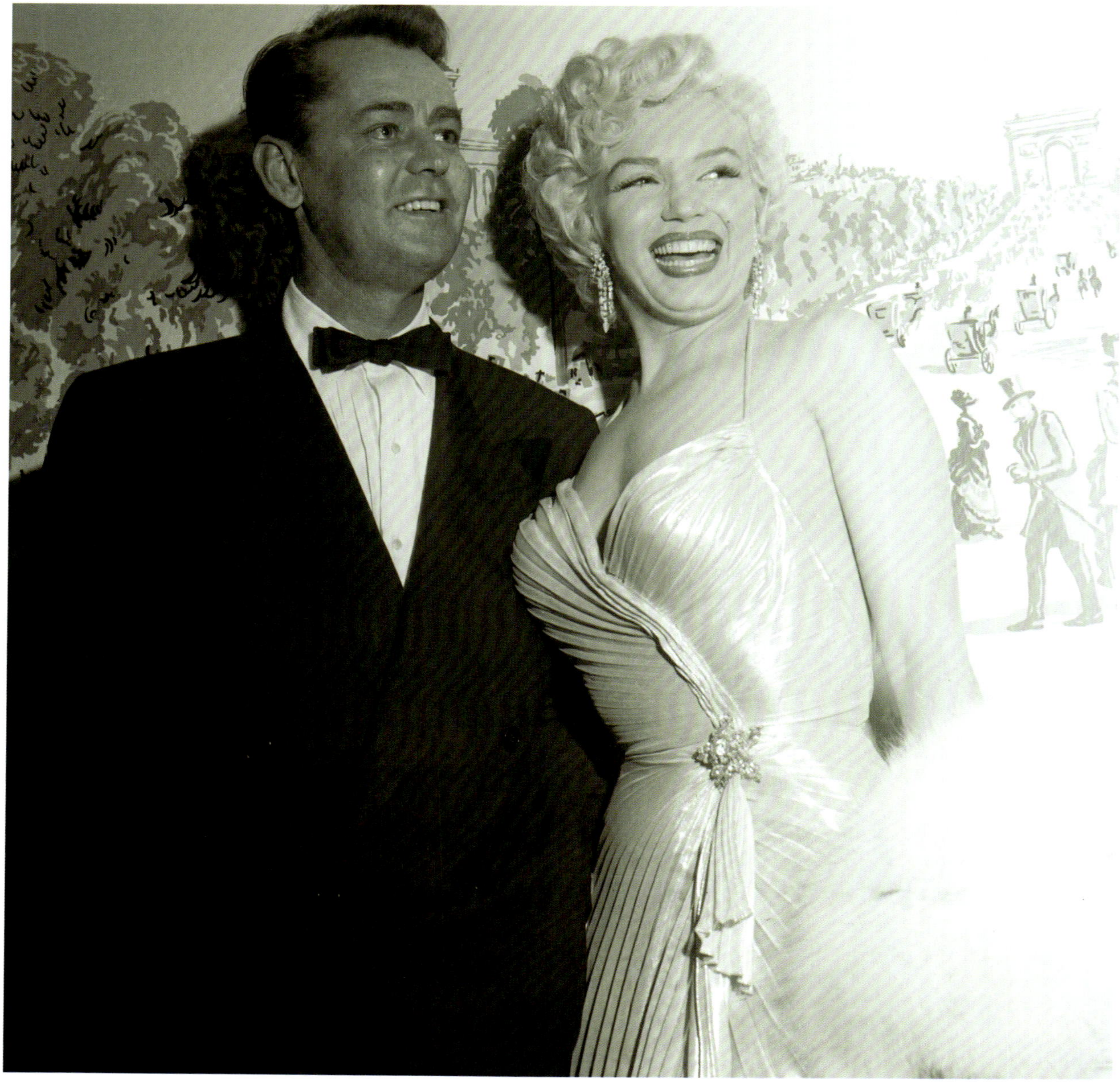

Pas de Joe, mais…

À New York, en mars 1954, lors de la remise des prix du magazine *Photoplay*, Marilyn pose au côté de l'acteur Alan Ladd (ci-dessus). Elle excusa l'absence de Joe en prétextant qu'il détestait la foule – il vint la chercher plus tard. Marilyn avait été désignée comme l'actrice la plus populaire de 1953.

Marilyn, qui avait passé quelque temps avec Joe à San Francisco, était toujours suspendue par le studio, mais était revenue à New York à l'occasion de sa nomination honorifique par le magazine *Photoplay*. Les négociations entre le studio et Charles Feldman, sans être très avancées, étaient néanmoins à un stade suffisant pour que Marilyn pût commencer le tournage de *La Joyeuse Parade*. Le projet de *La Diablesse en collants roses* avait été abandonné, et la Fox concéda à Marilyn de ne pas tourner plus de deux films par an. Mais elle n'avait toujours pas son mot à dire sur le choix du film, du chorégraphe et du professeur d'art dramatique.

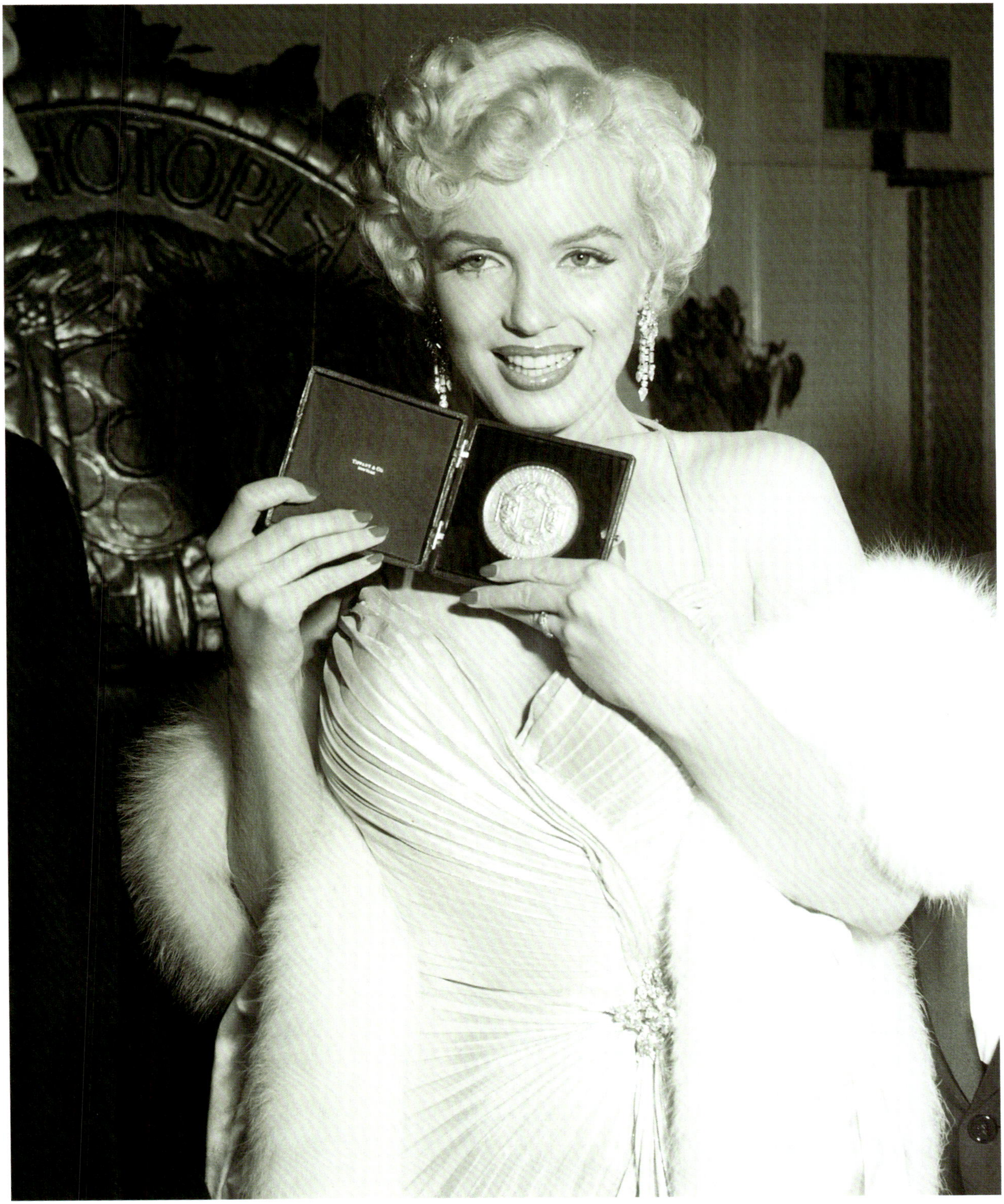

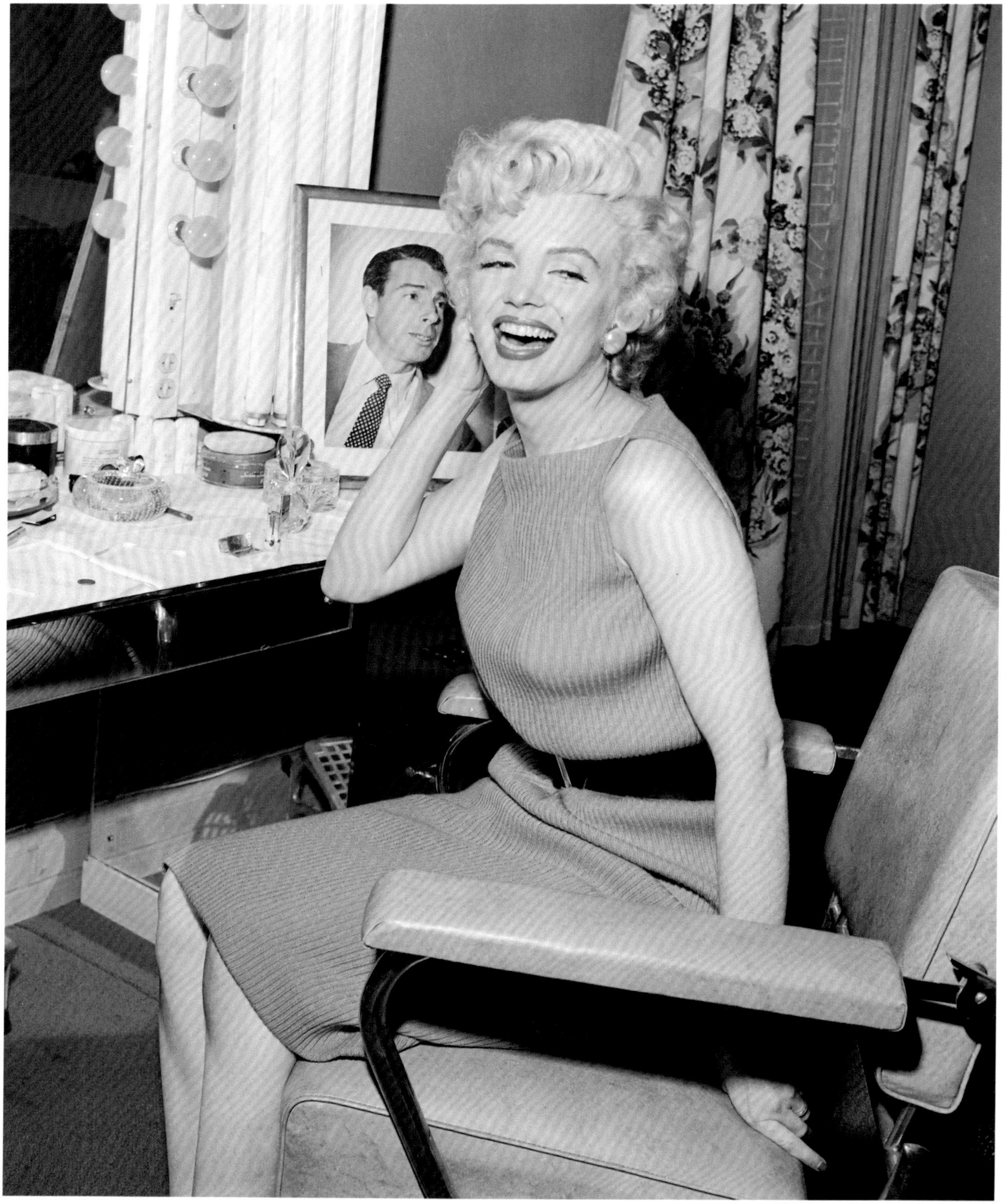

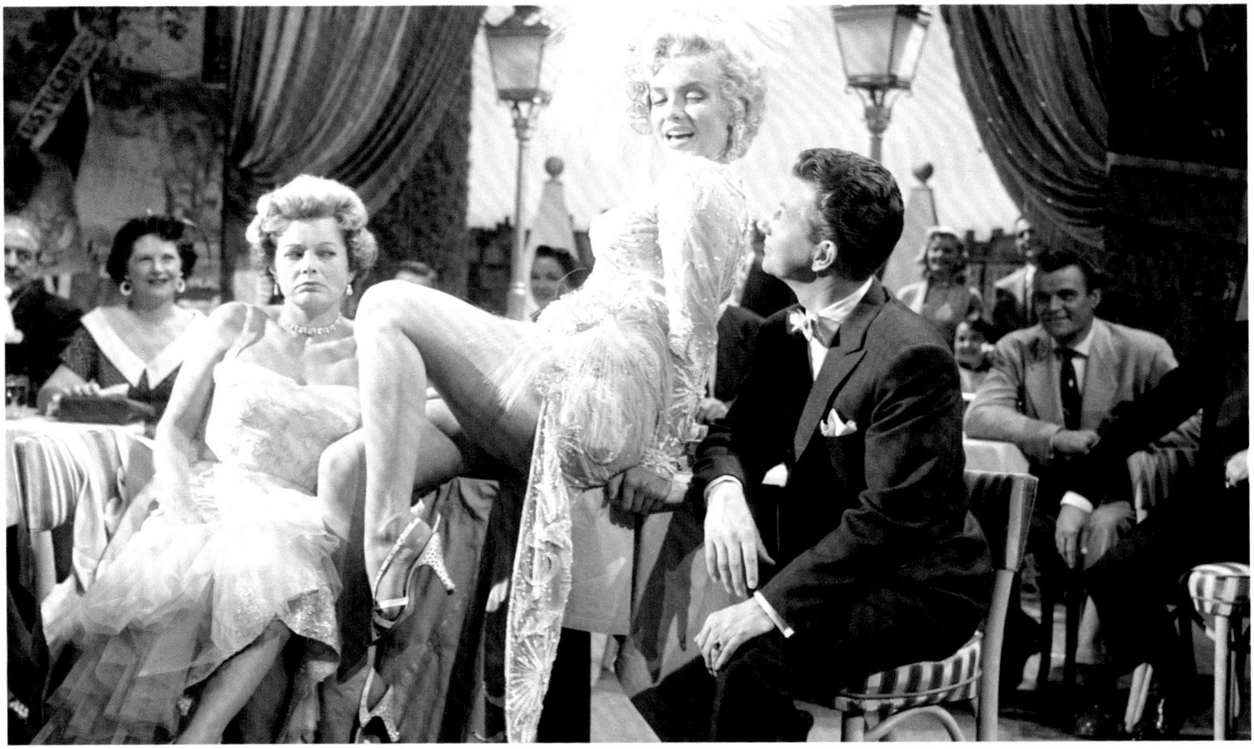

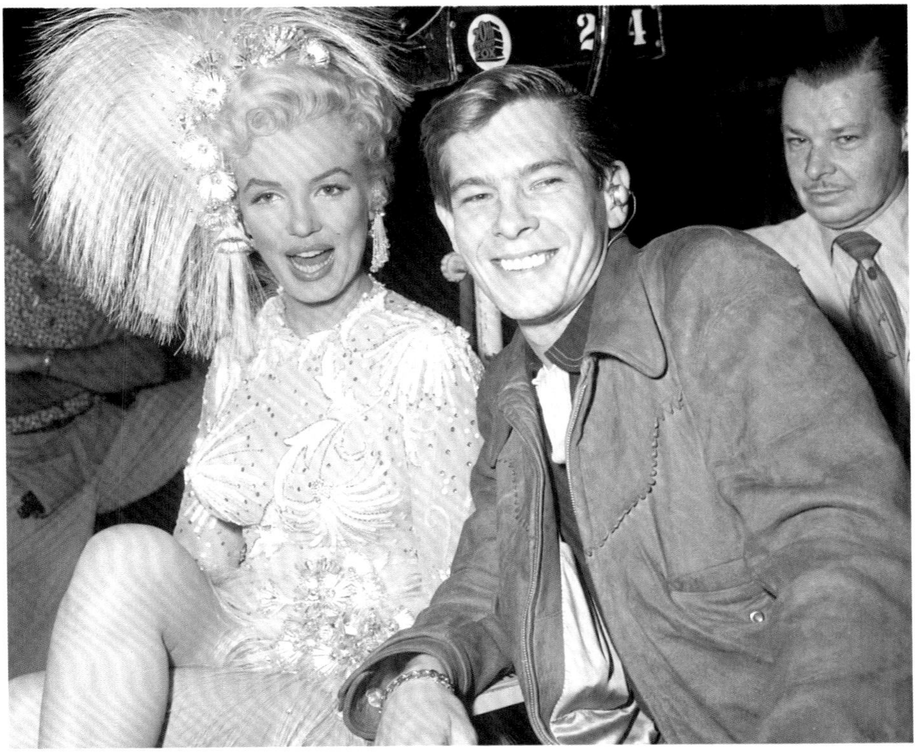

Marilyn, future maman ?

Page ci-contre : malade pendant tout le tournage, Marilyn s'évanouit trois fois sur le plateau, faisant naître la rumeur d'une grossesse. Elle confia aux journalistes que Joe et elle désiraient fonder une famille, mais qu'elle n'attendait pas d'enfant pour le moment.

Ci-dessus : Marilyn fait étalage de ses talents de chanteuse et de danseuse dans *La Joyeuse Parade*. Le rôle avait été écrit pour elle, en substitution fidèle de celui de *La Diablesse en collants roses*.

Ci-contre : Marilyn avec son partenaire Johnnie Ray, qui tient le rôle de Steve Donahue. Ce personnage participe tout d'abord au spectacle de chant et de danse de sa troupe, mais la quitte pour entrer dans les ordres.

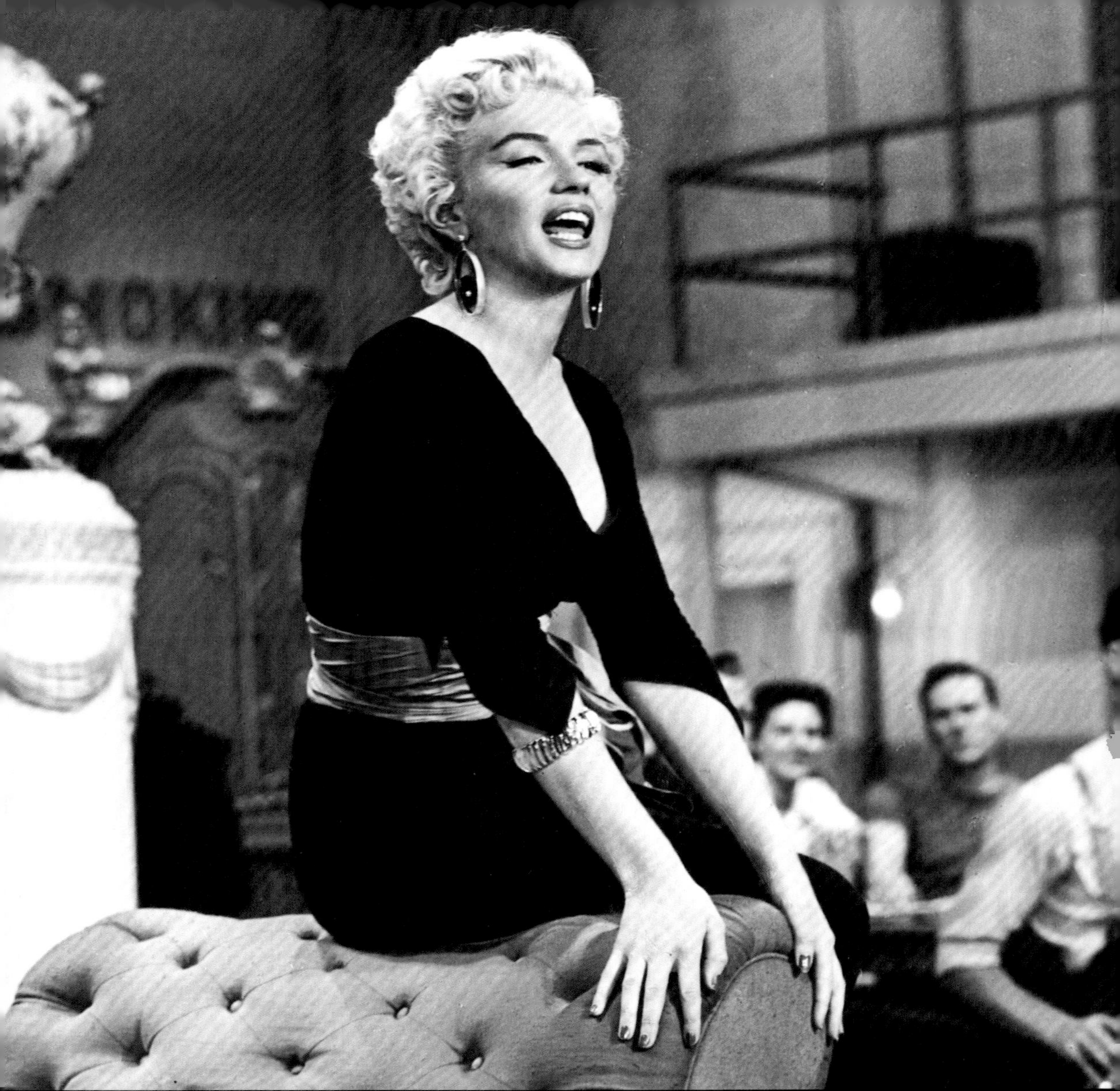

La Joyeuse Parade…

Ci-dessus : une photo de *La Joyeuse Parade*. Le personnage de Vicky, joué par Marilyn, interprète des numéros écrits pour Ethel Merman, qui mêlent agréablement les styles. À l'inverse des autres acteurs principaux, Marilyn n'était pas une danseuse et une danseuse professionnelles, mais elle travailla beaucoup son rôle et réalisa une excellente prestation. Elle répéta ses numéros avec le chorégraphe Jack Cole, avec lequel elle avait travaillé sur Les hommes préfèrent les blondes, et d'autres numéros créés par Robert Alton.

Page ci-contre : Marilyn pendant le tournage, avec son professeur d'art dramatique Natasha Lytess. Marilyn ne devait plus tourner qu'un film avec elle, *Sept Ans de réflexion*, en 1954. Natasha tenta de persuader Marilyn de tourner *La Diablesse en collants roses*.

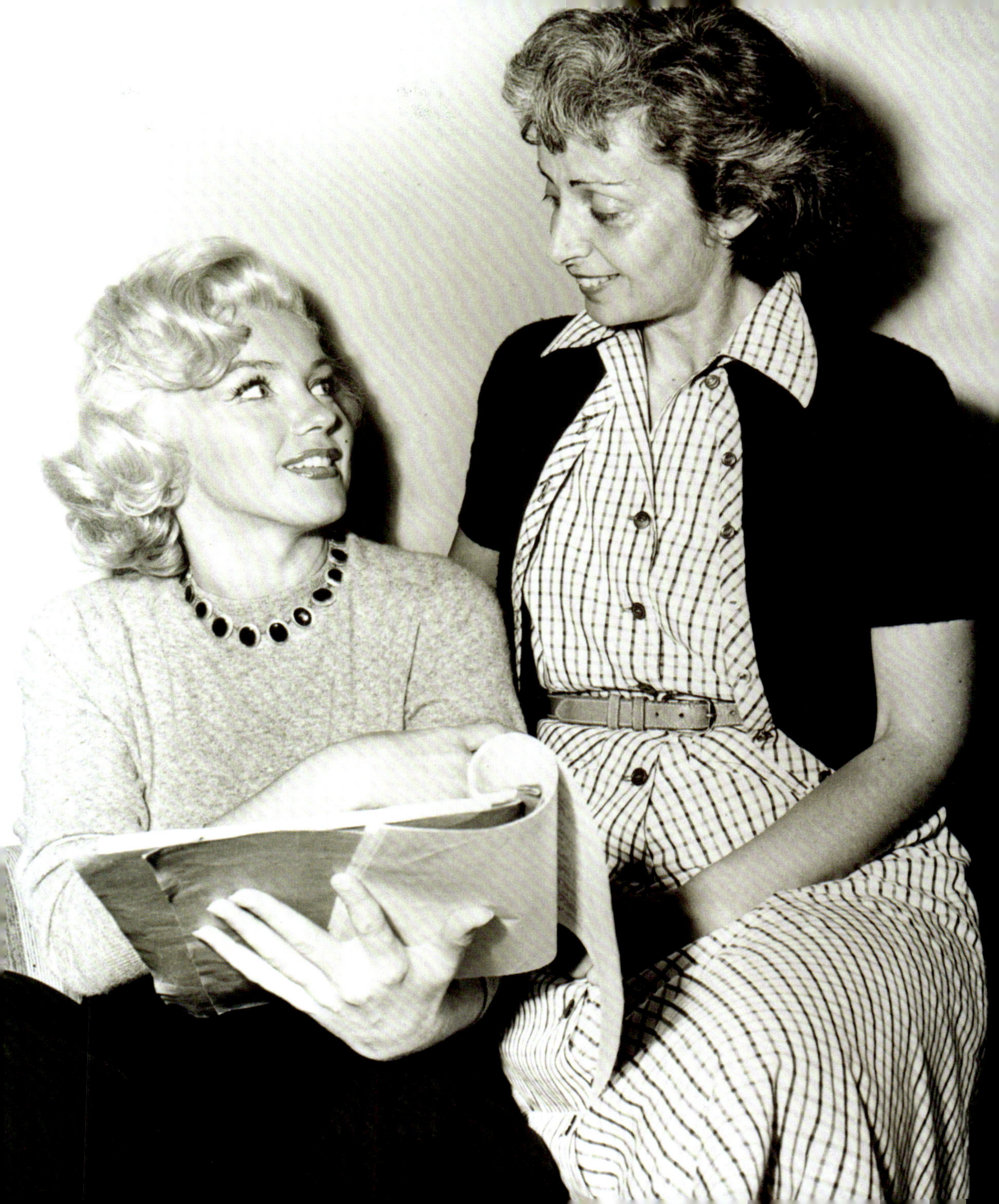

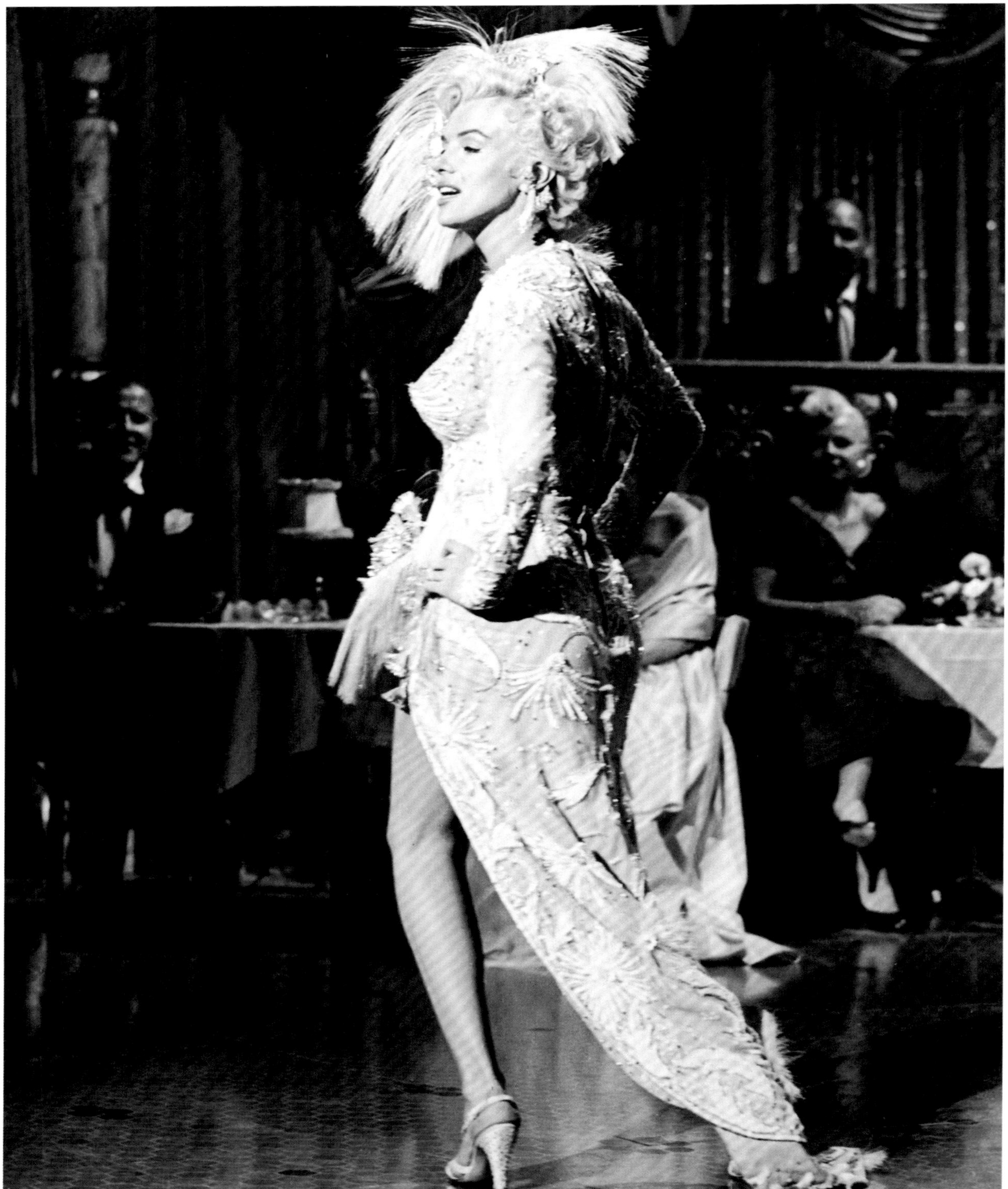

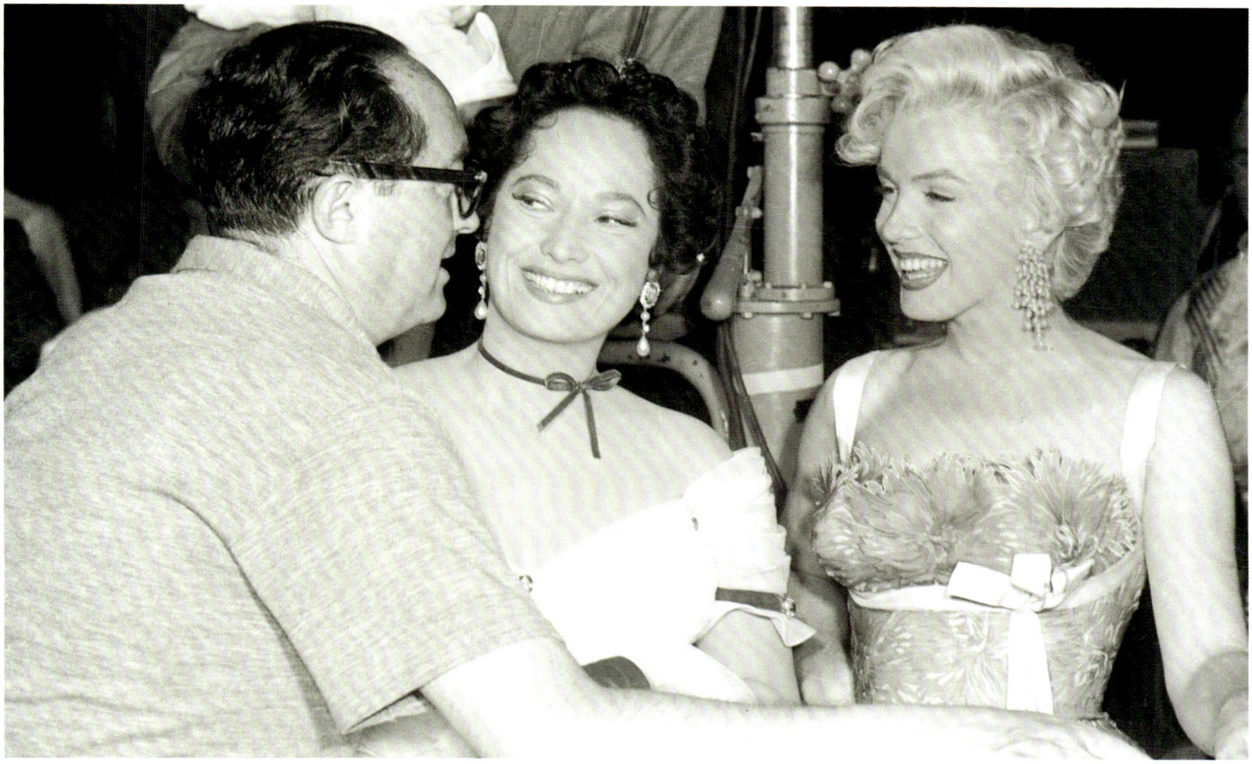

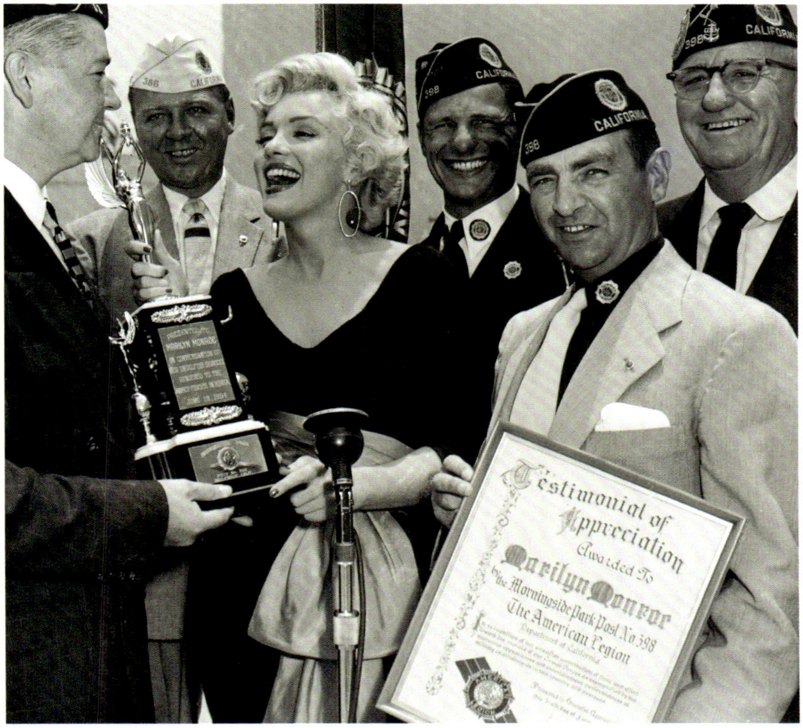

« After You Get What You Want… »

Page ci-contre : la robe que porte Marilyn pour interpréter la chanson *After You Get What You Want* d'Irving Berlin dans *La Joyeuse Parade* est blanche et rehaussée de broderies scintillantes, sur un body couleur chair, avec des fleurs argentées et blanches stratégiquement placées sur fond de tulle blanc. Marilyn venant de signer un contrat d'exclusivité d'enregistrement avec la RCA, cette chanson fut interprétée par Dolores Gray.

Ci-dessus : Marilyn rend visite à Merle Oberon sur le plateau de son nouveau film, dans lequel elle joue le rôle de Joséphine, la femme de Napoléon. Le metteur en scène Henry Koster plaisante avec les deux actrices.

Ci-contre : en juillet 1954, Lewis K. Cough, ancien commandeur national de l'American Legion, offre à Marilyn un trophée et un diplôme, en remerciement de son soutien aux forces armées.

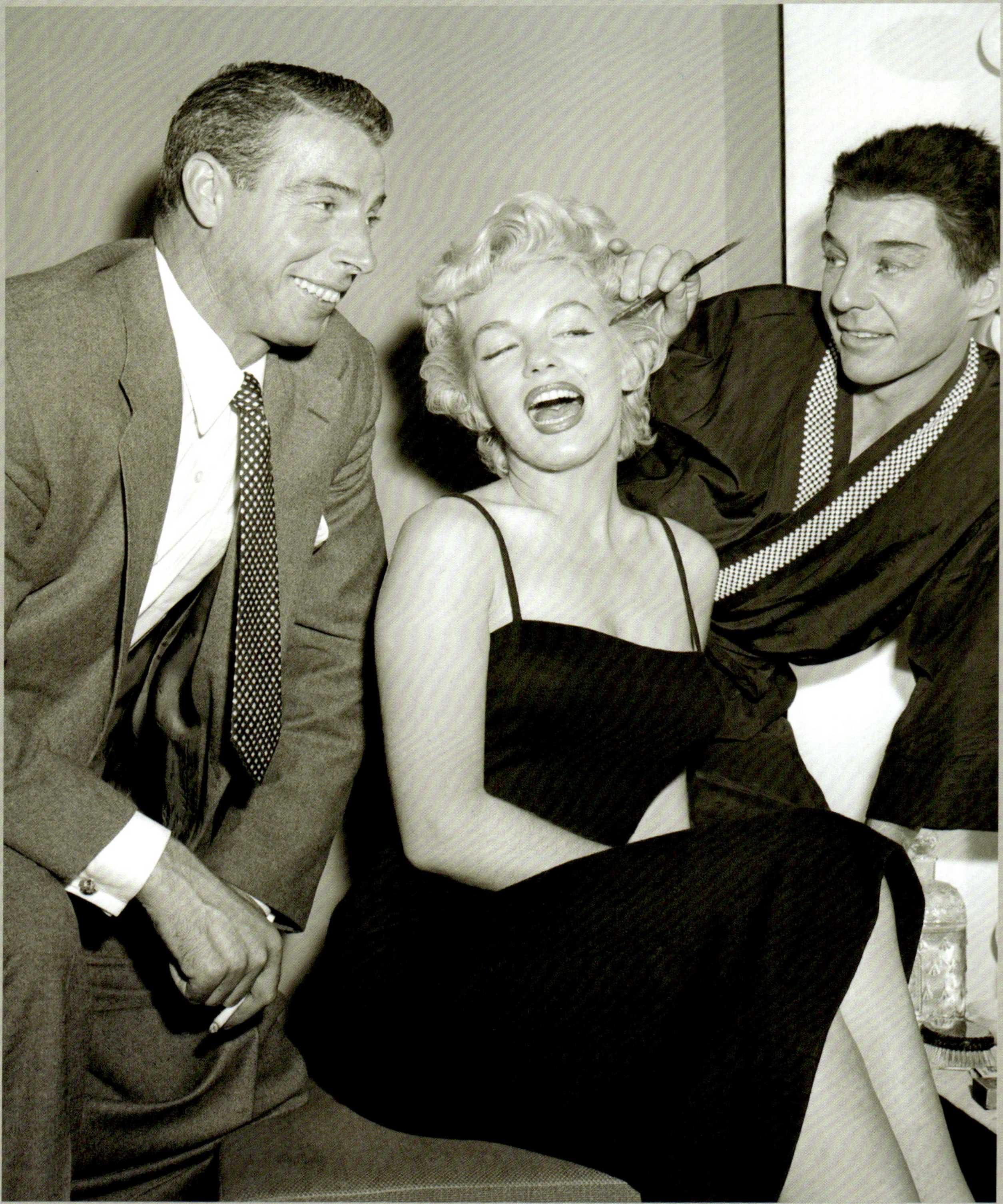

Des tenues adéquates…

Page ci-contre : dans les coulisses du Martin Beck Theater, Marilyn se fait maquiller les yeux par David Wayne, sous le regard amusé de Joe. Le couple était venu assister à la représentation de *La Petite Maison de thé*, dont Wayne avait le premier rôle.

Ci-contre : toujours prête à faire plaisir, Marilyn prend la pose pour les photographes.

Double page suivante : Marilyn et Joe dînent au restaurant El Morocco, dans la 54e Rue à New York, où Marilyn vivait pendant le tournage de *Sept Ans de réflexion*. Le sourire de Joe est trompeur, car il s'accommode de moins en moins de la carrière de sa femme. Il aurait préféré qu'elle reste au foyer et élève leurs enfants.

Joe désapprouvait les robes moulantes et les décolletés profonds de Marilyn. Pour lui faire plaisir, elle adopta des tenues plus strictes durant leur bref mariage. Il détestait aussi la voir sortir sans sous-vêtements et la fit attendre un jour dans les toilettes d'un restaurant jusqu'à ce qu'on lui en apporte. Ces petits problèmes ne l'empêchaient pas de trouver Joe très à son goût. Peu après leur rencontre, elle dit de lui : « Il a la grâce et la beauté d'un Michel-Ange. Il se meut comme une statue vivante. »

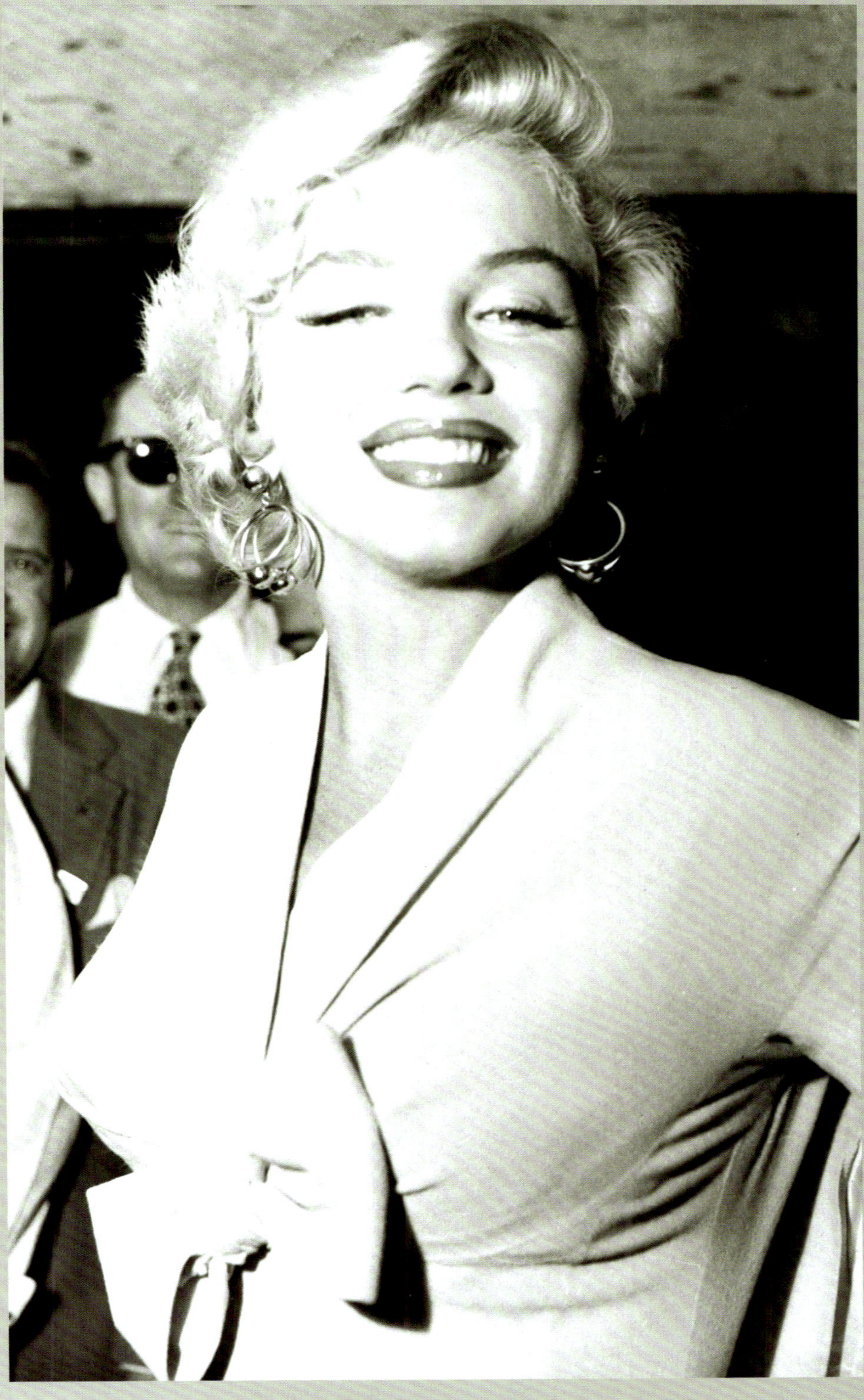

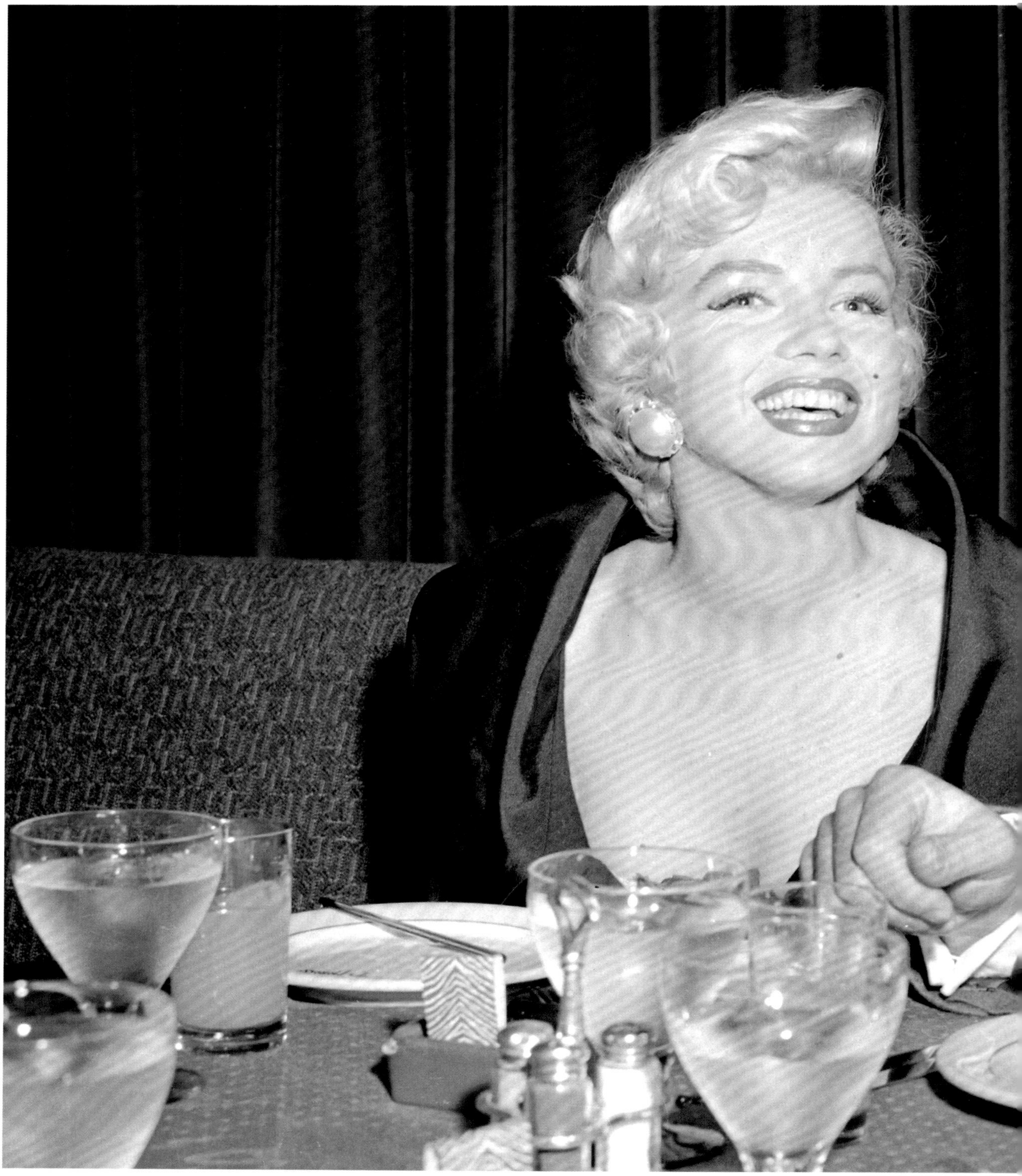

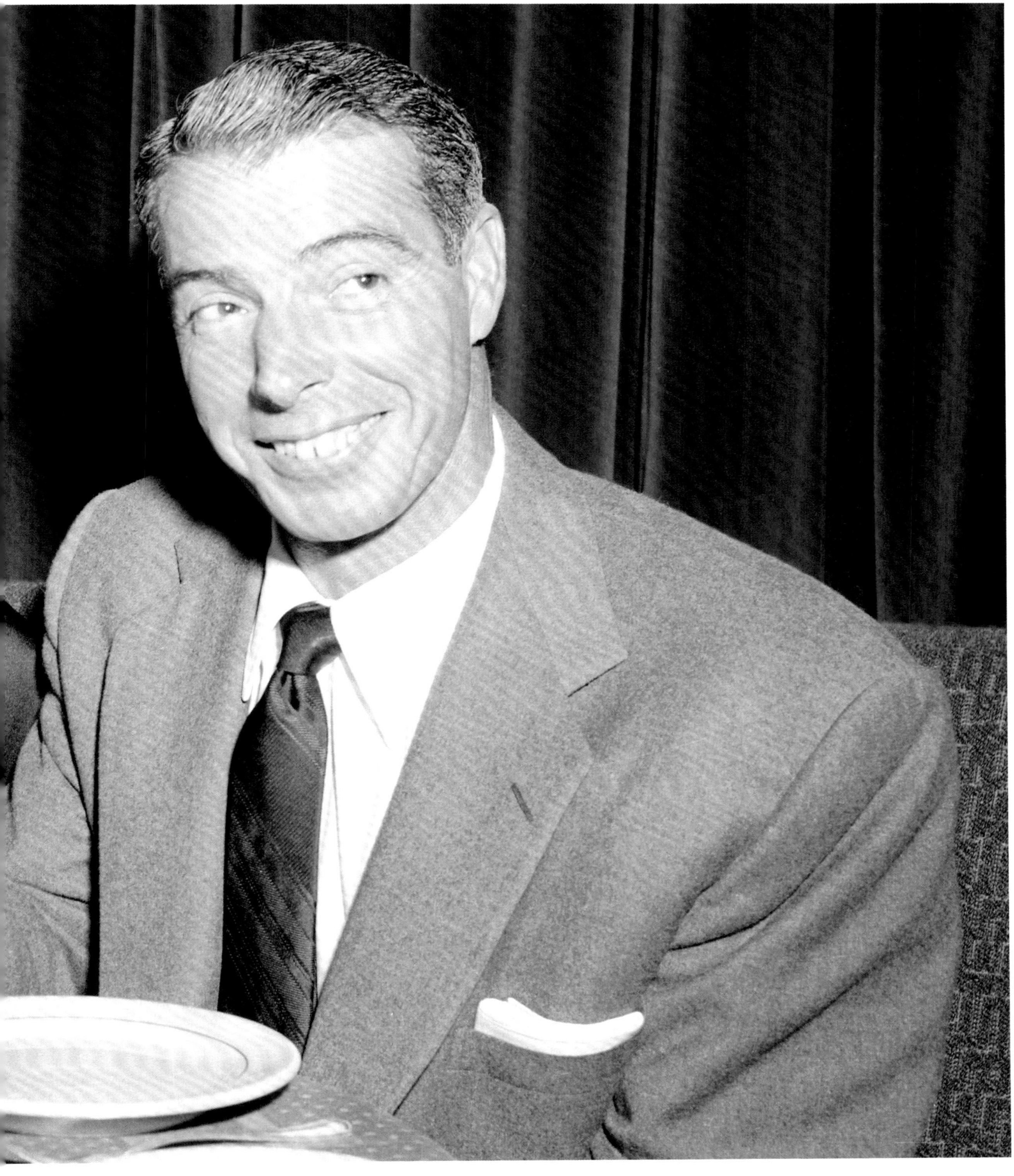

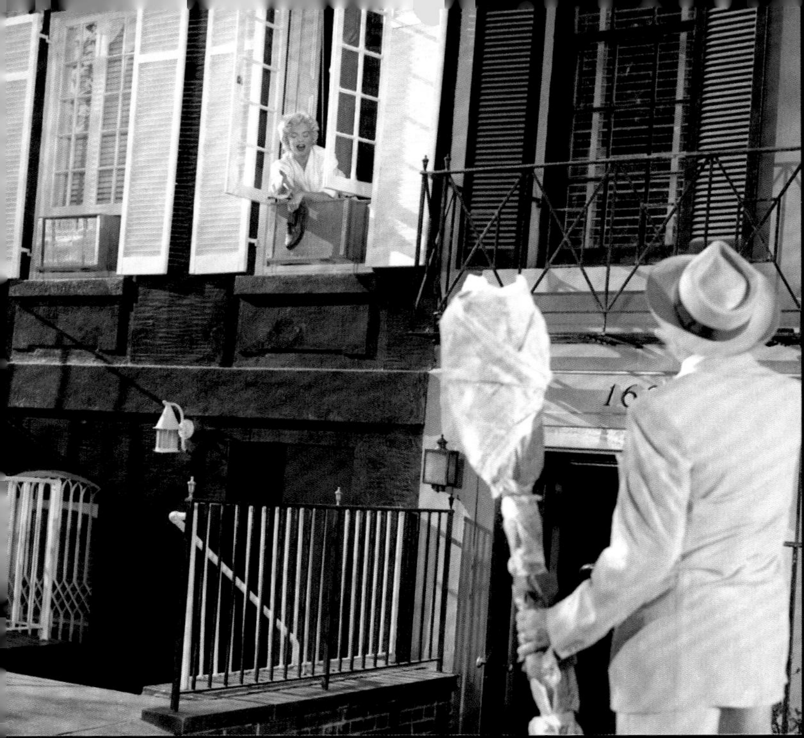

Sept Ans de réflexion

L'argument est mince : Richard Sherman (Tom Ewell), un mari dont la femme et le fils sont partis en vacances d'été dans le Maine, reste seul à New York. Sherman est bien décidé à travailler, mais il est distrait par l'arrivée de la Fille (Marilyn), qui a sous-loué l'appartement voisin. En raison de la chaleur accablante, elle circule en petite tenue et rafraîchit ses sous-vêtements dans le réfrigérateur. Sherman affabule sur une possible relation avec elle, mais la belle se montre plus intéressée par l'air conditionné de son appartement. Finalement, elle est soulagée de découvrir qu'il est marié…

Ci-contre : à la fin du film, Sherman décide de rester fidèle à sa femme et part la rejoindre, emportant la rame du canoë de son fils. Il laisse l'usage des deux appartements à Marilyn.

Ci-dessous : pendant l'une des séquences, la Fille coince son orteil dans le robinet de la baignoire et doit recourir à un plombier, joué par Victor Moore.

Page ci-contre : la vague de chaleur qui sévit à New York sert de prétexte à Marilyn pour aller et venir dévêtue.

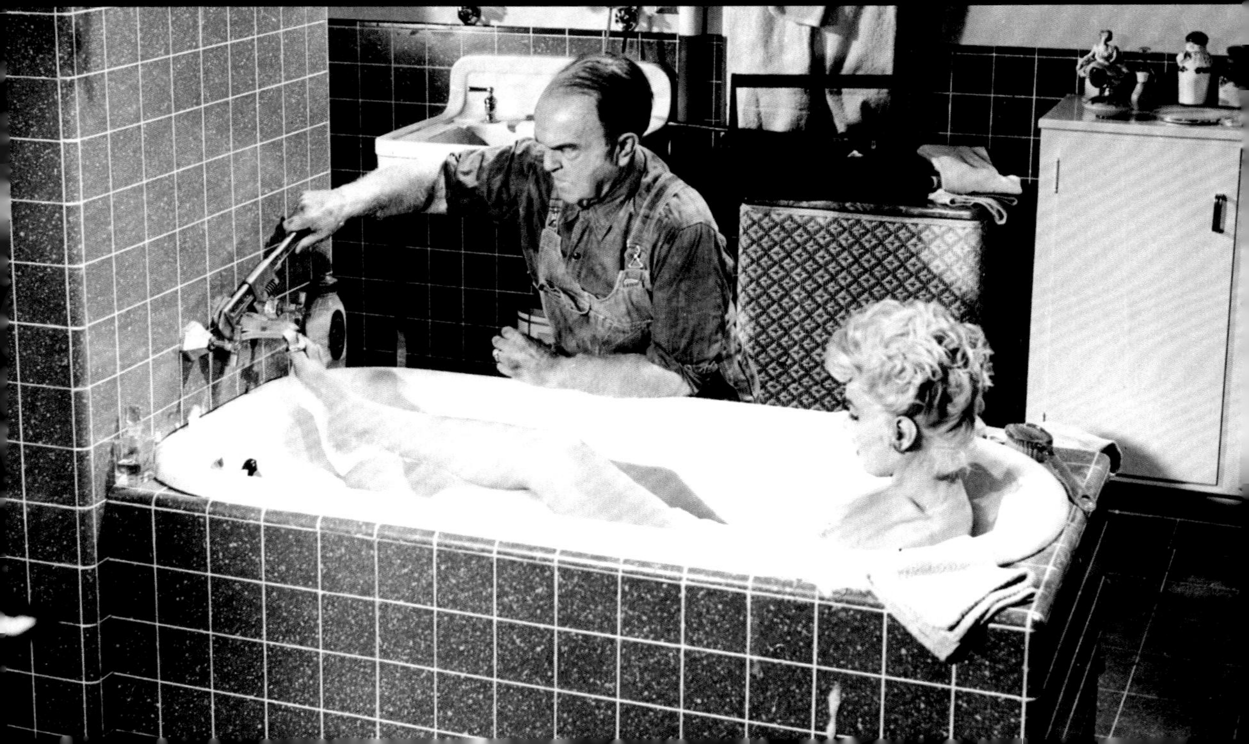

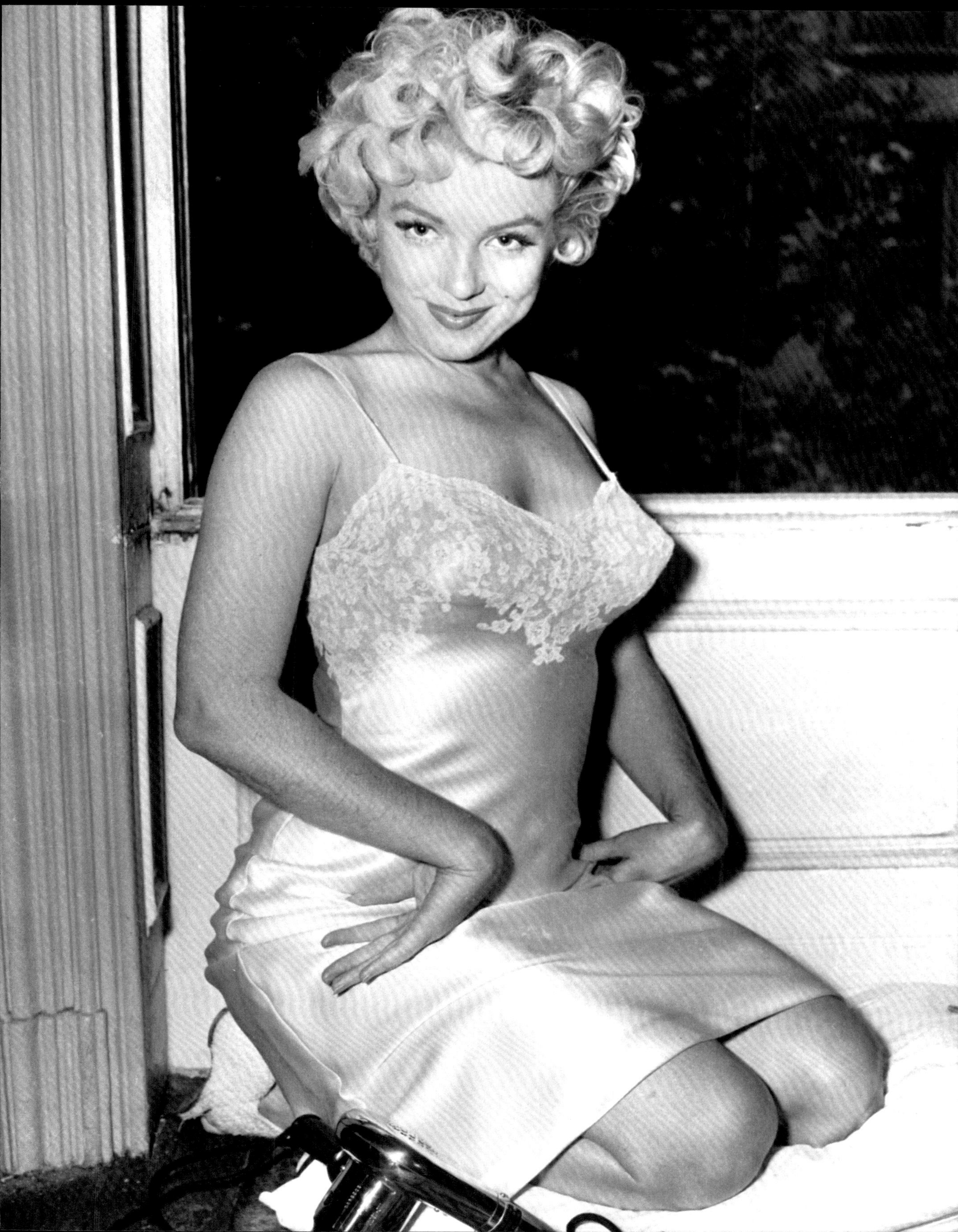

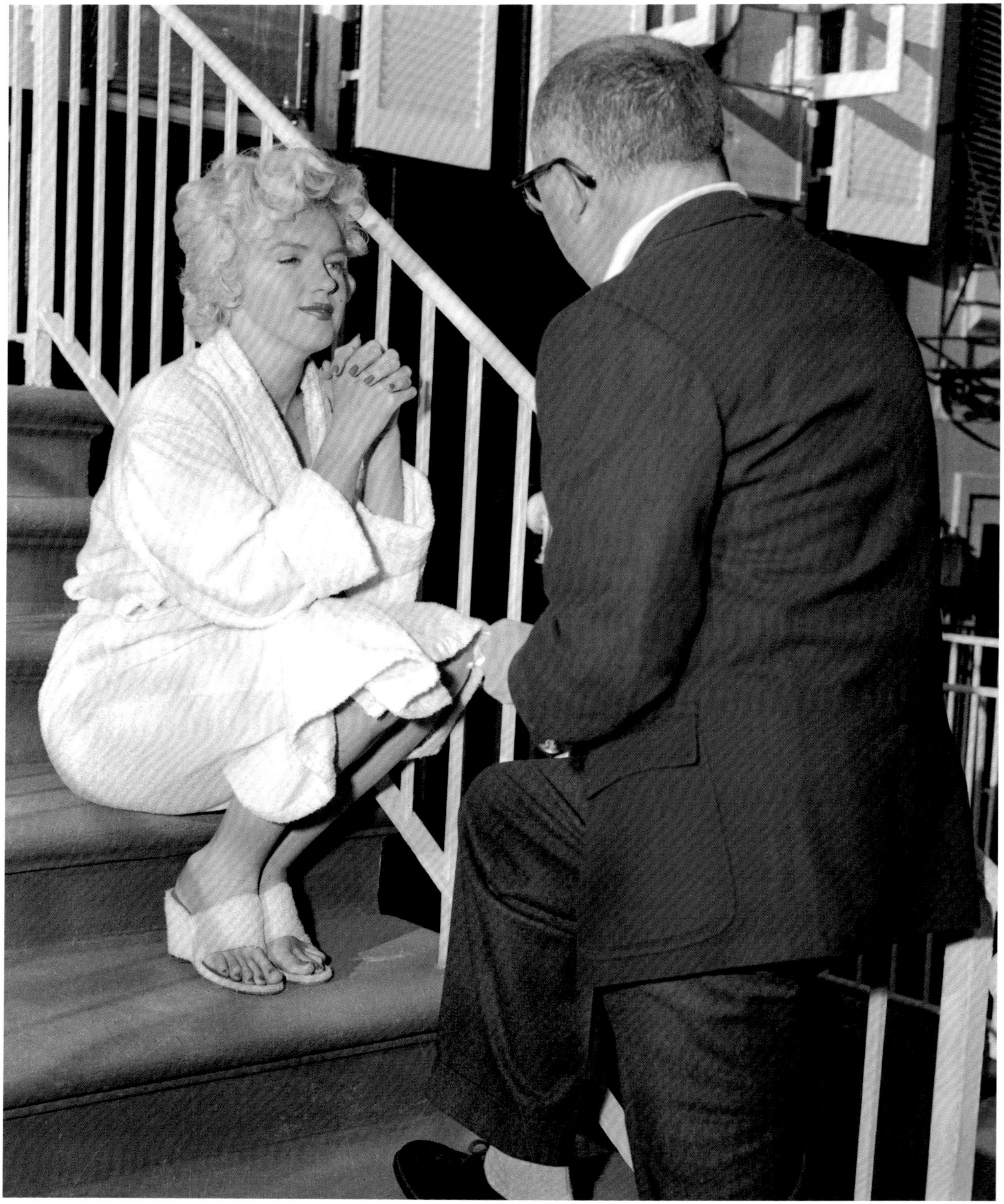

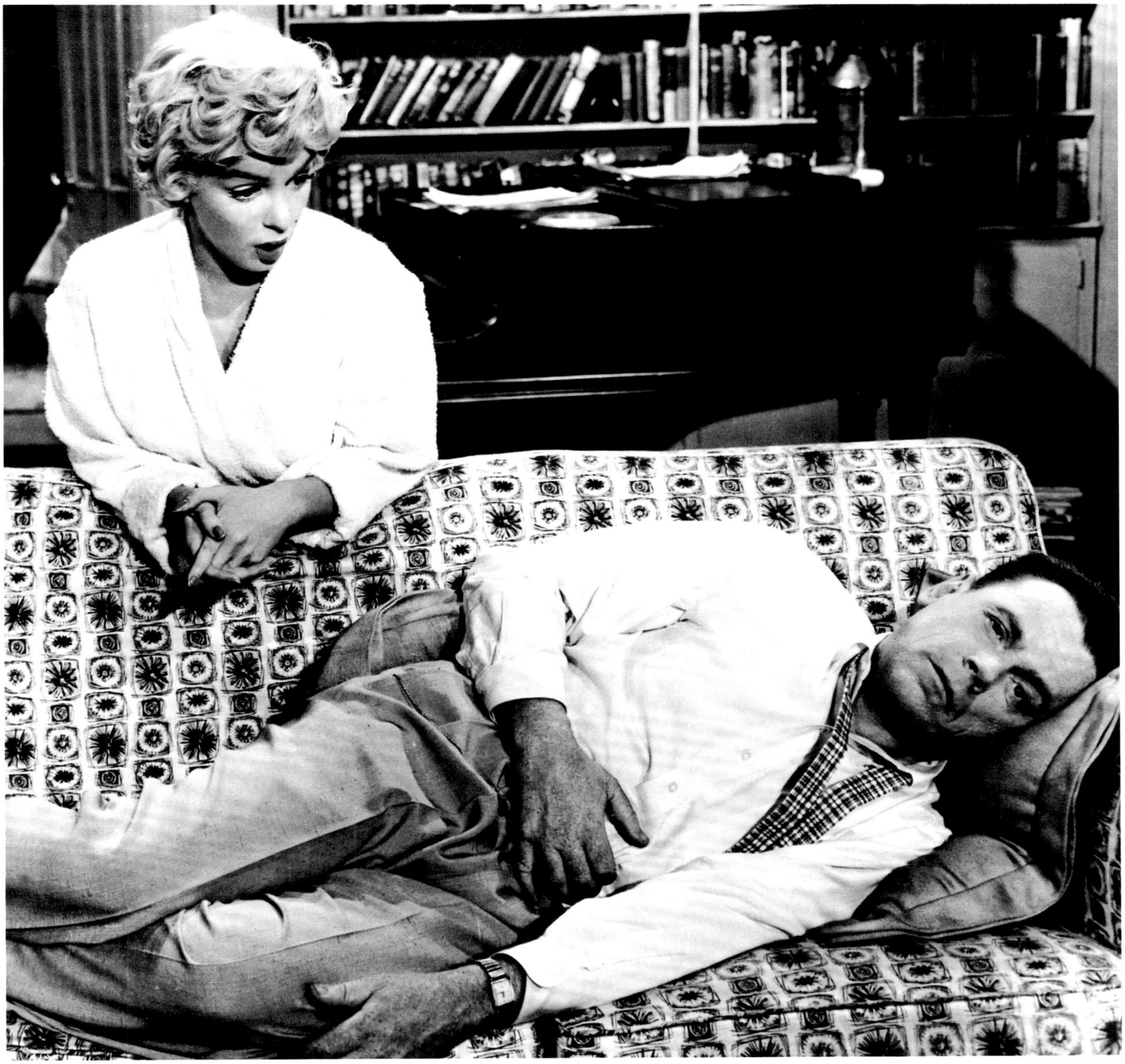

Travailler avec Billy Wilder

Page ci-contre : Marilyn discute d'une scène avec Billy Wilder sur le plateau de *Sept Ans de réflexion*. Marilyn avait été ravie de travailler avec lui, bien qu'elle arrivât toujours en retard et que Wilder lui fît refaire des scènes, même quand elles étaient bonnes. Plus tard, Wilder dit de Marilyn : « C'est une très grande actrice. Je préfère une Marilyn en retard que bien d'autres actrices à l'heure. » Marilyn avait souvent du mal à se rappeler son texte. Aussi, pour l'aider, Wilder fractionna-t-il les scènes en séquences plus courtes. Le film prit quand même deux semaines de retard et se termina le 5 novembre.

Ci-dessus : Marilyn et Tom Ewell, dans une publicité pour le film. Si Marilyn a été choisie d'emblée par Wilder pour le rôle de la Fille, le personnage de Sherman avait été beaucoup plus difficile à distribuer. Wilder avait été favorablement impressionné par l'audition de Walter Matthau et avait sérieusement pensé à Gary Cooper. Le rôle échut à Tom Ewell, qui avait débuté au théâtre et avait joué le rôle de Sherman dans la pièce originale, à Broadway.

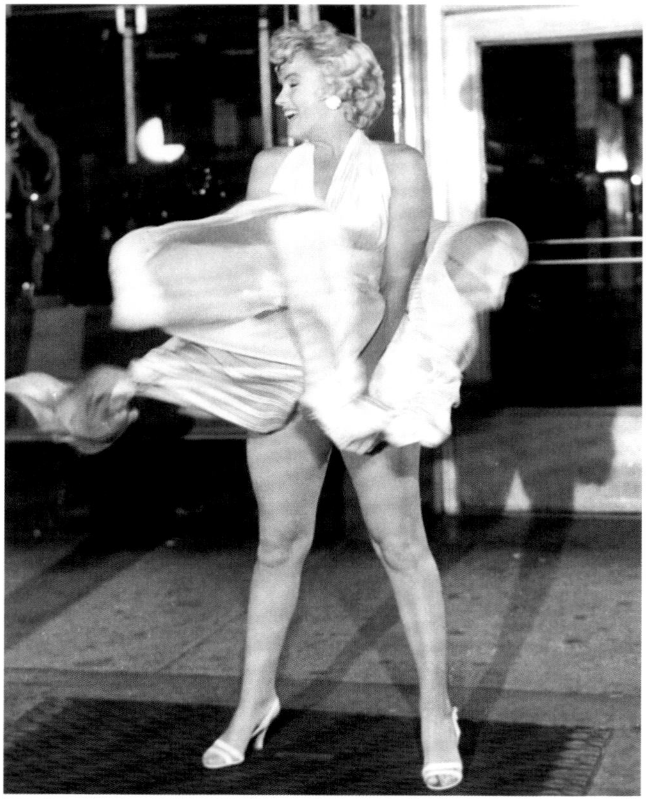

La célèbre séquence de la jupe qui vole

La prise de vue de la jupe soulevée par le vent fut tout autant une opération publicitaire qu'une séquence du tournage. Le service de publicité du studio en avait fait une annonce détaillée à la presse et le tournage commença sous le regard des photographes et d'une foule excitée. Il y eut 15 prises de vues, et Marilyn dit à Wilder : « J'espère que ce n'est pas pour votre collection privée et que vous n'allez pas projeter ces rushes à une soirée entre hommes ! » La jupe vola plusieurs fois par-dessus la culotte de Marilyn et le résultat fut beaucoup trop éloquent pour être incorporé au montage.

Malheureusement, Joe assista à la scène avec son ami Walter Winchell. Le spectacle de sa femme montrant ses jambes et ses dessous à des milliers d'hommes qui l'acclamaient le mit au comble de la colère, et il quitta le tournage. De retour à l'hôtel, Marilyn et lui se disputèrent violemment et Joe repartit dès le lendemain pour la Californie.

Cependant, une grande partie des prises de vues, réalisées au coin de Lexington Avenue et de la 52e Rue, ne fut pas utilisable en raison du bruit d'ambiance et de la piètre qualité de la lumière. La scène fut retournée dans un studio de la Fox à Hollywood. La célèbre robe décolletée à jupe plissée portée par Marilyn faisait partie d'un ensemble de costumes dessinés par William Travilla, qui avait déjà travaillé pour Marilyn dans *Les hommes préfèrent les blondes*.

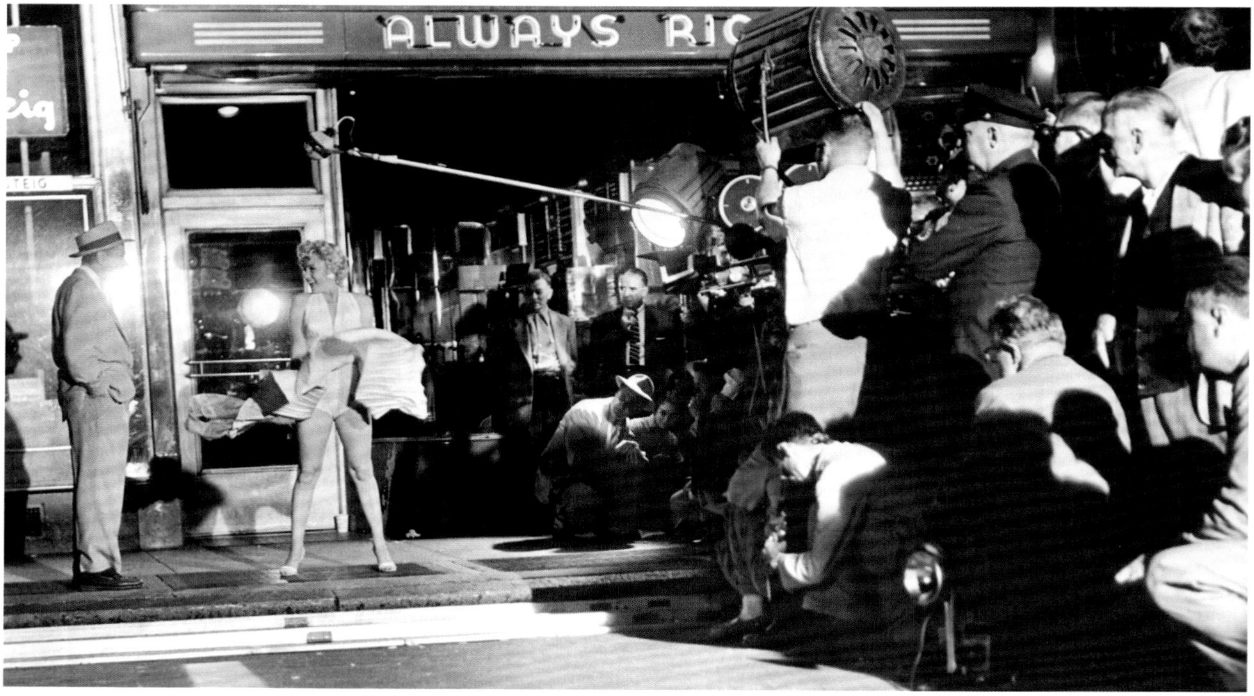

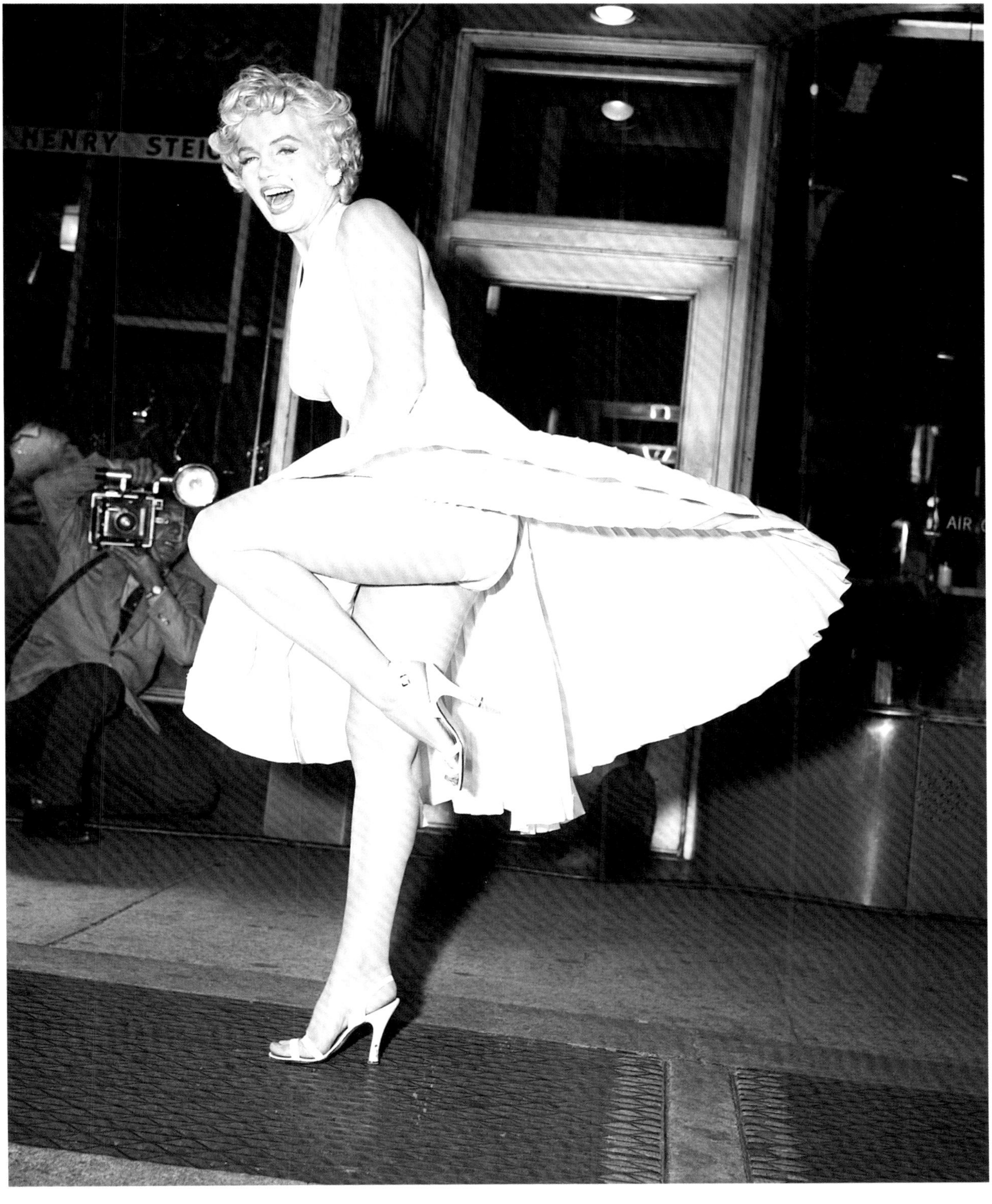
HENRY
AIR

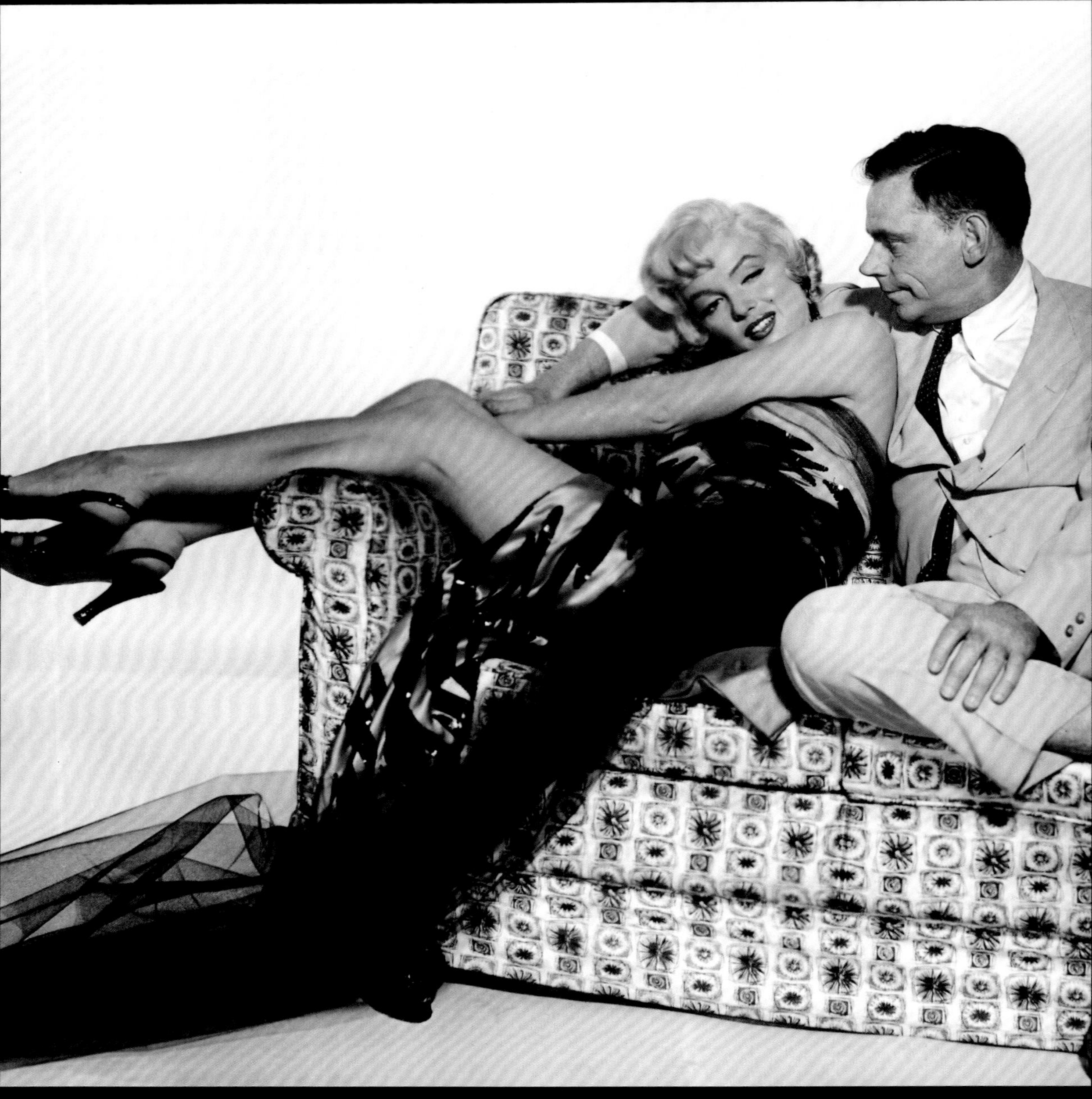

Les atouts de la sensualité

Ci-dessus : malgré les fantasmes du célibataire occasionnel, la Fille est innocente et ne se doute pas de ce qui trotte dans la tête de son voisin. Marilyn joue à merveille le rôle d'une femme qui a, sans s'en douter, tous les atouts de la sensualité et ignore l'effet qu'elle produit. Tom Ewell la trouva charmante et courtoise – elle s'excusa beaucoup d'avoir toussé pendant la scène du baiser. En fait, elle avait pris froid pendant le tournage de la scène de la jupe qui vole.

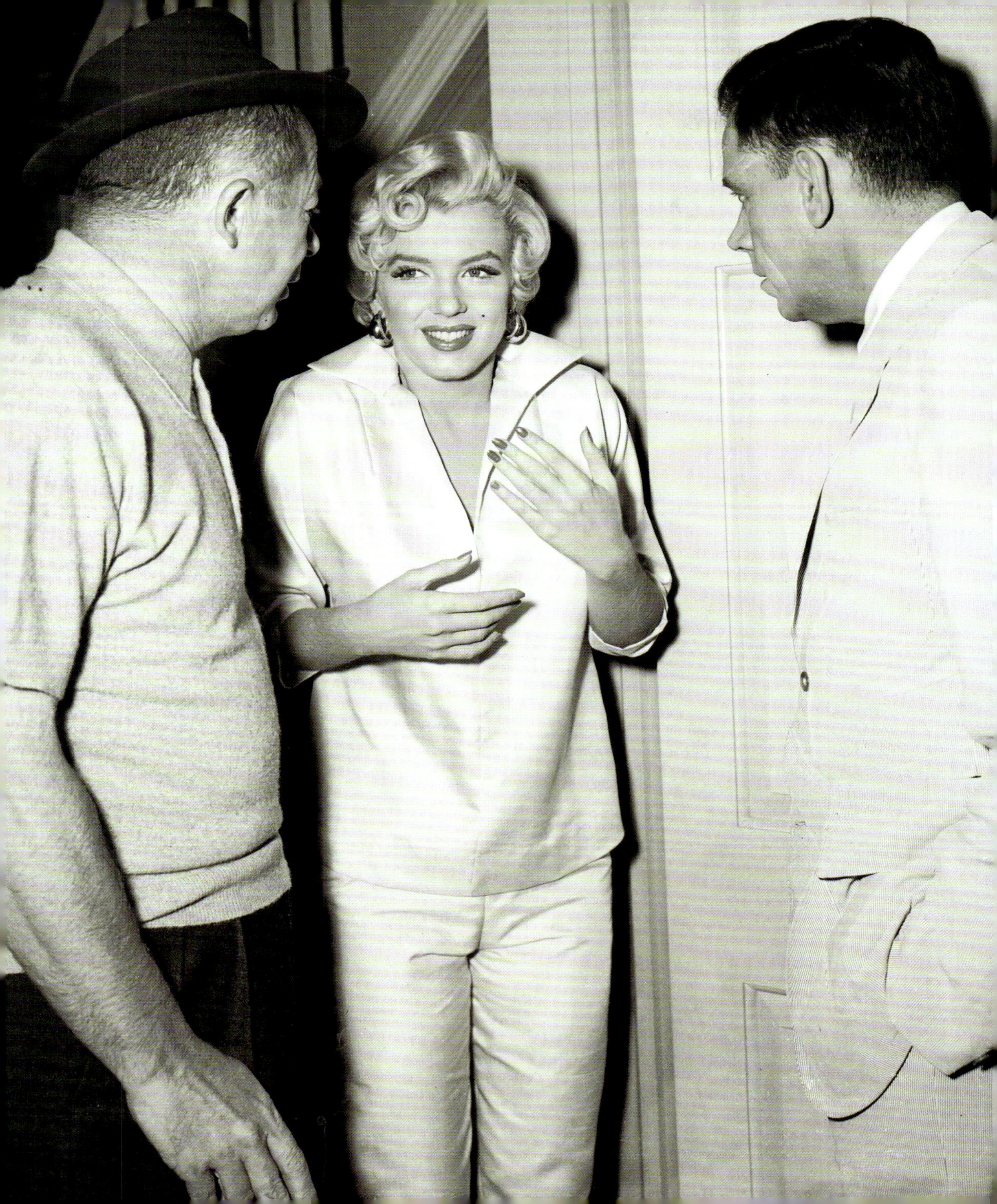

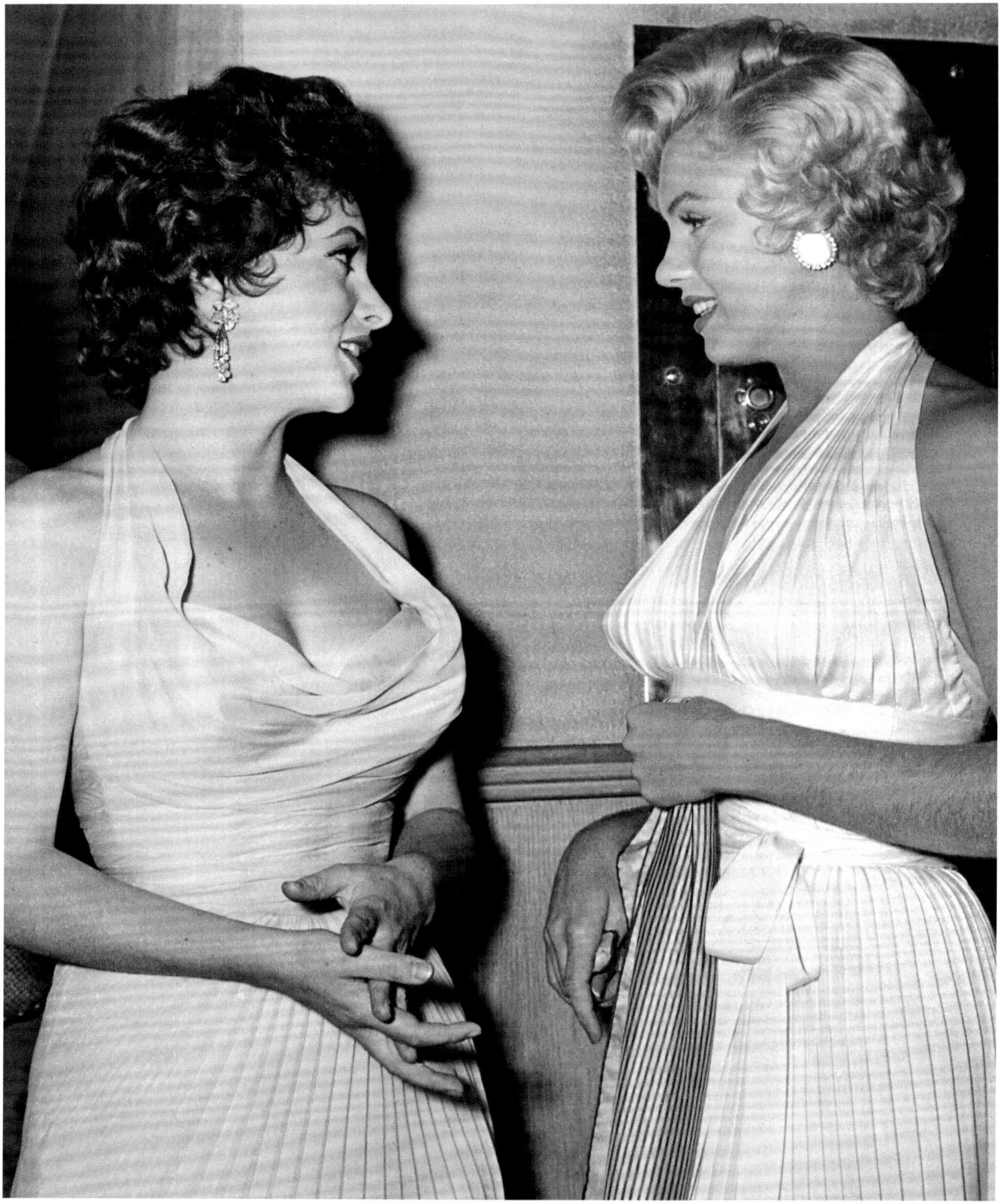

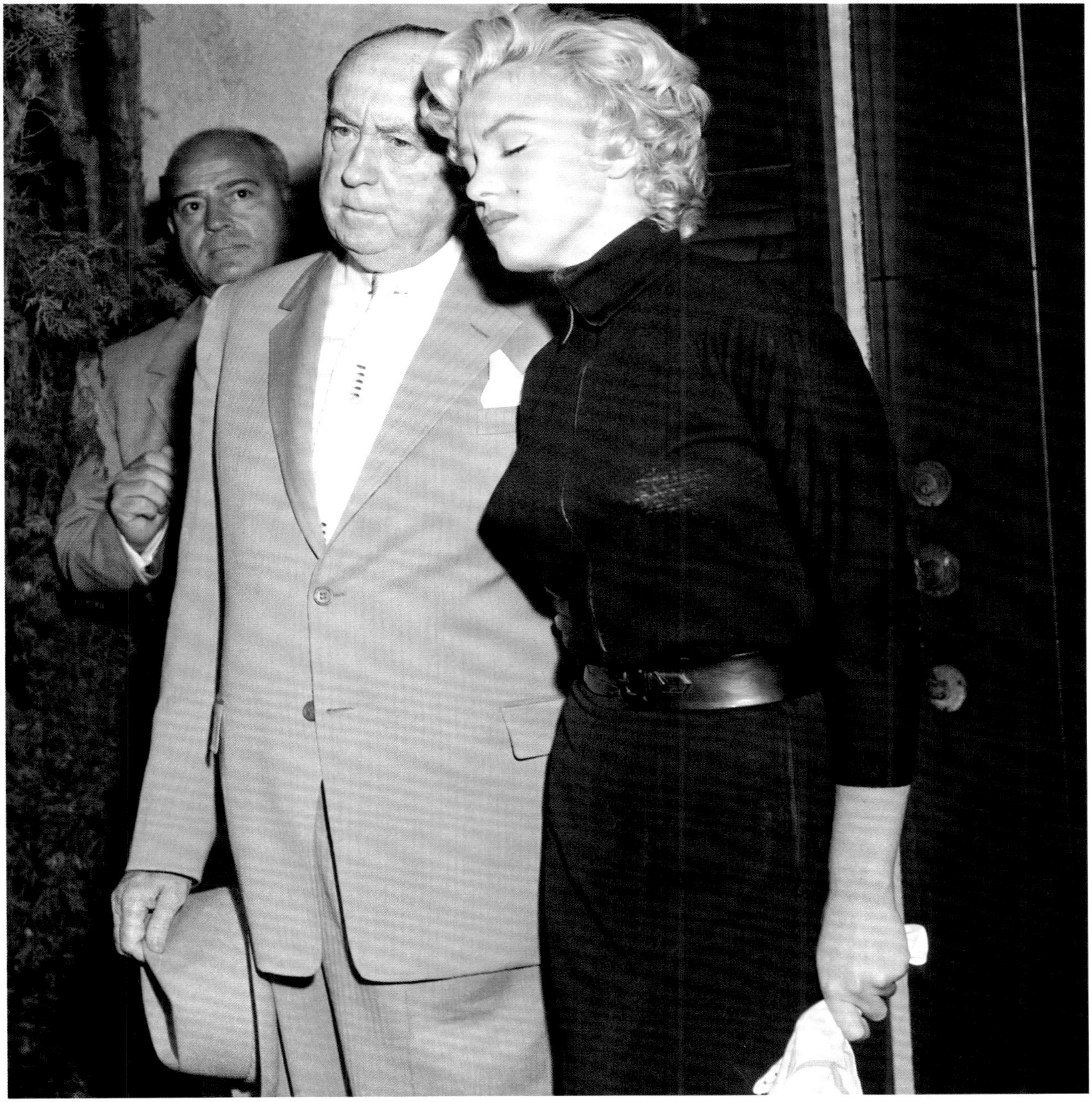

Une mince différence

Page ci-contre : la pulpeuse Italienne Gina Lollobrigida dit un jour en fanfaronnant qu'il y avait une belle différence entre Marilyn et elle. Le journaliste de Broadway Earl Wilson eut l'idée de réunir les deux stars au Trans-Lux Theater de New York. Et la photo des deux belles montre au contraire certaines similitudes…

Ci-dessus : de retour à Hollywood, Marilyn est photographiée avec son avocat, Jerry Giesler, devant sa maison de Beverly Hills. Les journalistes avaient été convoqués pour s'entendre confirmer que Marilyn avait demandé le divorce.

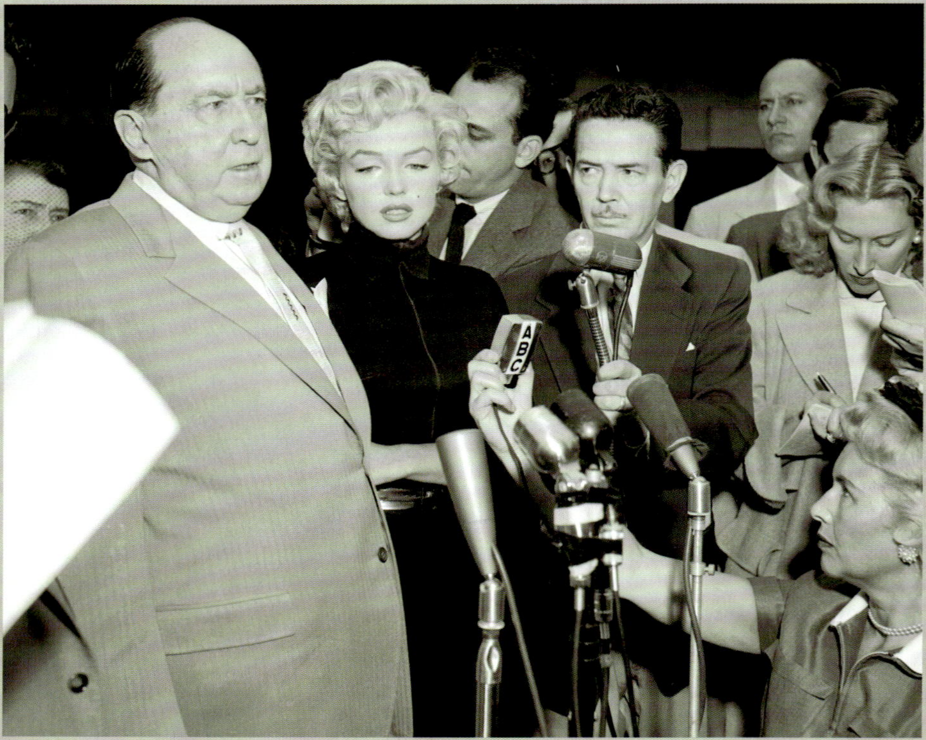

Vers le divorce…

Marilyn cherche le soutien de Jerry Giesler, alors qu'il livre à la presse l'annonce officielle de la demande de divorce de Marilyn contre Joe DiMaggio, le 6 octobre 1954, sur le classique motif de « cruauté mentale ». Devant les photographes, Marilyn est au bord des larmes et ne prononcera pas une parole.

Beaucoup s'interrogèrent sur les raisons de la faillite du mariage, après seulement neuf mois d'union, de ce couple si bien assorti. Marilyn dira plus tard : « C'était une sorte d'amitié, cinglée et difficile, avec quelques avantages sexuels. Plus tard, j'ai appris que c'était souvent le lot de tout mariage. »

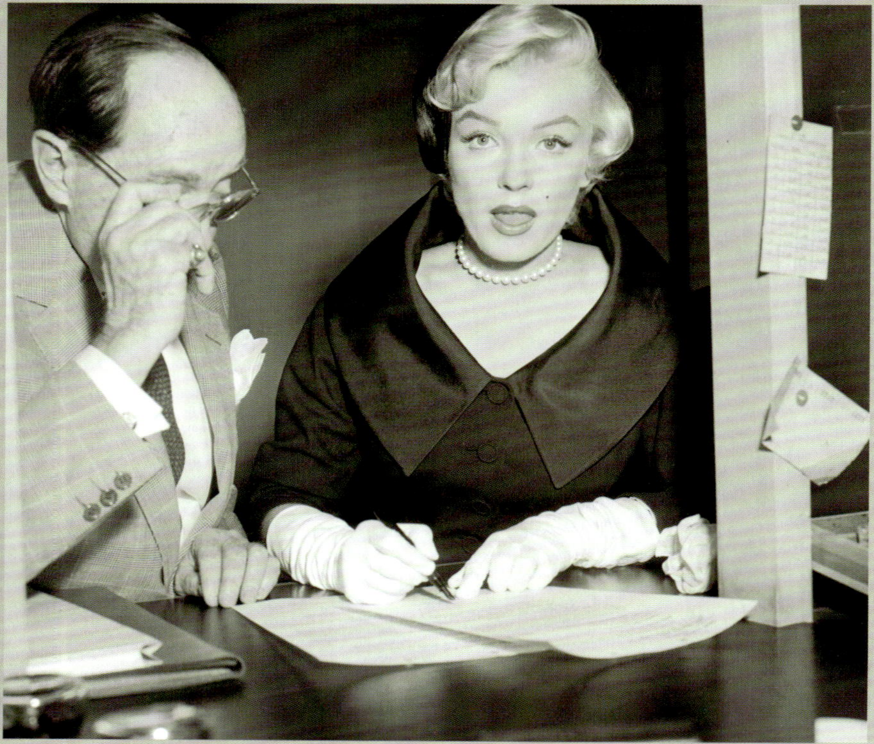

Divorce accordé !

Page ci-contre : au tribunal de Santa Monica (Californie), Marilyn est assise devant le juge Orlando H. Rhodes, tout habillée de noir. Elle témoigna pendant 10 minutes : « Joe est froid et indifférent, il est lunatique et peut ne pas m'adresser la parole pendant plusieurs jours… Quand j'essaie de lui parler, il ne me répond pas ou me dit : "Laisse-moi tranquille ! Arrête de m'ennuyer…" »

Ci-contre : Marilyn appose sa signature sur les papiers du divorce. Ses yeux se remplirent de larmes quand le juge annonça : « Divorce accordé. » Il ne sera cependant officiel que l'année suivante, en octobre 1955. Joe refusa de parler du divorce. Dans son for intérieur, il répugnait à considérer la procédure comme définitive et fit plusieurs tentatives pour que Marilyn revînt sur sa décision.

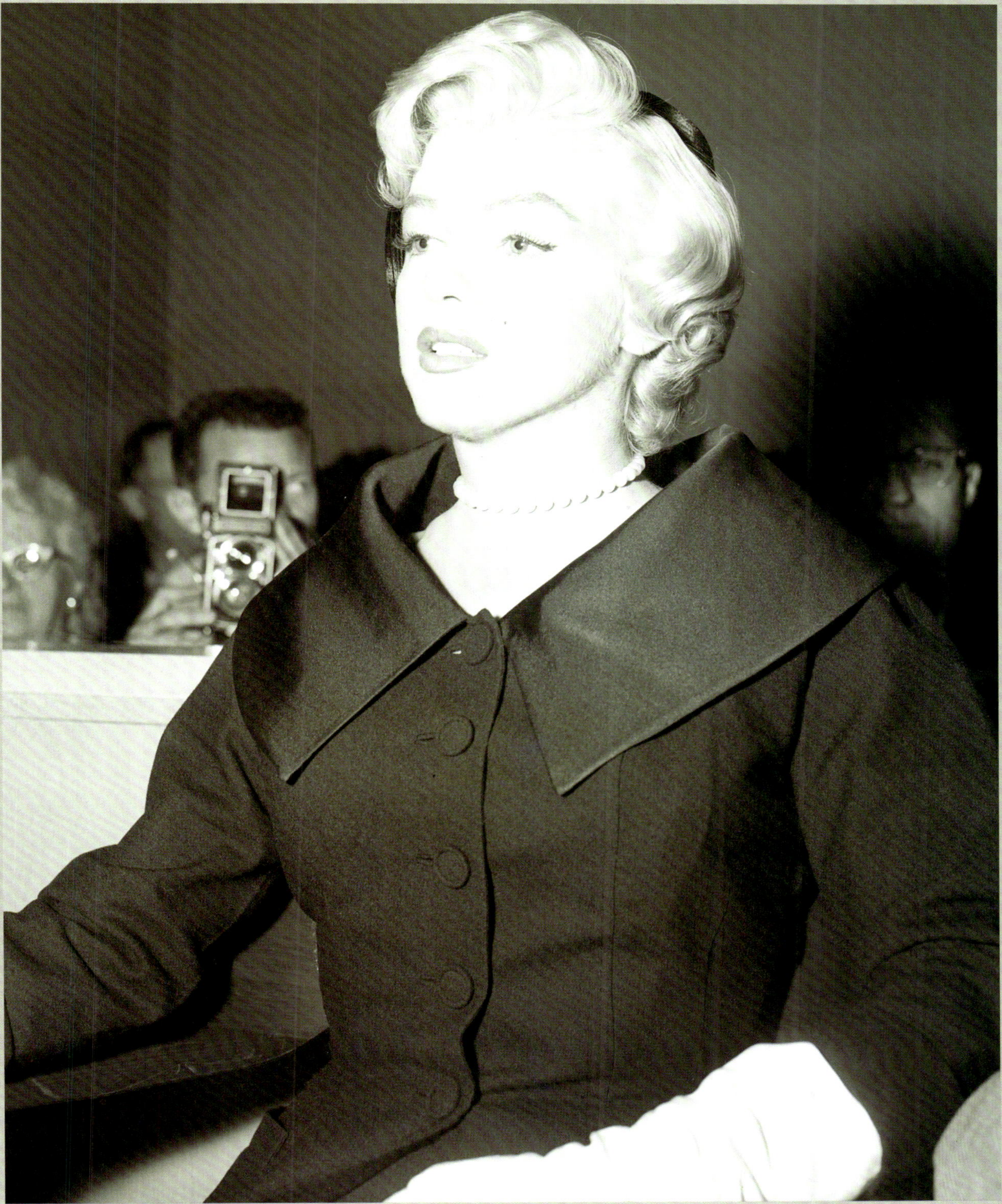

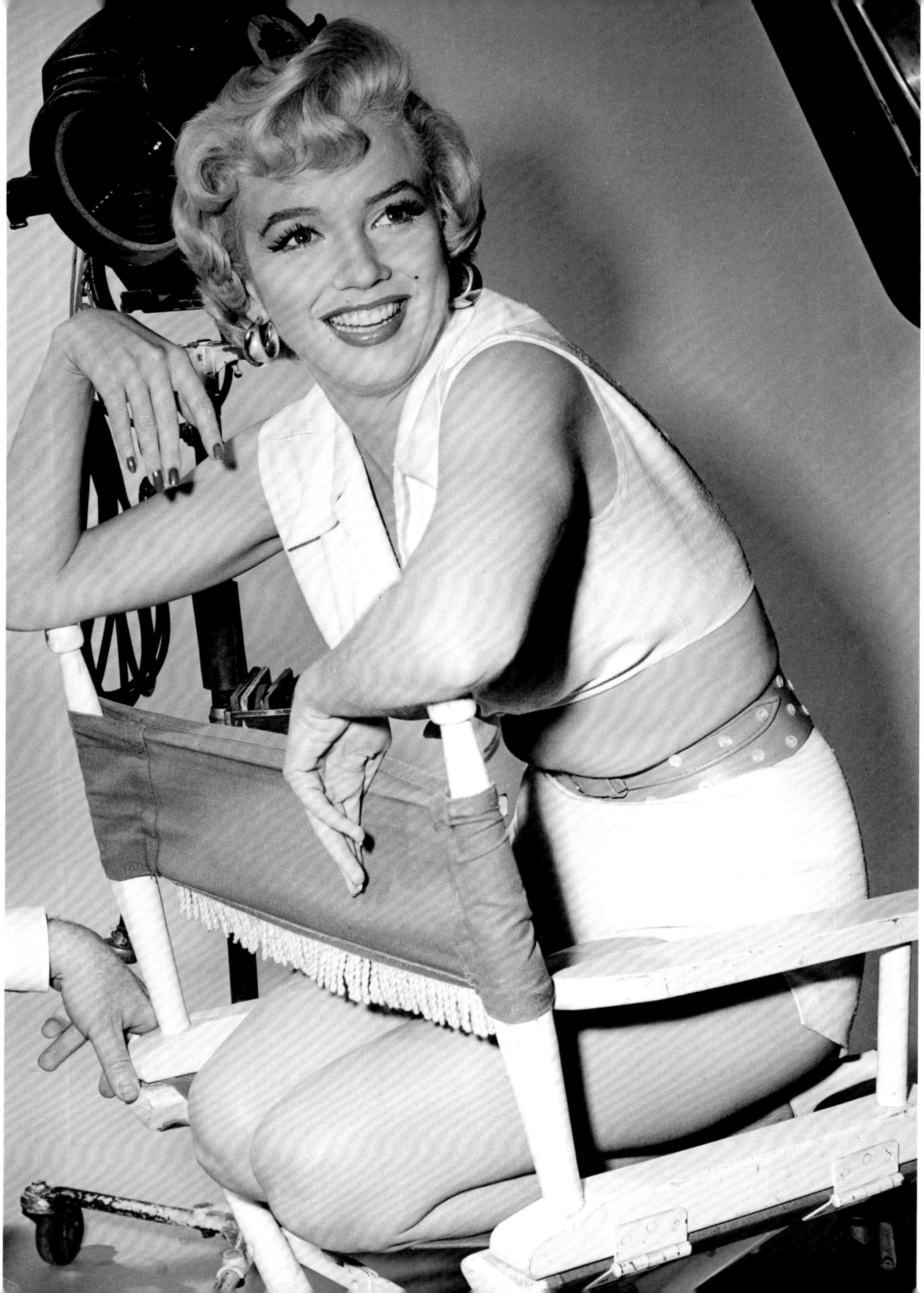

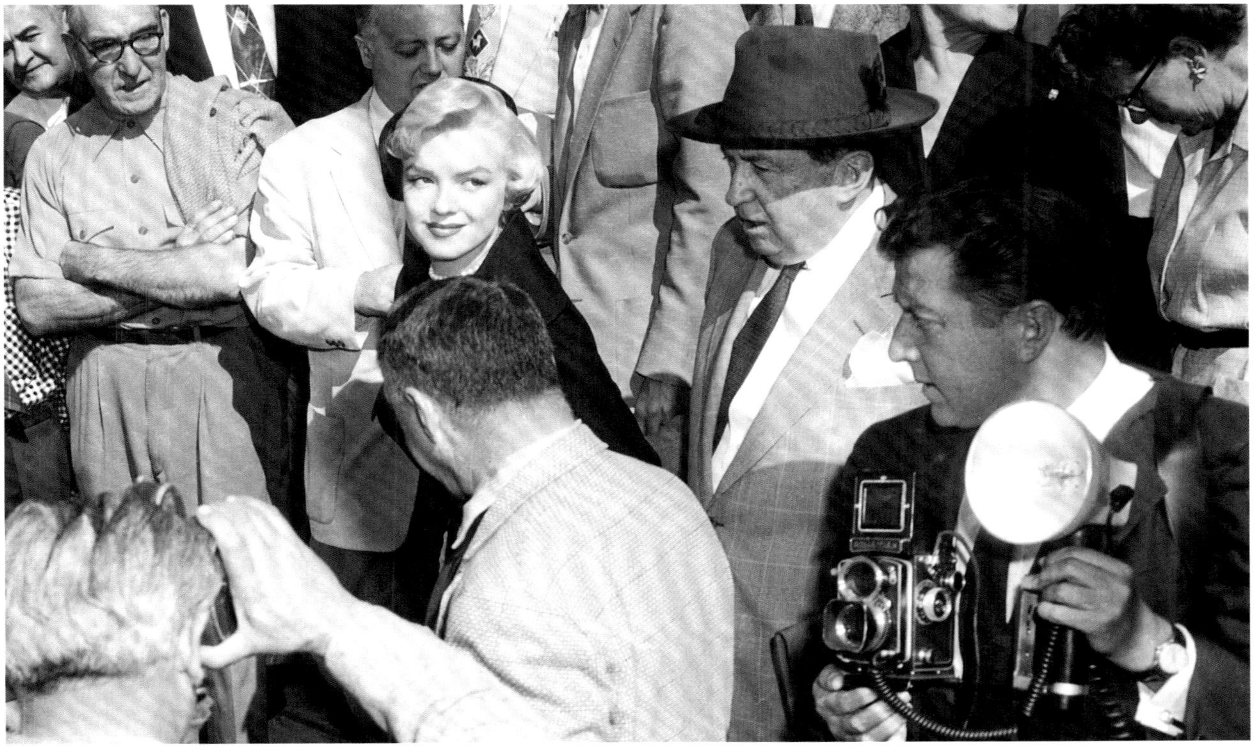

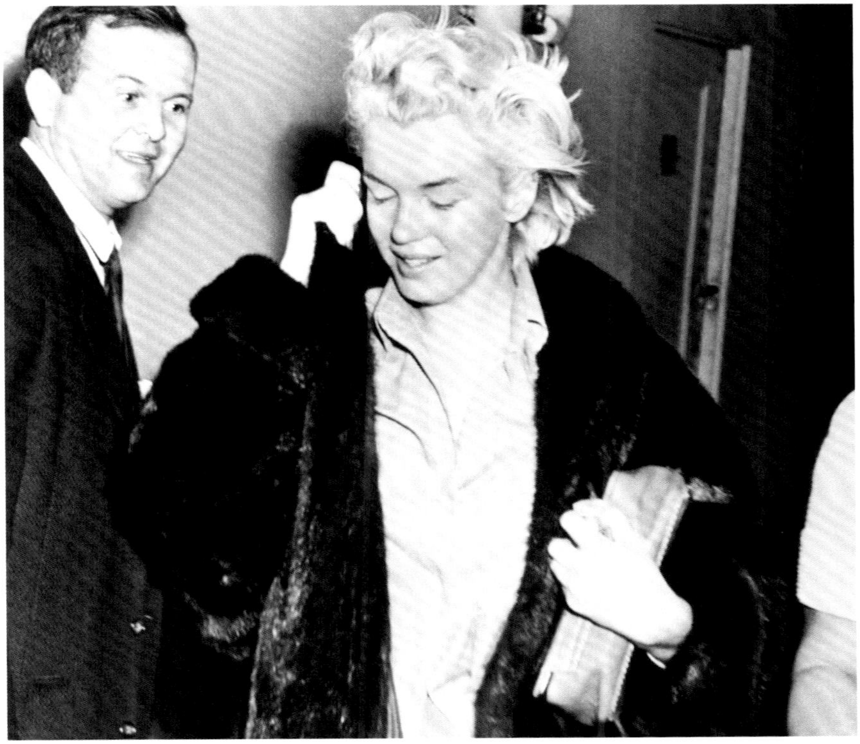

Marilyn à l'hôpital

Page ci-contre : Marilyn pose pour des photos de plateau, alors qu'elle est à la veille d'entrer à l'hôpital Cedars of Lebanon de Los Angeles, pour être opérée d'une endométriose.

Ci-contre : Marilyn tenta de quitter l'hôpital par une porte dérobée, le 12 novembre 1954. Les journalistes étaient à l'affût pour la photographier, les traits tirés et non plus triomphante de glamour, comme à son habitude. Malgré le divorce, Joe ne quitta pratiquement pas l'hôpital pendant les 5 jours de son séjour et vint ensuite la voir chez elle, au début de novembre. La rumeur d'une réconciliation courut, mais Marilyn la démentit.

Ci-dessus : journalistes et curieux entourent Marilyn et son avocat Jerry Giesler, à la sortie du tribunal de Santa Monica, le 27 octobre 1954.

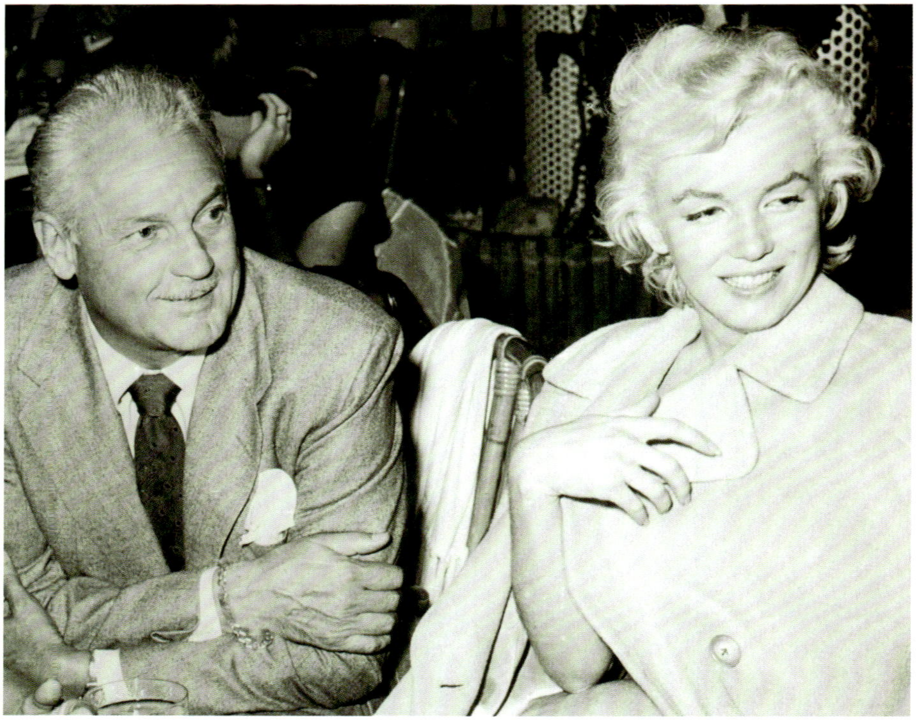

Au revoir L. A.

Ci-contre : Marilyn avec Charles Farrell au Racquet Club de Palm Springs, en décembre 1954. Elle s'apprête à partir pour New York, où elle restera toute l'année suivante, à l'exclusion de quelques retours, au début de janvier 1955, pour tourner des scènes additionnelles de *Sept Ans de réflexion*. Après avoir consulté un homme de loi à propos de son contrat avec la Fox, Marilyn renvoya son agent Charlie Feldman et annonça qu'elle fondait sa propre société, Marilyn Monroe Productions.

Ci-dessous : avec Jacques Sernas, Sammy Davis Jr., Milton Greene et Mel Tormé, au Mocambo, en 1955. On célébrait ce soir-là le retour au spectacle de Sammy Davis après son accident.

Page ci-contre : Marilyn habillée pour affronter l'hiver new-yorkais.

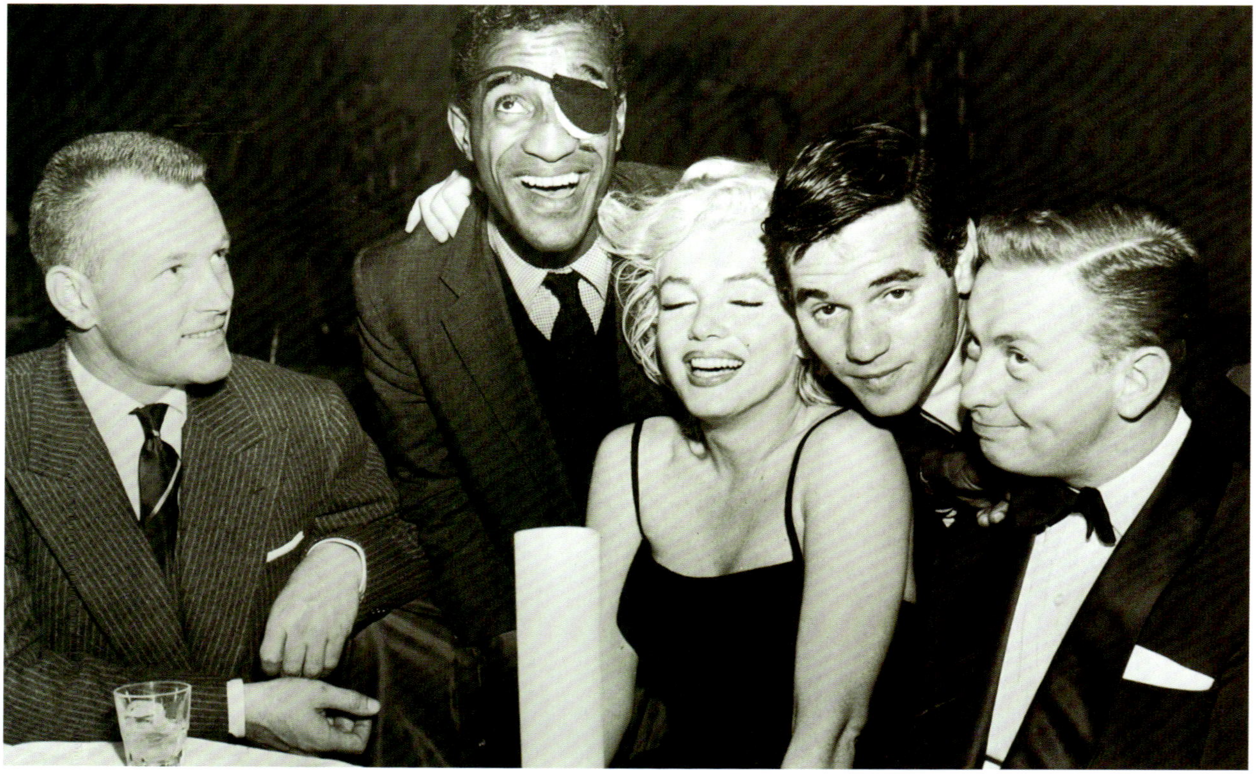

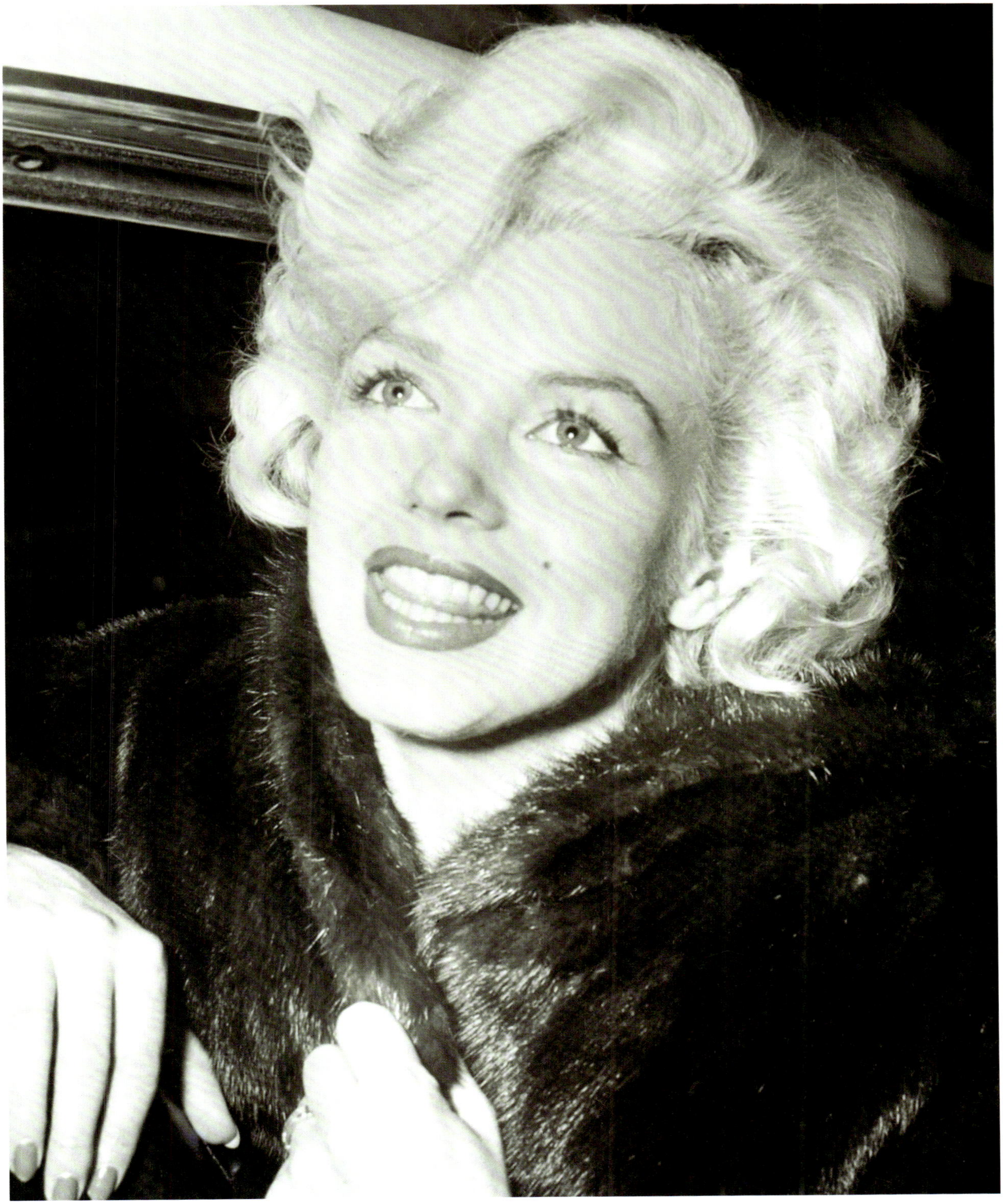

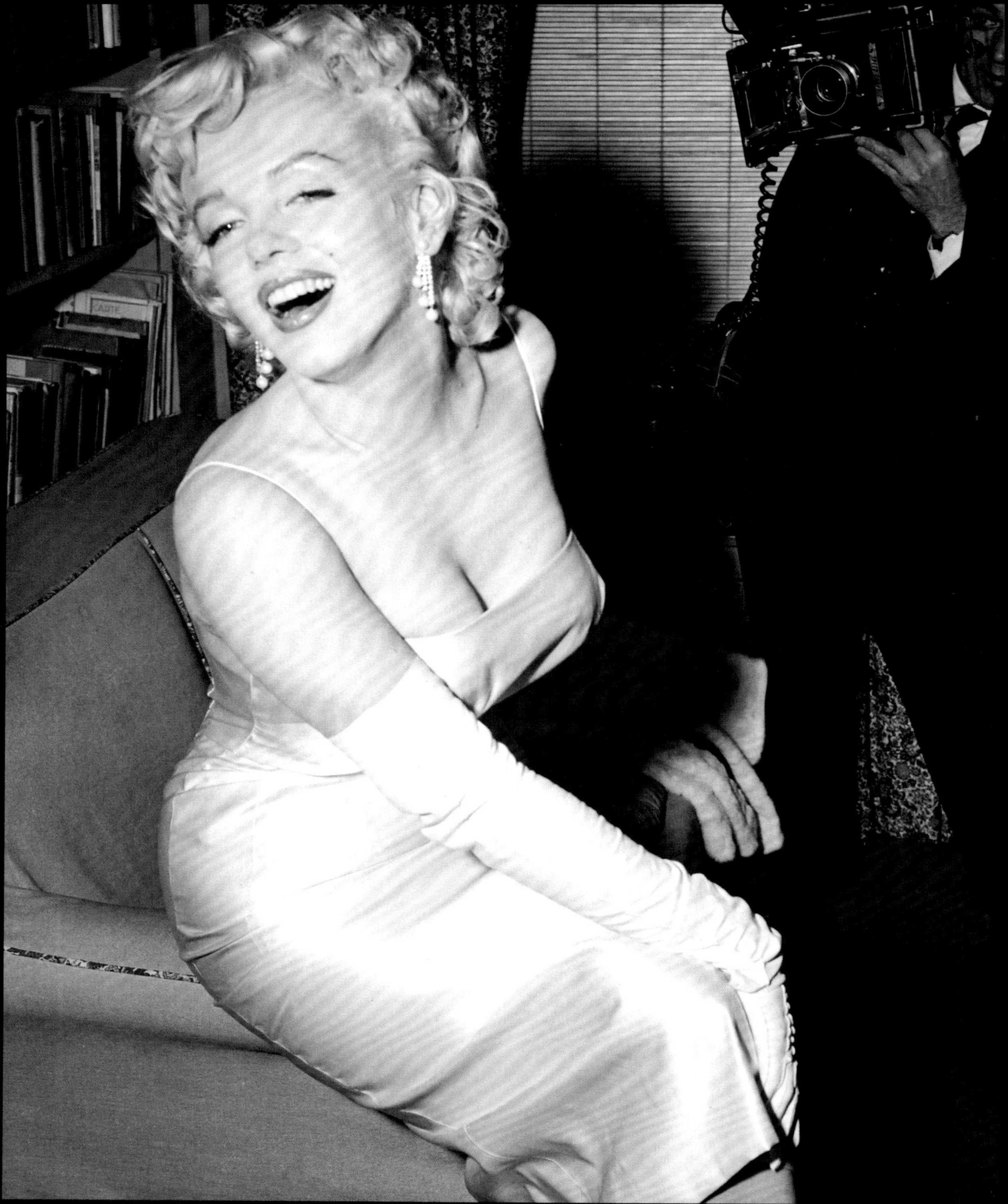

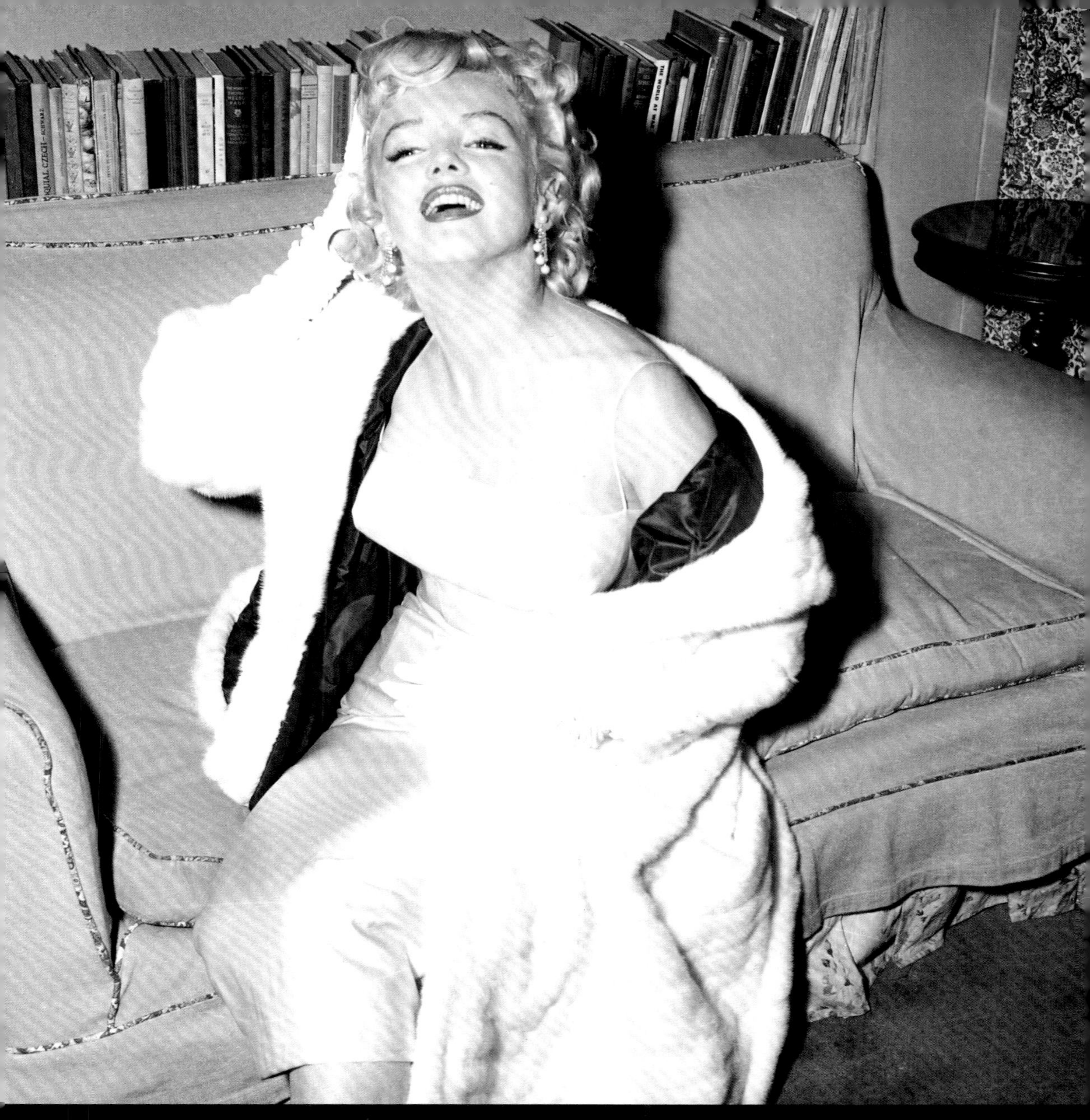

Une Marilyn new-look ?

À la conférence de presse de lancement de Marilyn Monroe Productions, en janvier 1955 à New York, les journalistes furent prévenus qu'ils verraient une « nouvelle Marilyn, très différente ». Aussi furent-ils déçus lorsqu'elle apparut conforme à son aspect habituel. Ses cheveux étaient certes davantage blond platine et elle était vêtue de blanc, une étole d'hermine sur les épaules, dans une attitude à la Jean Harlow, car le premier film que devait produire la nouvelle société devait être consacré à la vie de cette actrice, avec Marilyn dans le rôle. L'annonce tomba à plat et les journalistes parurent plus intéressés de savoir si le manteau de vison appartenait à Marilyn. Elle répondit : « Il est à moi pour la soirée. »

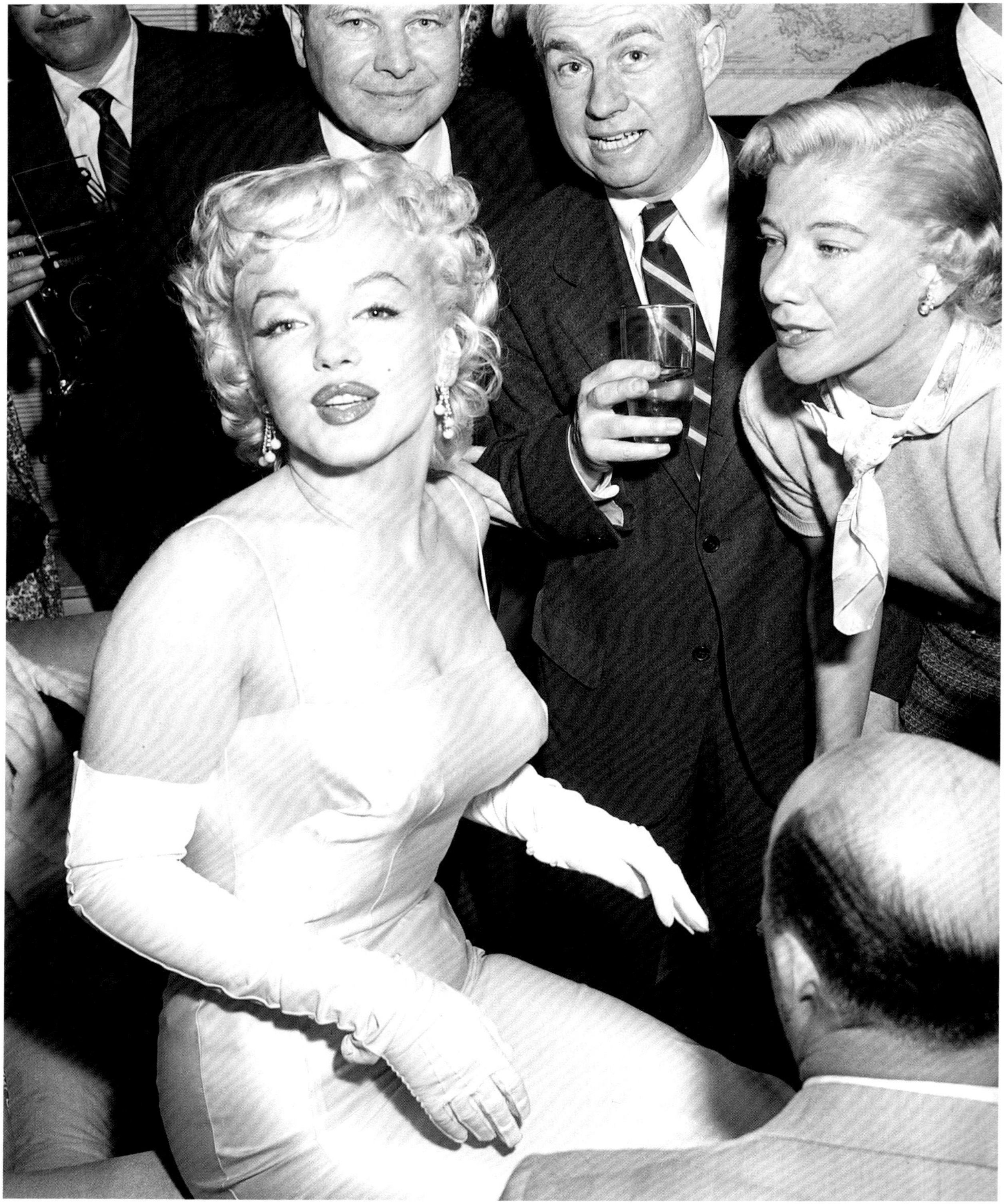

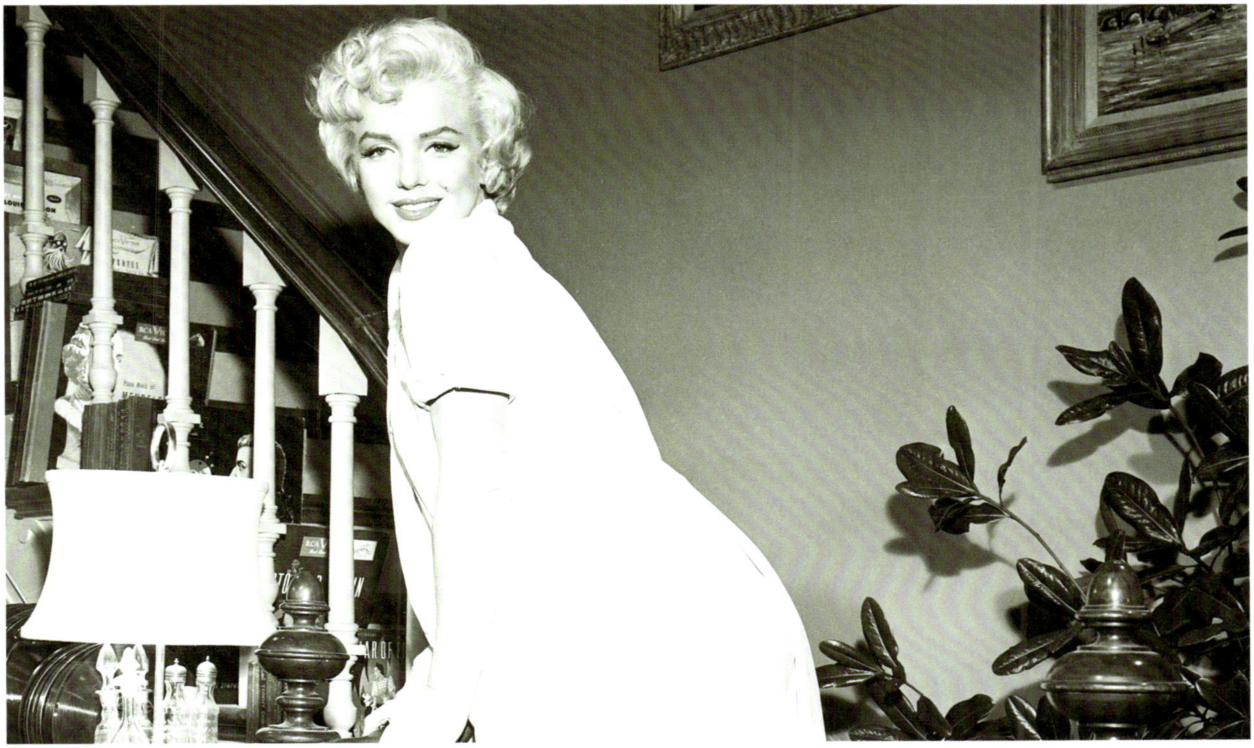

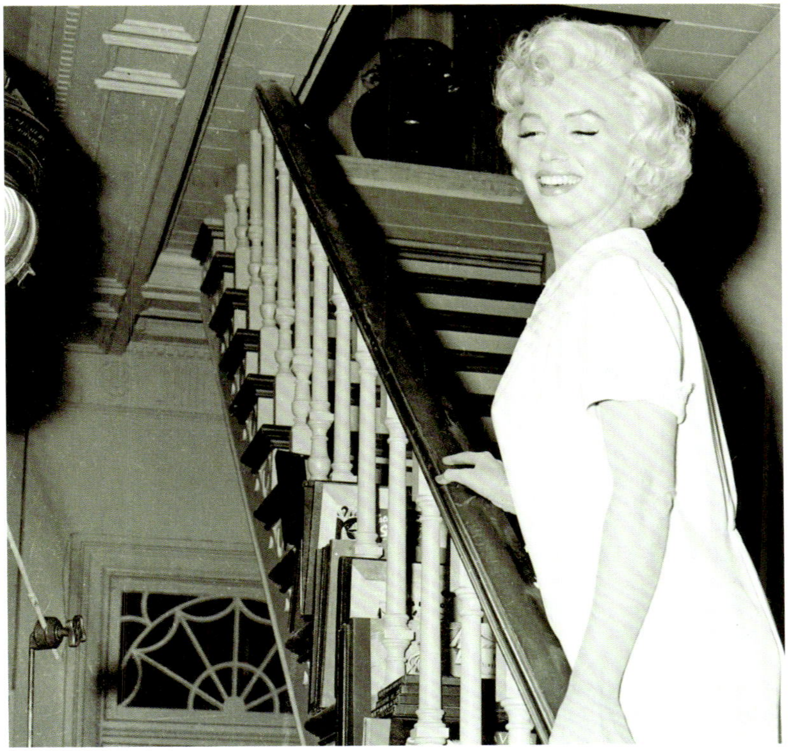

La presse n'est pas impressionnée

Page ci-contre : Milton Greene et Marilyn étaient persuadés qu'elle serait l'actrice idéale pour incarner Jean Harlow, et le résultat fut désastreux. Les journaux du lendemain ne mentionnèrent même pas la création de Marilyn Monroe Productions et se permirent des plaisanteries comme : « D'elle, on n'a rien vu de nouveau ! »

Ci-contre et ci-dessus : malgré sa séparation d'avec la Twentieth Century-Fox, Marilyn retourna à Hollywood pour retourner une scène de *Sept Ans de réflexion*. Lors d'une pause dans l'escalier du plateau, elle est vêtue d'une chemise de nuit et de mules à talons hauts. Elle n'avait qu'une ligne à dire : « Nous pouvons faire ça tout l'été. » Plus tard, elle dit aux journalistes qu'elle espérait s'entendre avec le studio, affirmant qu'elle avait changé. La preuve ? Elle était désormais capable de porter des sous-vêtements.

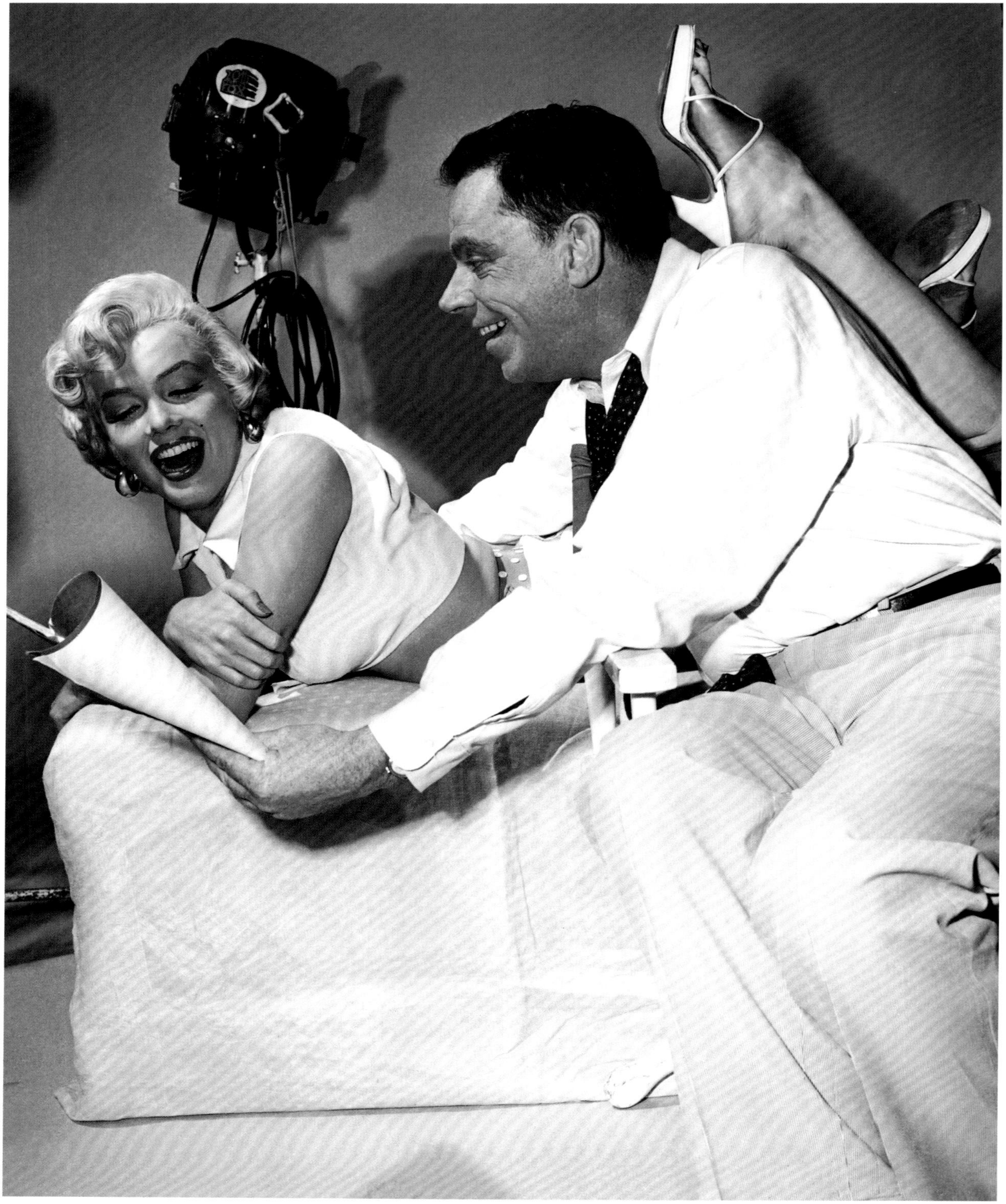

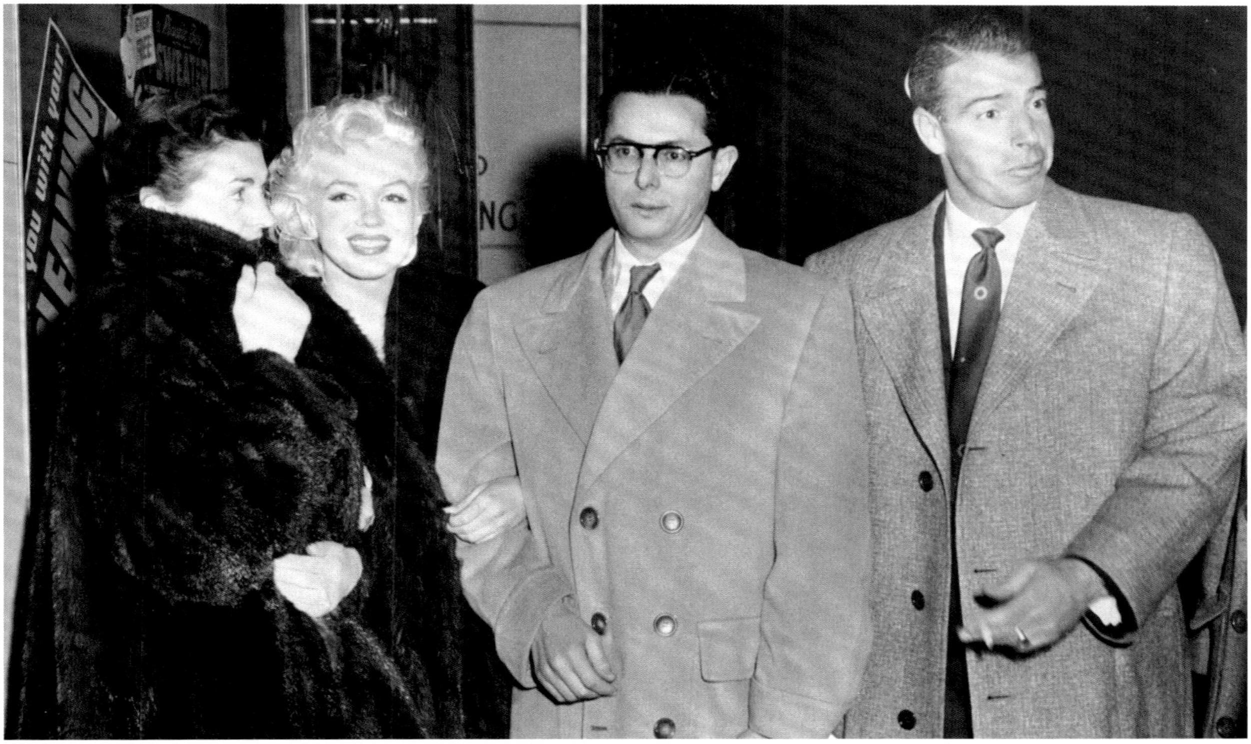

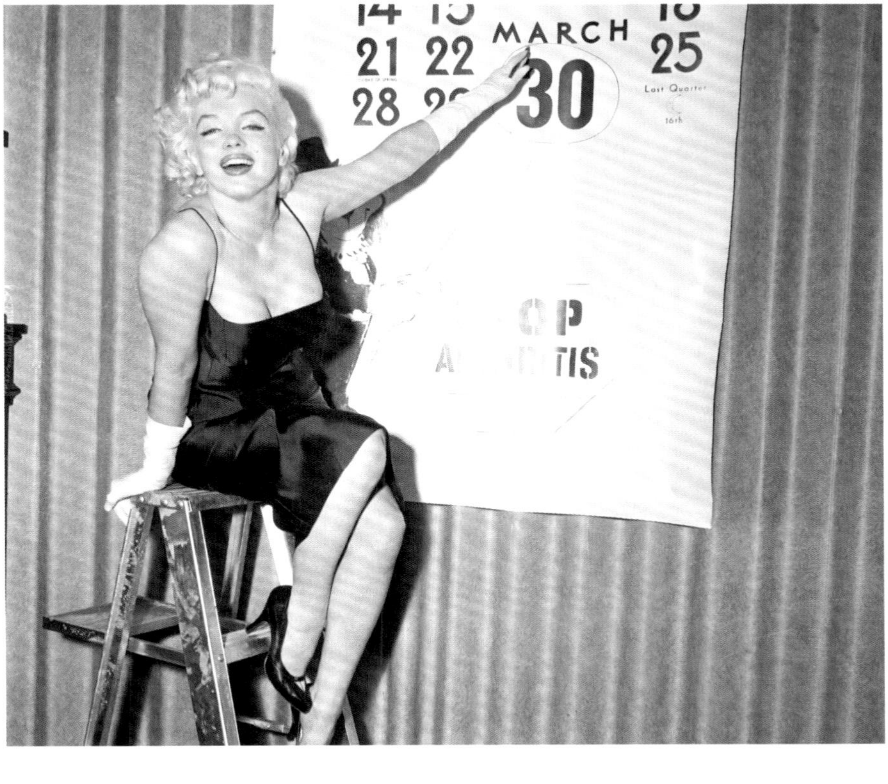

Pas de réconciliation

Ci-dessus : Marilyn en compagnie de Joe DiMaggio, du frère de Joe, Dominic, et de la femme de ce dernier, au sortir d'un restaurant à Boston. Les journalistes demandèrent si la rencontre signifiait une réconciliation, mais Marilyn démentit.

Ci-contre : lorsqu'elle vivait à New York, Marilyn participa à des campagnes pour recueillir des fonds pour des œuvres de bienfaisance. Ici, elle prévient la presse de la date de sa participation à la première d'un cirque, pour aider la fondation de New York contre les affections rhumatismales.

Page ci-contre : une photo de publicité pour *Sept Ans de réflexion*, près d'être terminé. À la fête célébrant la fin des prises de vues, Billy Wilder conseilla à Marilyn de s'en tenir à ce genre de rôle et de ne pas tenter d'incarner des personnages sérieux. Marilyn, qui pourtant respectait Wilder, n'entendait pas suivre ce conseil.

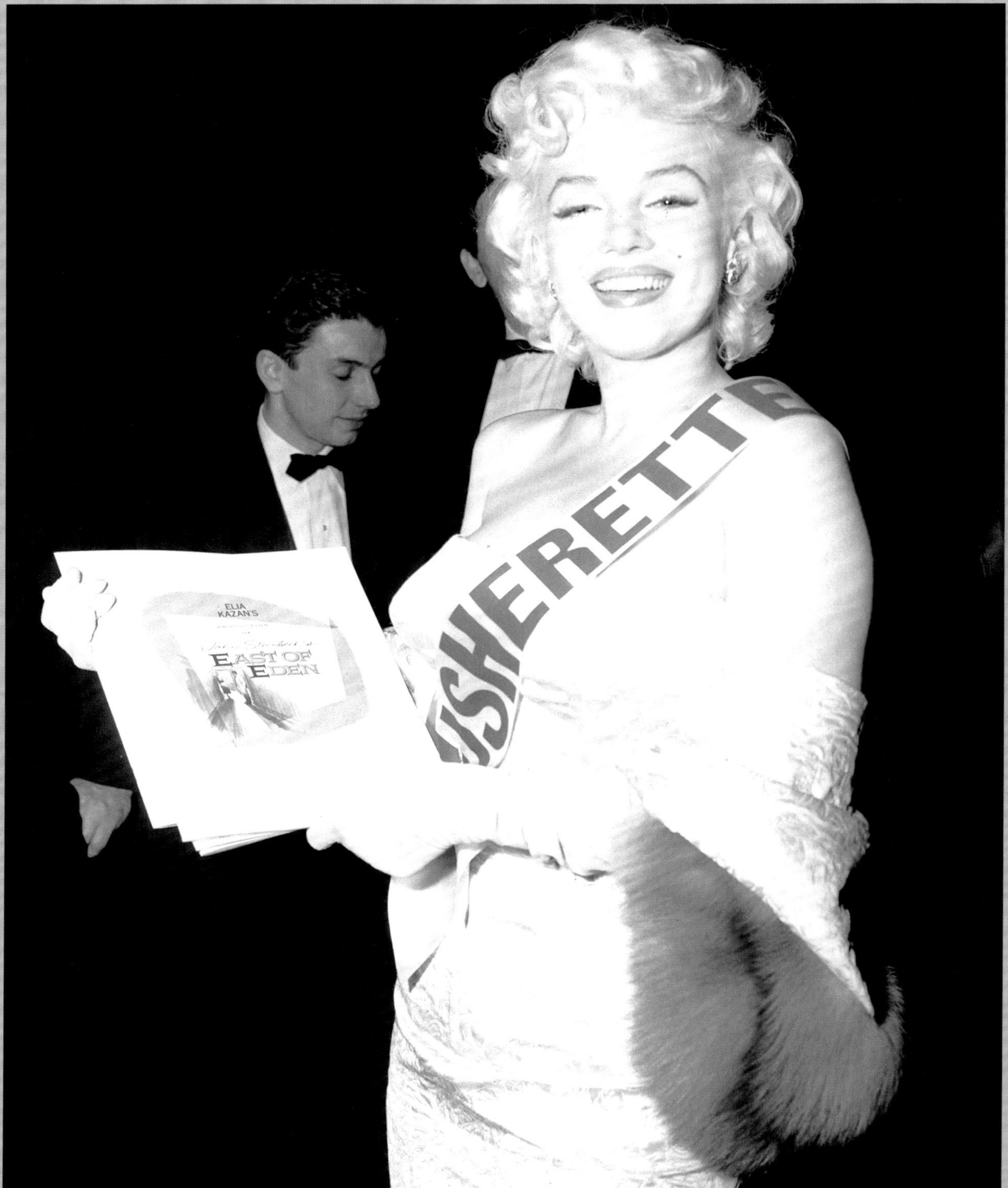
ELIA
KAZAN'S
EAST OF
EDEN

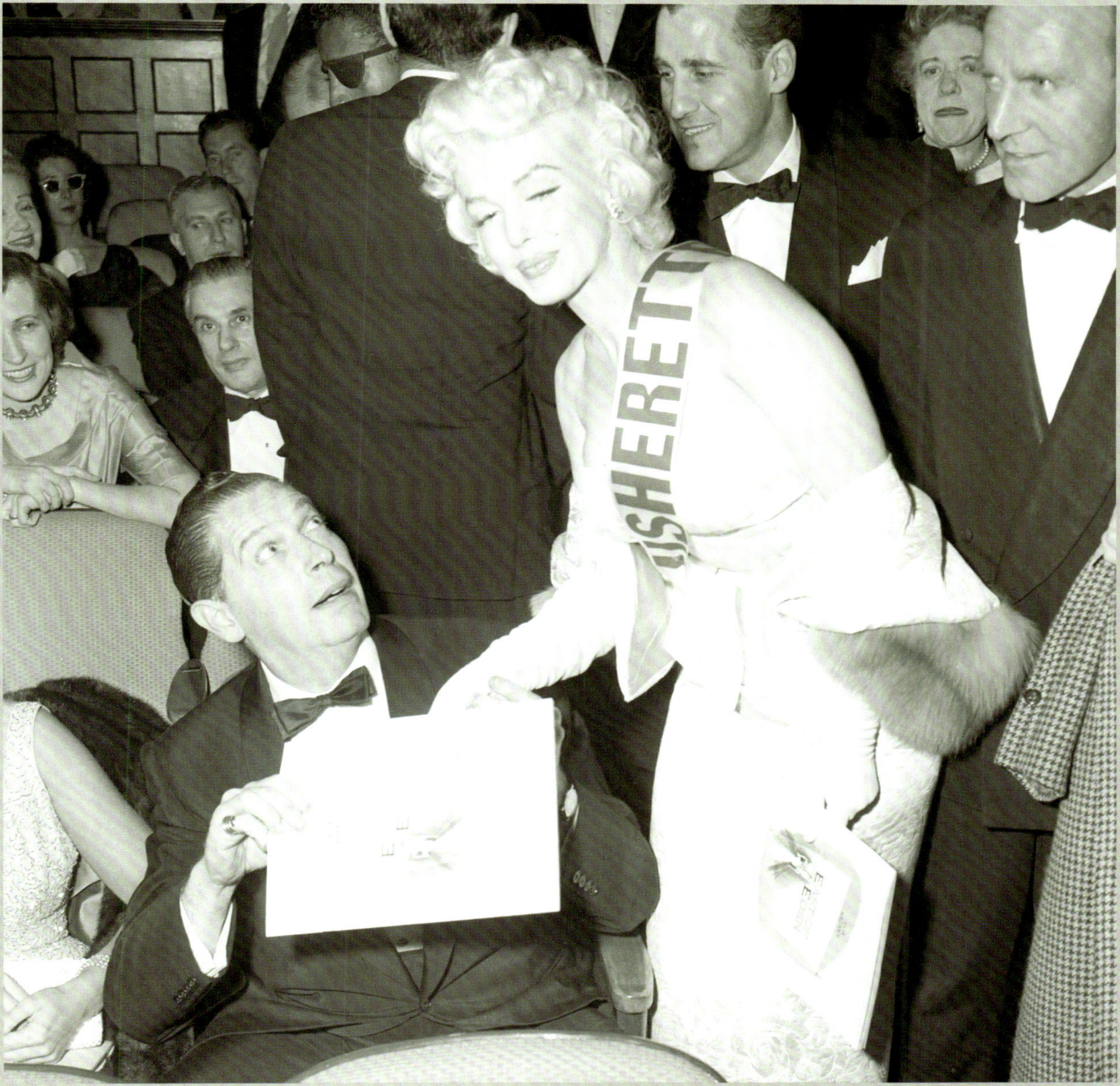

Une nouvelle carrière ?

Marilyn tend un programme à un Milton Berle (ci-dessus) éberlué, à la première new-yorkaise de *À l'Est d'Éden*, dont James Dean était la vedette. Elle faisait office d'ouvreuse à l'Astor Theater et la recette devait être offerte à l'Actors Studio par le metteur en scène Elia Kazan.

Marilyn fréquentait depuis peu l'Actors Studio, dont elle suivait les cours et prenait des leçons en privé avec Lee Strasberg. Bien que Strasberg ne prît pas grand intérêt au monde du cinéma, estimant que la scène était le seul véritable moyen d'expression, il sut exploiter la célébrité de Marilyn afin de gagner de l'argent pour le studio et pour lui-même. Marilyn pensait avoir trouvé en Strasberg quelqu'un qui comprenait ses aspirations et pouvait lui offrir l'occasion de devenir une véritable actrice. Elle avait conquis Hollywood, mais désirait mériter le respect qui, selon elle, devait aller de pair avec le succès.

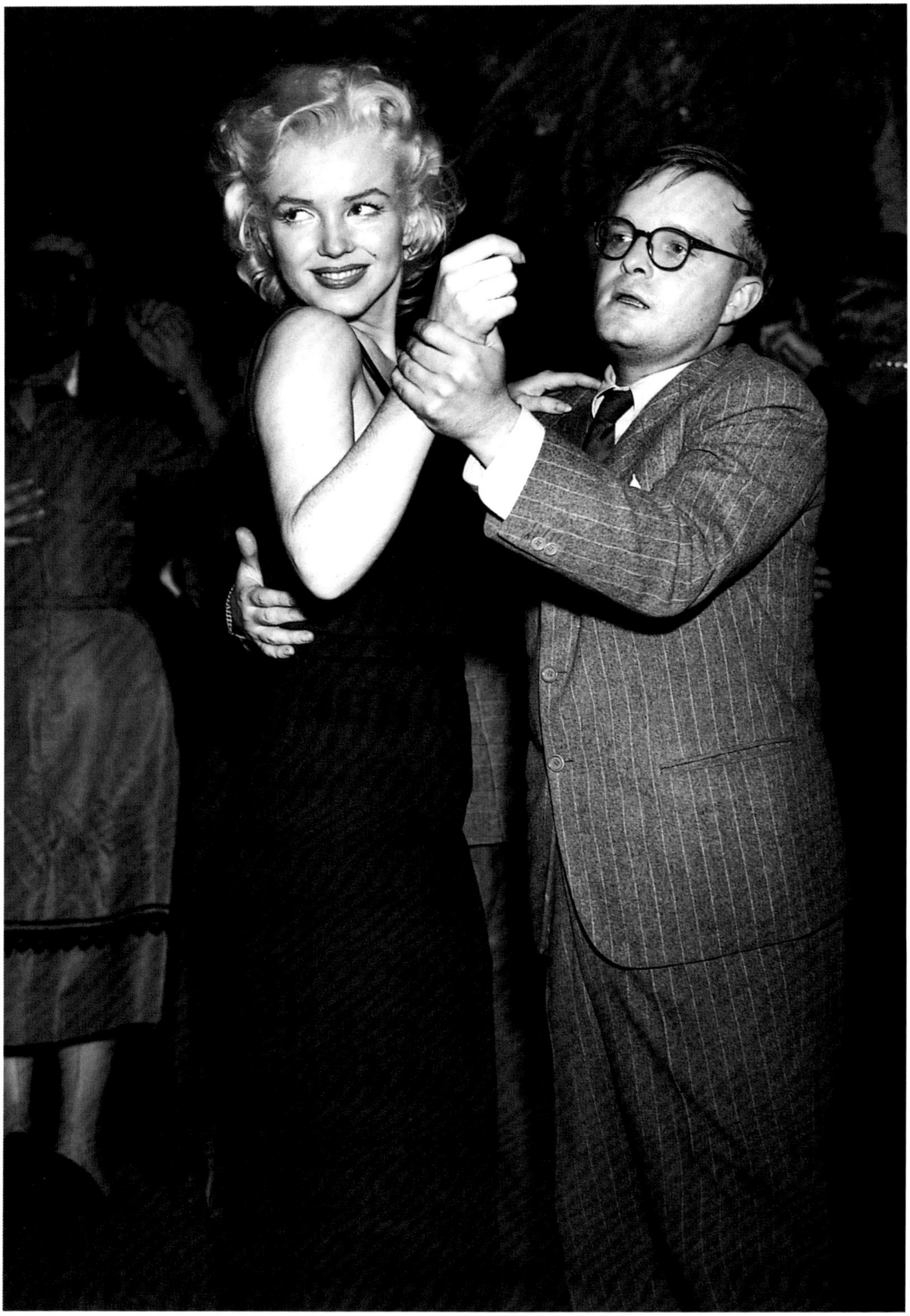

Le succès mondain

Ci-contre : Marilyn danse avec Truman Capote au Morocco en 1955, mais semble distraite. Capote et elle s'étaient rencontrés en 1950 et s'étaient liés d'amitié. Il désirait que Marilyn joue Holly Golightly dans *Petit Déjeuner chez Tiffany*, mais le rôle échut à Audrey Hepburn, qui fut nommée pour l'oscar de la meilleure actrice.

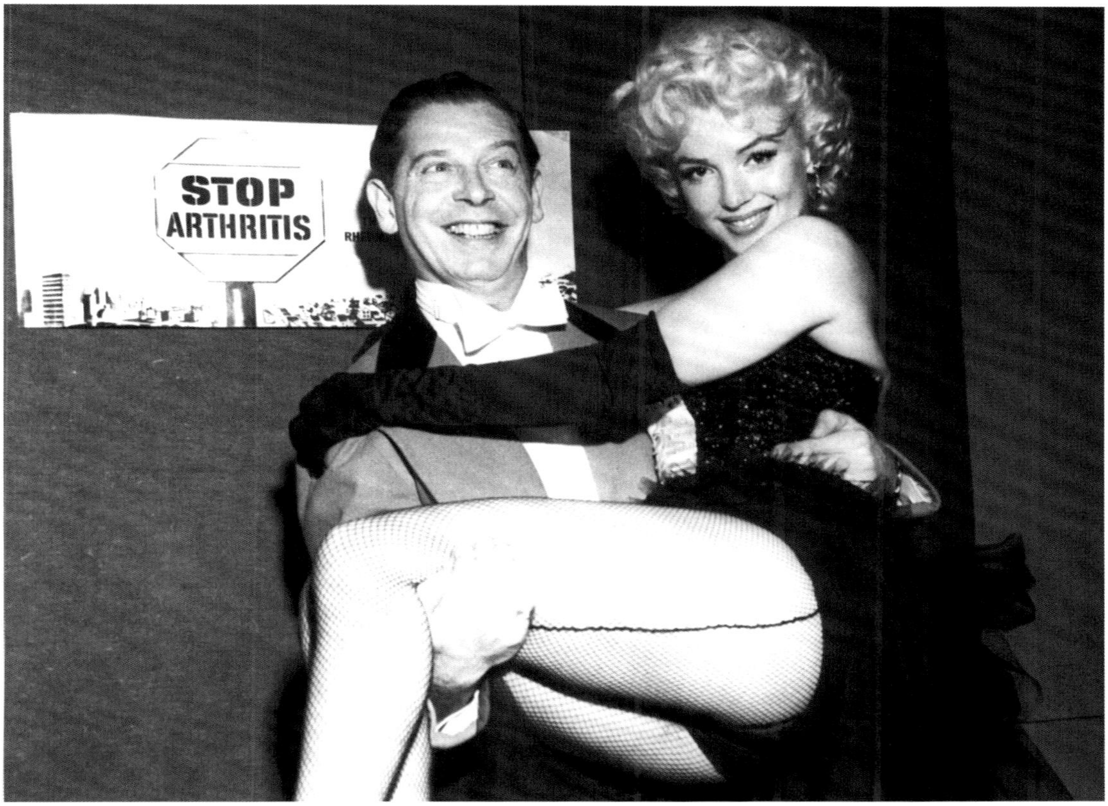

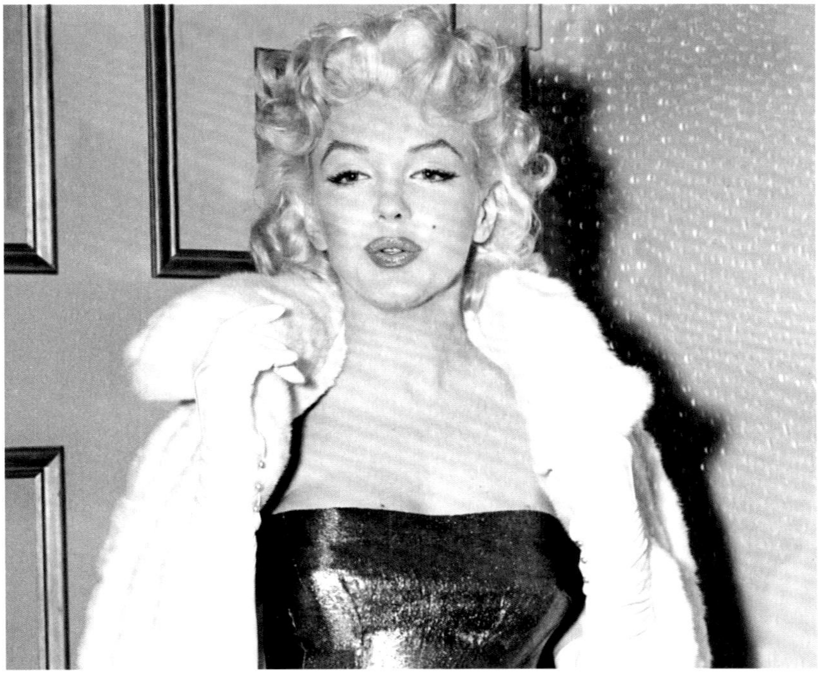

Attirer l'attention

Ci-contre : à la première de la pièce de Tennessee William *La Chatte sur un toit brûlant*, Marilyn, dans une robe moulante et un manteau blanc en hermine, attira tous les regards. À New York, elle eut l'occasion de changer de style de vie. Elle fréquentait les milieux littéraires et recevait de nombreuses invitations. Rencontrer Arthur Miller n'était donc qu'une question de temps.

Ci-dessus : Milton Berle, dans le rôle de Monsieur Loyal au cirque Barnum & Bailey, tient Marilyn dans ses bras lors d'une répétition pour un spectacle de bienfaisance.

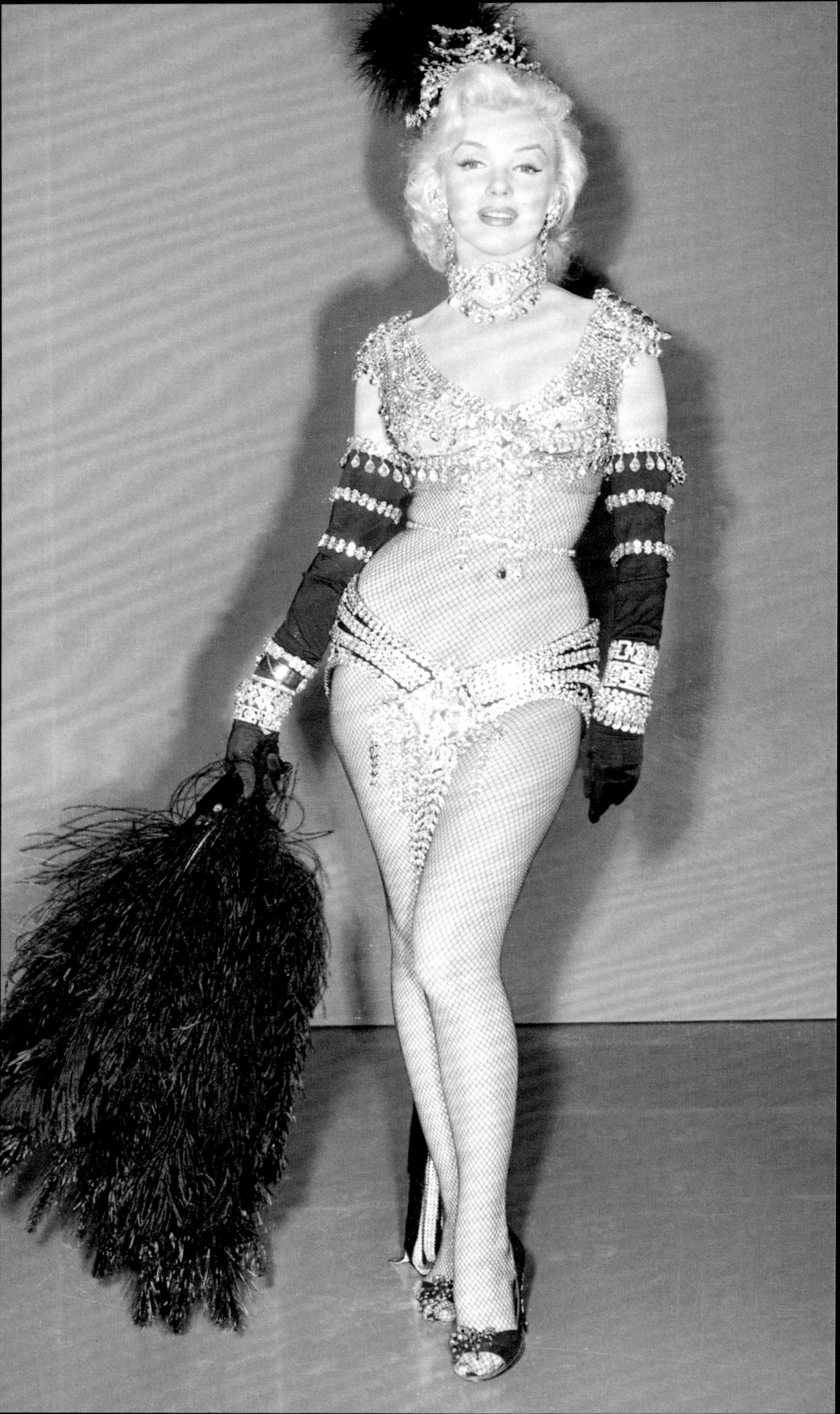

Couverte de bijoux…

Ci-contre : Marilyn, tout en se soumettant de bonne grâce à des apparitions en public, prenait son statut d'actrice très au sérieux. Elle fréquentait l'Actors Studio, voyait son psychanalyste presque chaque jour et rendait souvent visite au couple Strasberg. Elle commença aussi à fréquenter Arthur Miller, en prenant soin d'éviter les journalistes. Ici couverte de bijoux de la tête aux pieds, Marilyn participe à une réception donnée par l'Association des joailliers de New York.

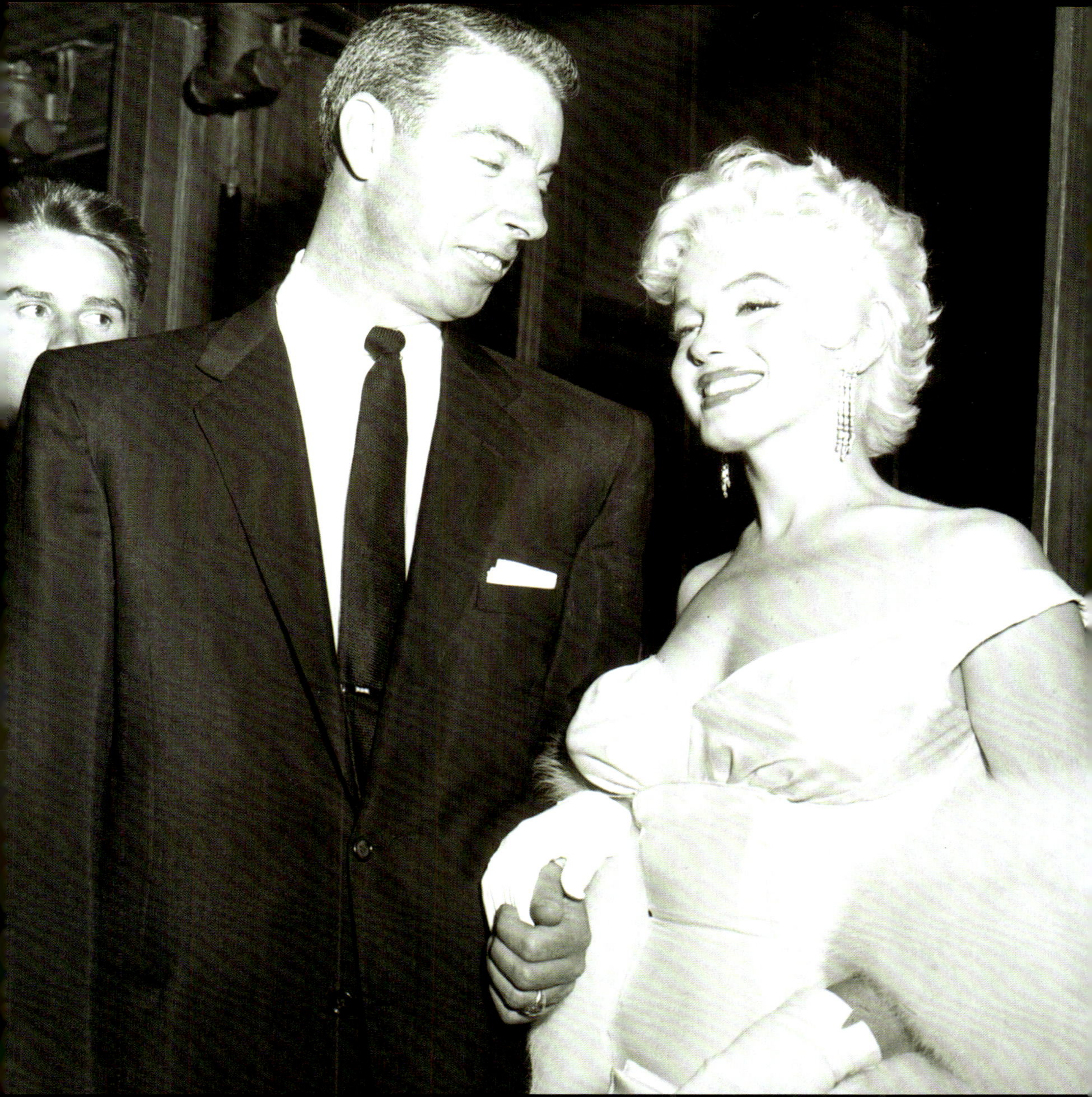

Simplement de bons amis

Ci-dessus : la première de *Sept Ans de réflexion*, en juin 1955, donna lieu, à New York, à un grand gala auquel assistèrent Grace Kelly, Henry Fonda, Eddie Fisher et Richard Rodgers. Pour l'occasion, une immense silhouette de Marilyn, dans la célèbre attitude de la jupe retroussée, avait été dressée sur la façade du Loew's State Theater, à Times Square. C'était une seconde version, la première silhouette ayant été jugée trop osée. Cette image fit de Marilyn une icône vivante. Marilyn était accompagnée de Joe DiMaggio, alimentant encore des rumeurs de réconciliation, mais elle affirma qu'ils n'étaient que de bons amis. Le film, le plus gros succès de l'été, rapporta une fortune à la Fox, mais Marilyn ne reçut pas le supplément de salaire qu'elle avait réclamé.

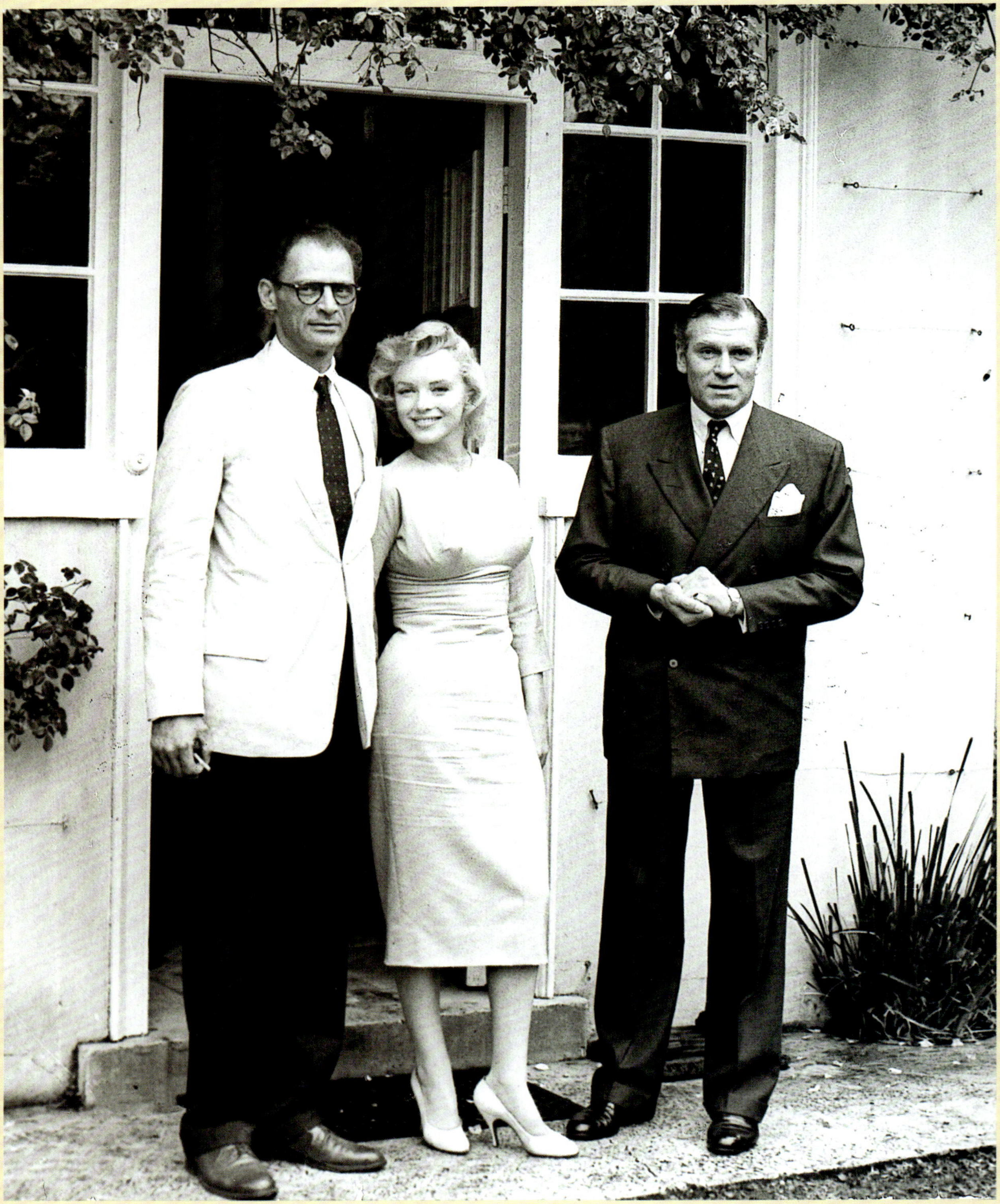

CHAPITRE QUATRE

Le Prince et la Danseuse

Au début de 1956, la Twentieth Century Fox tint une conférence de presse pour annoncer qu'un accord était intervenu entre le studio et Marilyn, et que celle-ci serait bientôt de retour à Hollywood. Personne ne s'attendait vraiment à ce qu'elle gagnât, et la presse commença à parler d'une « nouvelle Marilyn ». *Time magazine* la qualifia même de « femme d'affaires astucieuse ». Sentant qu'elle avait atteint un palier satisfaisant, elle fit changer légalement son nom en celui de Marilyn Monroe.

Dans le même temps, elle vivait à New York et continuait à prendre des cours d'art dramatique avec Strasberg. Bien qu'elle assistât régulièrement aux leçons de l'Actors Studio, elle n'en était pas membre : il lui fallait passer une audition et être acceptée. Une fois intégrés, les membres étaient libres de fréquenter le studio à leur rythme. En février, Marilyn passa donc l'audition, Strasberg l'ayant convaincue qu'elle en avait désormais le niveau. La scène choisie était extraite d'*Anna Christie*, dans laquelle Anna entre dans un bar. Ce rôle avait été rendu célèbre par Greta Garbo, car c'était la première scène de l'actrice suédoise dans un film parlant et elle était associée à la fameuse annonce publicitaire : « Garbo parle ! » Au début, Marilyn fut paralysée par le trac, mais sa prestation fut parfaite, et elle ne se trompa pas dans son texte. L'assistance fut très impressionnée par l'intensité de son interprétation et l'applaudit chaleureusement – fait inhabituel à l'Actors Studio. Strasberg était aux anges et lui assura qu'elle avait un très grand talent, cultivé à la perfection. Marilyn était euphorique. Mais, à son habitude et quelle que fût l'excellence de sa prestation, son enthousiasme s'évanouit rapidement et le doute l'envahit de nouveau.

Le nouveau contrat de Marilyn avec la Fox stipulait qu'elle serait libre de faire un film indépendant par an. Désireuse de tirer parti de cet arrangement, elle prit immédiatement contact avec l'auteur de théâtre Terence Rattigan et l'acteur Laurence Olivier, pour adapter au cinéma *The Sleeping Prince*, pièce qu'Olivier avait interprétée avec succès à Londres en 1953 avec sa femme Vivien Leigh. Marilyn tenait beaucoup à jouer avec Olivier, dont la réputation de grand acteur classique ne manquerait pas d'apporter un éclairage différent à l'image de sérieux qu'elle désirait donner. De son côté, Olivier était favorable au projet car il y voyait l'occasion de coproduire et de diriger un film. De plus, jouer avec Marilyn donnerait un coup de fouet à sa carrière. À la conférence de presse annonçant leur projet à New York, Marilyn attira tous les regards quand la bretelle de sa courte robe se rompit, révélant plus que ce que permettait la décence. L'incident était-il provoqué ou était-ce l'effet du hasard ? Toujours est-il qu'il mit l'éternelle, la merveilleuse Marilyn au centre de l'attention, éclipsant la « nouvelle Marilyn ». À la réflexion, ce petit événement fut peut-être intentionnel car, si Marilyn n'avait guère confiance en elle dans des circonstances sérieuses, elle était parfaitement à son aise quand il s'agissait de mettre en valeur son *sex-appeal*.

À la fin de février, elle rentra à Hollywood. On l'y trouva très changée : elle avait gagné sa bataille contre la

Page ci-contre : Marilyn avec Miller et Olivier.

Fox, avait pris de l'assurance et se sentait visiblement mieux dans sa peau. Elle qui avait espéré que les années écoulées lui avaient enfin forgé une image de sérieux déchanta vite. L'opinion générale était que c'était Hollywood qui l'avait faite et que ses efforts pour être considérée comme une actrice à part entière n'étaient que de la prétention, et qu'elle ne progresserait jamais.

Dès son retour, Natasha Lytess essaya d'entrer en contact avec elle. En l'absence de Marilyn, elle était toujours payée par la Fox et s'attendait à retrouver son ancien rôle. Mais Strasberg avait placé sa femme Paula auprès de Marilyn ; aussi la Fox licencia-t-elle brutalement Natasha. Anéantie, furieuse, cette dernière tenta immédiatement de renouer avec son ancienne élève, mais ses lettres comme ses appels téléphoniques ne furent pas même transmis. Finalement, en désespoir de cause, Natasha se rendit chez Marilyn. La porte lui resta close, mais elle aperçut Marilyn à une fenêtre. Peu après, elle déversa sa rancœur dans la presse, clamant qu'elle avait « créé » Marilyn et qu'elle méritait d'être mieux traitée. En fait, la présence de Natasha sur le plateau n'avait souvent engendré que des dissensions – on peut même penser qu'au lieu de l'aider elle entretenait plutôt le manque de confiance de Marilyn en elle-même, en redemandant sans cesse de refaire des scènes, même quand cela n'était pas nécessaire. Elle avait gagné beaucoup d'argent pendant des années en servant de coach à Marilyn, sans compter les nombreuses fois où son élève l'avait aidée financièrement. Sans doute Marilyn avait-elle eu besoin de Natasha, mais l'inverse était également vrai. De fait, Natasha n'avait aucun intérêt à ce que Marilyn se sentît assez sûre d'elle pour voler de ses propres ailes. Quand cela se produisit, Marilyn n'hésita pas à se passer de Natasha, car elle avait trouvé un autre soutien en la personne de Paula.

Marilyn se remit au travail avec *Arrêt d'autobus*, un film adapté d'une pièce de théâtre de Broadway. Le sujet en est simple : un cow-boy un peu naïf descend en ville et s'amourache d'une chanteuse de bar, la considérant comme un ange et refusant de croire à son passé. La chanteuse ne le prend pas au sérieux, mais finit par se laisser gagner par sa dévotion et par sa droiture, et la fin est naturellement heureuse. C'était le premier film de Marilyn après sa prise de pouvoir sur la Fox, et le studio craignait beaucoup ses nouvelles exigences. Lorsqu'elle vit les costumes qui lui étaient destinés, elle les jugea tous importables, et tout le monde craignit le pire. Elle fit alors un tour au magasin des accessoires et choisit des vêtements miteux, déjà portés, dont elle jugea qu'ils seraient plus appropriés à son personnage de chanteuse de bar. Le metteur en scène Joshua Logan était aux anges : il avait hésité à accepter le film, car il ne pensait pas que Marilyn serait à la hauteur. Il changea d'avis en discutant avec Strasberg et en voyant que Marilyn prenait son rôle très au sérieux. Il fut le seul de tous les réalisateurs à avoir eu l'idée de réserver des scènes à tourner dans les laps de temps où Marilyn serait en retard, ce qui apaisa considérablement les tensions sur le plateau.

Cependant, si l'entente entre Marilyn et son metteur en scène était bonne, il n'en était pas de même avec ses partenaires, Don Murray et Hope Lange. Marilyn était froissée que Murray fût insensible à ses charmes et s'intéressât davantage à Hope Lange, qu'il épousa d'ailleurs plus tard. Marilyn insista pour que les cheveux d'Hope soient teints en châtain foncé, afin d'exalter sa propre blondeur. De toute évidence, l'un des inconvénients du nouveau pouvoir de Marilyn était de donner libre cours à son sentiment d'insécurité.

Malgré tout, Marilyn travailla dur, d'abord dans le désert près de Phoenix (Arizona), puis dans les montagnes de Sun Valley (Idaho). En raison de la différence de température qui sévissait entre ces deux endroits et de la légèreté des vêtements qu'elle portait, elle contracta une bronchite et dut être hospitalisée. Elle souffrait de problèmes pulmonaires récurrents et ce n'était pas la première fois qu'elle tombait malade. Elle passa quatre jours à l'hôpital avant de pouvoir reprendre le tournage.

À son retour, elle dut tourner la scène la plus importante du film, le monologue de Chérie racontant sa vie. Marilyn était connue pour ne jamais se rappeler son texte et, cette fois, il s'agissait d'une longue tirade. Logan dut faire face à ce problème et à celui de la mise en condition psychologique de son actrice. Il résolut les deux en laissant tourner la caméra pendant toute la scène, sans crier : « Coupez ! » Tout se passa comme il l'avait espéré et il réalisa la scène au montage. Marilyn était ravie, car Miller l'avait assurée qu'elle ne pourrait se considérer comme une véritable actrice tant qu'elle ne se tirerait pas avec les honneurs d'un long monologue. C'est ce qui se produisit cette fois-là.

Tandis que le tournage avançait, Arthur Miller avait établi sa résidence à Reno (Nevada) afin d'obtenir le divorce. Pendant sa séparation forcée d'avec Marilyn, il lui téléphonaient longuement. Mais lorsqu'il la retrouva à New York une fois son divorce prononcé, un autre problème l'attendait. Il avait demandé un passeport pour se rendre en Angleterre, à la fois pour accompagner Marilyn sur le tournage du *Prince et la Danseuse* et pour superviser la mise en scène de sa pièce *Vu du pont*, sur le point d'être représentée. Comme il avait brièvement adhéré au parti communiste, bien des années plus tôt, il s'était déjà vu refuser un passeport. On était alors en pleine période de la chasse aux sorcières, livrée par McCarthy contre les communistes, avérés ou présumés. Miller vint témoigner devant la Commission des activités antiaméricaines (HUAC) et collabora pleinement, sans toutefois donner de noms. On ne lui jeta pas l'opprobre – comme cela avait été le cas pour bien d'autres – car c'est à ce moment-là qu'il annonça son mariage avec Marilyn.

À cette nouvelle, la folie s'empara de la presse. Les journalistes et les photographes campaient devant leur porte et les suivaient partout, même lorsqu'ils quittèrent New York pour se rendre dans la famille de Miller, à Roxbury (Connecticut). Marilyn avait l'habitude de toutes ces attentions, mais pas Miller, qui n'était pas le genre d'écrivain à pouvoir travailler dans la foule et le tapage. D'ailleurs, il ne put terminer les textes qu'on lui réclamait de façon urgente. Ils se marièrent en secret, d'abord devant un officier d'état civil à White Plains (New York), puis devant un rabbin, toujours en secret, à New York. Après l'annonce officielle du mariage, Miller espéra que la vie reprendrait son cours normal. Mais était-ce possible avec une femme comme Marilyn Monroe ?

Deux semaines plus tard, Miller obtint enfin son passeport et Marilyn partit pour l'Angleterre. La pièce *The Sleeping Prince* allait devenir le film *Le Prince et la Danseuse*, mais ce projet ne se révéla pas être une bonne expérience. Le premier problème surgit quand Strasberg demanda pour sa femme Paula des émoluments de 25 000 dollars, plus les frais divers, pour 10 semaines, soit davantage que les salaires de Marilyn et d'Olivier. Quand Milton Greene, l'associé de Marilyn, s'opposa à cette prétention, Strasberg fit remarquer que Marilyn était fragile et réclama à la place un pourcentage sur le film. Beaucoup pensaient que Strasberg manipulait Marilyn pour entretenir une situation financière lucrative. Loin de l'encourager sur le tournage du *Prince et la Danseuse*, il critiquait sans cesse Olivier, qui n'appréciait guère le jeu de Marilyn, et s'entretenait longuement avec elle au téléphone depuis New York pour lui prodiguer des conseils, tandis que Paula dépréciait la direction d'acteurs d'Olivier sur le plateau. Cependant, Strasberg fut assez habile pour ne pas s'impliquer lui-même dans le tournage. Ainsi, il pourrait s'attribuer le mérite du succès du film ou se défiler en cas d'échec.

Pour couronner le tout, le mariage de Marilyn et de Miller traversait déjà une crise. Pour la première fois, les époux passaient beaucoup de temps ensemble, et Miller découvrait l'anxiété, le manque de confiance en elle de Marilyn et ses insomnies. Bref, elle était différente de la femme de ses rêves. Miller avait l'habitude de prendre des notes dans son journal intime ; Marilyn les lut, les considéra comme des critiques et se mit à douter de son amour. De ce jour, elle n'eut plus autant confiance en lui qu'auparavant. Il y eut d'autres épisodes pénibles dans leur vie conjugale, jusqu'à ce que Marilyn fût enceinte, vers la fin du mois d'août. Elle désirait beaucoup cet enfant, qu'elle perdit malheureusement au bout de quelques semaines.

Marilyn eut aussi des accrochages avec son associé, Milton Greene. Miller et lui ne s'appréciaient guère, chacun s'accusant réciproquement d'avoir une mauvaise influence sur Marilyn. Greene n'aimait pas que Miller s'intéresse de près aux activités de Marilyn Monroe Productions. De son côté, Miller, qui ne jugeait pas Greene très compétent, tenta de persuader Marilyn de se passer de lui. Elle se mit dans la tête que Greene était contre elle, car il ne la défendait pas sur le plateau et acceptait les coupes des scènes. À ce train-là, il n'y a pas à s'étonner que *Le Prince et la Danseuse* coûtât deux fois le budget prévu.

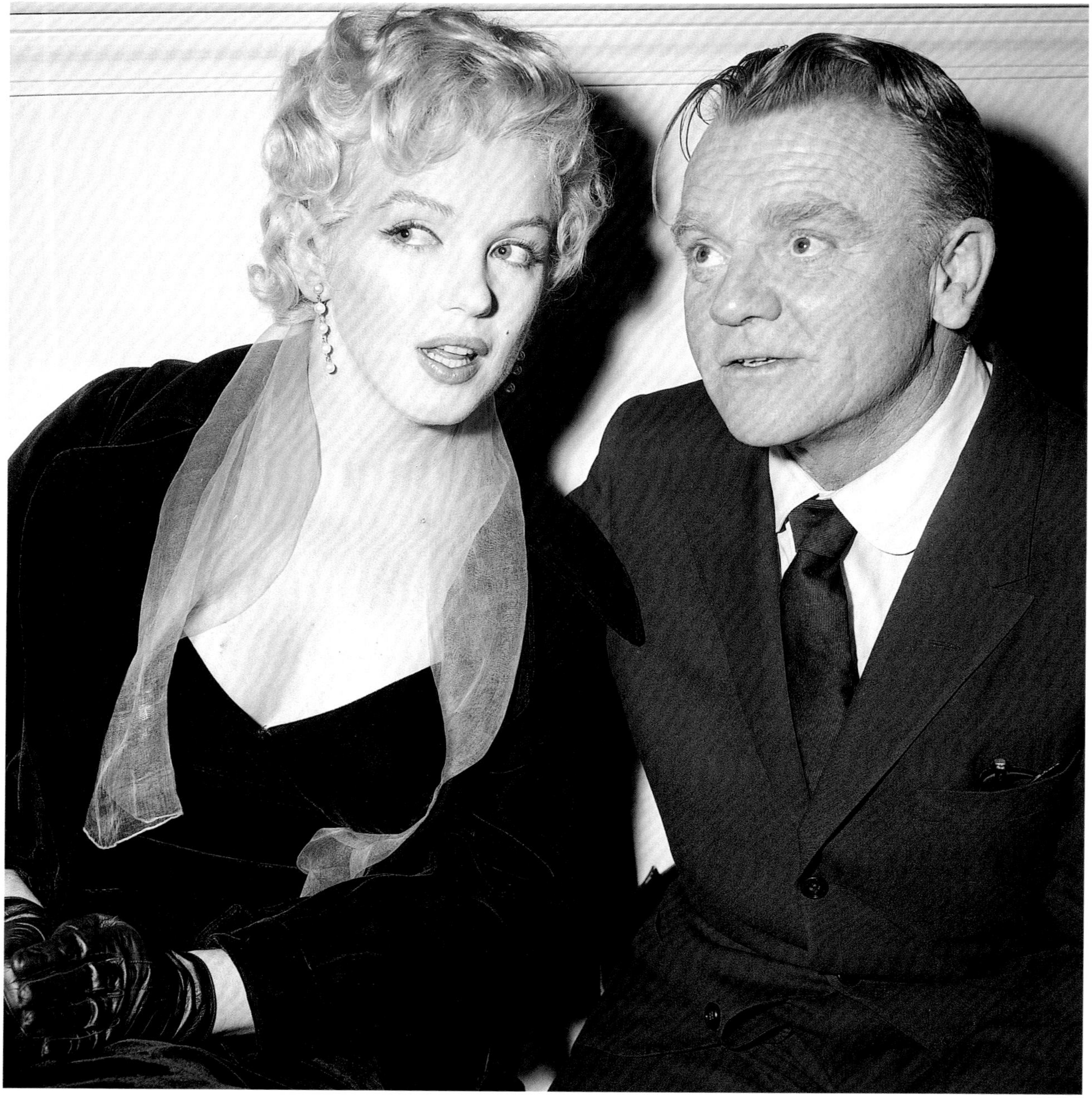

Le Prince et la Danseuse…

Page ci-contre : à la conférence de presse tenue au Plaza Hotel de New York, en février 1956, Marilyn et Laurence Olivier annoncèrent leur intention de tourner une version cinématographique de la pièce de Terence Rattigan, *The Sleeping Prince*. Le film serait tourné en Angleterre, où Olivier avait obtenu un succès avec la pièce originale, dans laquelle il jouait avec sa femme, Vivien Leigh. Marilyn avait acheté les droits du film 125 000 dollars et paya aussi Rattigan pour qu'il écrive le scénario.

Ci-dessus : Marilyn converse avec James Cagney lors d'une réception offerte par le magazine *Look*, à Beverly Hills, en mars 1956. La presse d'Hollywood ne parlait que de son retour et de ses prochains films.

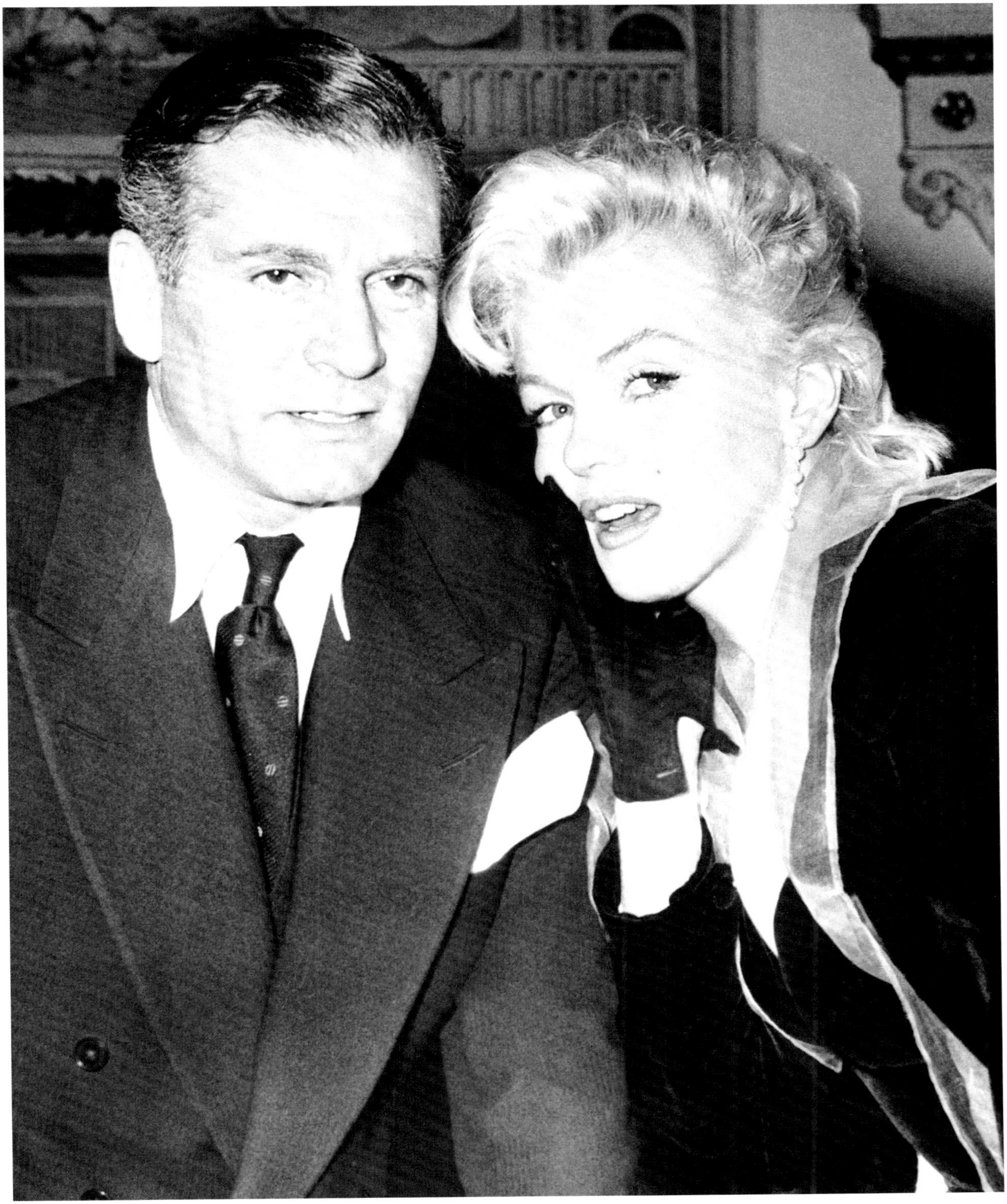

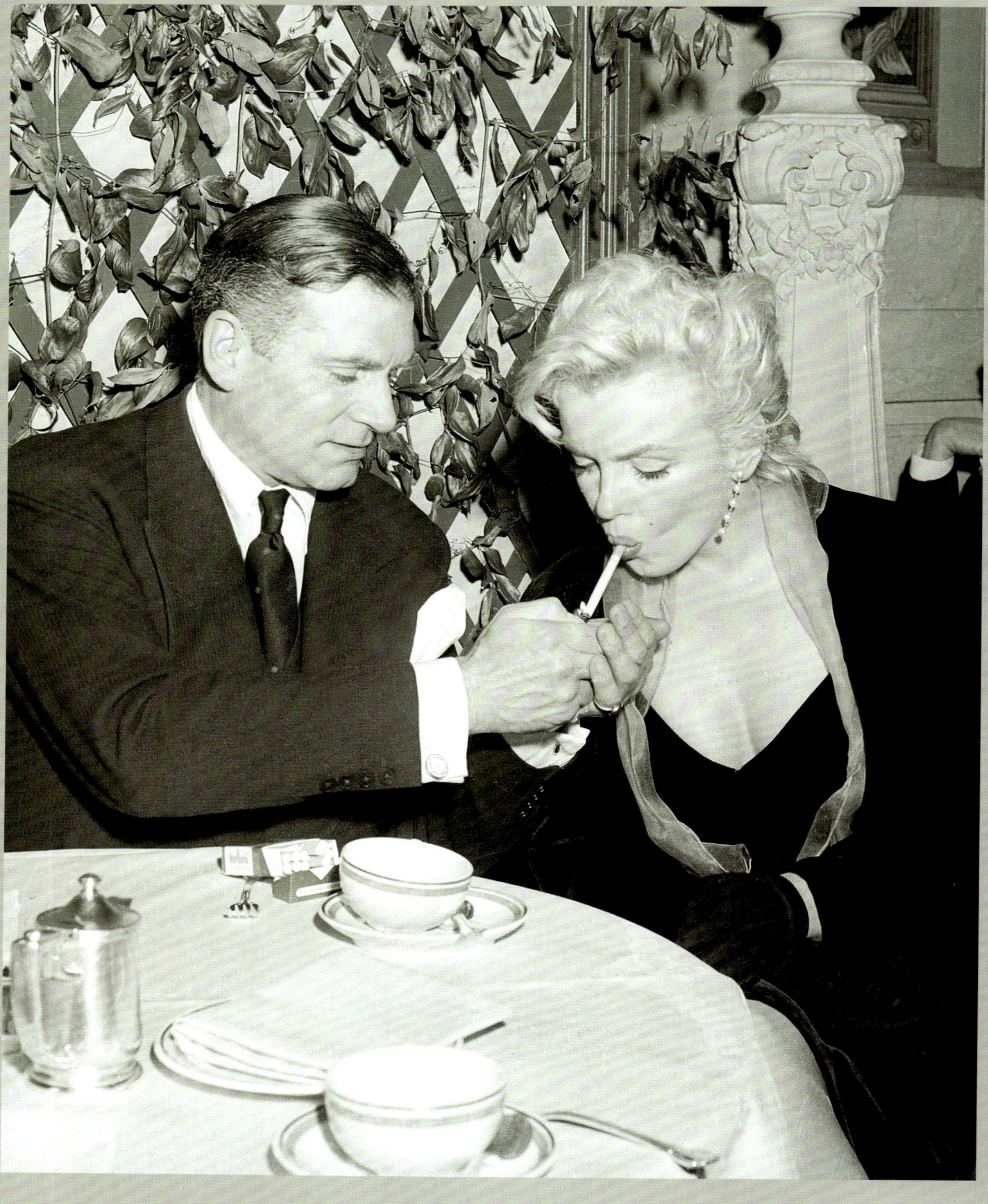

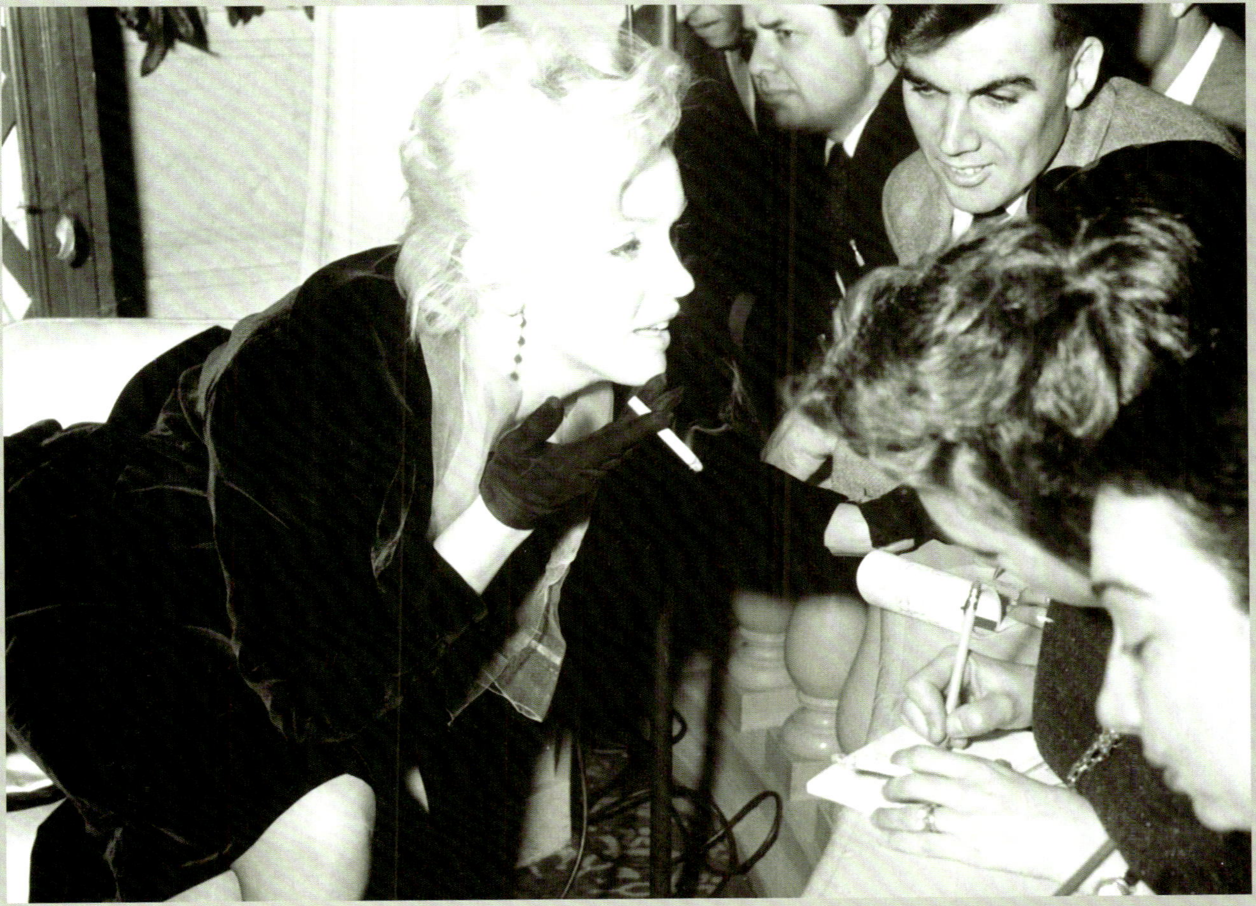

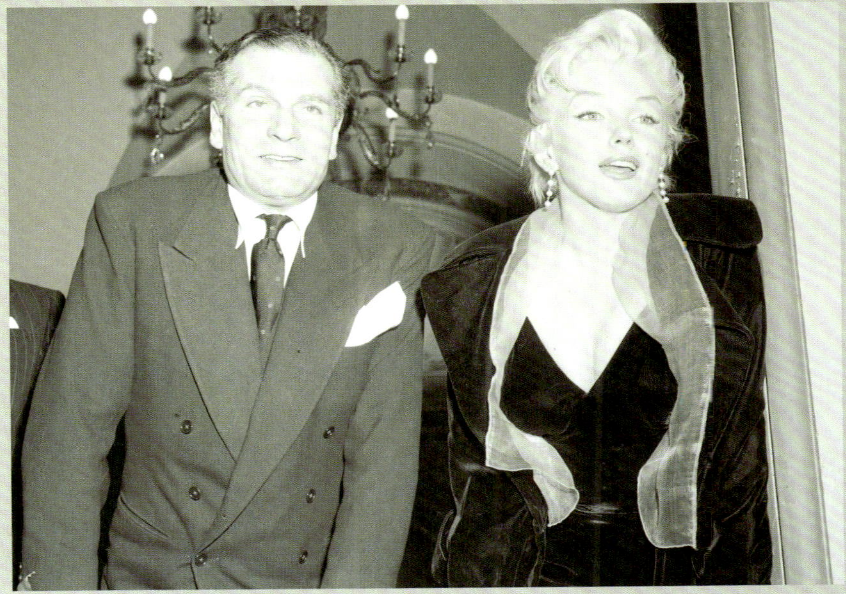

Interviews…

Ci-dessus : Marilyn se penche vers les journalistes, pour leur confier : « J'aimerais continuer à grandir de toutes les façons possibles. »

Page ci-contre et ci-contre : bien qu'elle fût parfaitement habillée, avec manteau, écharpe et gants, une bretelle de sa robe céda et dévoila bien des choses. Olivier fut convaincu qu'elle l'avait fait exprès pour monopoliser l'attention. De fait, l'incident s'étala dans tous les journaux, ce qui constitua, en somme, une excellente publicité.

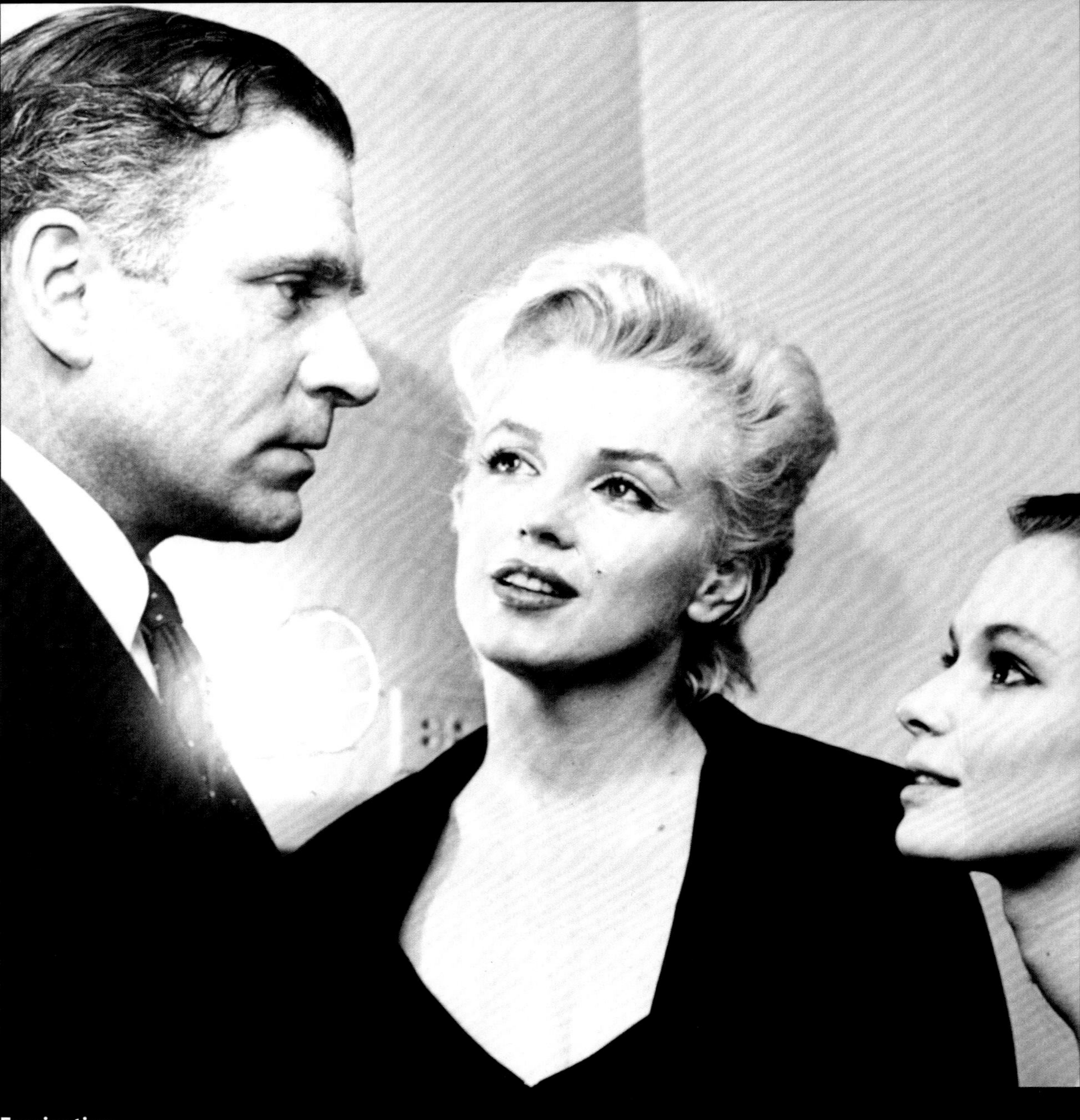

Fascination

Ci-dessus : Marilyn et Susan Strasberg, fille du mentor de Marilyn, semblent fascinées par Laurence Olivier. Tous trois se trouvent dans les coulisses du Cort Theater de New York, où Susan jouait dans *Le Journal d'Anne Frank*.

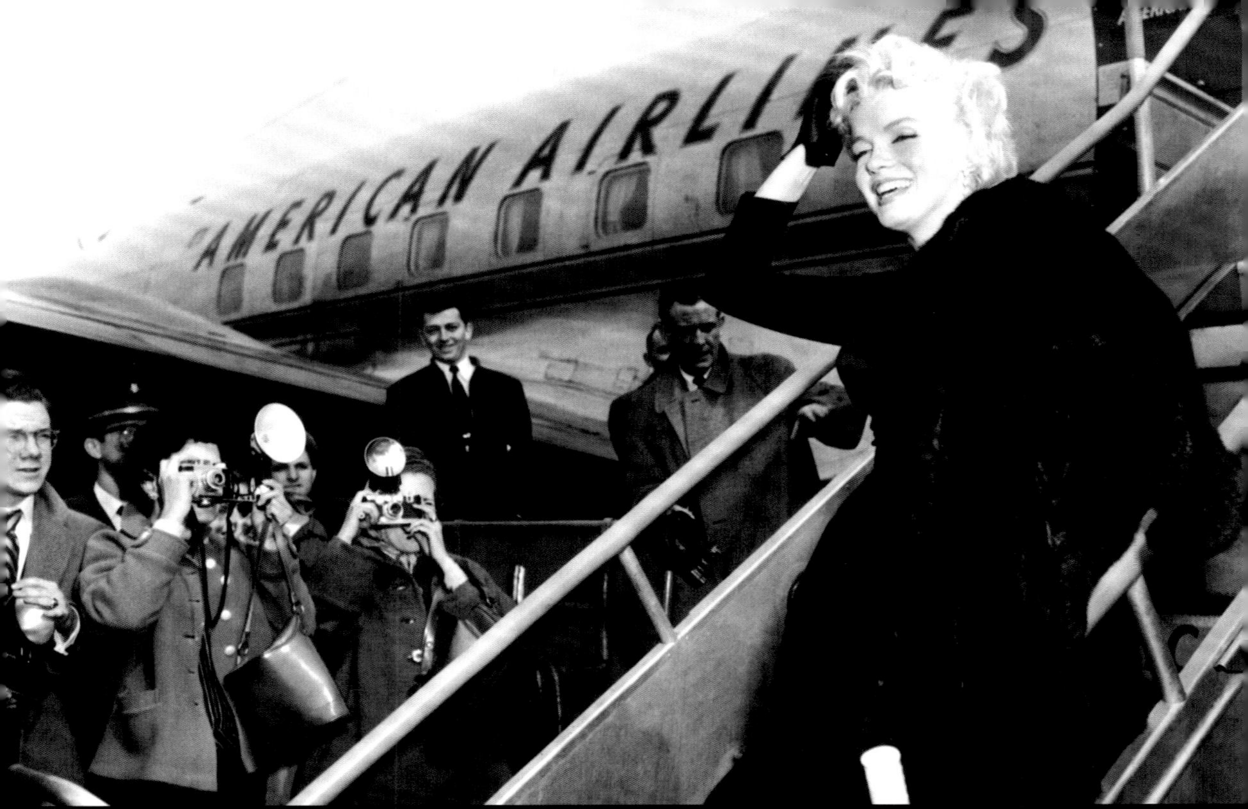

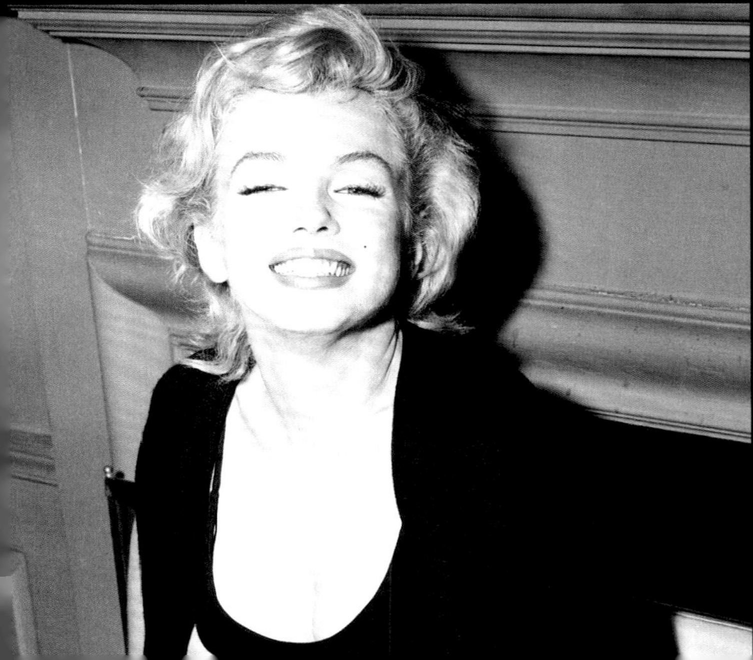

Retour triomphal

Ci-dessus : fin février 1956, Marilyn pose pour les photographes, alors qu'elle s'apprête à prendre l'avion à New York pour rentrer à Hollywood. Elle avait été absente de La Mecque du cinéma pendant plus d'un an, le temps de ses dissensions avec la Fox à propos de son contrat. Beaucoup pensaient qu'elle n'aurait pas gain de cause, mais elle rentrait triomphante, ayant obtenu plusieurs concessions, uniques pour un acteur à cette époque, dont un pourcentage sur les bénéfices et un droit de regard sur le scénario, sur le choix du metteur en scène et du chef opérateur.

Ci-contre : Marilyn semblait apprécier le tournant que prenait sa vie.

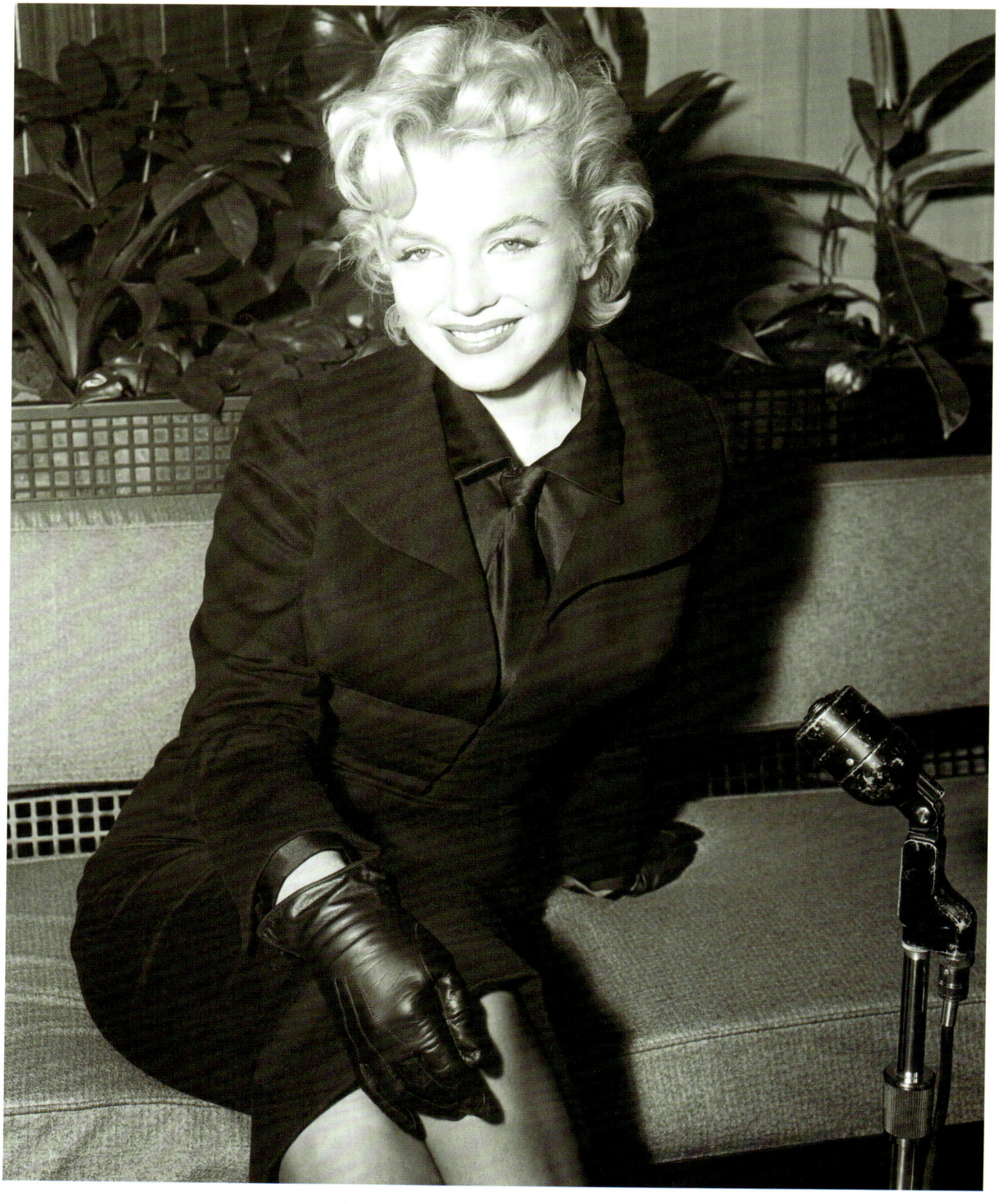

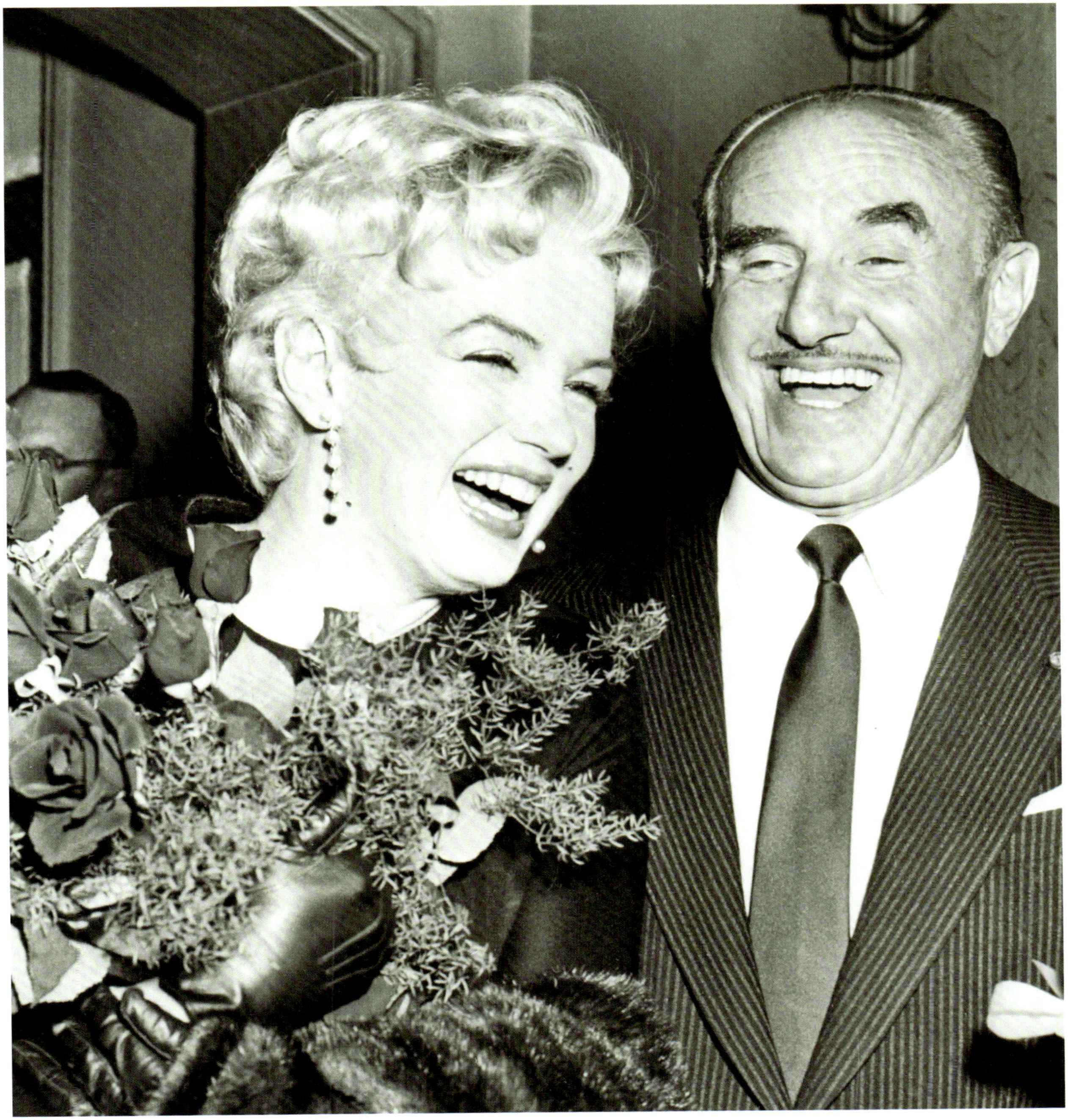

Classe et charme

Page ci-contre : quitte à décevoir les journalistes, Marilyn allie ici la classe et le charme dans une tenue élégante, un tailleur sobre avec gants assortis.

Ci-dessus : Marilyn et Jack Warner sont ravis d'annoncer qu'elle sera la partenaire de Laurence Olivier dans le film adapté de *The Sleeping Prince*, pour les studios Warner Brothers.

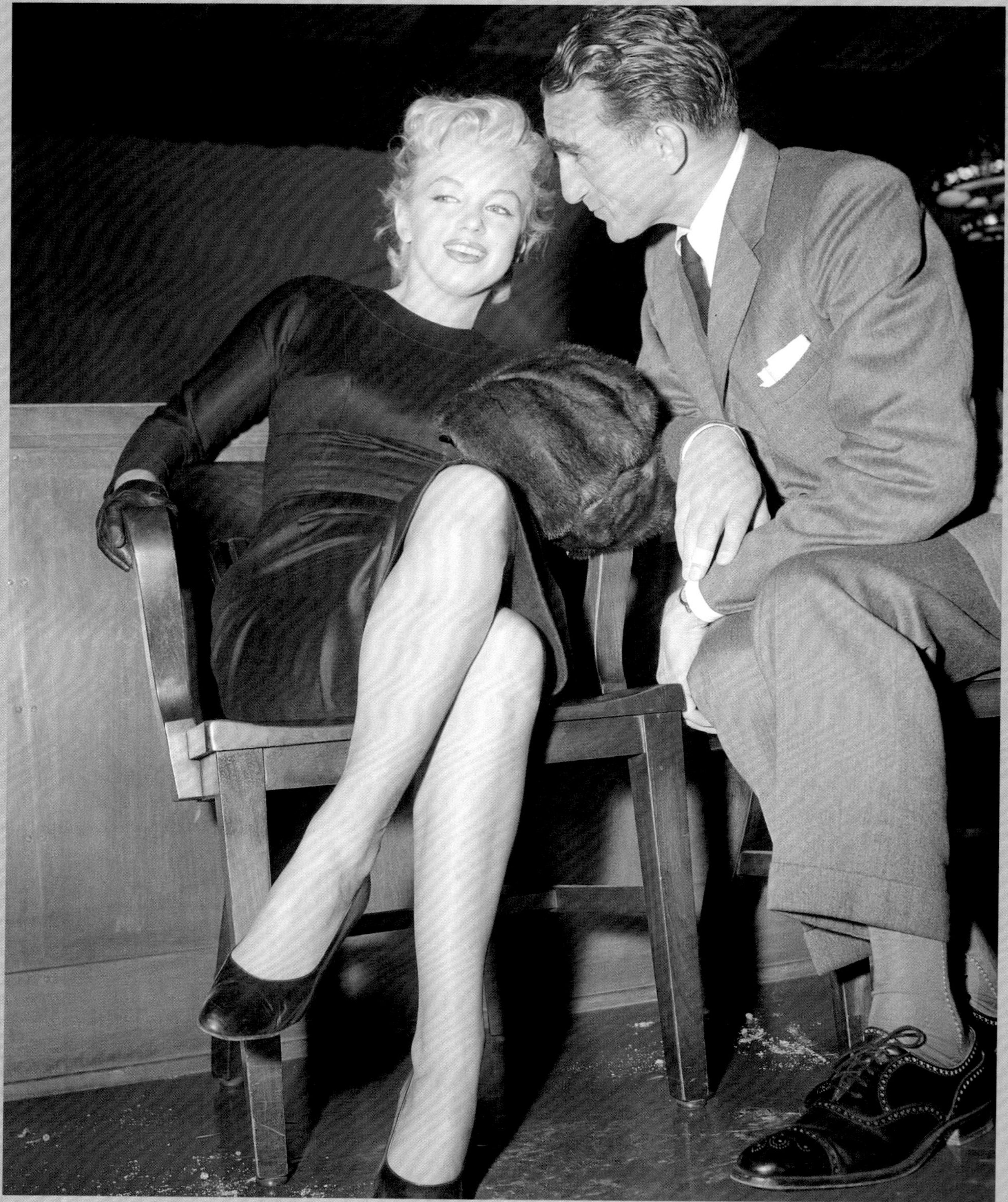

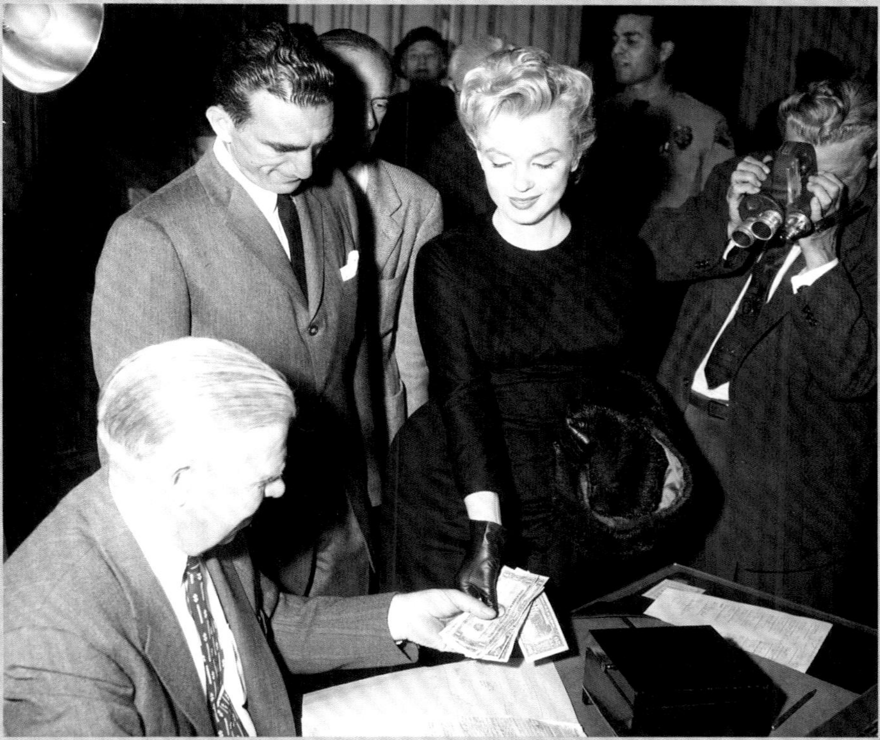

Accusée Monroe !

Ci-contre : Marilyn au tribunal, accusée d'avoir conduit sans permis. Le délit s'était produit en 1954, quand elle commençait à être connue, mais le juge ne se laissa pas attendrir et lui infligea une amende de 56 dollars.

Page ci-contre : au tribunal, Marilyn attend son tour avant l'audience avec son avocat Irving L. Stein.

Ci-dessous : Milton Green, vice-président de la société indépendante de Marilyn, devant la presse, en compagnie de Marilyn, à son retour à Hollywood après son long exil à New York. Marilyn Monroe Productions et la Fox venaient d'arriver à un compromis, et Marilyn rentrait triomphante.

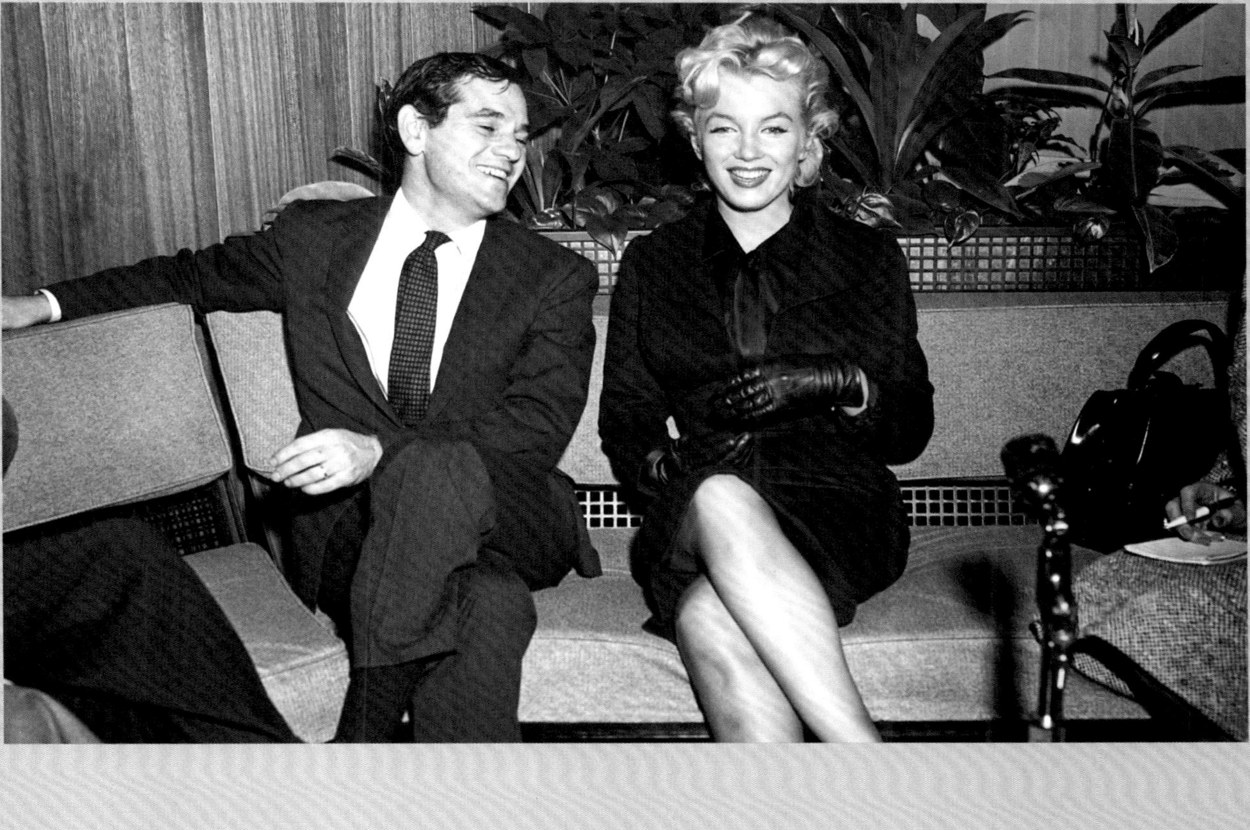

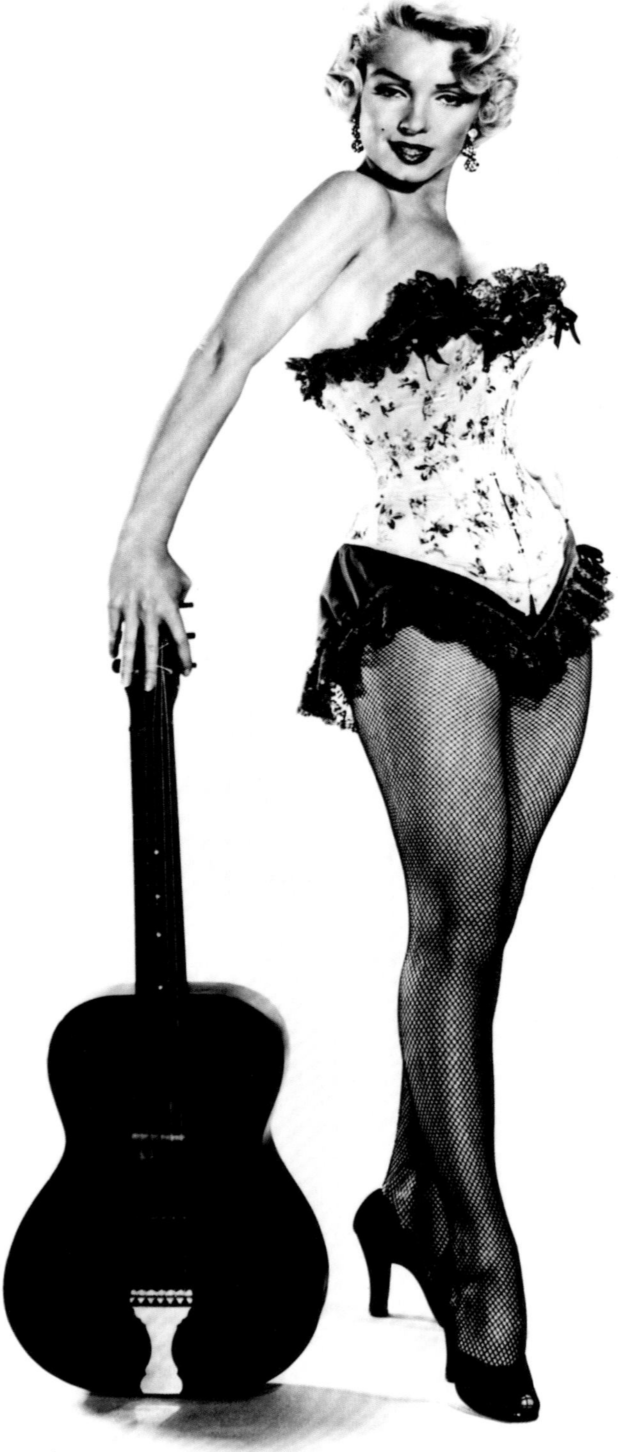

Arrêt d'autobus

Marilyn dans le rôle de Chérie. Le premier film que Marilyn devait tourner pour la Fox était *Arrêt d'autobus* (*Bus Stop*, 1956), adapté de la pièce de William Inge. Quand la pièce fut adaptée pour l'écran, le scénariste George Axelrod pensa à Marilyn et ajouta des détails de sa vie. Joshua Logan, qui était sur la liste des 16 réalisateurs approuvés par Marilyn, connaissait bien la méthode de Stanislavsky de l'Actors Studio et avait la réputation de bien diriger les acteurs sensibles.

Bien que Logan fût patient et cherchât toujours à satisfaire Marilyn, il eut du mal à tourner en respectant le planning. Comme toujours, Marilyn peinait à apprendre son texte et passait des heures dans sa loge avant de se sentir prête à affronter la caméra. Paula Strasberg avait remplacé Natasha Lytess comme coach d'art dramatique, et Logan l'appréciait, mais il n'était pas disposé à partager son autorité sur le plateau et finit par consigner Paula dans sa loge.

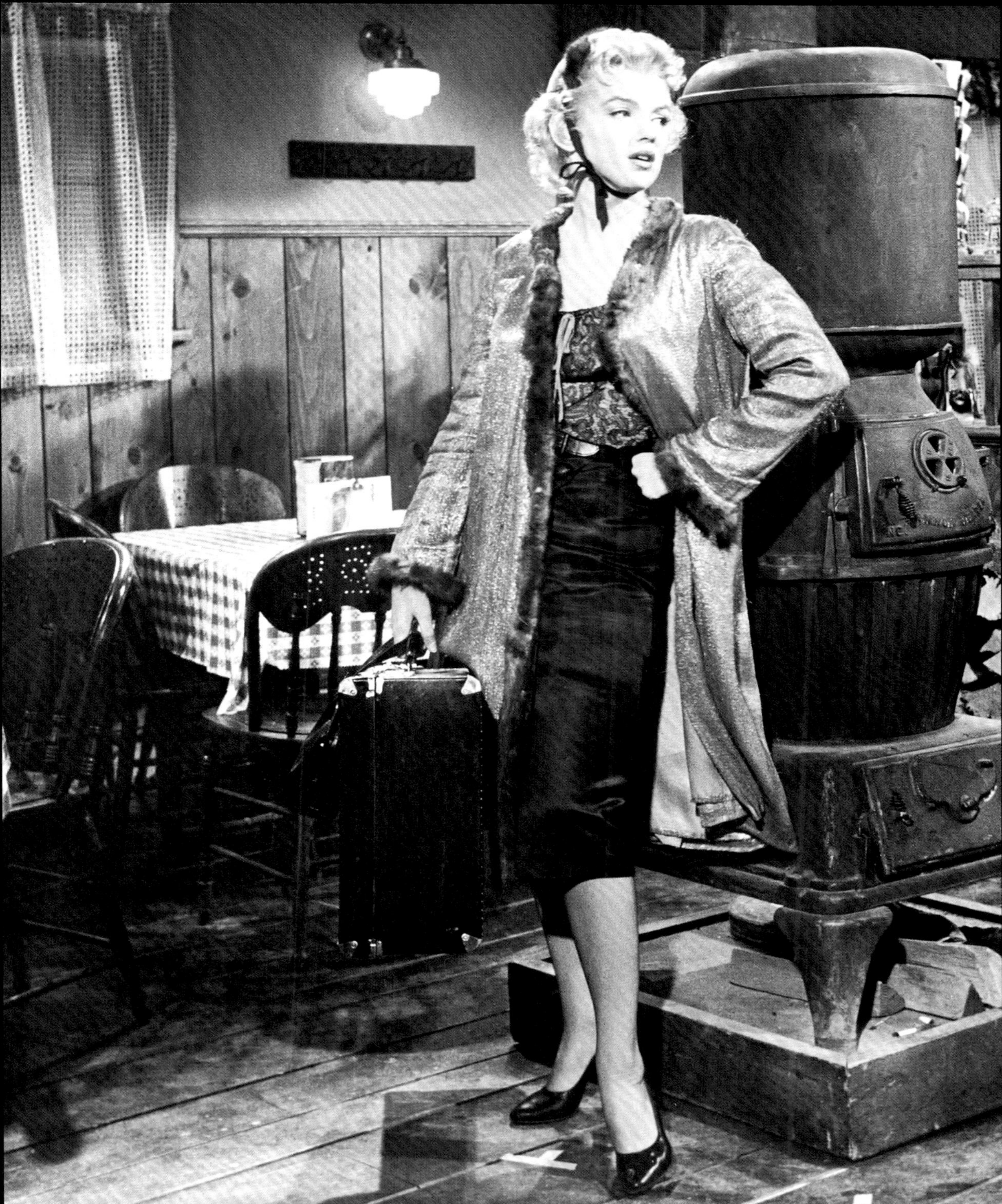

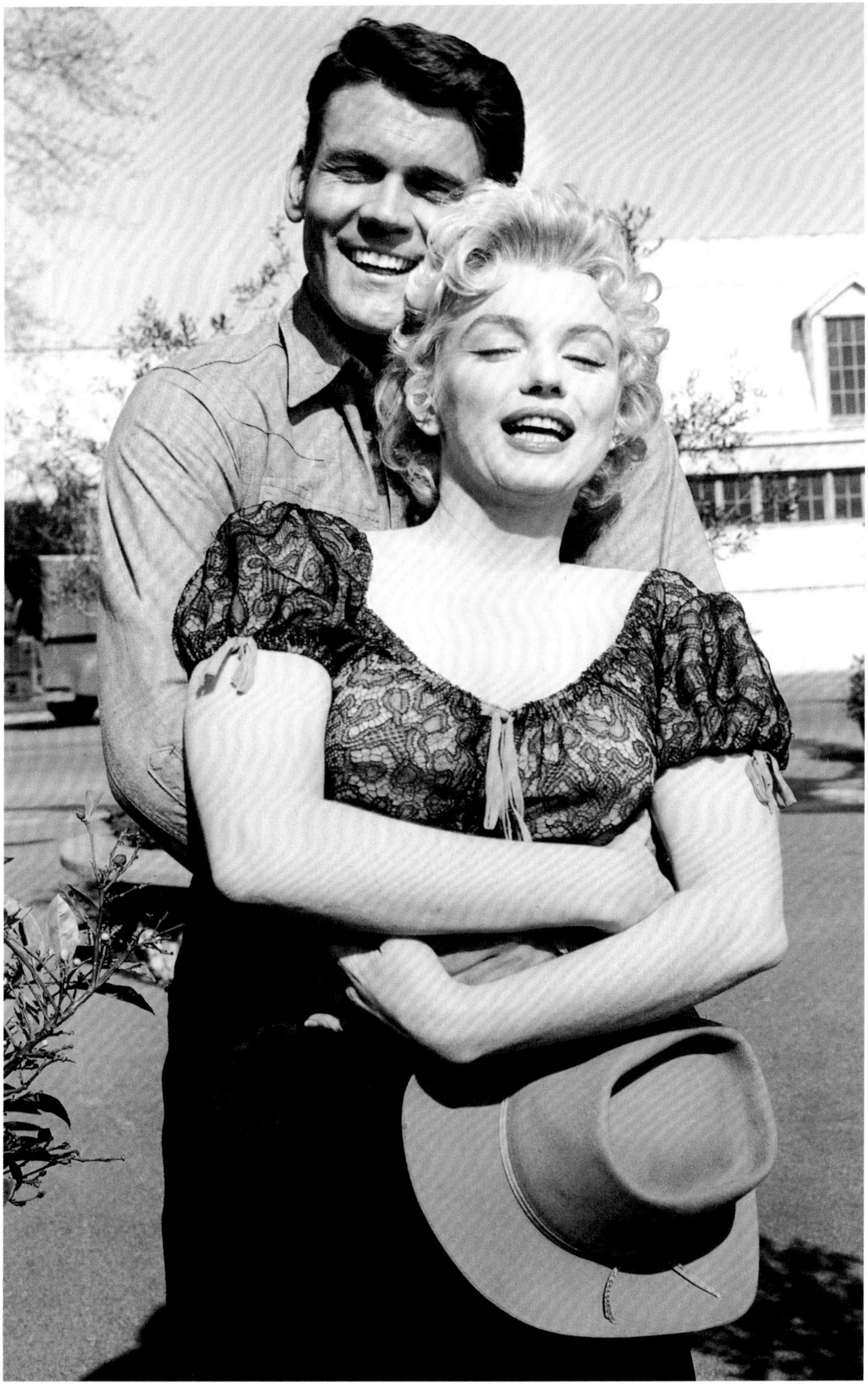

Photos de tournage

Ci-contre : Marilyn est Chérie, une chanteuse de bar minable, dont Bo Decker (Don Murray) devient le fervent admirateur. Sur le plateau, tout ne fut pas sans nuages entre Marilyn et Don Murray. Au cours de la scène où Chérie tente de quitter Bo, elle eut un geste malheureux qui blessa Murray à la paupière et ne jugea pas utile de s'excuser.

Marilyn refusa de porter les costumes dessinés pour elle et choisit dans les placards du studio de vieilles fripes dans lesquelles elle se sentait plus à son aise pour incarner son personnage. Le film fut une réussite en grande partie grâce à Milton Greene, qui avait le talent de sentir ce qui fonctionne bien devant une caméra.

Page ci-contre : Marilyn avec Arthur O'Connell, qui joue le rôle de Virgil Blassing, l'ange gardien du jeune cow-boy.

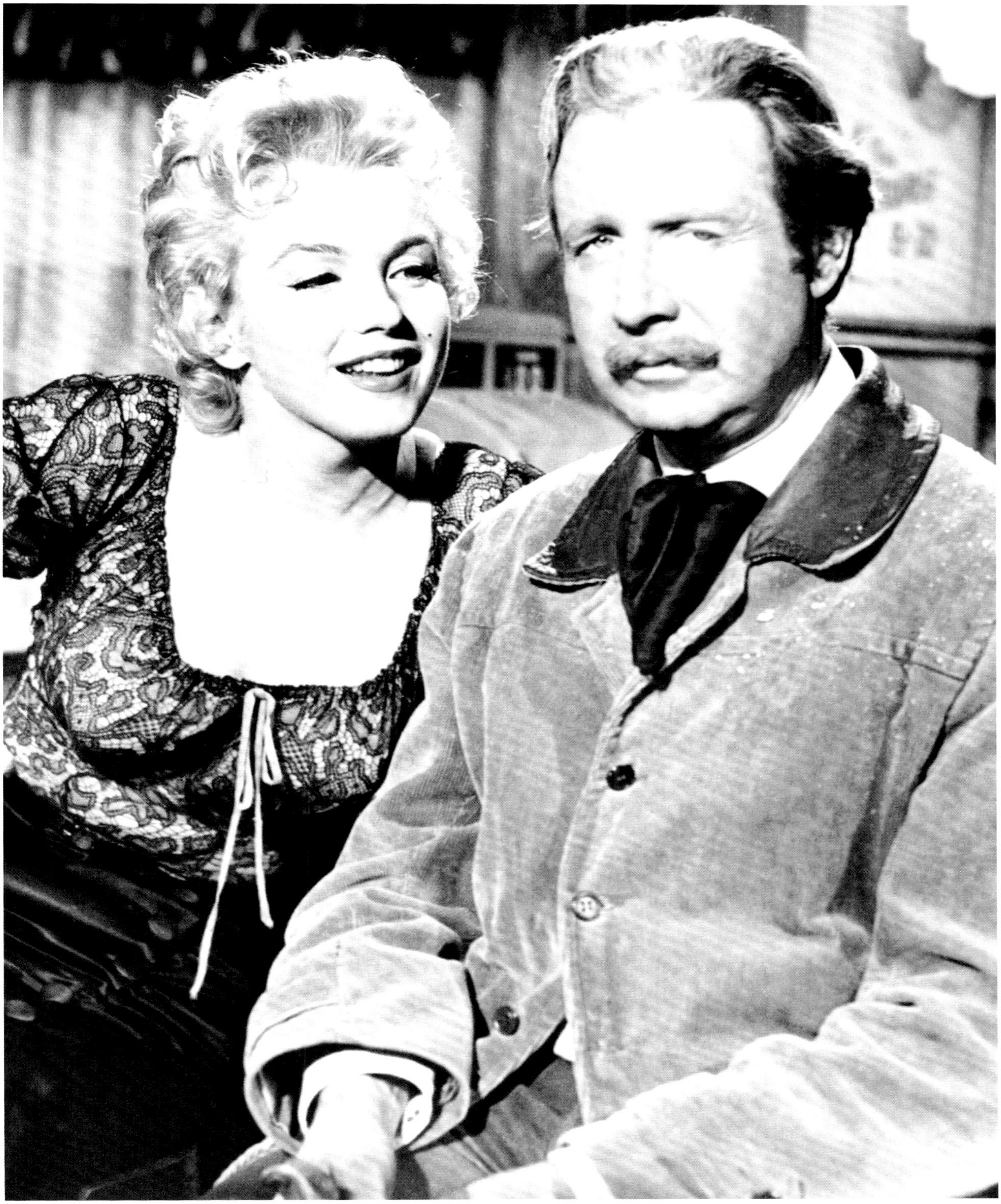

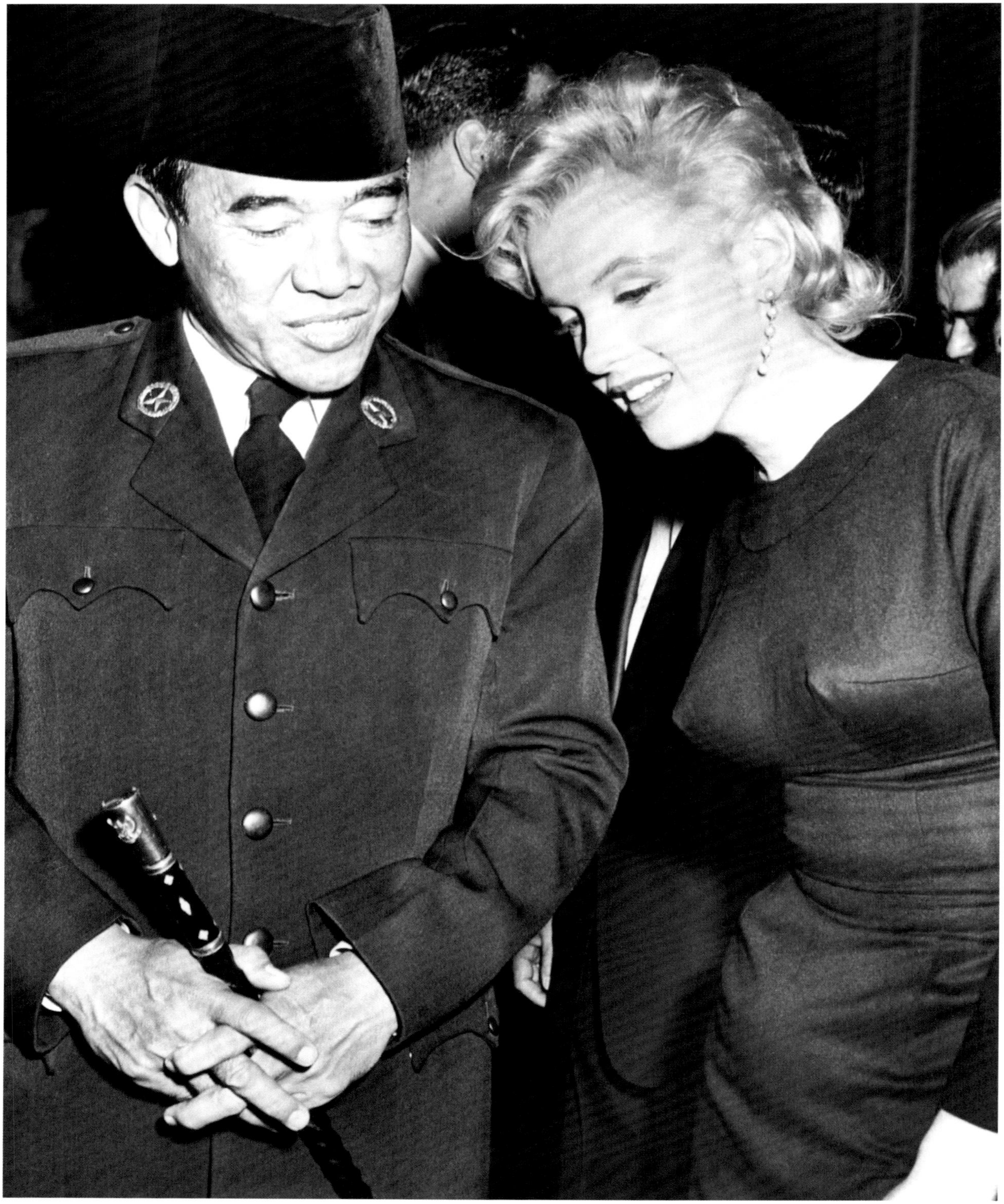

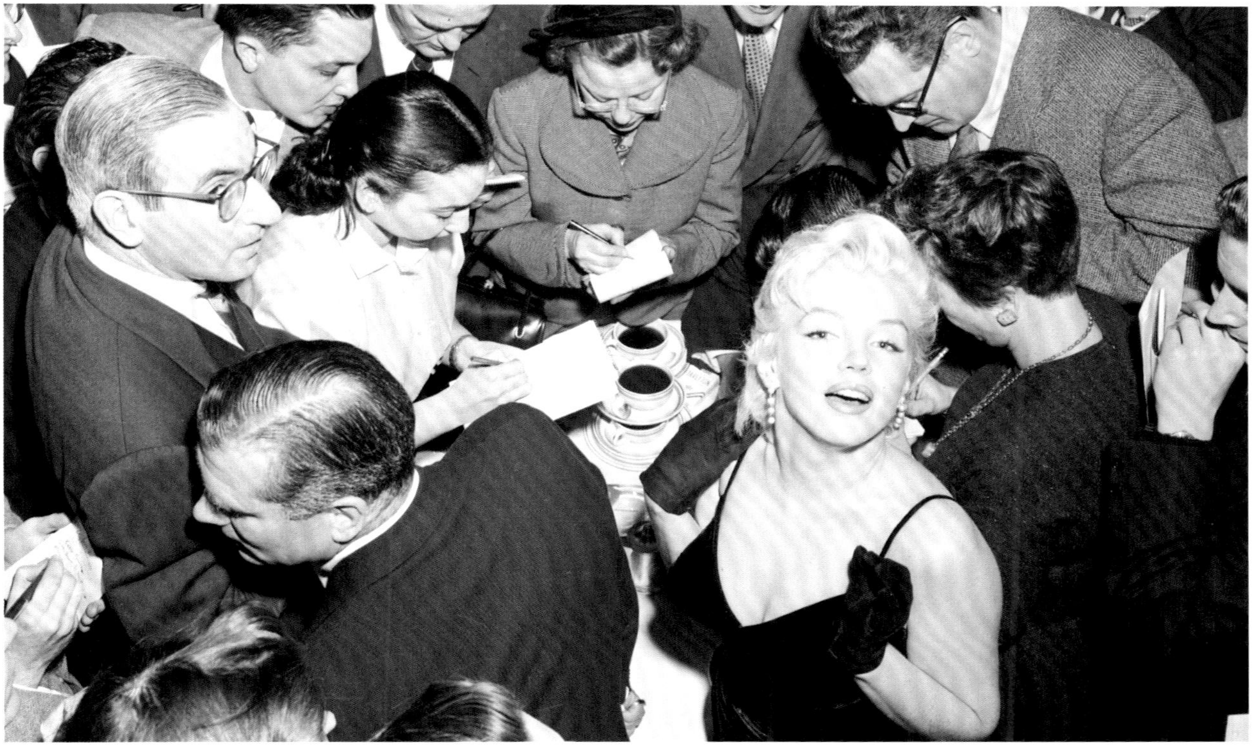

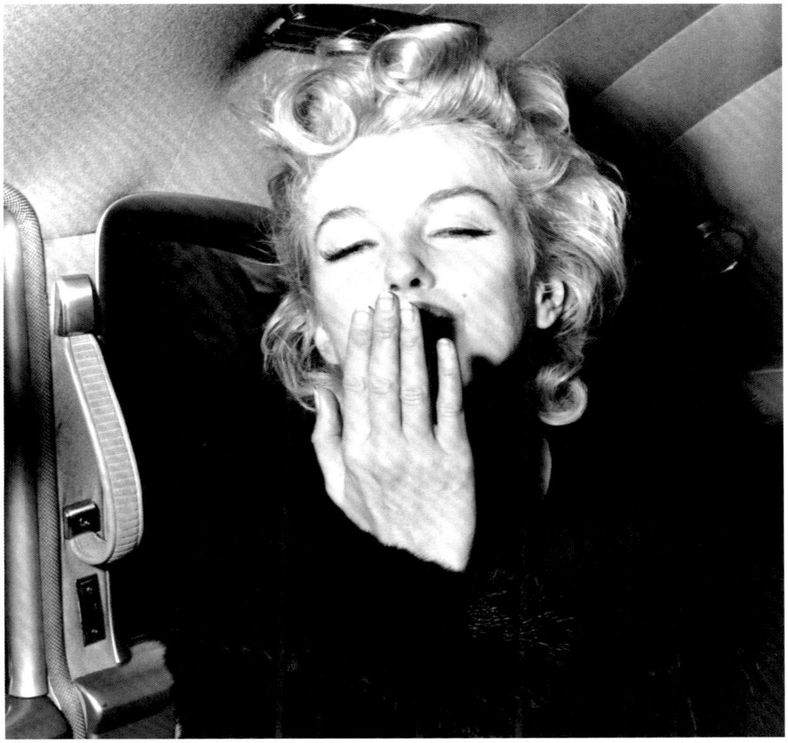

Monsieur le Président…

Page ci-contre : à l'occasion d'une réception donnée par Joshua Logan, le réalisateur d'*Arrêt d'autobus*, Marilyn est présentée à Sukarno, le président de l'Indonésie. Il avait tenu à la rencontrer, car Hollywood le fascinait et les films de Marilyn étaient très populaires dans son pays. Cette mondanité marquait aussi les 30 ans de Marilyn.

Ci-dessus : à la conférence de presse, les photographes n'avaient d'yeux que pour Marilyn… qui savait toujours de quel côté étaient les objectifs !

Ci-contre : un baiser pour les photographes. Marilyn était toujours plus à l'aise avec les photographes que sur un plateau de cinéma, et se sentait moins sous pression que devant une caméra. Quand les prises de vues d'*Arrêt d'autobus* se terminèrent, en mai 1956, elle était épuisée, physiquement et moralement. Elle avait voulu prouver que son année passée à travailler avec Strasberg avait porté ses fruits. De plus, les écarts de température entre la chaleur du désert de l'Arizona et le froid de Sun Valley l'avaient rendue malade.

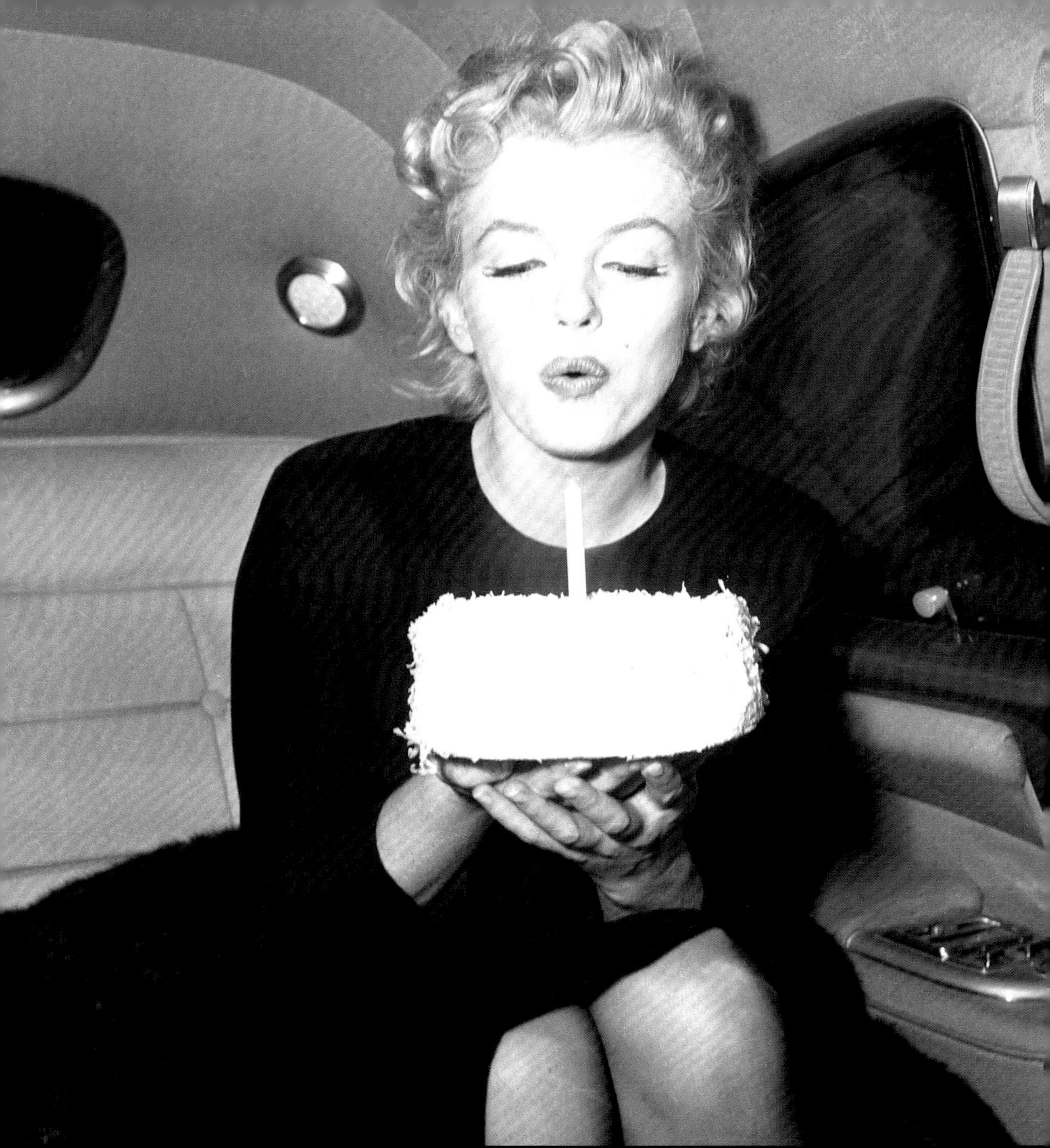

Joyeux anniversaire…

Arrivée le 2 juin à l'aéroport d'Idlewild de New York, en provenance de la côte Ouest, Marilyn se voit offrir un gâteau d'anniversaire dans sa limousine. Elle avait fêté ses 30 ans la veille à Hollywood. Les journalistes voulaient tout savoir de sa relation avec Arthur Miller, mais elle se contenta de leur envoyer un baiser.

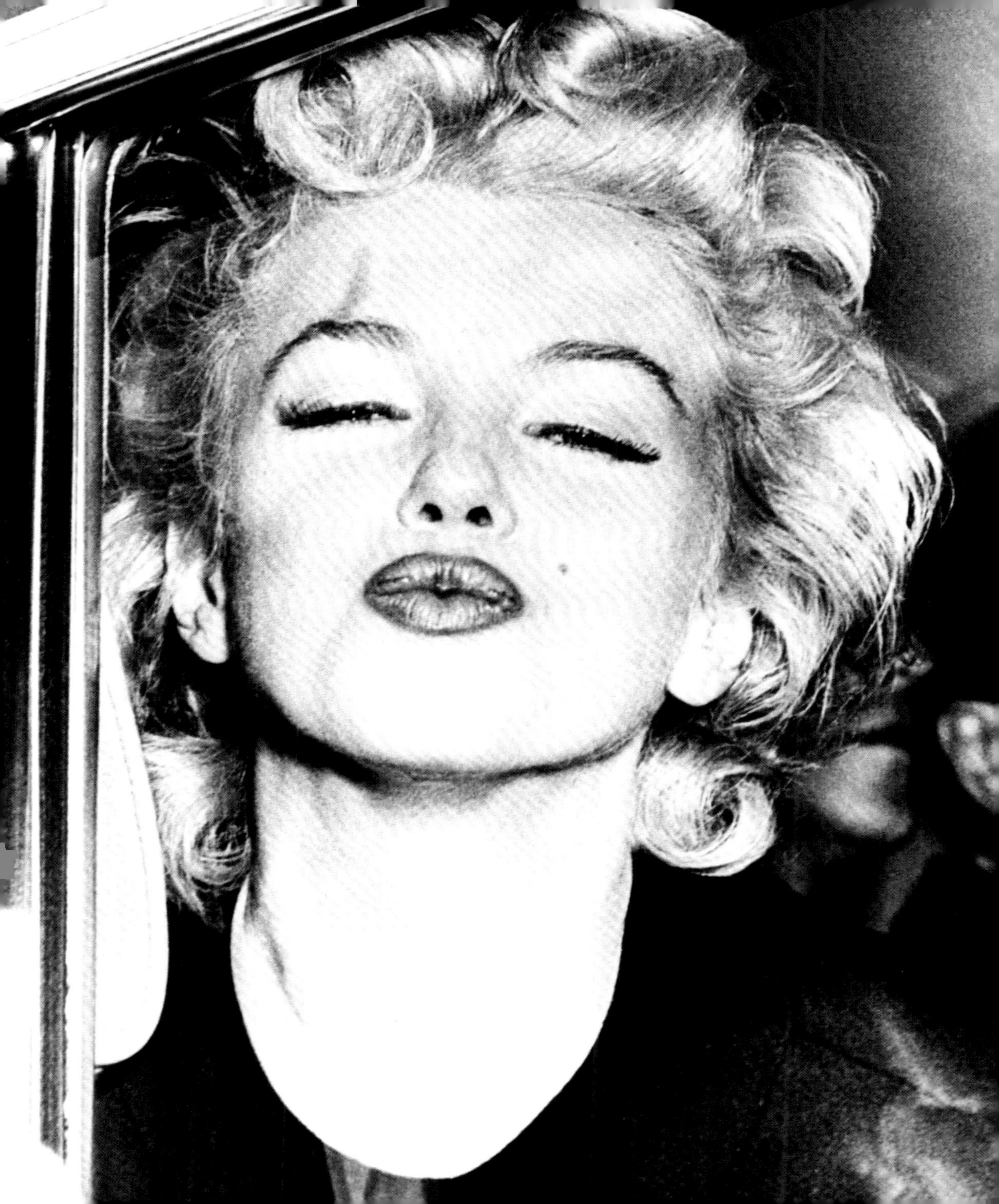

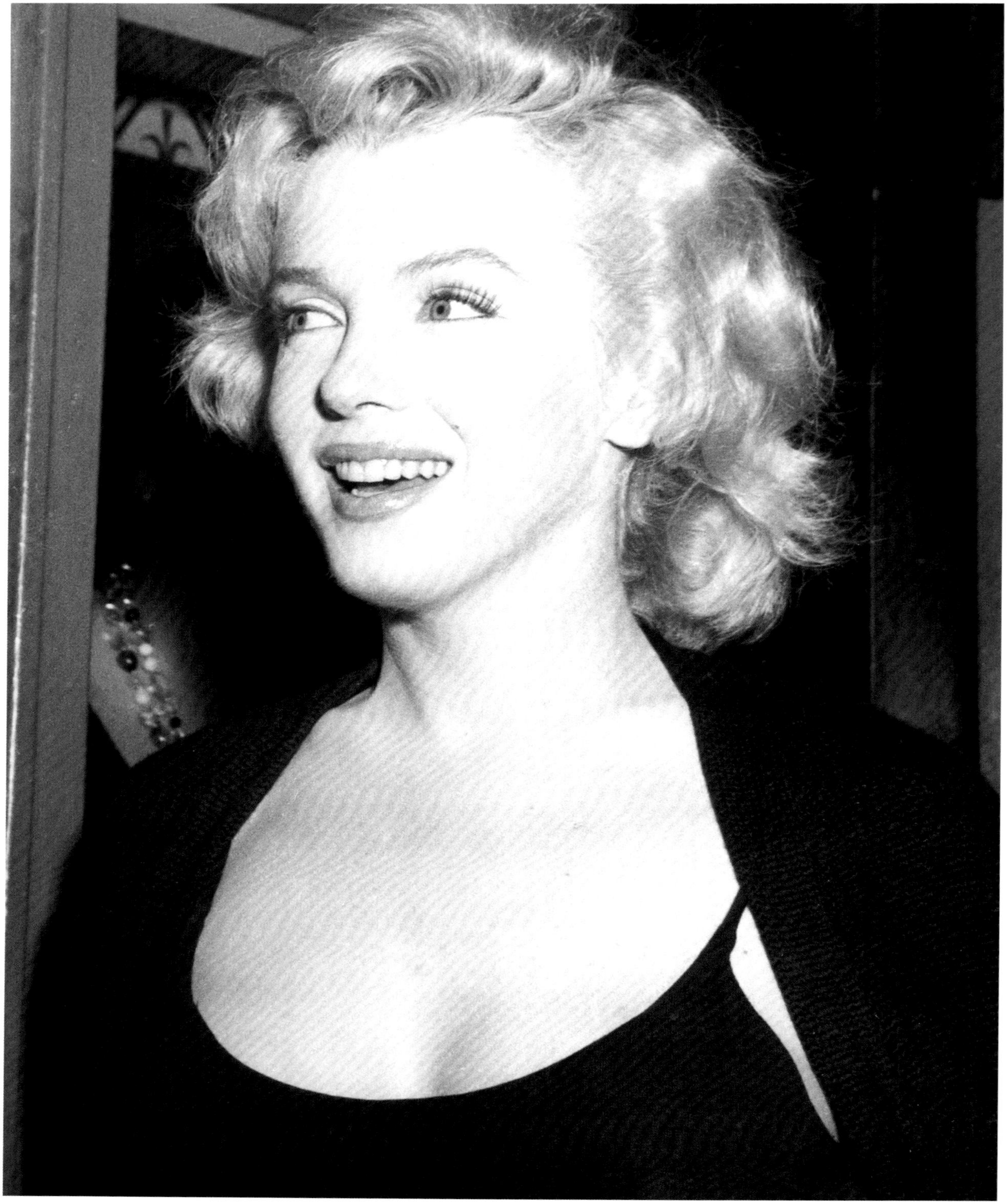

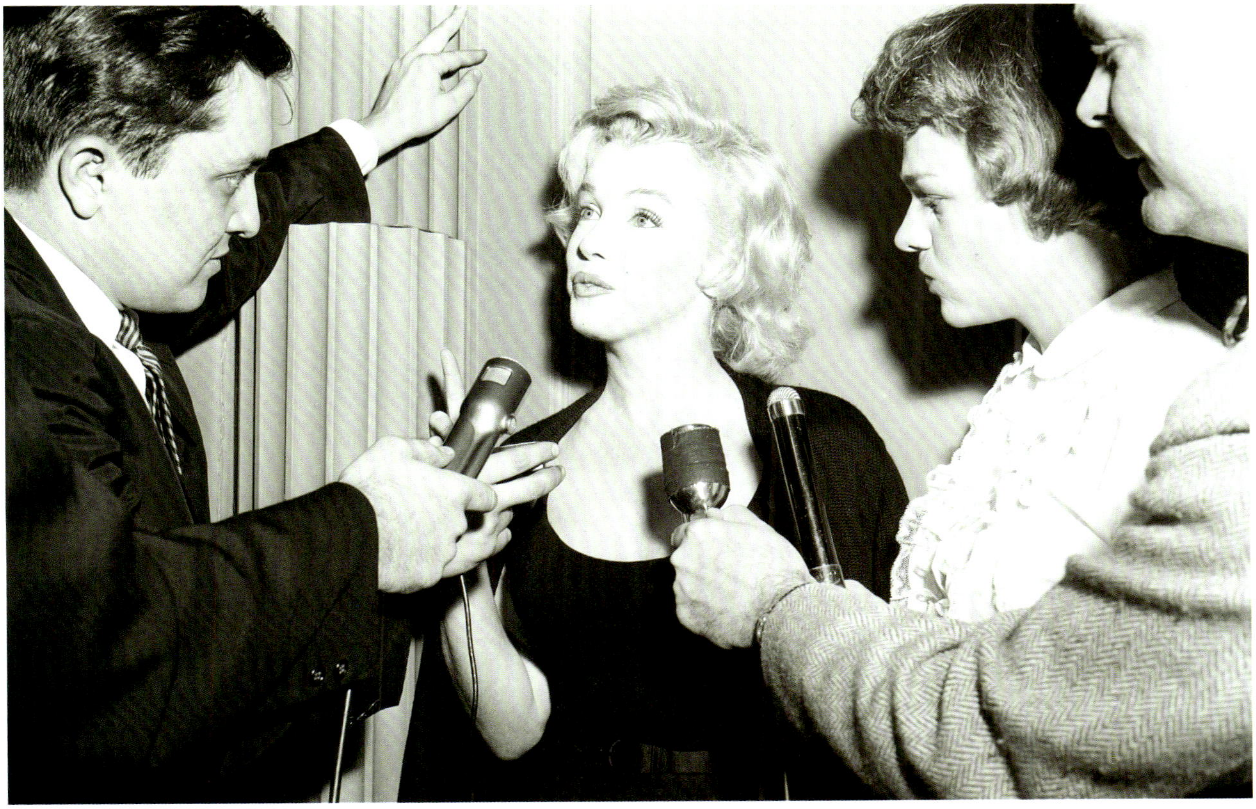

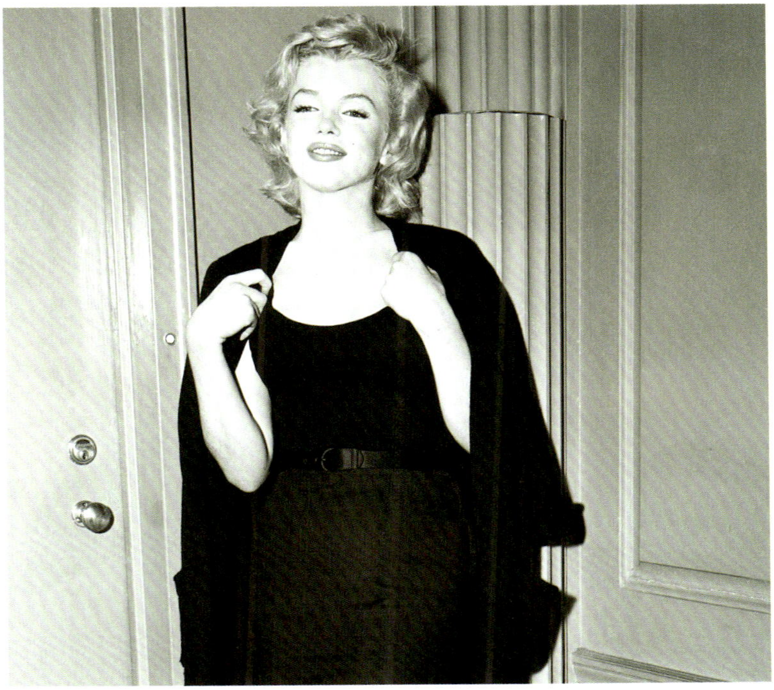

Mme Arthur Miller

Tandis que Marilyn tournait *Arrêt d'autobus*, Miller avait résidé 6 semaines dans le Nevada pour obtenir le divorce. Il avait dû aussi se présenter devant la Commission des activités anti-américaines afin de répondre de son ancienne et brève adhésion au parti communiste. Il avait révélé qu'il désirait un passeport pour se rendre en Angleterre pour « retrouver la femme qui deviendrait son épouse ». Aux questions pressantes des journalistes il avoua qu'il pensait épouser Marilyn « dans un jour ou deux », ajoutant que, passeport ou pas, Marilyn se rendrait en Angleterre en tant qu'épouse d'Arthur Miller.

Les journalistes se précipitèrent à l'appartement de Sutton Place, où Marilyn s'était réfugiée, pour s'entendre confirmer la nouvelle. Jusqu'alors, elle avait refusé de répondre à des interviews, de peur de faire du tort à Miller. Mais, cette fois, elle accorda une conférence de presse improvisée pour dire à quel point elle était heureuse de se marier.

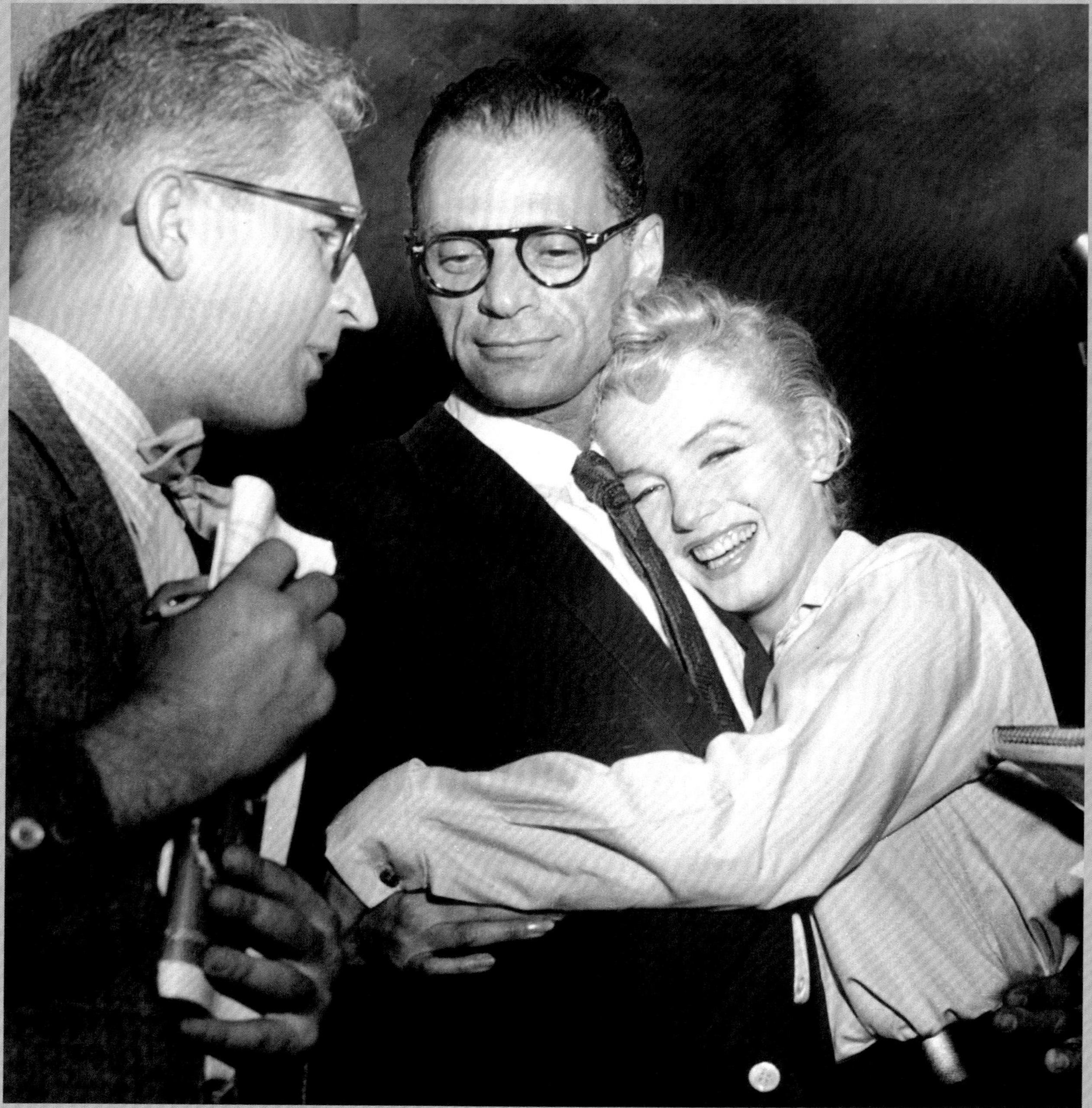

Le grand amour

Le 22 juin 1956, Marilyn et Arthur Miller se montrèrent ensemble aux journalistes devant leur appartement de Sutton Place, où ils résidaient quand ils étaient à New York, pour leur annoncer l'imminence de leur mariage. Ils avaient décidé de se marier dans l'intimité, mais n'avaient pas encore fixé la date exacte. À ce moment, Marilyn embrassa si fort Miller qu'il lui demanda d'arrêter sous peine de s'évanouir. Selon les dires de Francis Walter, président de l'HUAC, les journalistes demandèrent à Marilyn si elle passerait sa lune de miel en Amérique, puisque Miller n'avait pas de passeport. Miller répondit que ce serait difficile, car Marilyn était attendue en Angleterre.

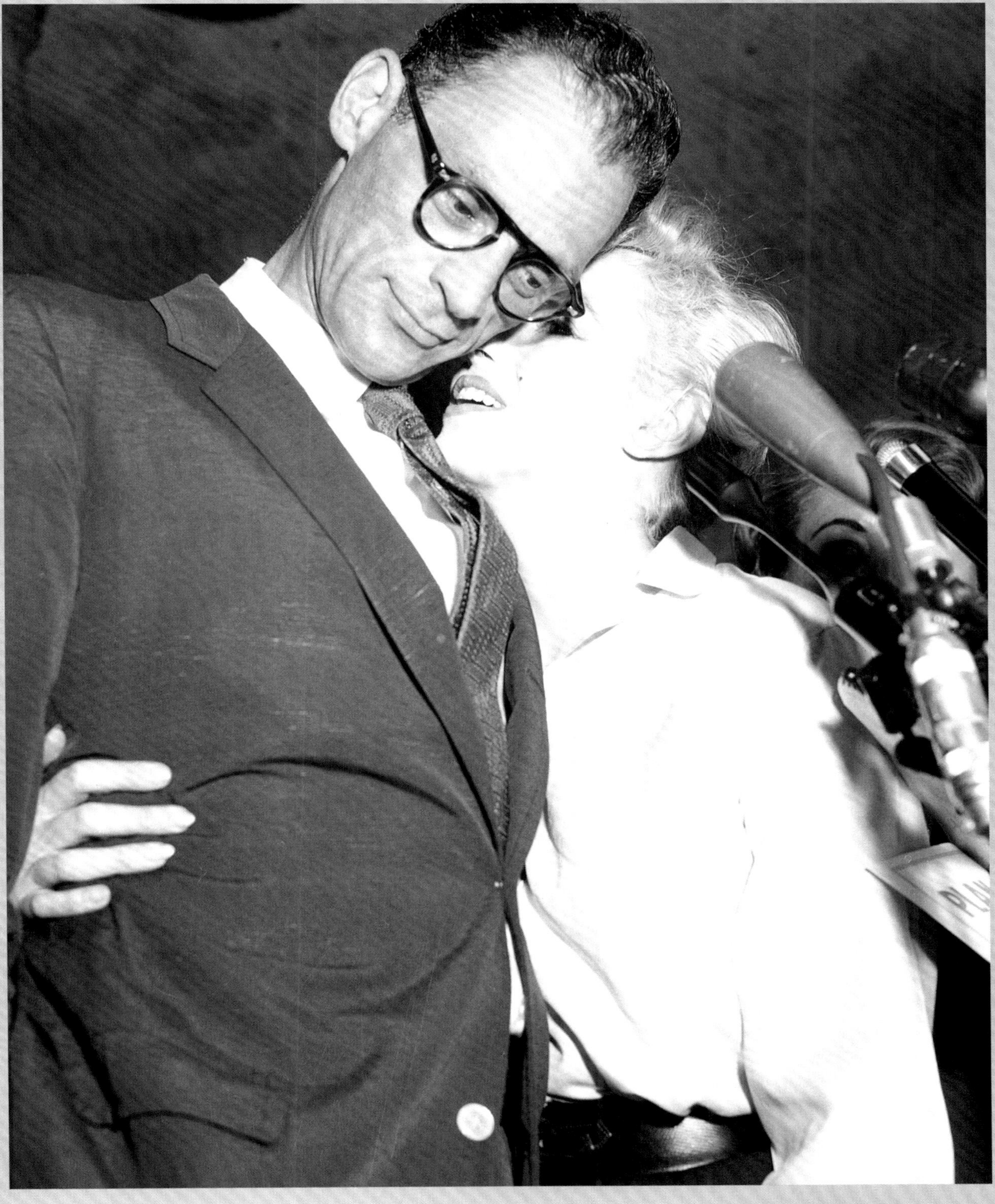

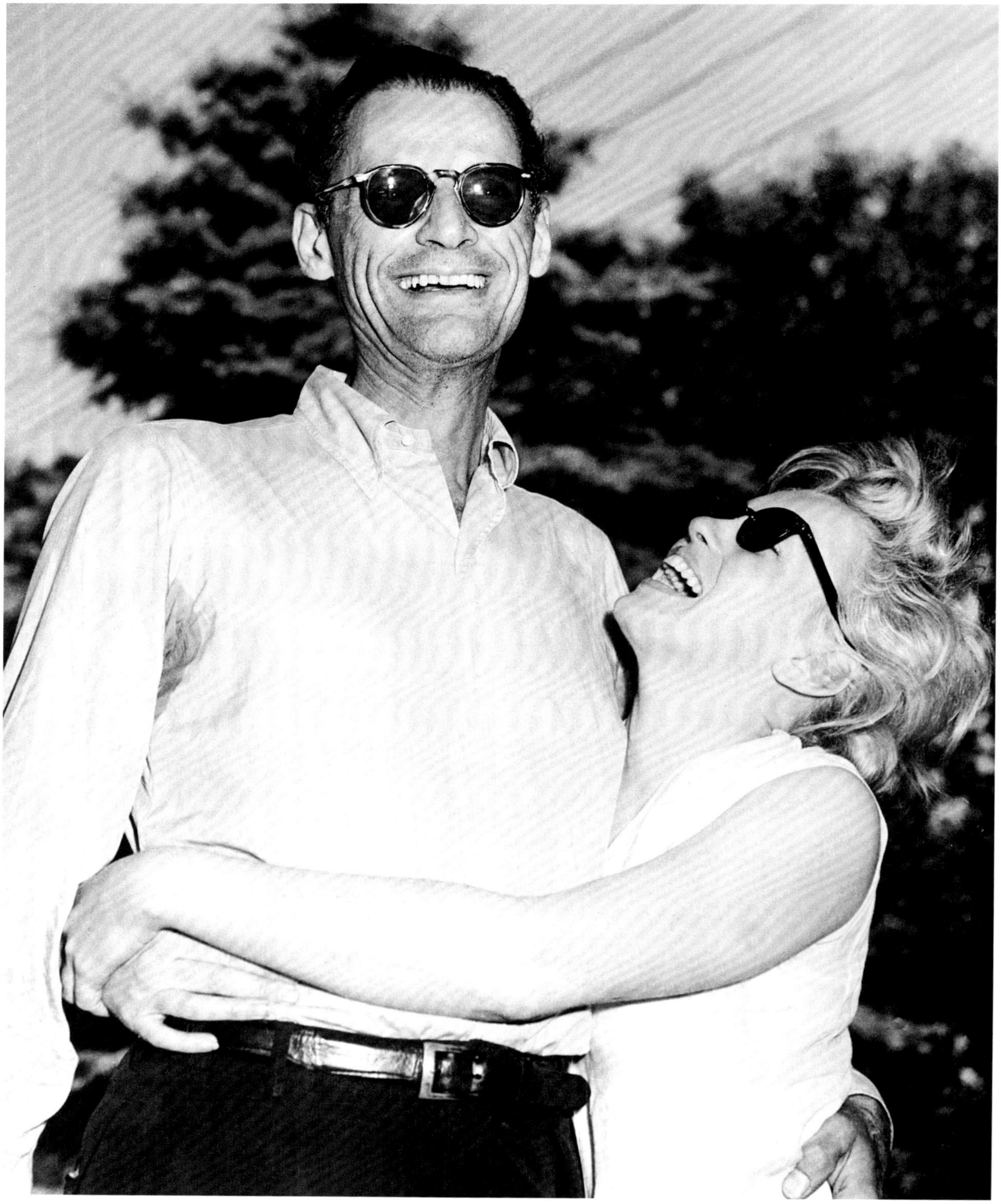

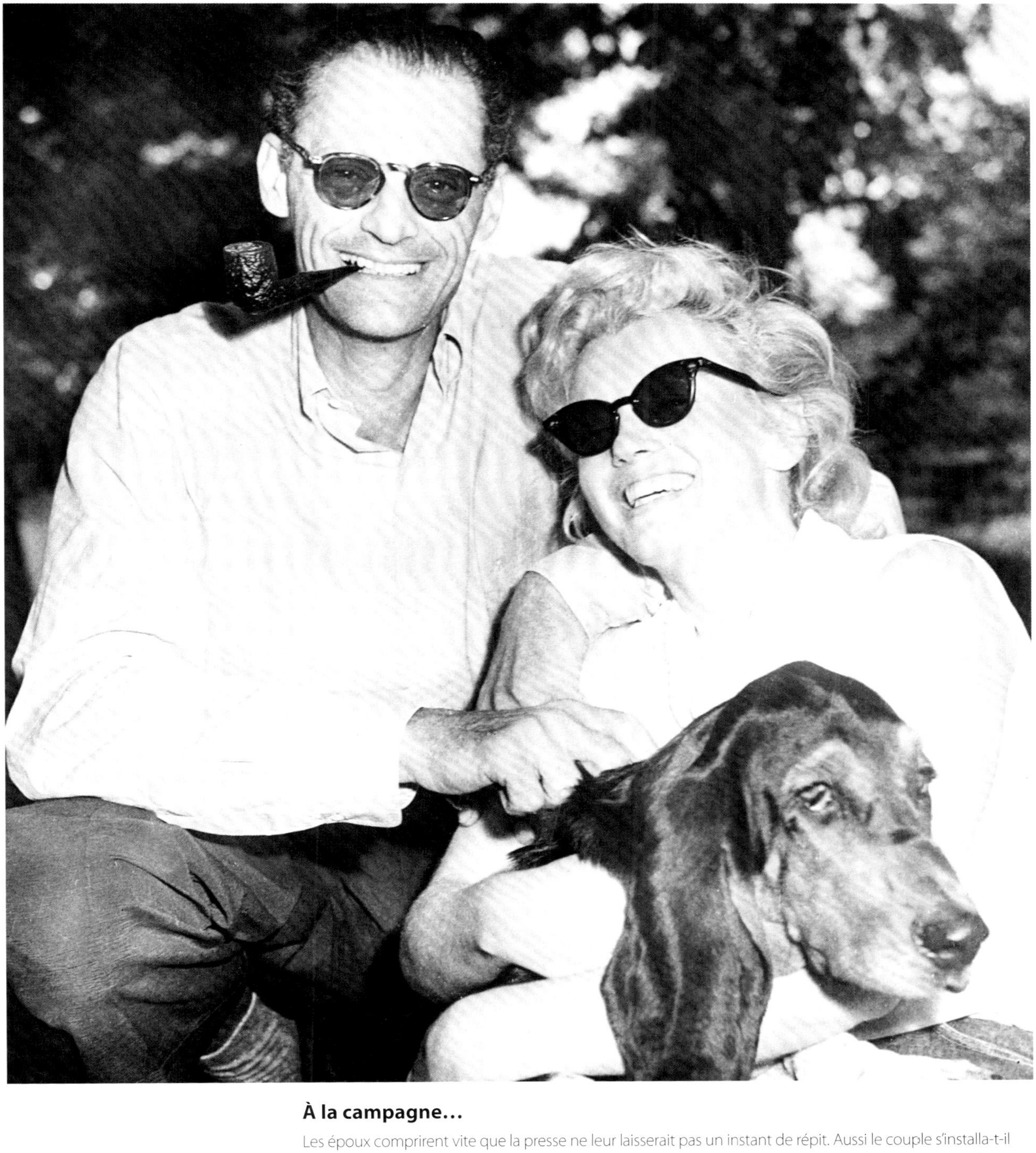

À la campagne…

Les époux comprirent vite que la presse ne leur laisserait pas un instant de répit. Aussi le couple s'installa-t-il dans la maison de Miller, à Roxbury (Connecticut). Malheureusement, les journalistes les retrouvèrent. Pour les tenir à distance, une séance de photos fut accordée, lors de laquelle Miller et Marilyn apparurent en tenue décontractée. Ils dirent que le mariage n'aurait pas lieu avant plusieurs jours, et Miller leur demanda de se retirer pour permettre à Marilyn de se reposer. Il promit une nouvelle annonce pour le mardi suivant.

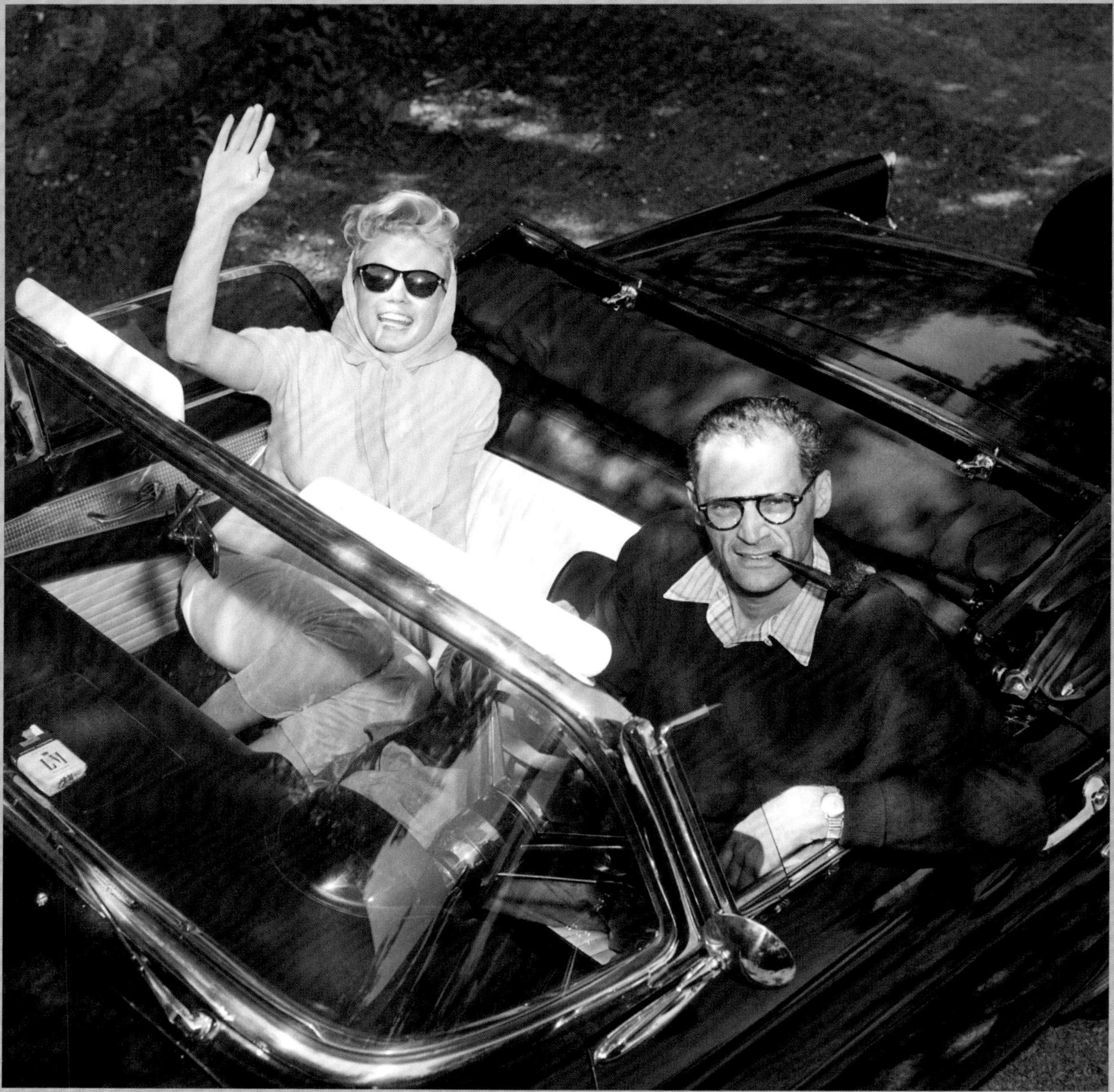

Un mauvais présage

Page ci-contre, en haut : Marilyn, bouleversée, fuit les journalistes, après avoir été témoin d'un terrible accident de voiture. La journaliste Mara Scherbatoff avait suivi le couple dans une voiture conduite par le frère de son photographe. Le chauffeur avait perdu le contrôle de son véhicule, qui s'était écrasé contre un arbre. Le jeune homme était blessé, et Mara, sérieusement touchée, mourut à l'hôpital. Miller, qui en avait assez de tout ce remue-ménage, reporta le mariage à l'après-midi, s'arrangeant pour que la cérémonie se tînt au Westchester County Court House de White Plains (New York), sous la juridiction de Seymour Robinowitz.

Ci-dessus et page ci-contre, en bas : le lendemain de la cérémonie civile, les nouveaux mariés semblent libres et heureux, et se préparent à partir en pique-nique. Mais Marilyn ne pouvait s'empêcher de penser que la mort de la jeune Mara était un mauvais présage.

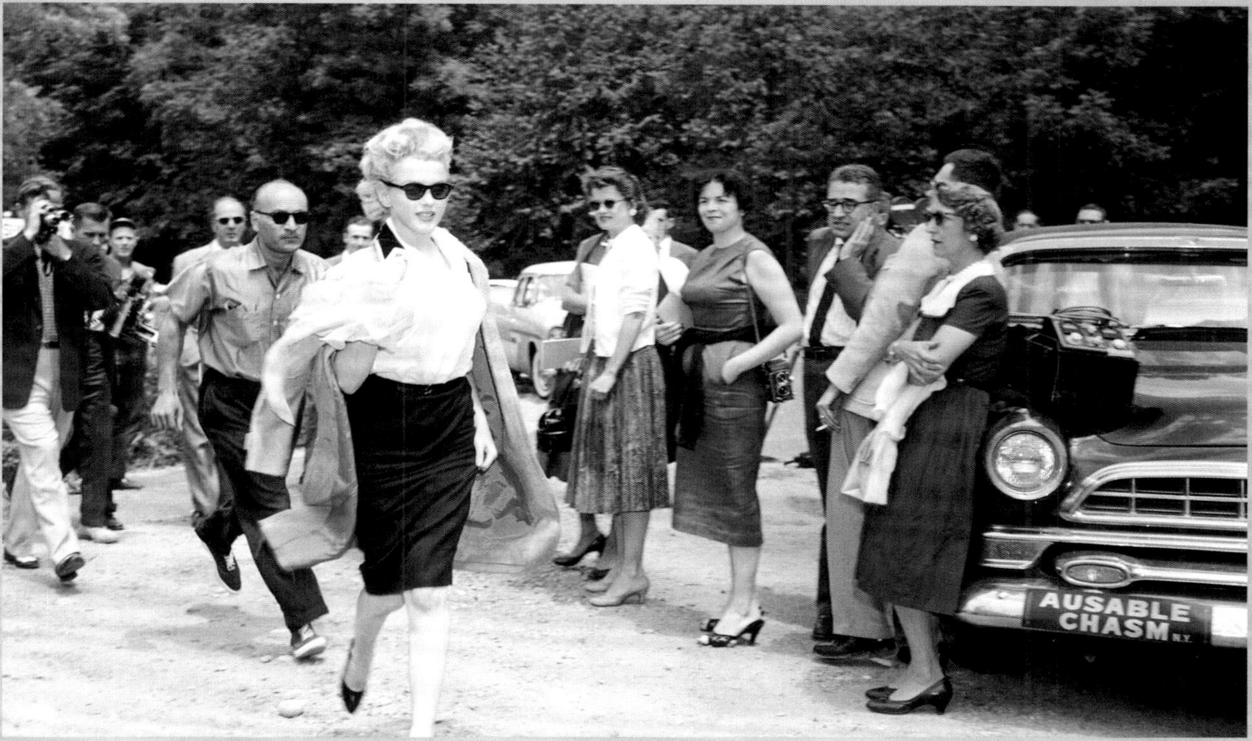
AUSABLE
CHASM N.Y.

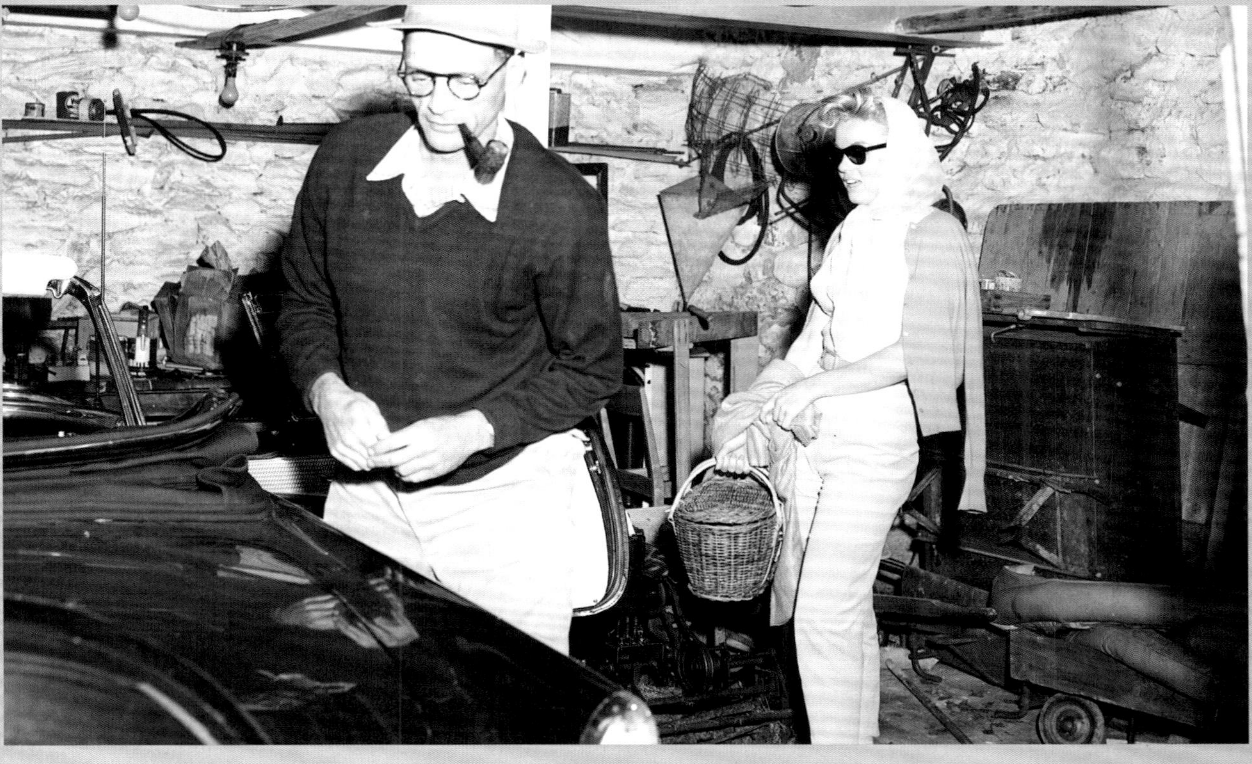

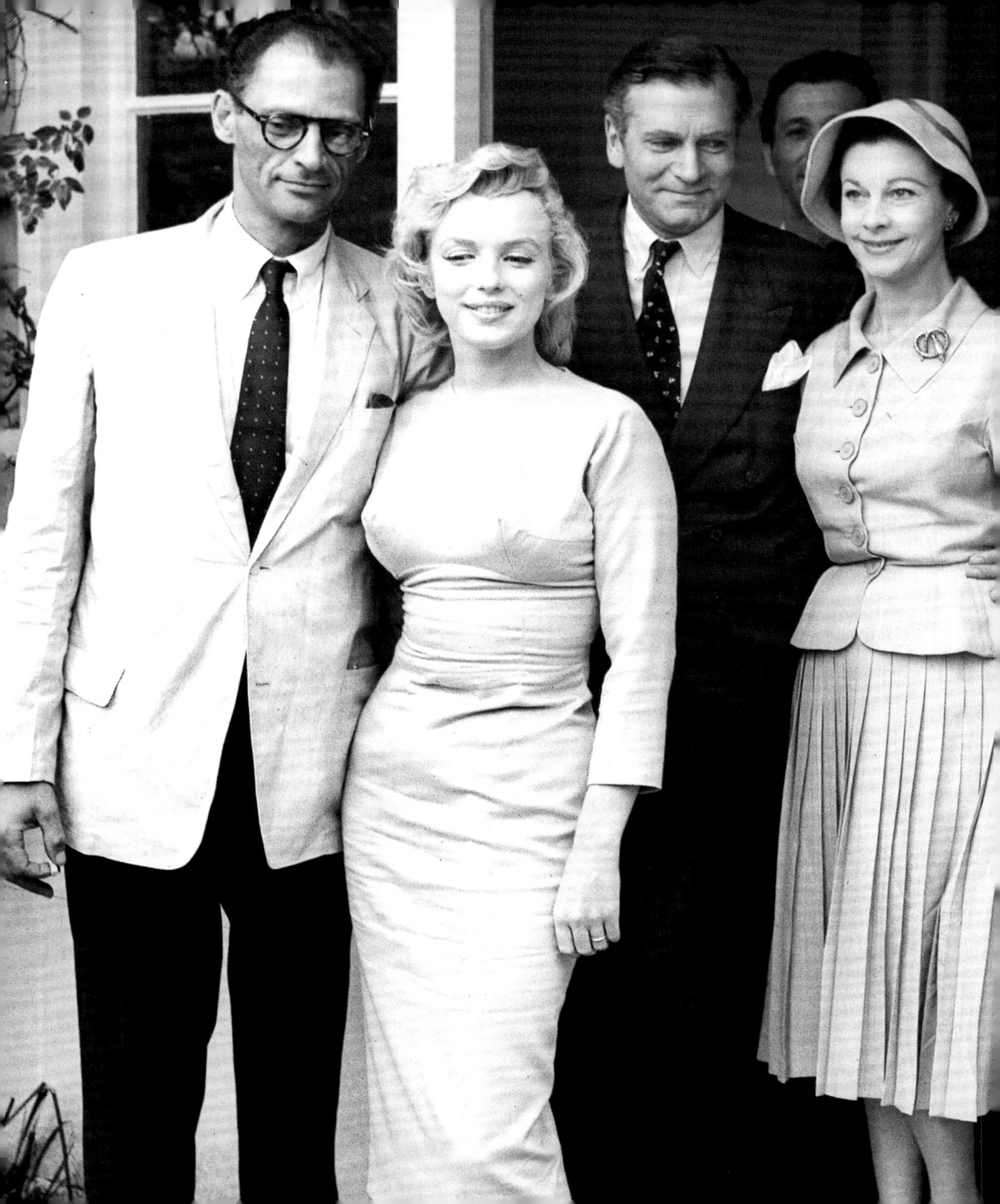

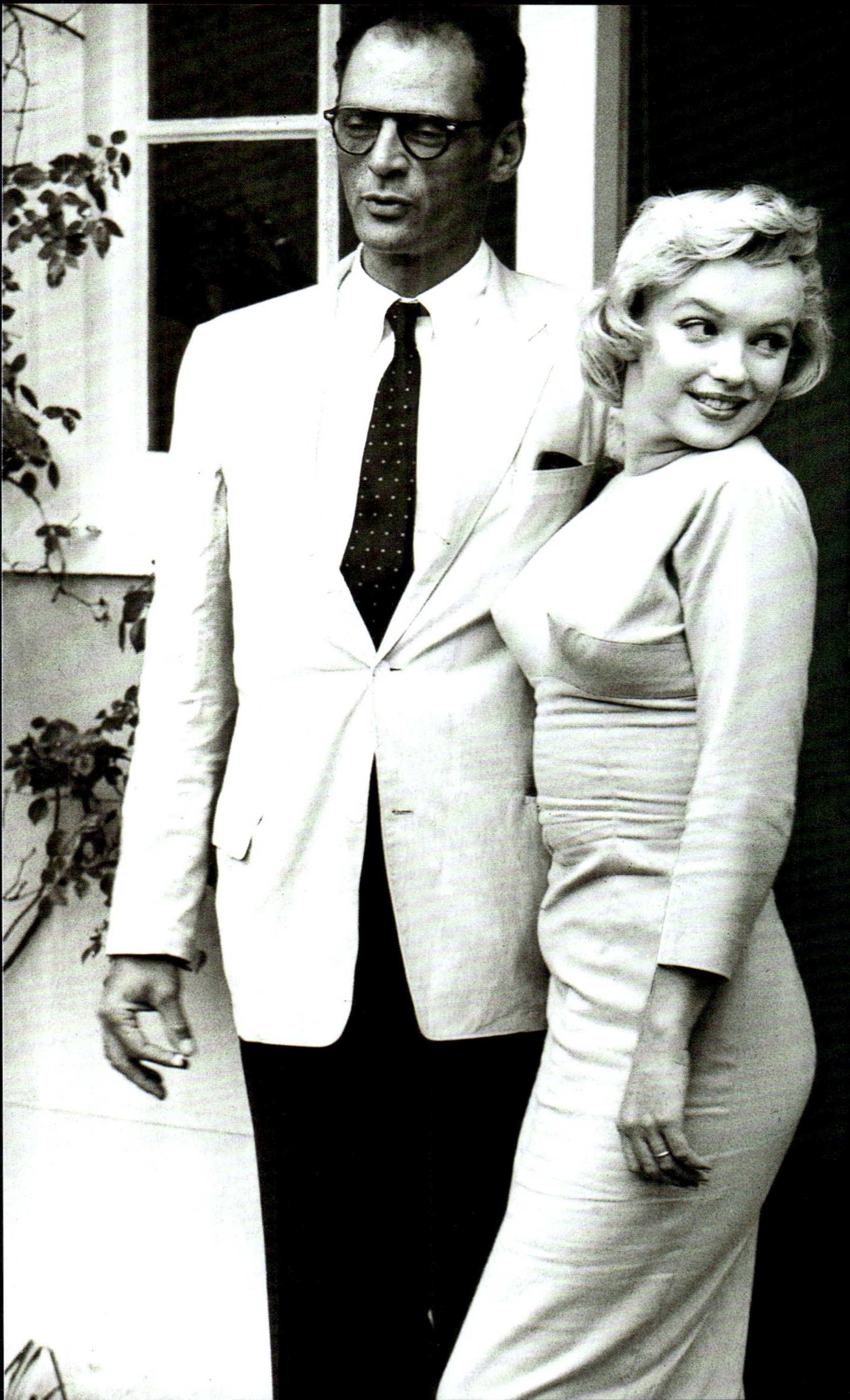

Notre voisine la reine…

Une limousine emmena les Miller et Milton Greene dans le Surrey, tandis que les Olivier suivaient dans une autre voiture. Une grande maison de style georgien, Parkside House, avait été louée pour Marilyn et son mari, en bordure du parc du château de Windsor, avec une grille d'entrée privée. Marilyn permit aux photographes de s'approcher de la maison et de prendre quelques photos, bien qu'une conférence de presse ait été prévue pour le lendemain. Vivien Leigh souriait bravement, mais il était clair qu'elle souffrait de paraître auprès d'une femme de 12 ans sa cadette, connue pour son éclatante beauté et pour la fascination qu'elle exerçait sur les hommes, alors que son propre couple battait de l'aile.

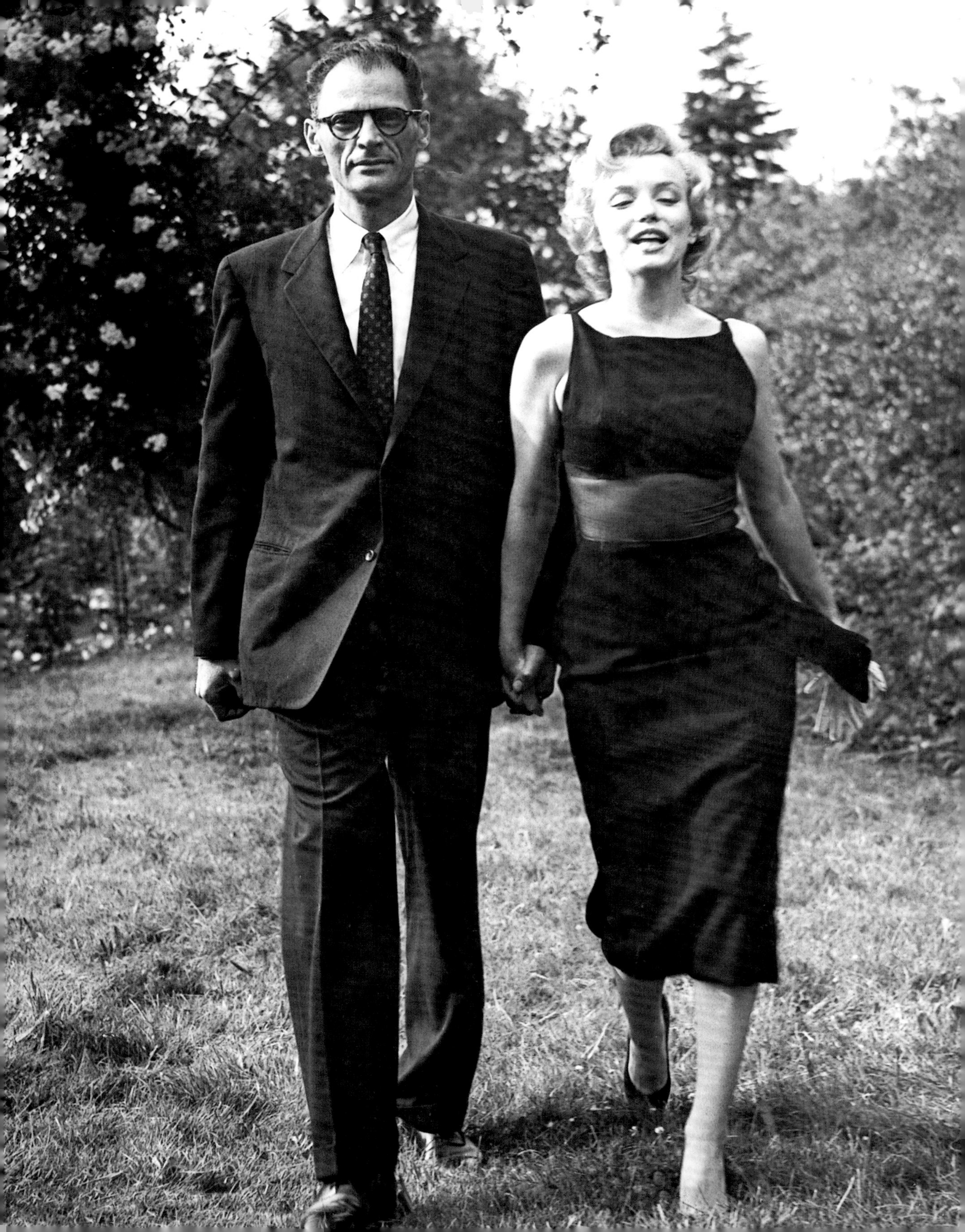

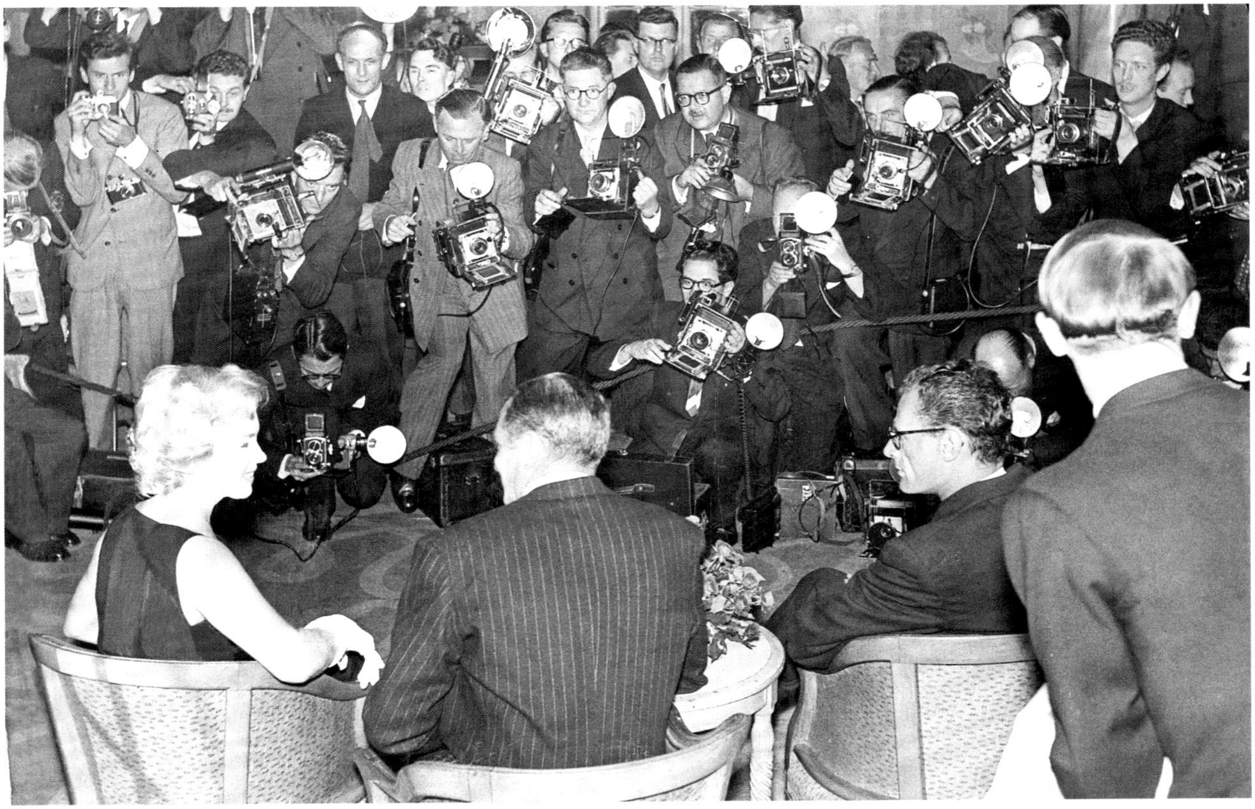

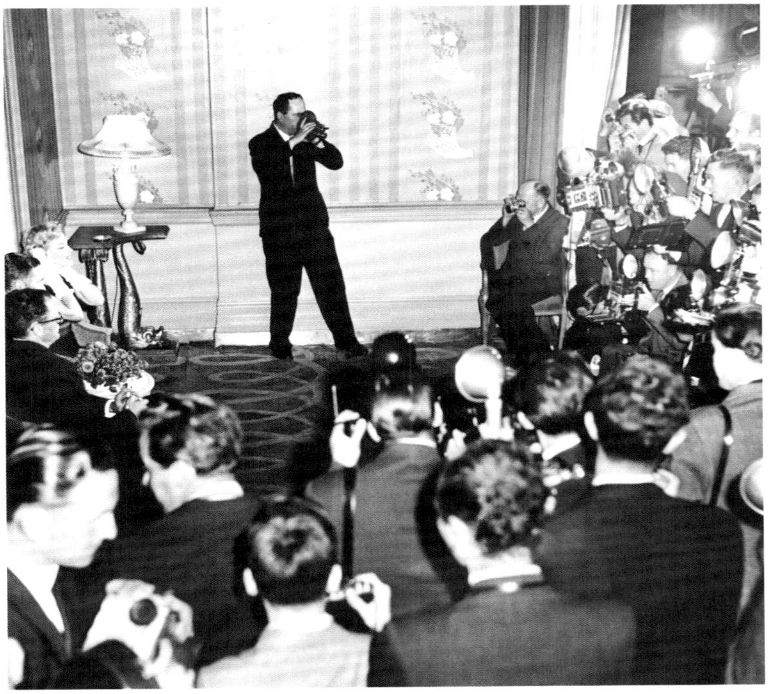

Et une conférence de presse de plus !

Page ci-contre : Marilyn est ravie de constater que Miller supporte stoïquement toute cette agitation autour de sa femme. S'il n'avait pas saisi d'emblée cet aspect de son caractère, il ne mit pas longtemps à comprendre dans quel engrenage il s'était engagé.

Ci-dessus et ci-contre : malgré sa promesse à Olivier, Marilyn arriva en retard d'une heure à la conférence de presse organisée dans le salon Lancaster de l'hôtel Savoy, à Londres. Olivier avait fait patienter les journalistes et n'était pas de charmante humeur. Mais, à son habitude, Marilyn envoûta son auditoire. Auparavant, Olivier avait déclaré qu'il avait autrefois décidé de tomber amoureux de Marilyn, mais elle était mariée désormais et Vivien attendait un enfant, ce qui présageait d'un nouveau départ pour le couple. Olivier était cependant beaucoup plus réservé qu'à New York et Marilyn le jugea fort peu sympathique.

À Londres

Ci-dessous et ci-contre : la présence de Marilyn à Londres suscita une vive curiosité et la foule se rassembla partout où elle se trouvait. Même si cela constituait une intrusion dans sa vie privée, Marilyn savait tout ce qu'elle devait au public et le lui rendait bien. Pour une fois, Marilyn n'est pas au centre de l'attention. Lorsqu'elle s'habillait de façon passe-partout, elle pouvait passer inaperçue dans la foule. Un soir, alors qu'elle se rendait au théâtre avec Miller – ce qu'ils faisaient assez fréquemment –, la foule se fit si pressante que la police dut intervenir. Marilyn avait l'habitude de ce genre de manifestation, mais Miller avait bien du mal à s'y adapter.

Page ci-contre : Olivier et Marilyn en aparté, lors d'une conférence de presse. Cette fois-là, ils semblent bien s'entendre et s'adressent des compliments mutuels. Mais cette situation idyllique se dissipa pendant le tournage.

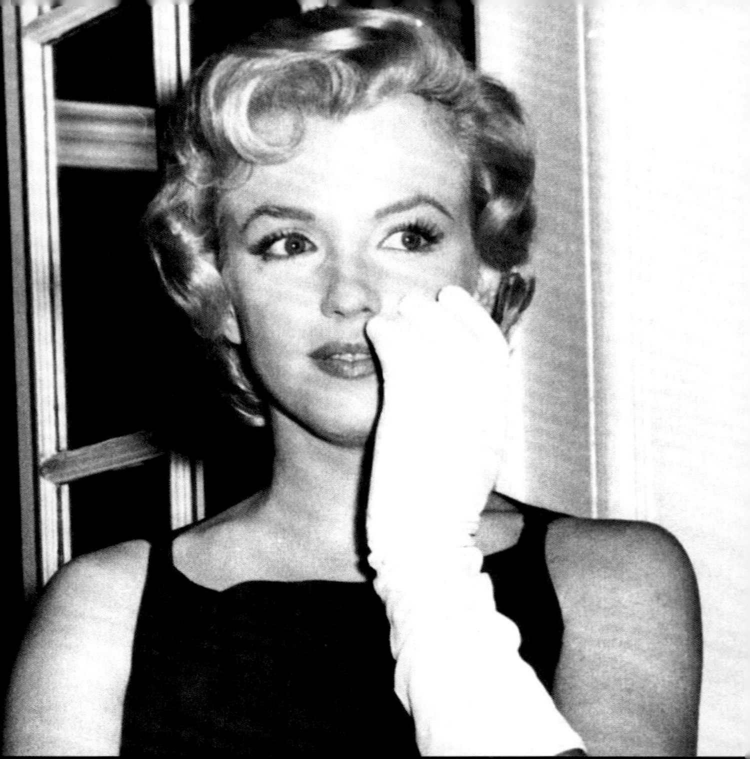

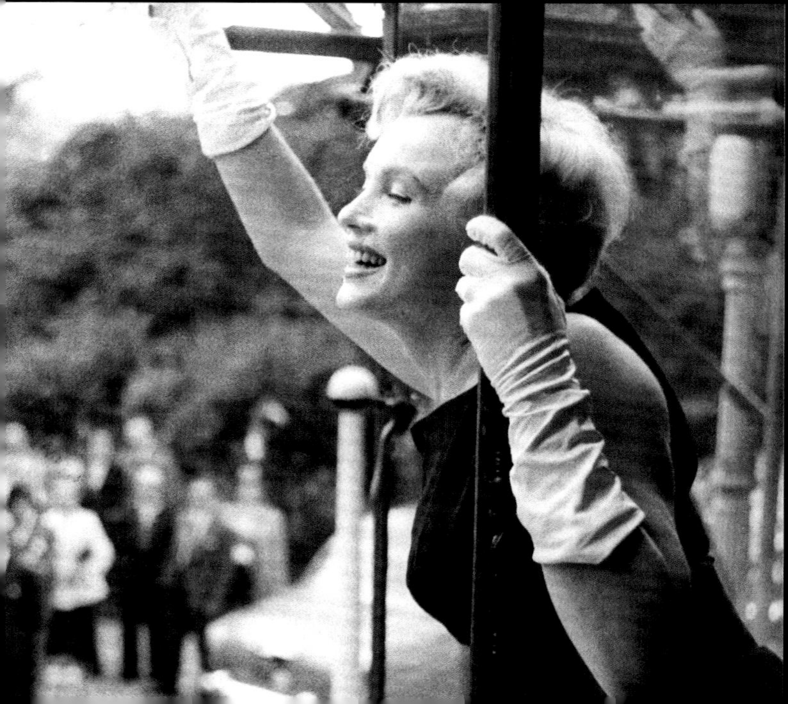

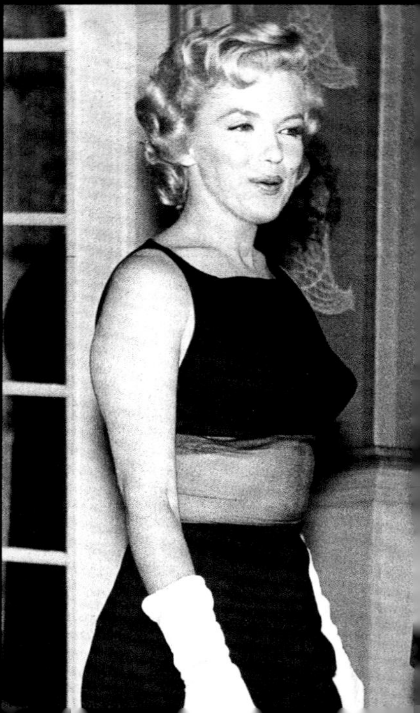

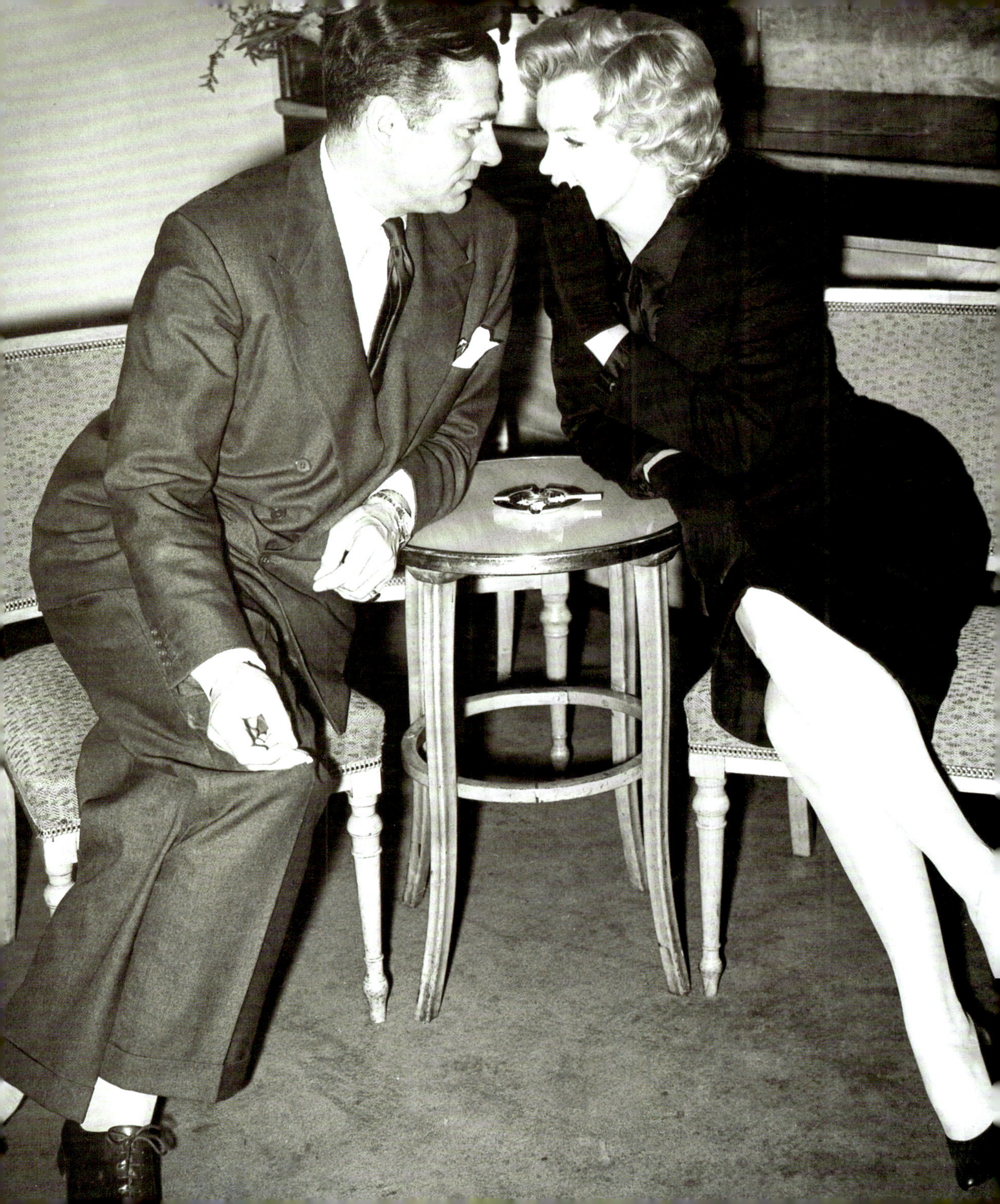

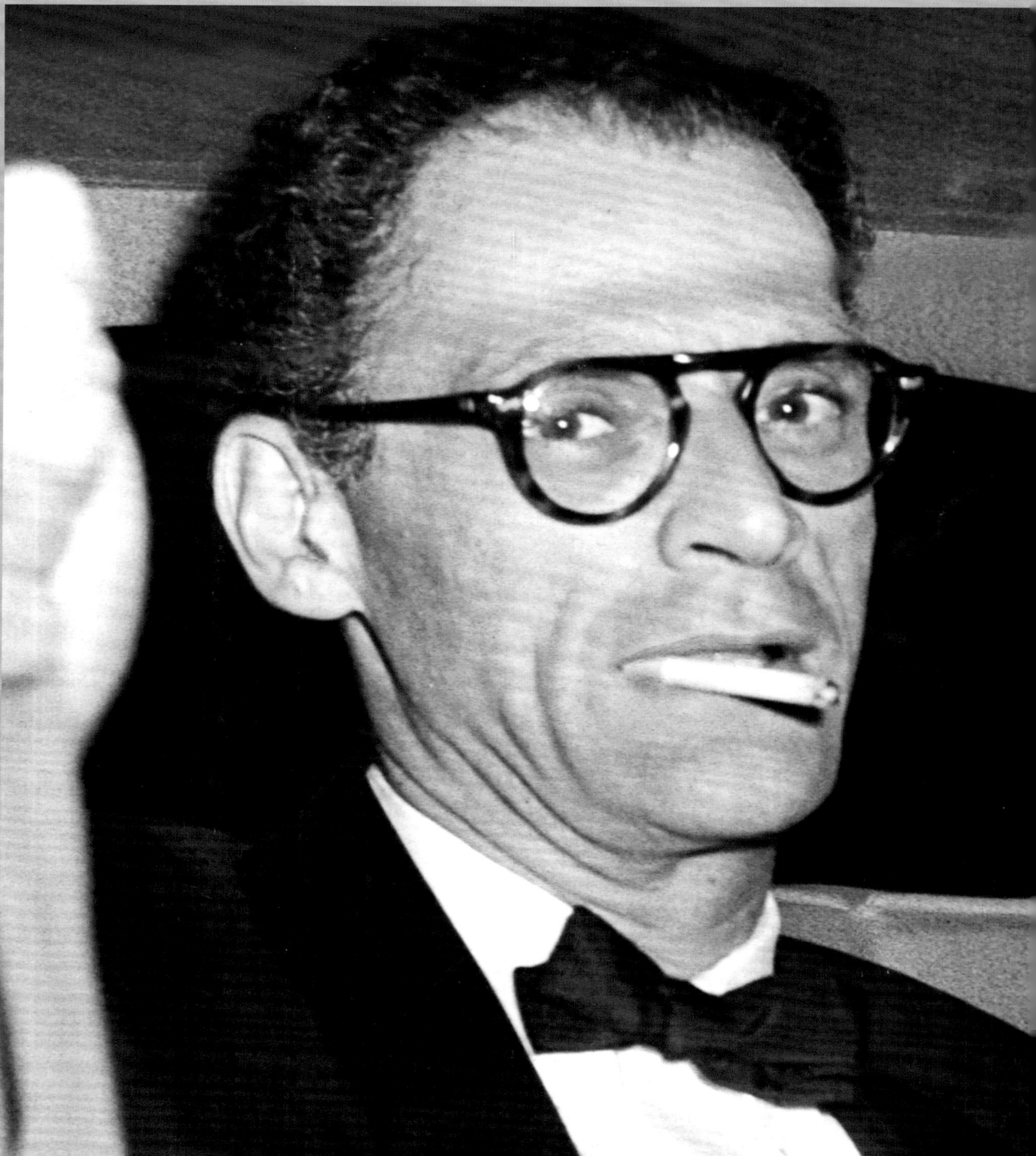

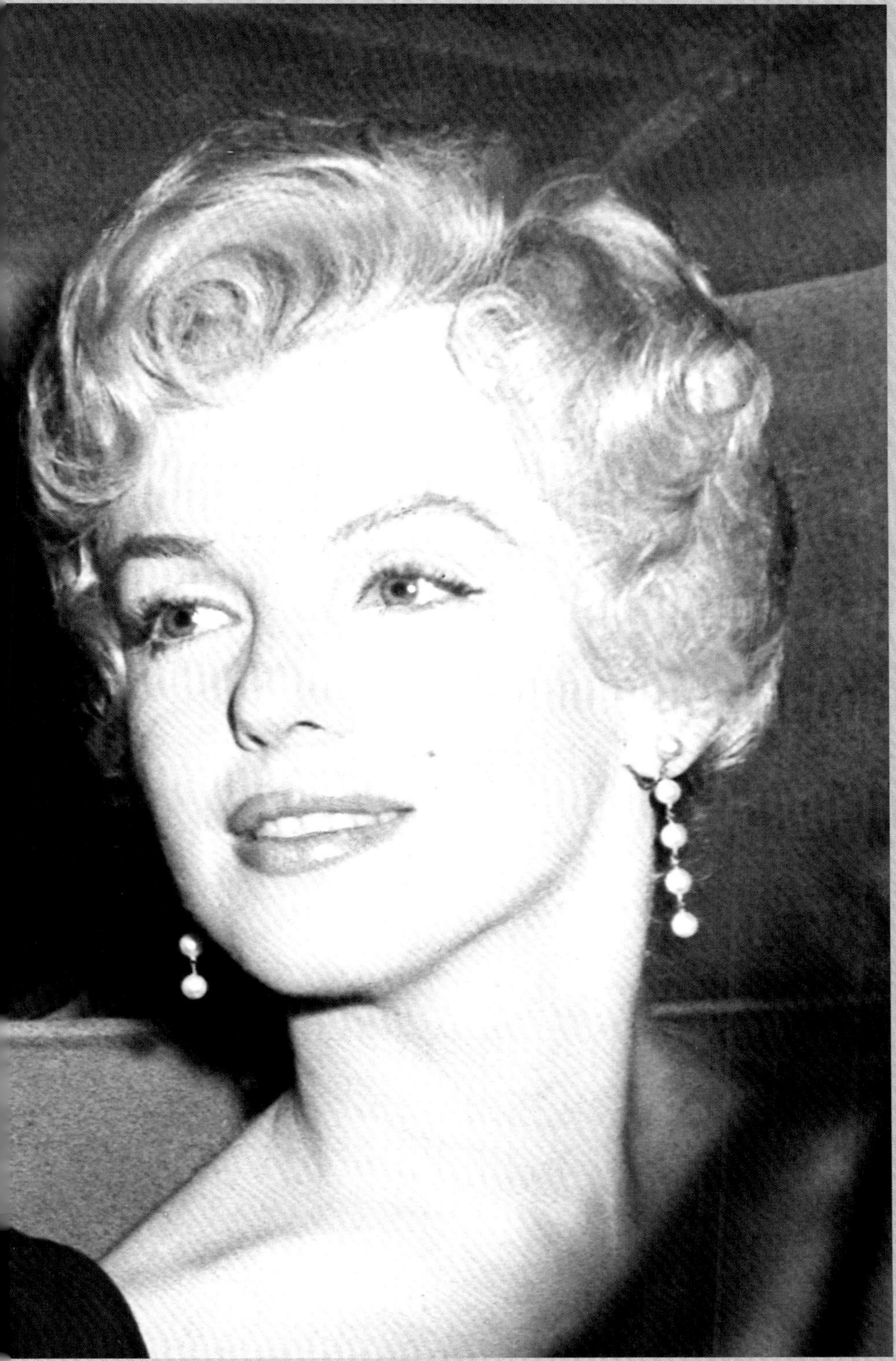

Un couple heureux

Marilyn et Arthur Miller semblent passer un agréable moment à Londres. Pourtant, ils savaient que Miller devrait répondre de ses anciennes opinions communistes devant la Commission des activités antiaméricaines et que la situation était loin d'être aplanie.

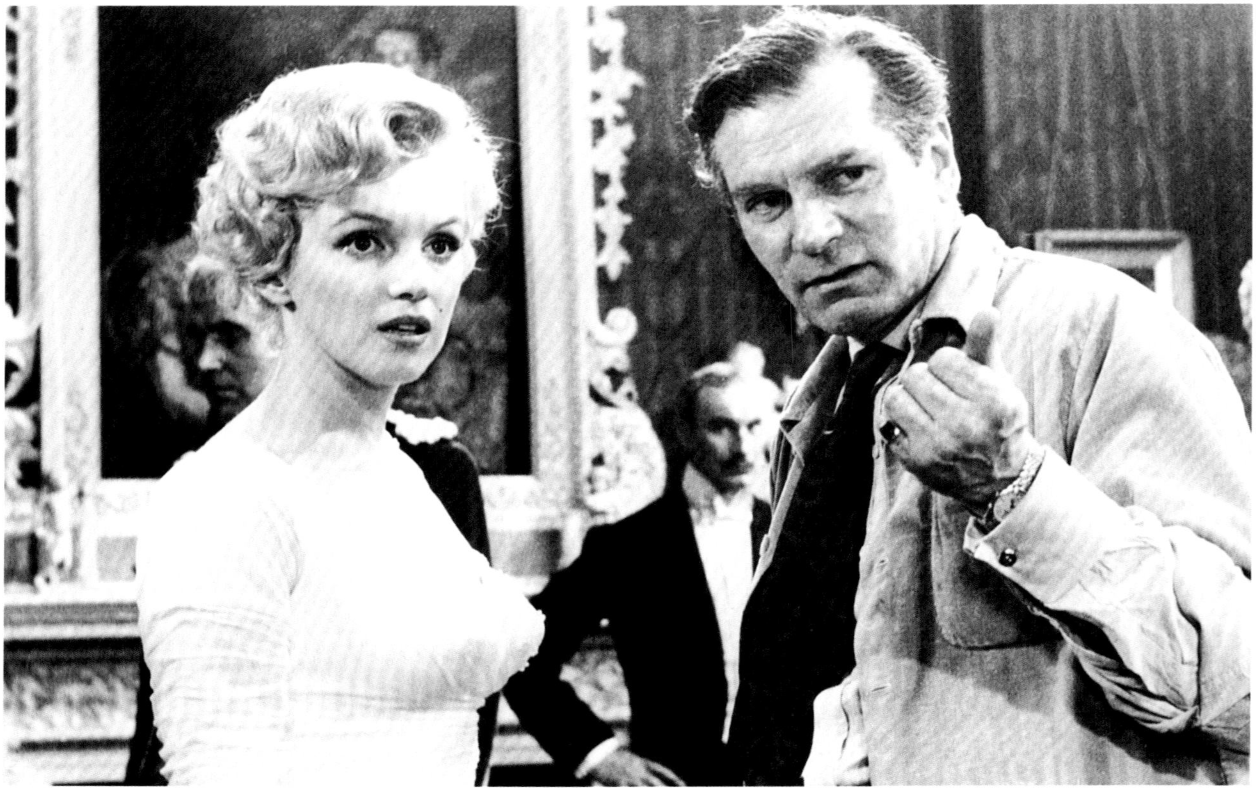

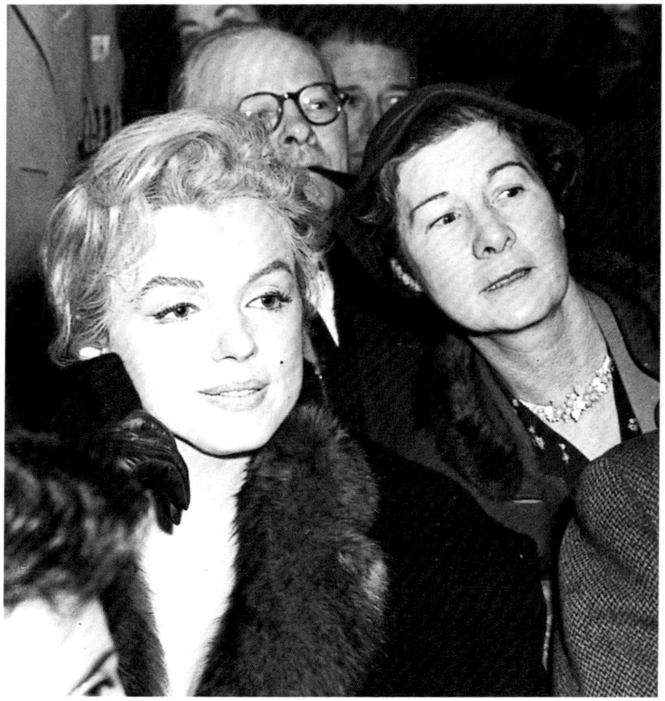

Tension sur le plateau

Ci-dessus : les problèmes sur le tournage du *Prince et la Danseuse* ne tardèrent pas à surgir. Olivier n'appréciait pas le jeu de Marilyn, qui lui en voulut quand il lui demanda d'être sexy. Lee Strasberg, le mentor de Marilyn, bien qu'il ne fût pas personnellement présent, avait délégué sa femme Paula comme conseillère d'art dramatique, et celle-ci ne perdait pas une occasion de contredire Olivier.

Marilyn ne se sentit pas à son aise pendant le tournage : elle avait peur de mal jouer devant la caméra, buvait de l'alcool et prenait des tranquillisants pour calmer son anxiété. Mais, même lorsqu'elle arrivait déboussolée sur le plateau après une nuit d'insomnie, son talent, conjugué à celui du chef opérateur Jack Cardiff qui avait travaillé sur *Les Chaussons rouges* et *Black Narcissus*, faisait merveille.

Page ci-contre : Vivien Leigh jouait dans South Sea Bubble, et Marilyn et son mari vinrent assister à la représentation, au Lyric Theater. Après le spectacle, ils se promenèrent main dans la main, au milieu d'une foule enthousiaste.

Ci-contre : Marilyn photographiée au théâtre.

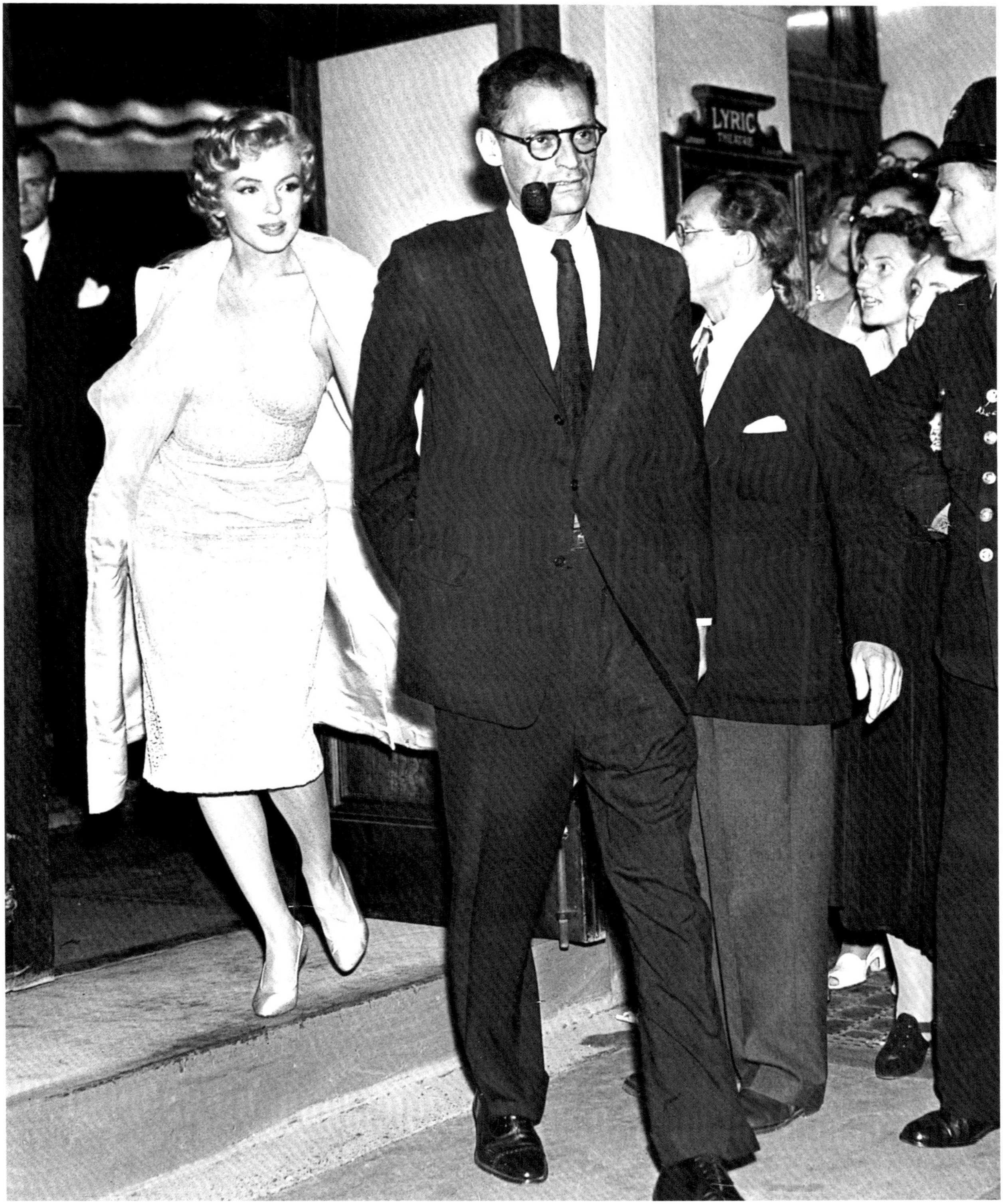
LYRIC
THEATRE

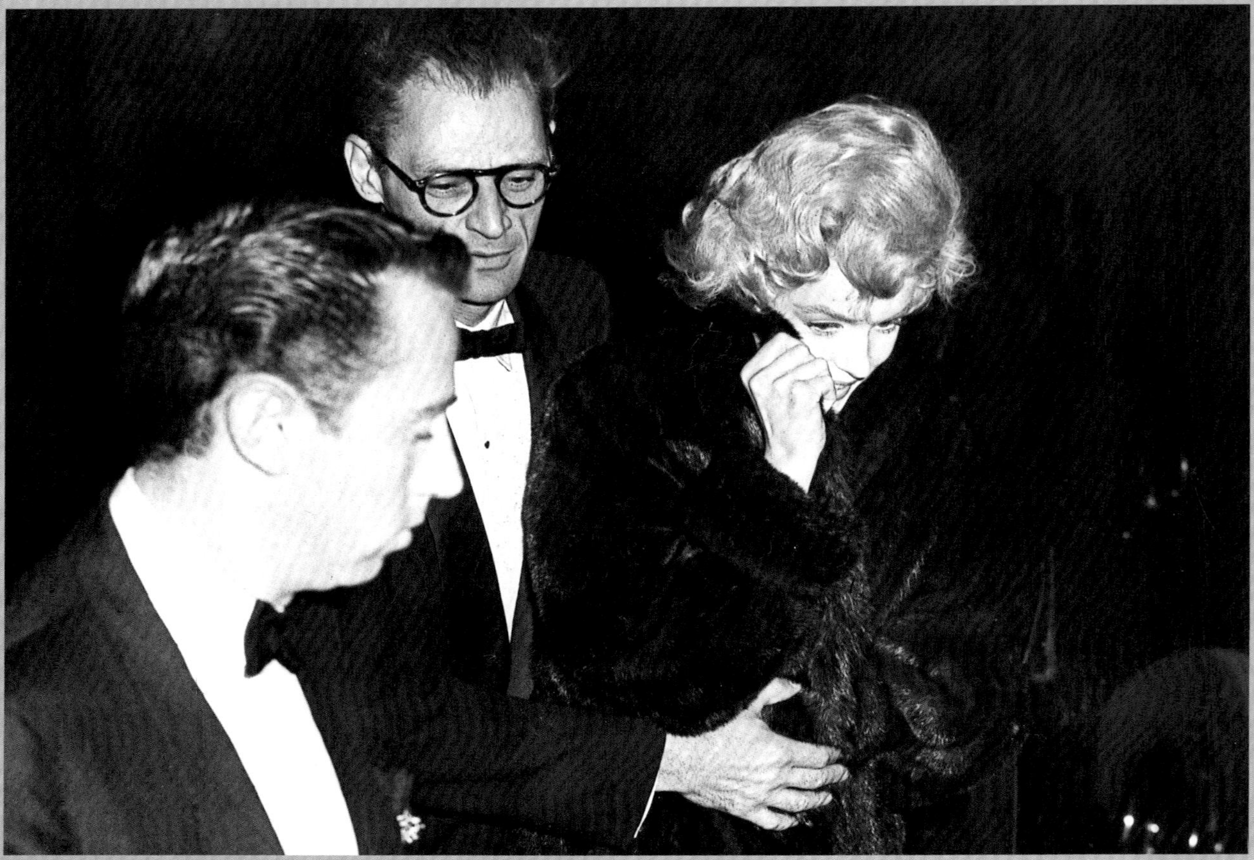

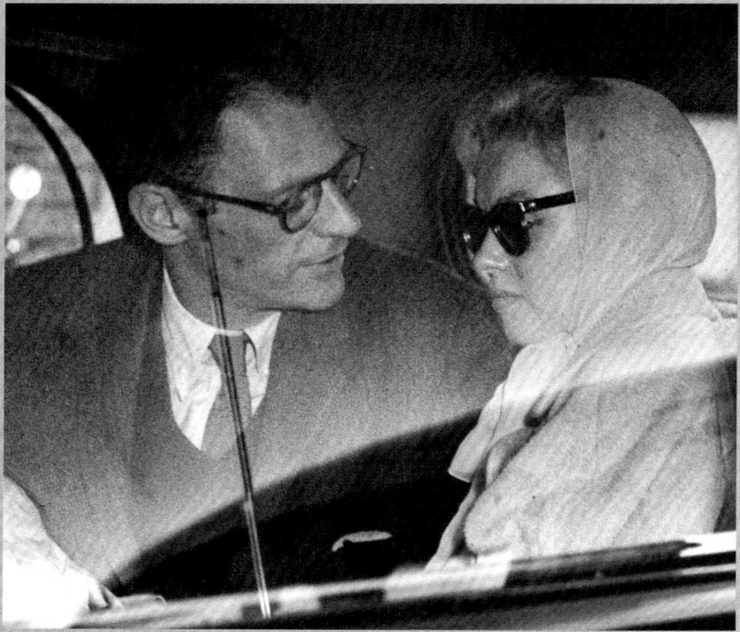

Rencontre avec la reine

Ci-dessus : Marilyn arrive chez un couturier pour choisir la robe dans laquelle elle sera présentée à la reine Élisabeth II, à l'occasion de la projection de *La Bataille de River Plate*, en octobre 1956. Arrivée pâle et timide, elle ressortira assurée d'une nouvelle confiance en elle, dans une merveilleuse robe en lamé or.

Ci-contre : vers la fin d'août 1956, Miller décida de rentrer aux États-Unis pour voir ses enfants. Le voyage devait rester secret (le billet d'avion avait été pris au nom de M. Stevenson), car ce retour risquait de réactiver ses problèmes avec la Commission des activités antiaméricaines.

Page ci-contre : par la sortie des artistes, le couple Miller quitte le Palace Theater après la représentation du *Cercle de craie caucasien*, de Brecht, donné en allemand. C'était la première sortie de Marilyn après sa fausse couche, et une sorte d'adieu avant le retour de Miller à New York. Arrivés en retard, ils durent s'installer à l'orchestre.

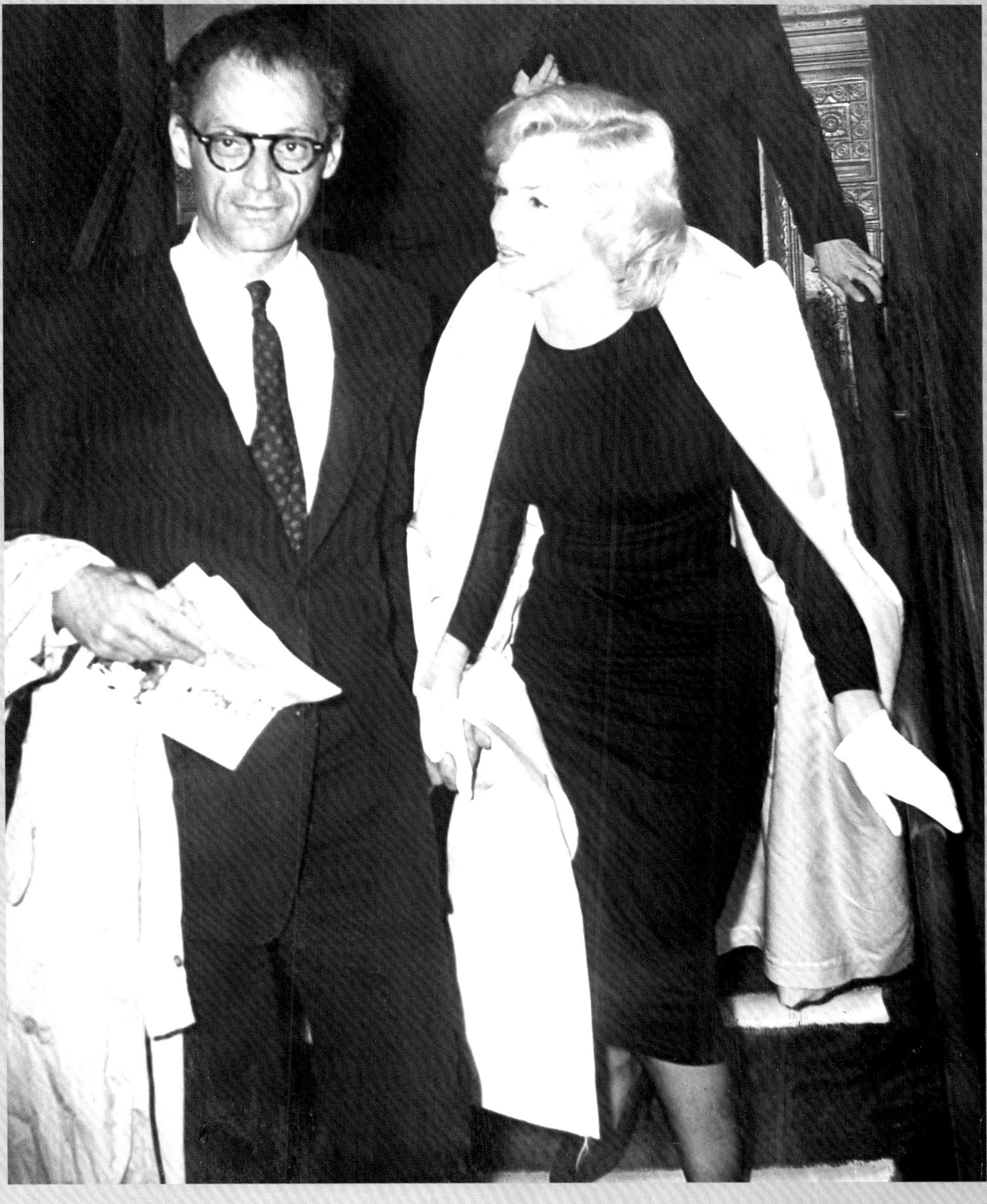

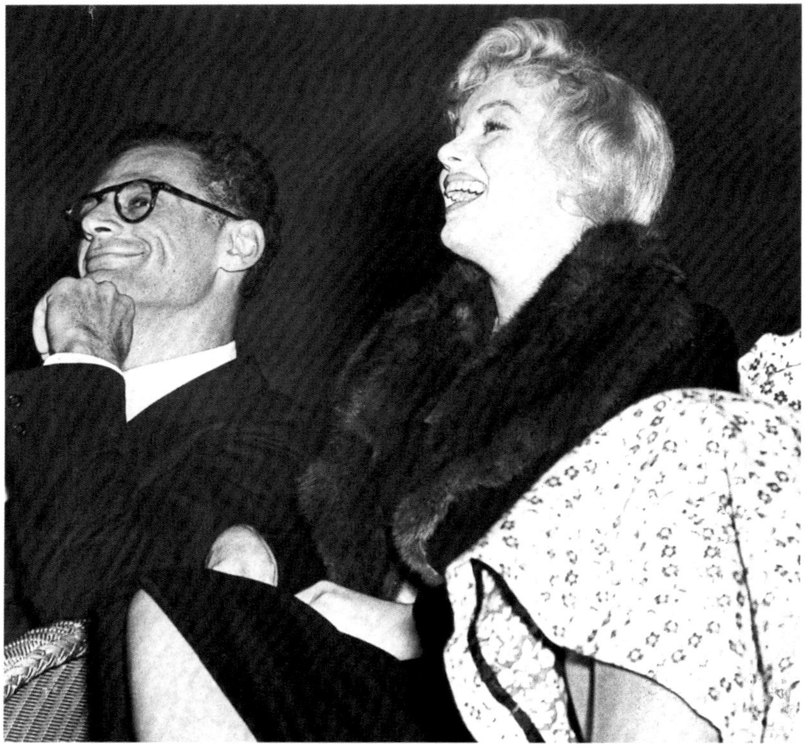

Au théâtre

Ci-contre et ci-dessous : la première de *Vu du pont* eut lieu au Comedy Theater, en l'absence de public, mais devant les membres d'un nouveau club de théâtre, le New Watergate Theater Club. Lord Chamberlain s'était opposé à une scène dans laquelle un homme en embrasse un autre sur les lèvres et avait refusé le permis de jouer la pièce en public. Marilyn et son mari devaient devenir membres du club, même si Miller était l'auteur. Marilyn était souffrante, mais avait quand même tenu à se montrer ce soir-là. Le couple Miller apprécie visiblement la représentation. À cette époque, l'histoire avait un sens tout particulier pour Miller, car elle a trait à un homme qui trahit ses amis, ce qui le mène à sa perte.

Page ci-contre : Marilyn signe son formulaire d'adhésion au club.

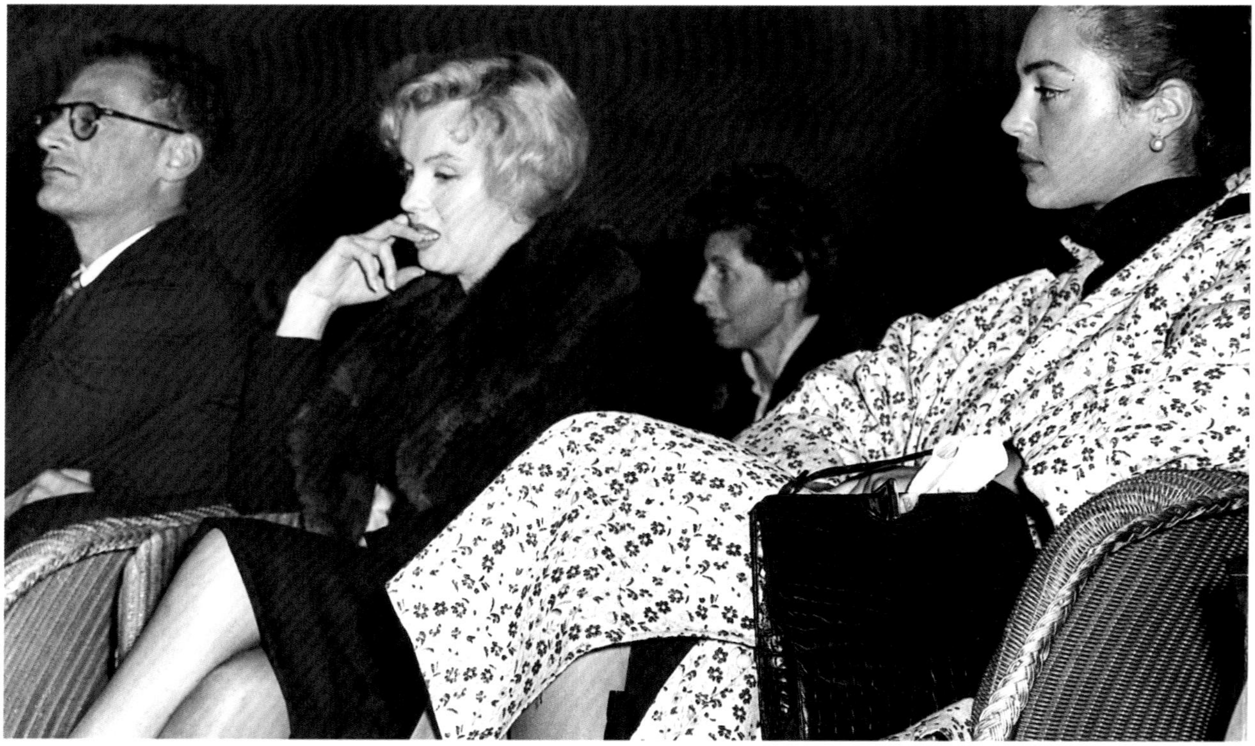

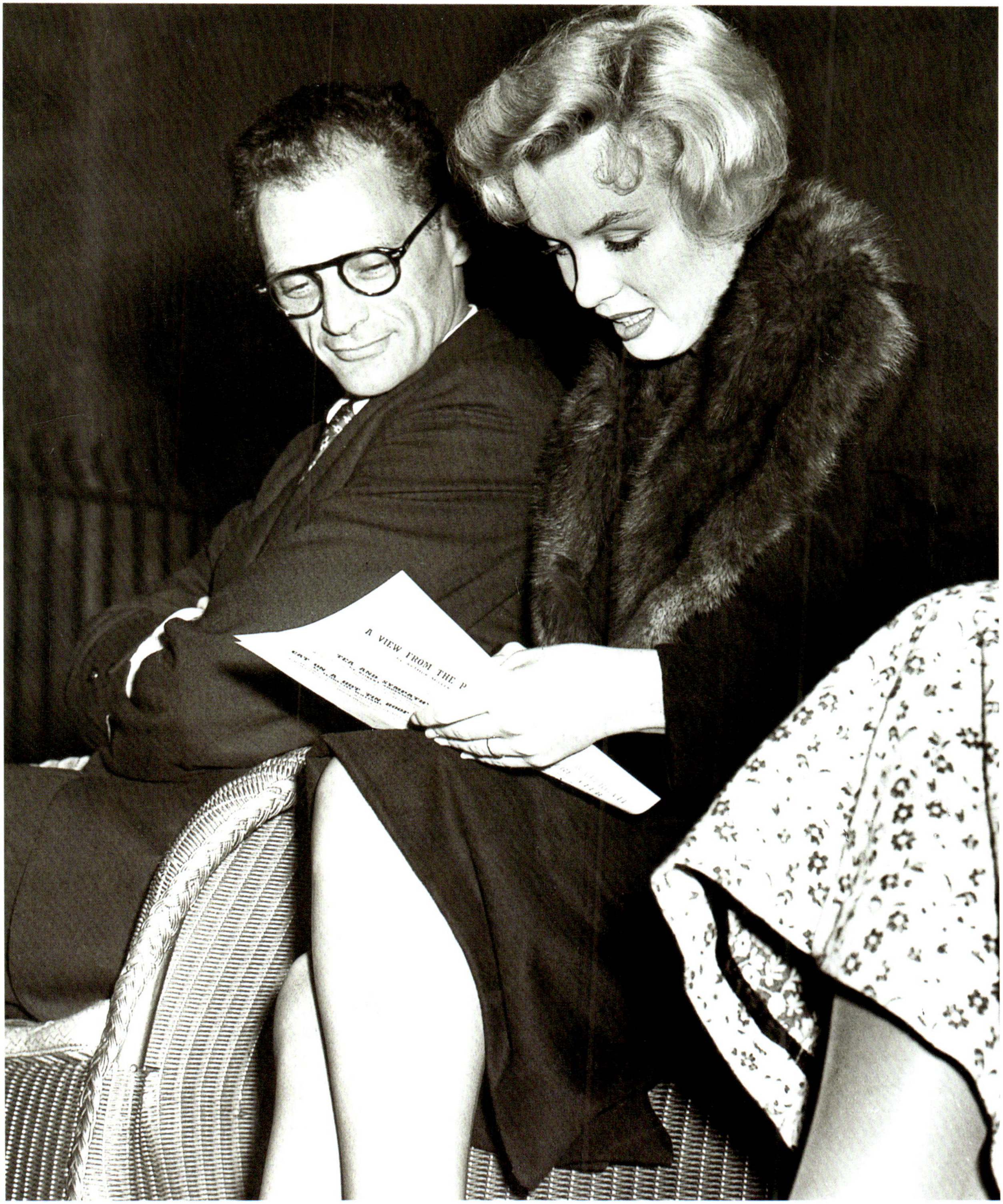
A VIEW FROM THE

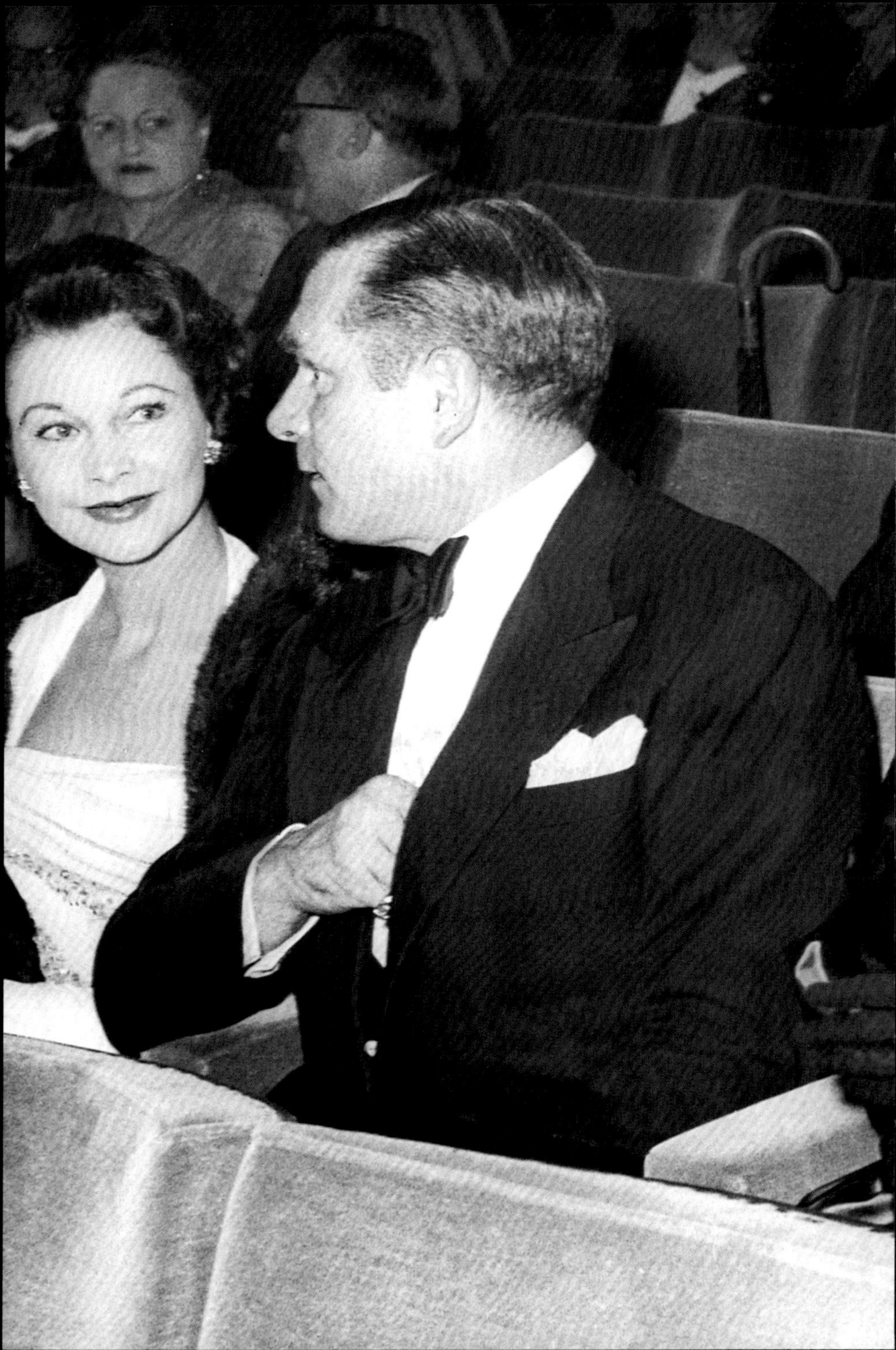

Soir de première

Vivien Leigh, Laurence Olivier, Marilyn et Arthur Miller prennent place pour la représentation de *Vu du pont*. Marilyn porte une robe de satin rouge très moulante, si serrée aux genoux qu'elle est obligée de marcher à petits pas. Son apparition au théâtre constitua une formidable publicité. Le promoteur Binkie Beaumont forma rapidement un club de théâtre et réunit plus de 13 000 adhésions – pour la petite histoire, il empocha les cotisations ! L'assistance s'intéressait davantage à la présence de Marilyn qu'à la pièce, mais celle-ci obtint cependant un bon succès et eut des critiques favorables.

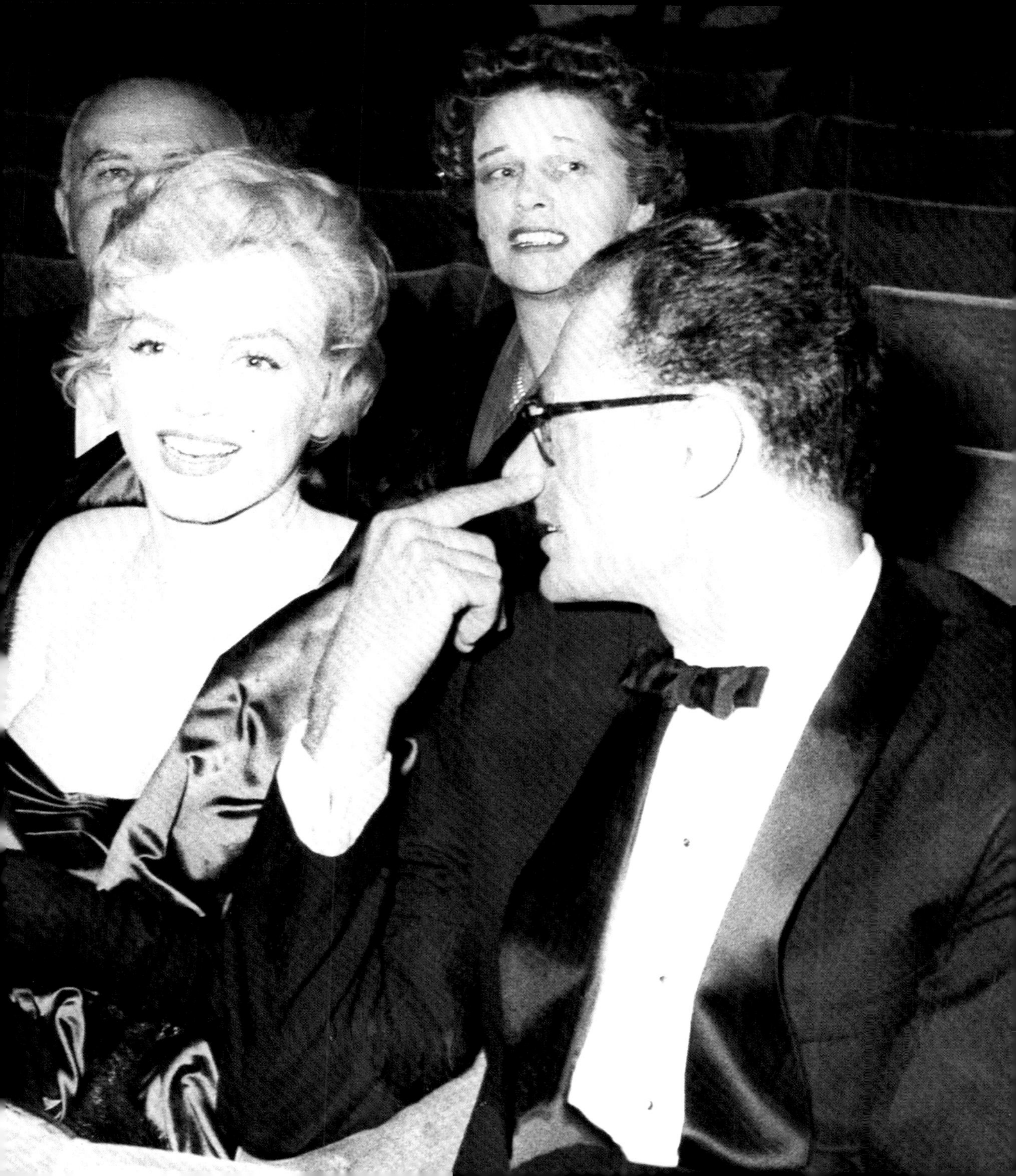

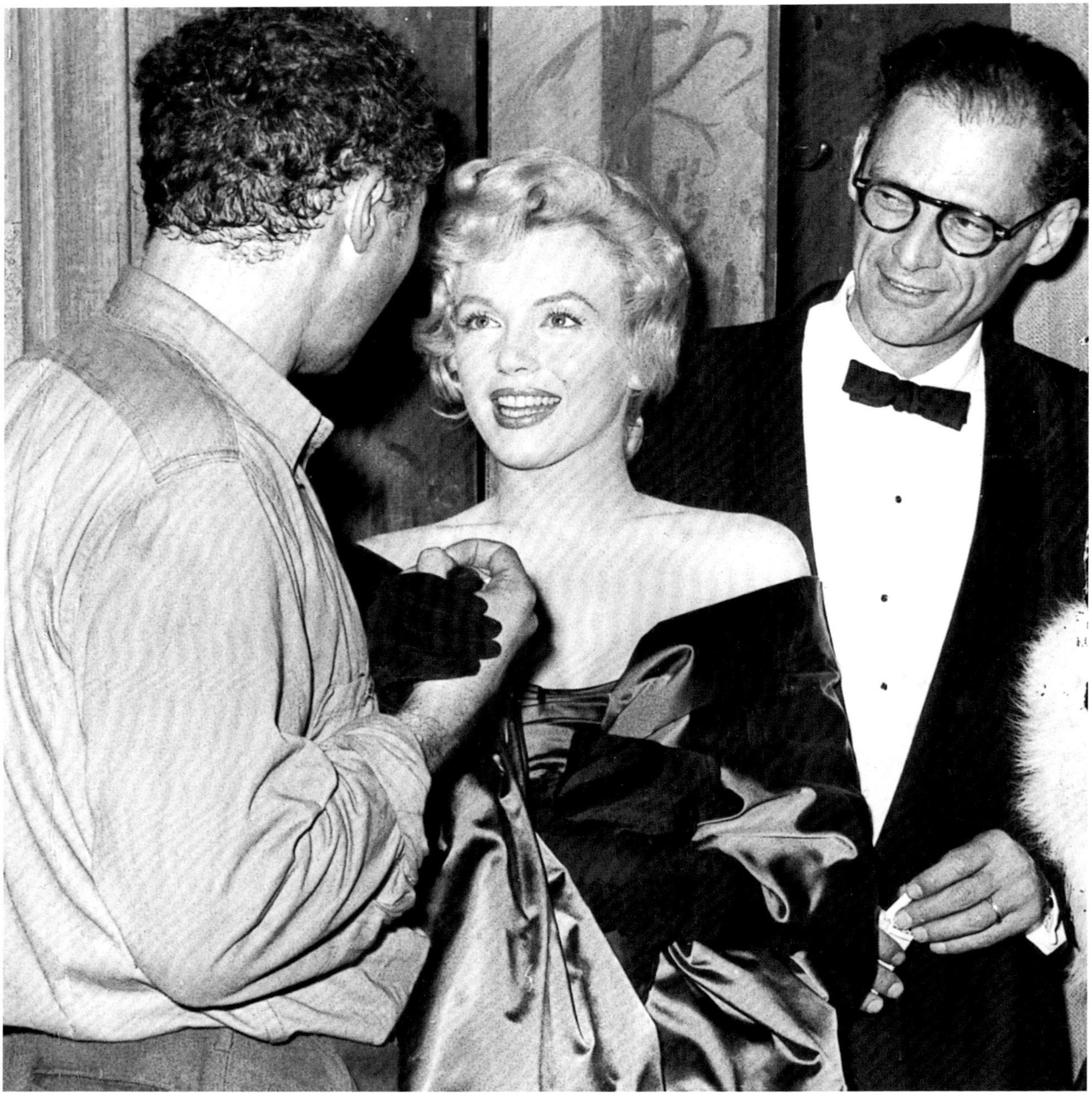

Problèmes de couple

Marilyn et Arthur Miller à la première de *Vu du pont*. Marilyn sentait qu'elle avait perdu en partie l'amour d'Arthur Miller et s'employait à le reconquérir. Elle avait perdu leur enfant, et les quelques notes du journal intime de son mari, qu'elle avait lu, lui donnaient à penser qu'il regrettait de l'avoir épousée. De fait, elle lui en demandait beaucoup et cela le dérangeait pour écrire. L'incompréhension était réciproque : il n'évaluait pas le besoin qu'elle avait de lui et, de son côté, elle ne comprenait pas qu'un écrivain est ancré dans la vie réelle, et non dans le monde factice du cinéma, dont les personnages appartiennent à la fiction.

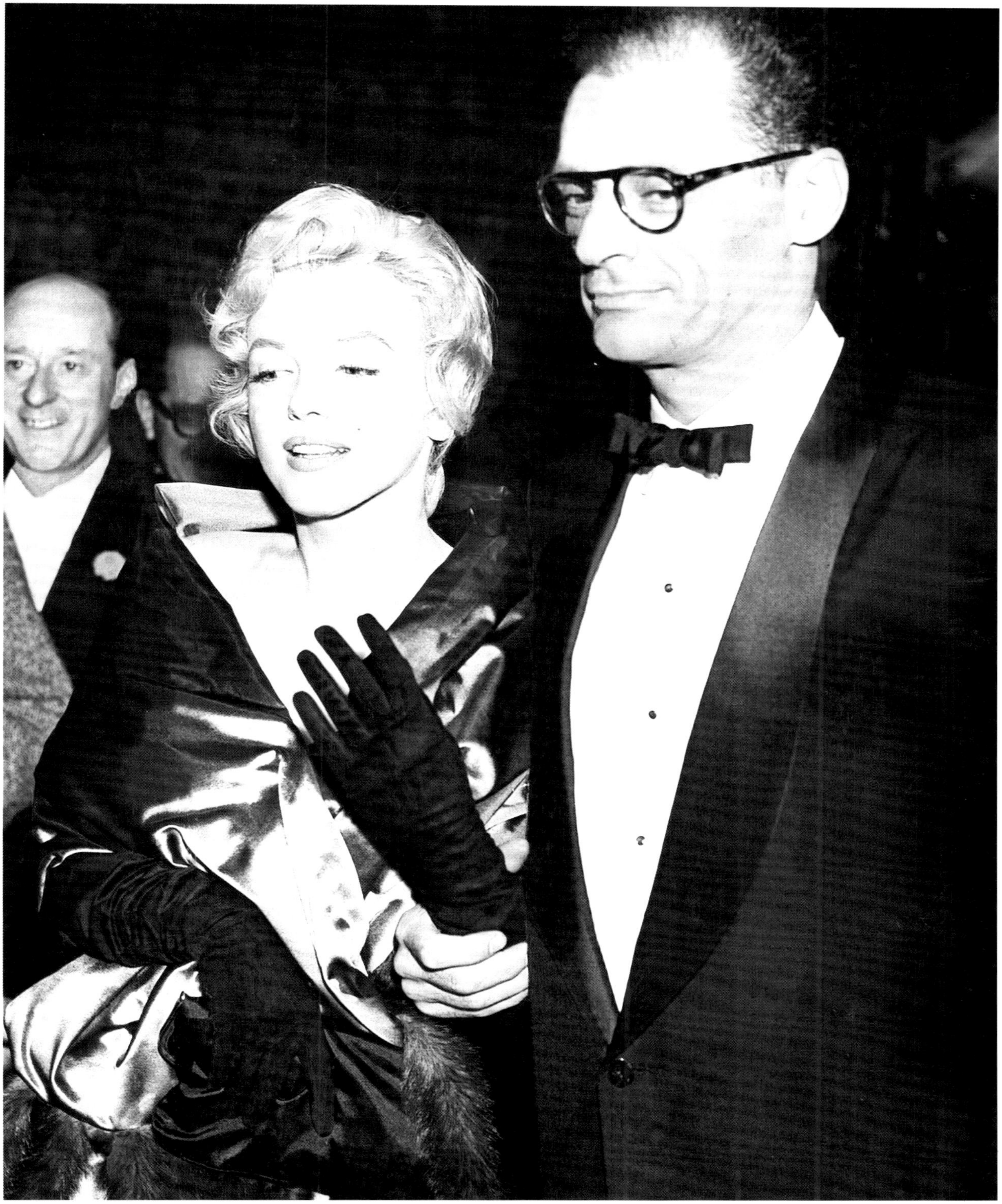

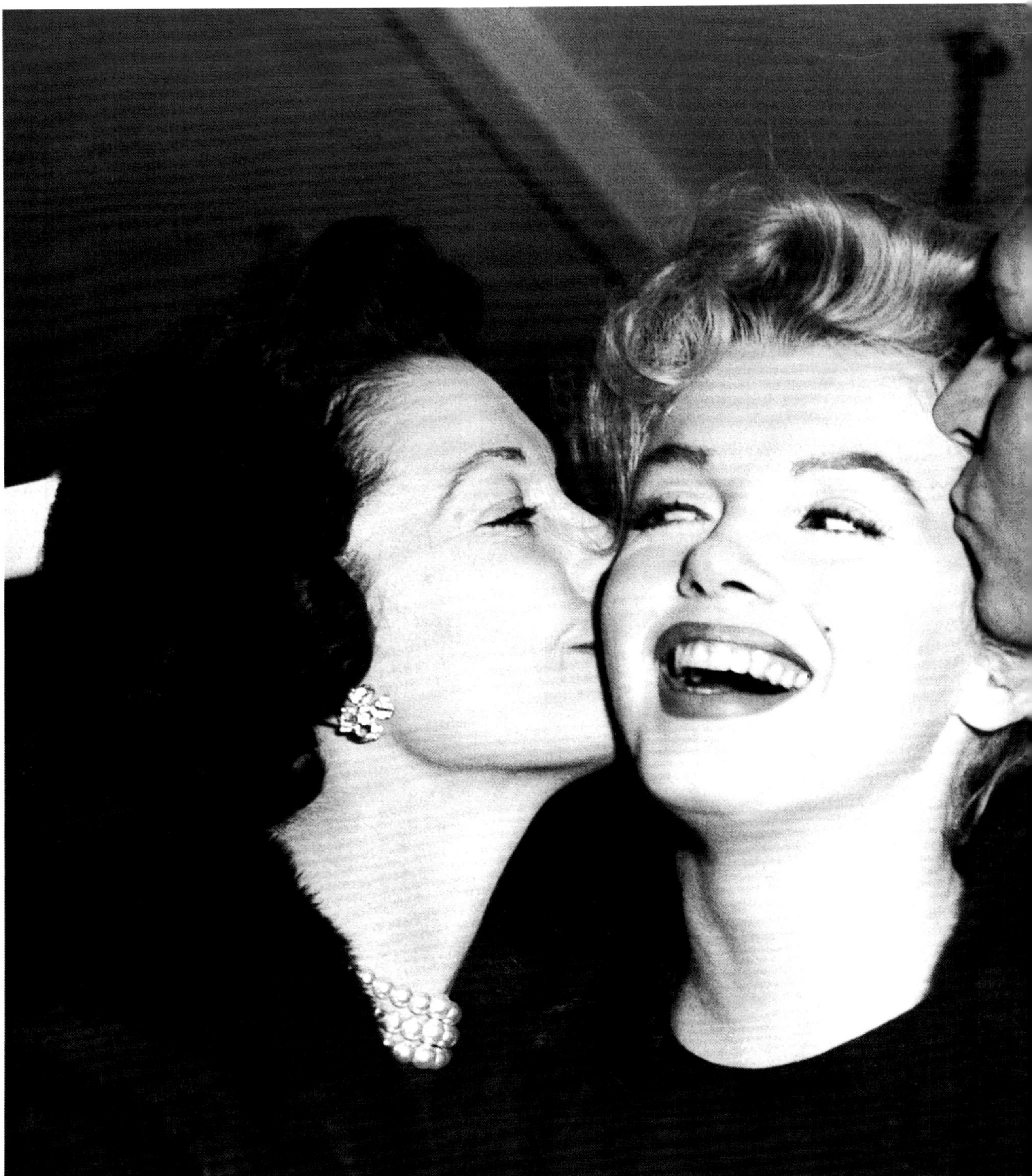

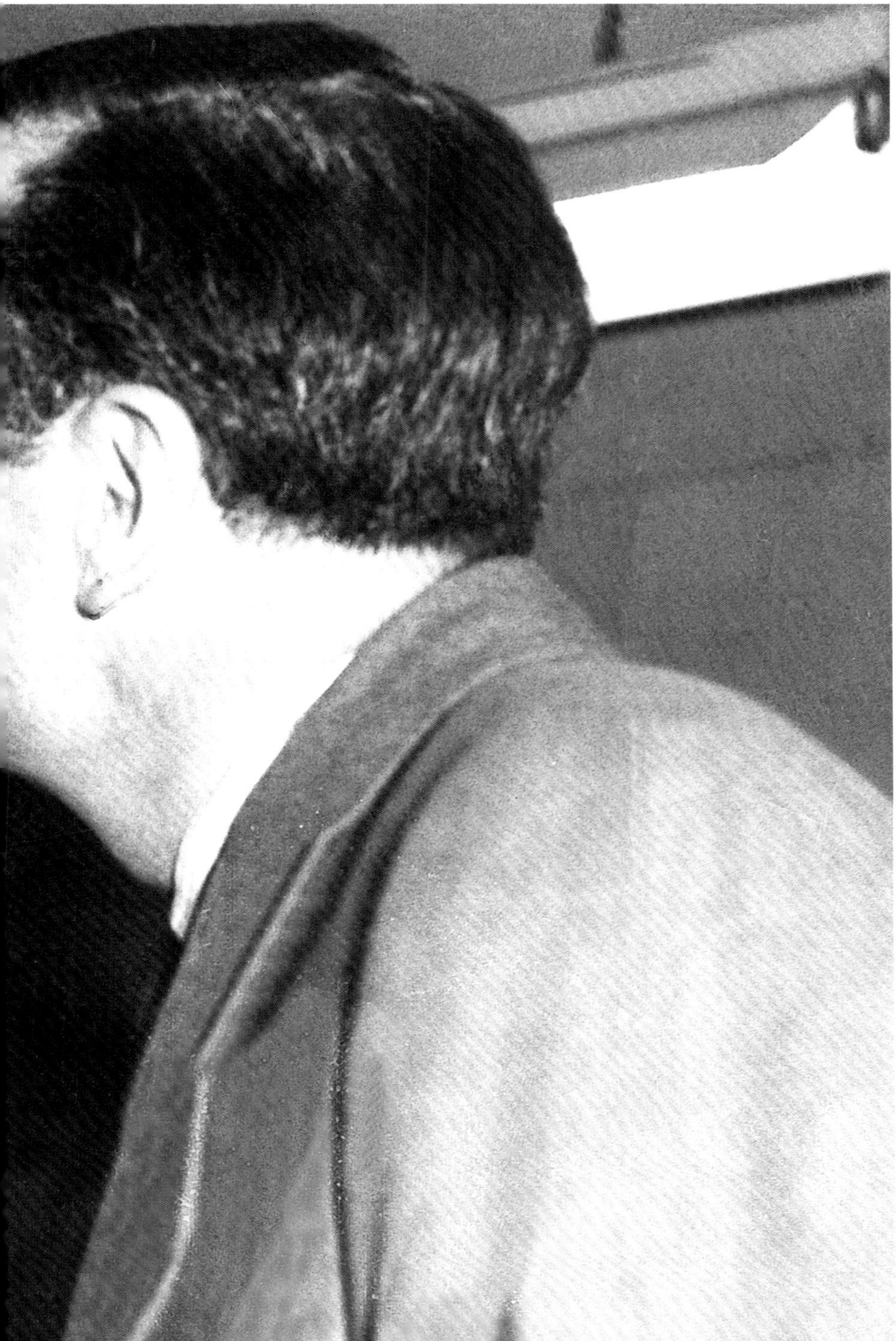

Baisers

Le 20 novembre 1956, les Olivier saluèrent les Miller à l'aéroport de Londres. Il était clair que cette amabilité n'était que de façade, manifestée pour les besoins du film. Si, de leur côté, les Miller rentraient chez eux déçus, Olivier l'était tout autant, car il sentait qu'il avait perdu l'occasion rêvée de relancer sa carrière déclinante, d'autant que Vivien avait, elle aussi, perdu l'enfant qu'elle attendait dernière chance pour elle de sauver son mariage. Aucun rapport d'amitié ne s'était tissé entre Marilyn et elle, et elles ne s'étaient jamais rencontrées qu'au cours d'occasions formelles.

Après cette expérience, Olivier qualifia Marilyn de « personne très mal élevée et grossière ». Mais, des années plus tard, il avoua : « Peut-être étais-je irritable parce que je sentais que ma carrière se trouvait dans l'impasse. J'ai tenté de donner le meilleur de moi-même, et Marilyn ! Marilyn a été merveilleuse, la meilleure de nous tous. »

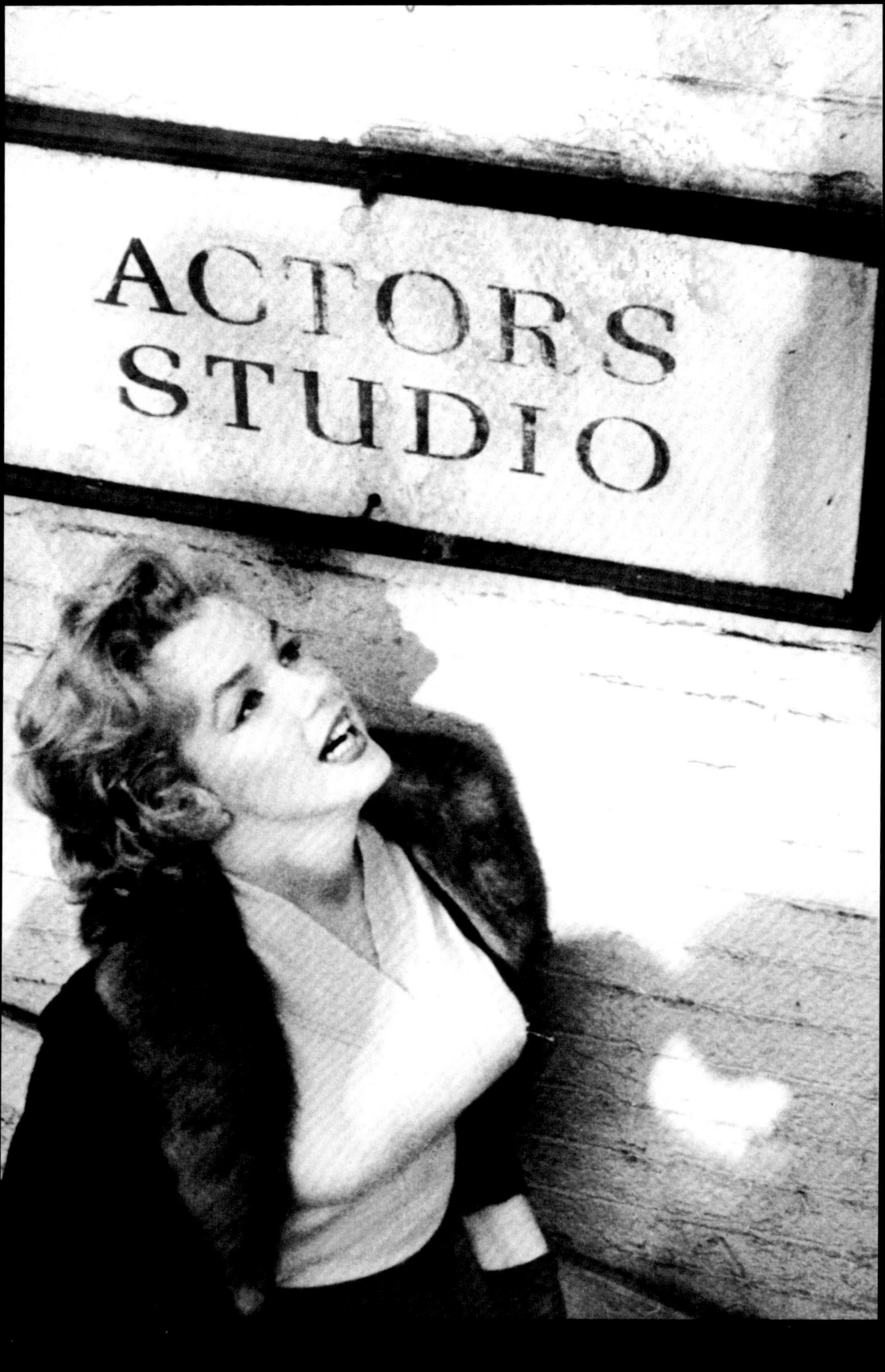

Ci-contre : Marilyn en visite à l'Actors Studio, à son retour à New York. Elle avoua aux journalistes qu'elle désirait désormais jouer des rôles dramatiques.

Page ci-contre : les recettes de la première du film d'Elia Kazan *Baby Doll*, avec Caroll Baker en vedette, furent offertes à l'Actors Studio, dont de nombreux acteurs étaient membres. Le rôle d'ouvreuse échut à Marilyn.

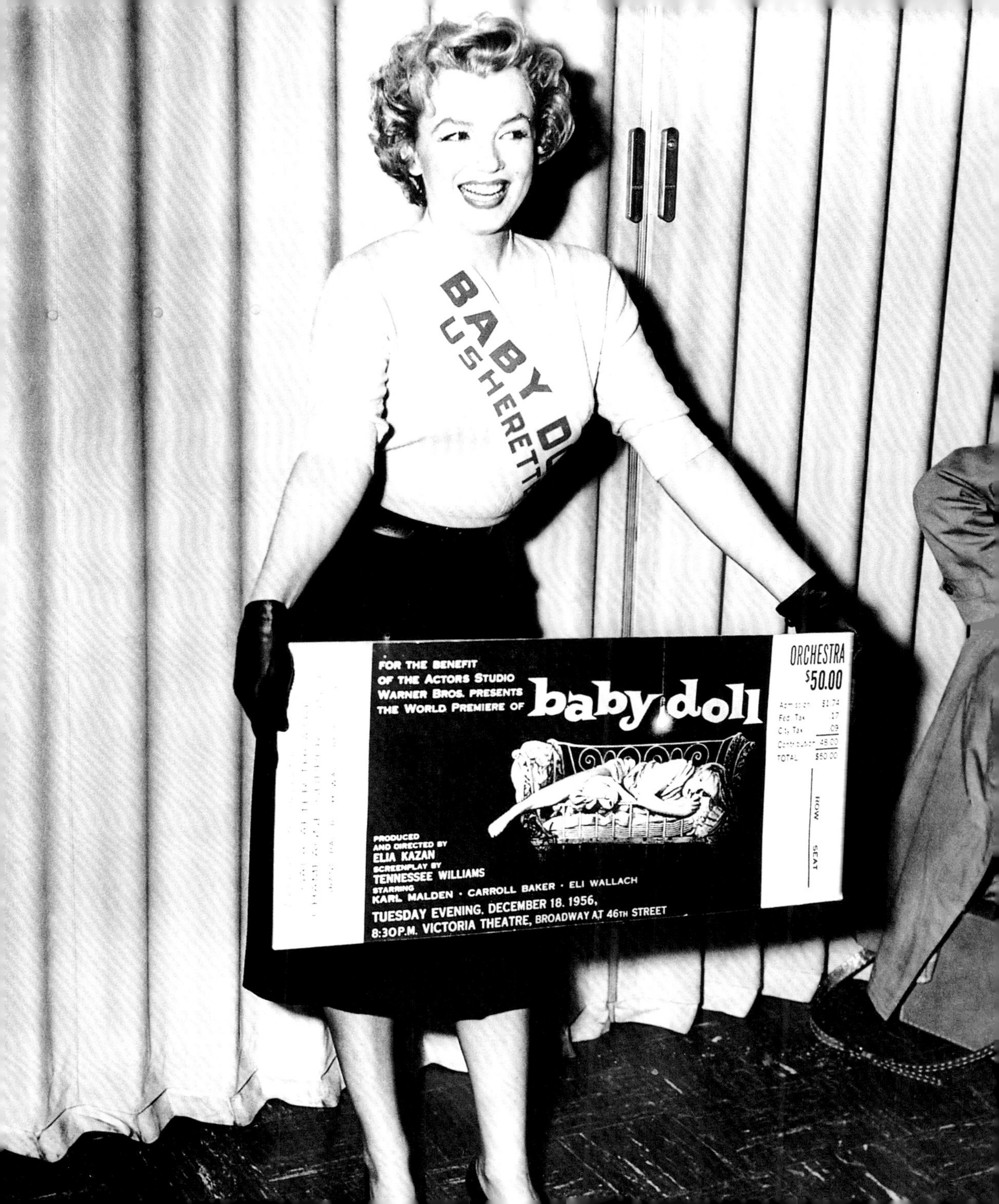
BABY DO
USHERETT
FOR THE BENEFIT
OF THE ACTORS STUDIO
WARNER BROS. PRESENTS
THE WORLD PREMIERE OF
baby doll
PRODUCED
AND DIRECTED BY
ELIA KAZAN
SCREENPLAY BY
TENNESSEE WILLIAMS
STARRING
KARL MALDEN · CARROLL BAKER · ELI WALLACH
TUESDAY EVENING. DECEMBER 18. 1956,
8:30P.M. VICTORIA THEATRE, BROADWAY AT 46TH STREET
ORCHESTRA
$50.00
TOTAL $50.00
ROW
SEAT

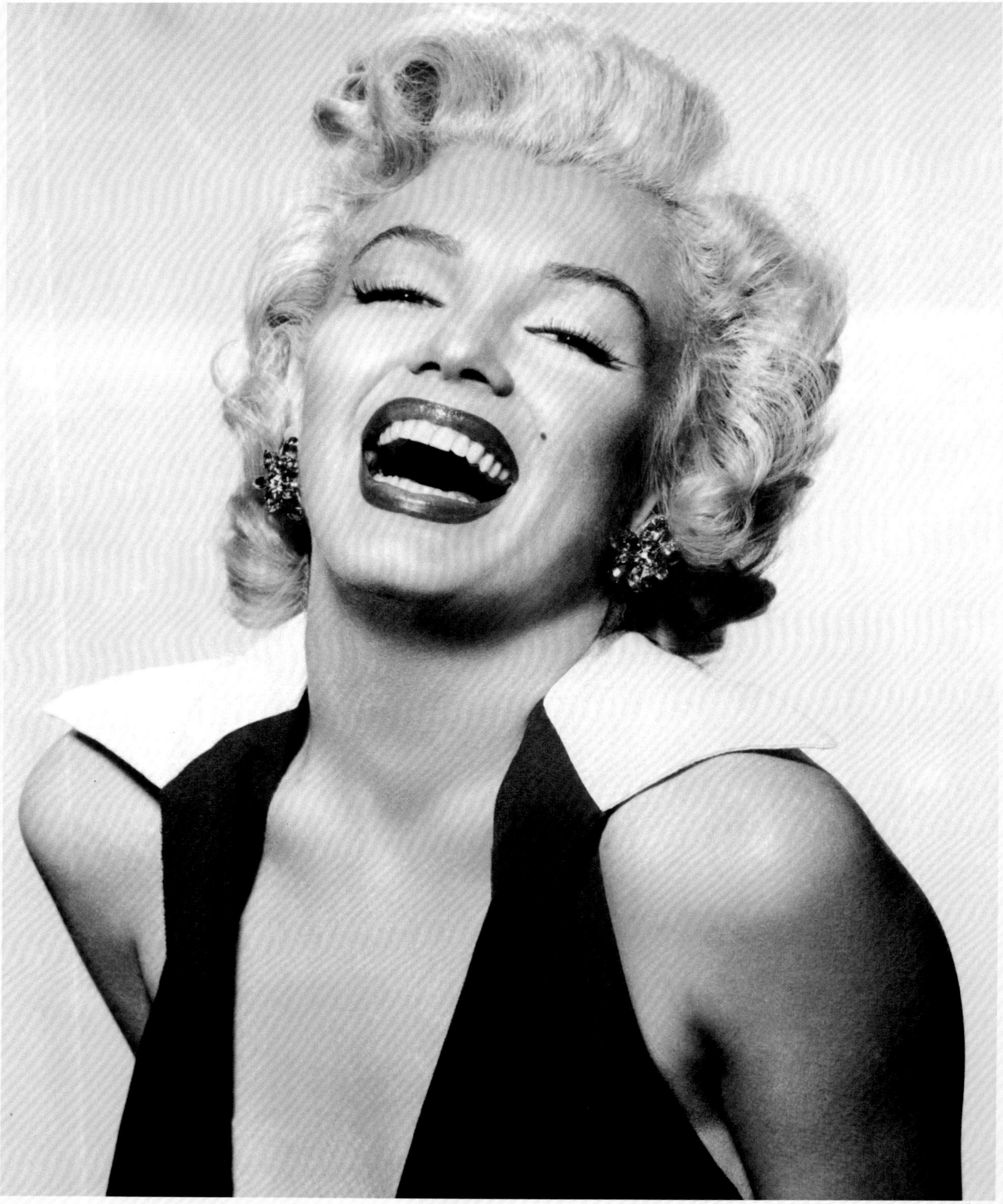

CHAPITRE CINQ

Certains l'aiment chaud

Pendant le séjour de Marilyn en Angleterre, *Arrêt d'autobus* était sorti en salles. L'actrice avait été très contrariée par toutes les coupes pratiquées dans le film, surtout le monologue très intense dont elle était si fière. Elle aurait voulu que Strasberg et Miller constatent ses progrès, et voilà que ce n'était plus possible. Elle estimait aussi que ces coupes l'écartaient d'une nomination pour l'oscar de la meilleure actrice, alors que Don Murray était nommé pour le meilleur second rôle et le meilleur espoir. Elle s'en prit au réalisateur Joshua Logan, l'accusant d'avoir dénaturé sa prestation, mais ce n'était guère de son fait, il n'avait fait que se conformer aux instructions du studio, car le film était jugé trop long. Malgré tout, ce fut un succès, et les critiques louèrent le réel talent dramatique de Marilyn.

De retour à New York, au début de 1957, la version brute du *Prince et de la Danseuse* n'avait pas l'air fameuse et, à sa sortie, le film reçut un accueil mitigé. Néanmoins, il eut cinq nominations aux oscars, y compris celle de Marilyn comme meilleure actrice étrangère. Si elle ne remporta pas d'oscar aux États-Unis, elle reçut en 1959 la plus prestigieuse récompense du cinéma italien, la statuette du David di Donatello, au titre de meilleure actrice étrangère. Bon nombre de critiques considéraient son rôle comme sa meilleure prestation et elle vola ainsi la vedette à Olivier. Cependant, elle considérait à cette époque que Milton Greene n'avait pas œuvré comme il fallait sur leur première production indépendante, et Miller partageait son opinion. Greene fut congédié de Marilyn Monroe Productions, et une nouvelle équipe fut engagée. Sans doute Greene avait-il commis quelques erreurs, mais c'était une décision bien sévère pour un homme qui avait engagé toute sa carrière pour aider Marilyn. Il l'avait soutenue financièrement à l'époque où elle était suspendue par le studio (pratiquement toute l'année 1955) et avait participé activement à la révision de son contrat avec la Fox. Beaucoup plus tard, Marilyn confessa à la femme de Greene, Amy, que Milton était le seul homme dans lequel elle avait jamais eu confiance et que c'était Miller qui l'avait jeté dehors, sans qu'elle ait pu lui résister. La vérité était qu'à cette époque Marilyn ne voulait surtout pas compromettre son mariage.

Après la rude aventure du tournage en Angleterre, Marilyn désirait se reposer un peu. Son contrat prévoyait qu'elle devait tourner pour la Fox quatre films en sept ans, et elle n'en avait encore tourné qu'un seul. Il était prévu qu'elle participe à un remake de *L'Ange bleu (The Blue Angel)*, avec Spencer Tracy, mais les négociations n'aboutirent pas. Marilyn était libre de refuser tout projet qu'elle estimait ne pas lui convenir. Elle décida de se consacrer à son mariage, d'essayer d'être une bonne épouse et d'avoir un enfant. Elle s'occupa de la décoration de leur appartement de New York, installa un bureau pour que Miller puisse écrire tranquillement et consulta des médecins pour tenter de mener une grossesse à terme.

Dans le même temps, des événements refirent surface et vinrent hanter à la fois Miller et l'ancien mari de Mari-

Page ci-contre : photo promotionnelle prise par Frank Powolny.

lyn, DiMaggio. En février 1957, Miller fut inculpé par le jury fédéral pour avoir refusé de donner des noms de « suspects de communisme » à la Commission des activités antiaméricaines, lors de l'audition de 1956. Il risquait une grosse amende et un an de prison. Ses avocats étaient confiants, car les questions auxquelles il avait refusé de répondre n'avaient rien à voir avec le domaine d'activité de l'HUAC, en particulier l'abus de passeport. Malgré cela, Miller était trop anxieux pour se concentrer, tant en raison des menaces qui planaient sur lui que parce que son procès lui coûtait très cher en avocats.

Pour DiMaggio, un événement qui s'était produit en 1954, juste après que son divorce avec Marilyn avait été prononcé, refaisait brusquement surface. Après leur séparation, DiMaggio, persuadé que Marilyn avait pour amant son professeur de chant Hal Schaefer, avait engagé un détective privé pour la faire suivre. Au début de novembre, DiMaggio et Frank Sinatra buvaient un verre quand ils apprirent que la voiture de Marilyn était garée devant un immeuble. Ils rejoignirent en hâte le détective et firent irruption dans un appartement, afin de prendre Marilyn en flagrant délit. Mais ils enfoncèrent la porte de l'appartement voisin, celui de Florence Kee (ou Kotz). Le tapage avait alerté tout le voisinage et Marilyn, qui dînait tranquillement avec Schaefer et une autre convive dans l'appartement d'à côté, s'échappa sans être vue. Sinatra tenta d'étouffer l'affaire, mais, quelques mois plus tard, celle-ci fut révélée dans le magazine *Confidential*, sous le nom de « raid sur la mauvaise porte ». Florence Kee poursuivit ses intrus en justice, mais le procès s'éternisa et Sinatra ne fut pas entendu avant 1957. Quant à DiMaggio, il s'en tira par un compromis financier avec sa plaignante.

Malheureusement, les soucis de Miller n'étaient pas de ceux qui se règlent aussi aisément. Marilyn l'accompagna à Washington, bien qu'elle fût enceinte. Les journalistes se postèrent devant la Cour fédérale pour l'apercevoir, mais elle n'apparut pas en public, et Miller leur demanda d'attendre l'issue du procès. Cela ne les empêcha pas d'essayer de contacter Marilyn au domicile où elle résidait avec Miller. L'audition dura six jours, l'accusé fut reconnu coupable des deux chefs d'accusation – qui furent ramenés par la suite à un seul. Miller fut condamné à 500 dollars d'amende et à un mois de prison avec sursis pour « dénigrement du mode de vie américain » dans son œuvre artistique. Ses avocats firent immédiatement appel, et c'est d'une humeur plus sereine que Marilyn et son mari passèrent l'été à Long Island.

Leur bonheur fut de courte durée, et Marilyn, prise de violentes douleurs, fut hospitalisée d'urgence au Doctors Hospital de New York. Son espoir de maternité s'était mué en grossesse extra-utérine, qui fut interrompue à temps pour la sauver. Anéantie, elle fit cependant bonne figure face aux journalistes qui l'attendaient, 10 jours plus tard, à la sortie de l'hôpital. À sa tristesse d'avoir perdu l'enfant s'ajouta celle de mettre son union en péril par son incapacité de donner un héritier à Miller ; elle était persuadée qu'il ne tarderait pas à la quitter. Elle absorba alors une forte dose de somnifères, mais Miller la découvrit à temps et la fit soigner. Pour la convaincre qu'il l'aimait toujours, il travailla pour elle à une adaptation au cinéma d'une de ses nouvelles, *Les Désaxés (The Misfits)*. Malheureusement, Marilyn se méprit sur ses intentions. Miller s'étant mis au travail avec assiduité, elle se sentit délaissée au moment où elle avait grand besoin d'affection et – ce qui était plus grave – elle le soupçonna de rester avec elle dans le seul but de voir accepter son scénario et sa carrière redémarrer.

Au début de 1958, la Twentieth Century Fox s'inquiéta d'avoir laissé passer un an sans faire travailler Marilyn. Le studio n'avait pas l'intention d'accepter *Les Désaxés* tant que la situation juridique de Miller ne serait pas réglée, et il était impossible de rien prévoir à ce sujet. Mais il n'y avait aucun projet susceptible d'intéresser Marilyn. Pendant ce temps, le réalisateur Billy Wilder lui avait envoyé le scénario de *Certains l'aiment chaud*. L'histoire se situait en 1929 et avait trait à deux musiciens témoins par hasard du massacre de la Saint-Valentin. Pour échapper à la mafia, ils se déguisent en femmes et se font admettre dans un orchestre féminin, aidés par la chanteuse joueuse d'ukulélé, Sugar Kane. De prime abord, Marilyn n'avait guère été intéressée par le rôle. En effet, tout au long du film, et même au dénouement, Sugar ne se rend pas compte que les deux filles sont des hommes, ce qui aurait pu alimenter le concept de blonde évaporée qui lui collait à la peau. Et ce genre de rôle, elle n'en voulait plus.

Miller, de son côté, était très satisfait de son scénario et pensait qu'il ferait un succès. Ses deux agents et la Fox étaient du même avis. Le film, réalisé par les frères Mirish et distribué par United Artists, ne nécessiterait pas un gros budget. Mais la Fox estimait urgent de faire travailler Marilyn. Si le film était le succès que tout le monde espérait, la cote de Marilyn ne pourrait que grimper.

Finalement, Marilyn accepta et signa le contrat. Paula Strasberg fut de nouveau engagée comme professeur d'art dramatique, mais Billy Wilder, qui avait eu affaire à Natasha Lytess, mit tout de suite les choses au point. Connu pour son esprit caustique, il remit fermement Paula à sa place et assura à Marilyn tout son soutien. Il admirait son sens de la comédie et accueillait ses suggestions avec respect. C'est elle qui, apparemment, avait transformé le personnage écervelé de Sugar en gentille jeune femme sympathique. À son entrée en scène, lorsqu'un brusque jet de vapeur du train lui fait faire un bond, alors qu'elle se déhanchait sur le quai, perchée sur de hauts talons, tout le monde rit beaucoup. Malgré ces heureux présages, Marilyn persista à arriver en retard sur le tournage, à demander sans cesse d'autres prises et à oublier son texte. Elle avait renoué avec ses vieux démons et se bourrait de médicaments : des somnifères pour trouver le sommeil, des excitants pour la tenir éveillée, des tranquillisants pour calmer ses nerfs. Wilder dit plus tard que ce film l'avait conduite au bord de la dépression nerveuse. Bien que le film ait finalement connu le succès, il avait douté bien des fois d'en venir à bout.

Comme si cela ne suffisait pas, Marilyn se découvrit enceinte vers la fin du tournage. Par bonheur, les scènes les plus éprouvantes avaient déjà été mises en boîte, mais elle trouva tous les prétextes pour se reposer afin de ne pas compromettre sa grossesse. Malheureusement, elle perdit son bébé en décembre et ce fut sa dernière tentative de devenir mère.

La sortie de *Certains l'aiment chaud* eut lieu en mars 1959. Ce fut un succès immédiat, tant de la part de la critique que pour les entrées. Ce film dépassa de loin les autres productions de la première moitié de 1959 et battit au box-office le record absolu des comédies pendant plusieurs années. La plupart des fans de Marilyn estiment que c'est là son meilleur film – il passe d'ailleurs régulièrement au cinéma et à la télévision depuis plus de 40 ans.

Malgré ce succès, 1959 se passa sans que Marilyn retournât travailler. La Fox avait conscience que, si elle ne tournait pas avant le 14 avril, le studio perdrait ses droits sur l'un des quatre films prévus. Elle reçut un scénario intitulé *Time and Tide*, adapté d'un roman de William Bradford, que devait diriger Elia Kazan. Elle devait se présenter sur le plateau le 14 avril, mais Kazan demanda de multiples remaniements du scénario, et Marilyn reçut pour instruction de rester à New York en attendant que l'on eût besoin d'elle – bien que son salaire lui fût payé intégralement. Dans le même temps, Kazan décida qu'il préférait Lee Remick à Marilyn. Il avait échappé à la Fox que le contrat de Marilyn spécifiait que le film devait être tourné dans les 10 semaines à dater du 14 avril, aussi le studio fut-il stupéfait de recevoir le 25 juin une notification des avocats de Marilyn affirmant qu'elle n'était plus obligée de travailler sur *Time and Tide*. Pis encore, elle demandait, toujours selon son contrat, d'être payée pour le film même si elle ne le tournait pas, et insistait pour être dispensée d'un film qu'elle devait à la Fox. Les avocats de la Fox admirent le bien-fondé de ces requêtes : le studio aurait dû l'informer du retard. Le cabinet d'avocats de New York présenta ses excuses pour tenter de ne pas la payer ; quant à celui d'Hollywood, il était très désireux d'éviter des suites judiciaires. Après le succès de *Certains l'aiment chaud*, Marilyn était devenue une valeur sûre, et le studio avait maintenant d'autres projets pour elle. La Fox accéda donc à toutes ses demandes, et Marilyn, une fois de plus, remporta une nouvelle victoire.

Le nouveau film s'appelait *Le Milliardaire (The Billionnaire)*, prévu avec Gregory Peck et dirigé par George Cukor. D'emblée, Marilyn était tout excitée et heureuse, et elle avait décidé de commencer dès le mois d'octobre les répétitions des numéros musicaux. Mais le film ne put être tourné avant le début de 1960. Par ailleurs, Gregory Peck avait décliné l'offre après que le rôle de Marilyn avait été modifié. Son nouveau partenaire serait le séduisant Yves Montand.

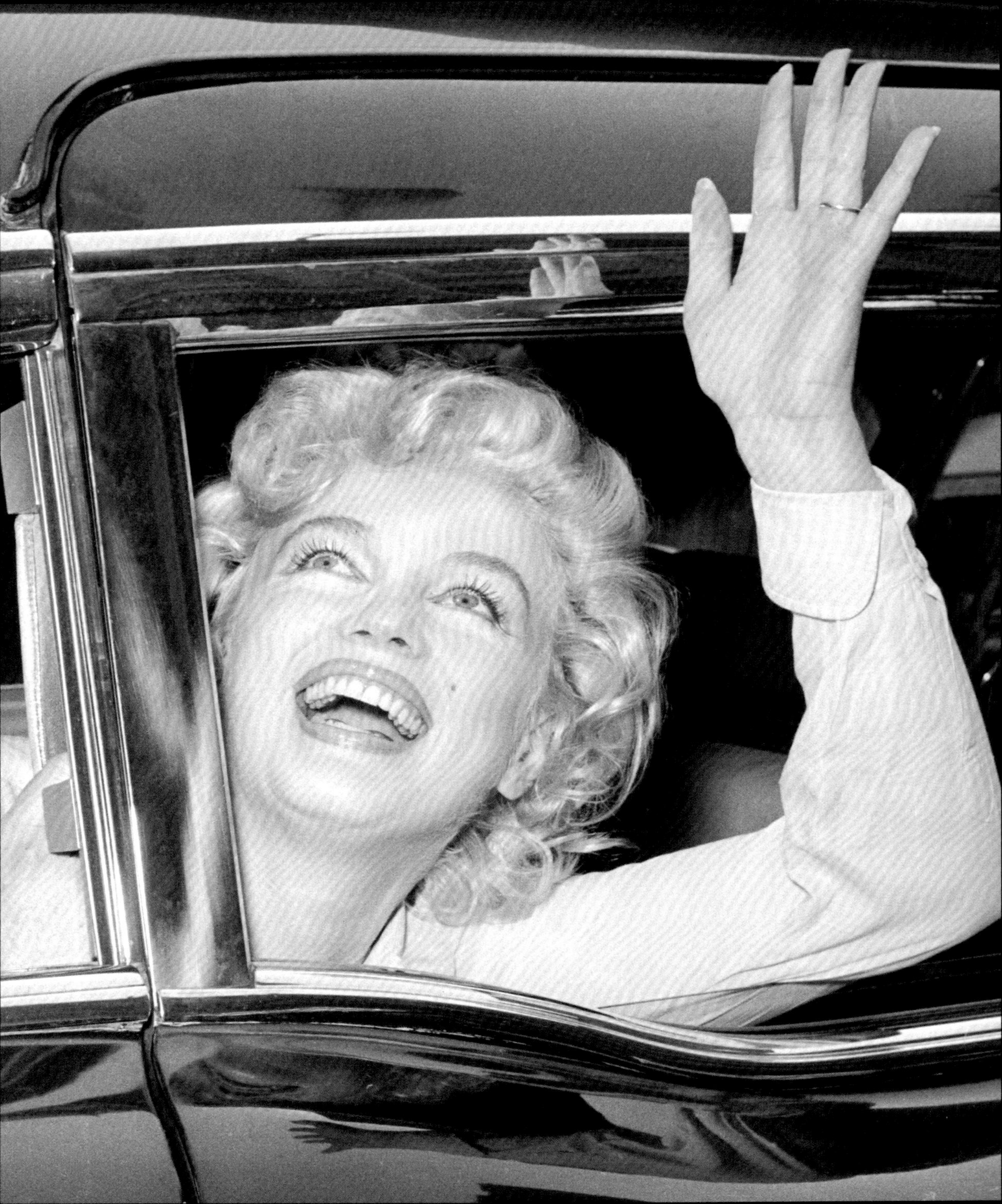

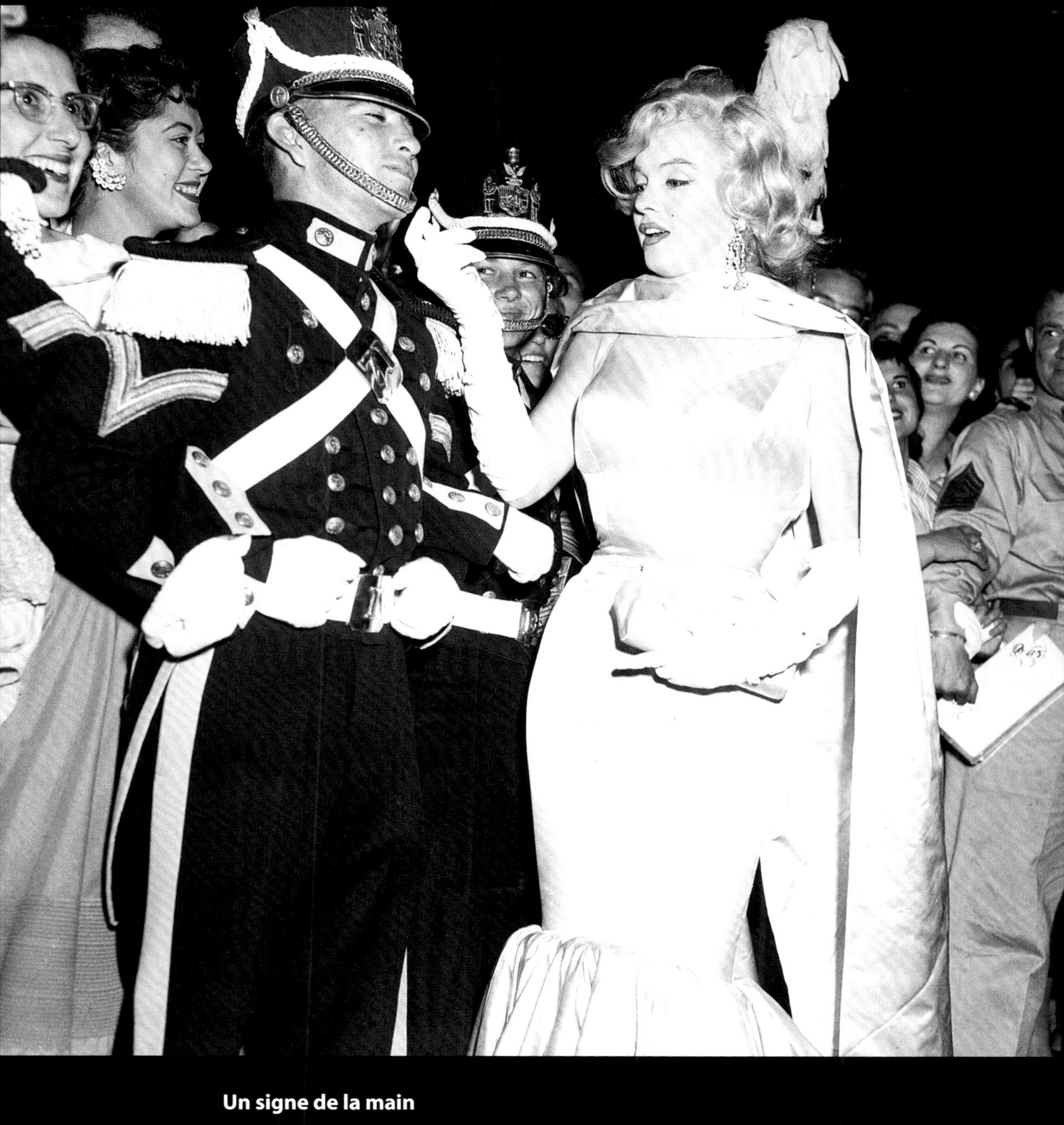

Un signe de la main

Page ci-contre : Marilyn salue les journalistes par la fenêtre de sa voiture. Elle faisait beaucoup d'efforts pour collaborer avec la presse et savait toujours être se montrer à son avantage devant les photographes. Elle eut des amis dans la presse, en particulier Sidney Solsky, qui écrivit souvent des articles élogieux à son sujet et l'aida à rédiger des textes qui furent publiés sous le nom de Marilyn Monroe.

Ci-dessus : à la première du *Prince et la Danseuse* à New York, au Radio City Hall Music Hall, Marilyn admire l'uniforme d'un soldat de la garde. Si les critiques furent mitigées, la prestation de Marilyn fut unanimement considérée comme l'une de ses meilleures.

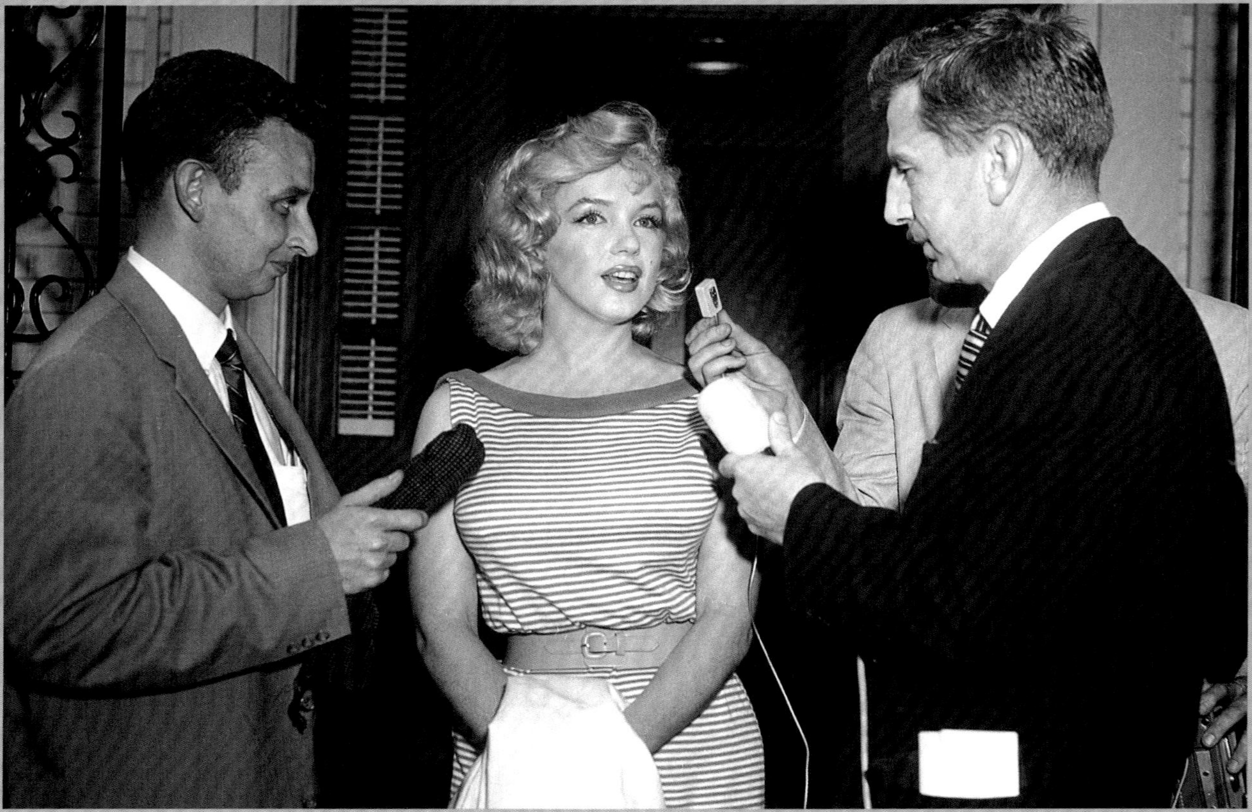

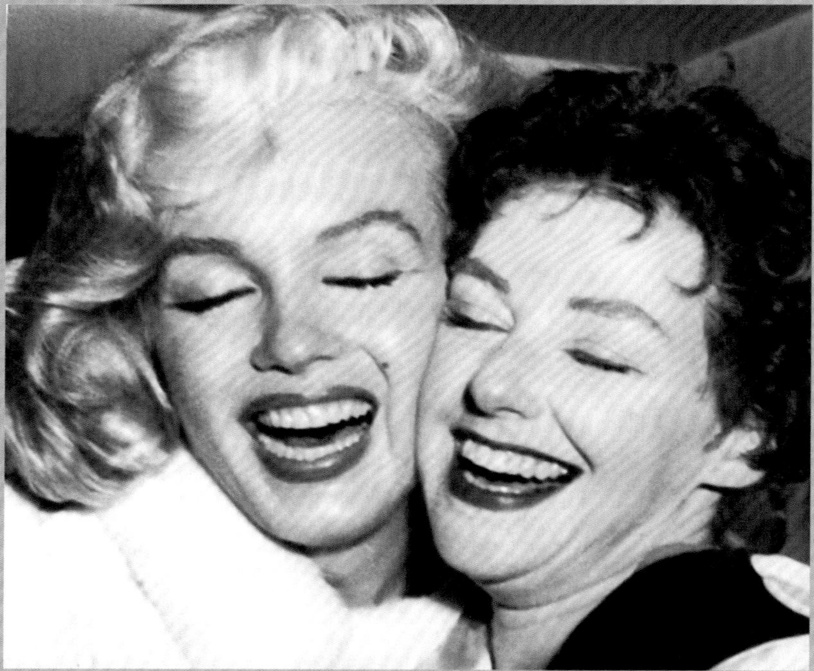

Histoire de famille

Ci-dessus : lorsque Miller fut cité à comparaître devant la Commission des activités anti-américaines, Marilyn l'accompagna, mais se tint à l'écart jusqu'à la fin du procès. Quand elle consentit à parler aux journalistes, elle déclara qu'elle s'était bornée à lire le dossier du procès.

Ci-contre : Marilyn assista à la réception donnée au Barbizon Plaza Hotel, à l'occasion de la première du spectacle de Noël Coward, *Conversation Piece*, dans laquelle jouait l'actrice Joan Copeland, la sœur d'Arthur Miller. Ici, elle félicite sa belle-sœur.

Page ci-contre : Marilyn en compagnie de la chroniqueuse mondaine Elsa Maxwell, au bal Avril à Paris, en 1957.

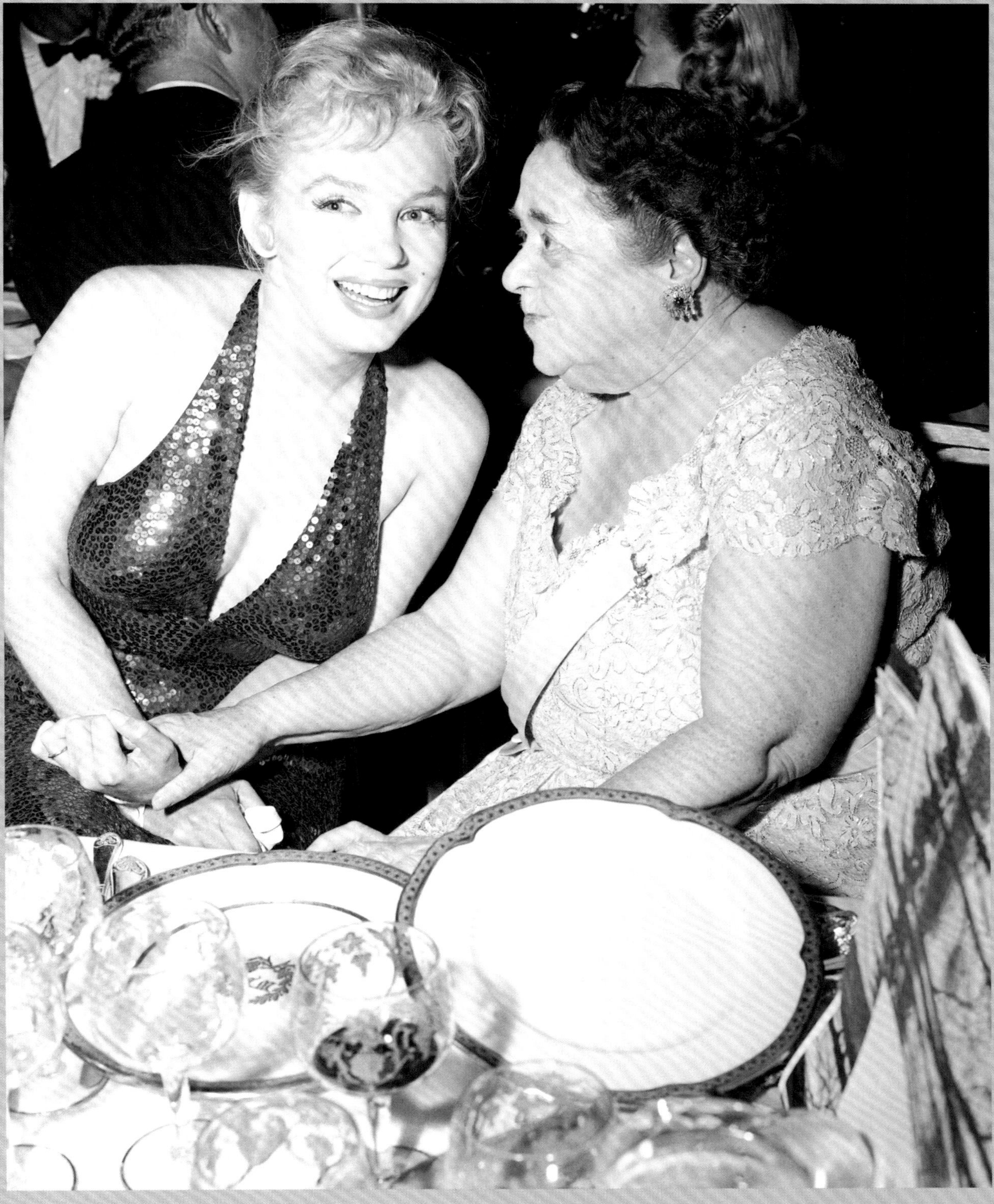

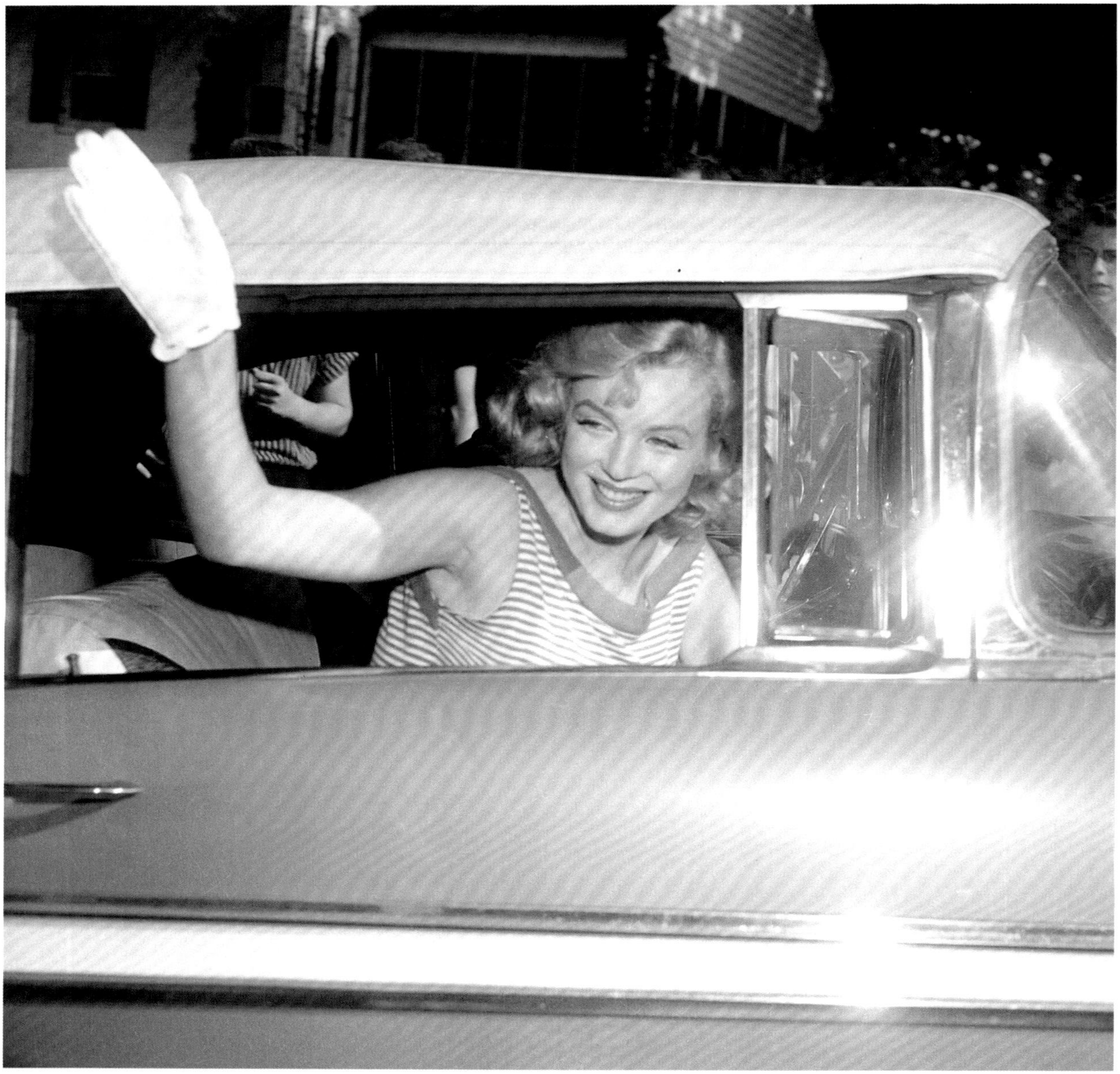

Une visite de la cigogne ?

Ci-dessus : en avril 1957, Marilyn se découvrit enceinte. Son médecin la prévint qu'il pouvait s'agir d'une grossesse extra-utérine, le foetus se développant non dans l'utérus mais à l'intérieur d'une trompe de Fallope. Mais elle désirait tant un enfant qu'elle se sentait euphorique à la pensée de devenir mère.

Page ci-contre, en haut : parmi une foule hilare, Marilyn allume un pétard, lors de l'inauguration à New York du nouveau Rockefeller Center Sidewalk Superintendents Club. En éclatant, le pétard causa des dégâts dans le Time & Life, un immeuble voisin de 47 étages fraîchement construit.

Page ci-contre, en bas : à leur retour à New York après un court séjour à la Jamaïque, Marilyn et son mari refusent de parler de l'éventuelle grossesse.

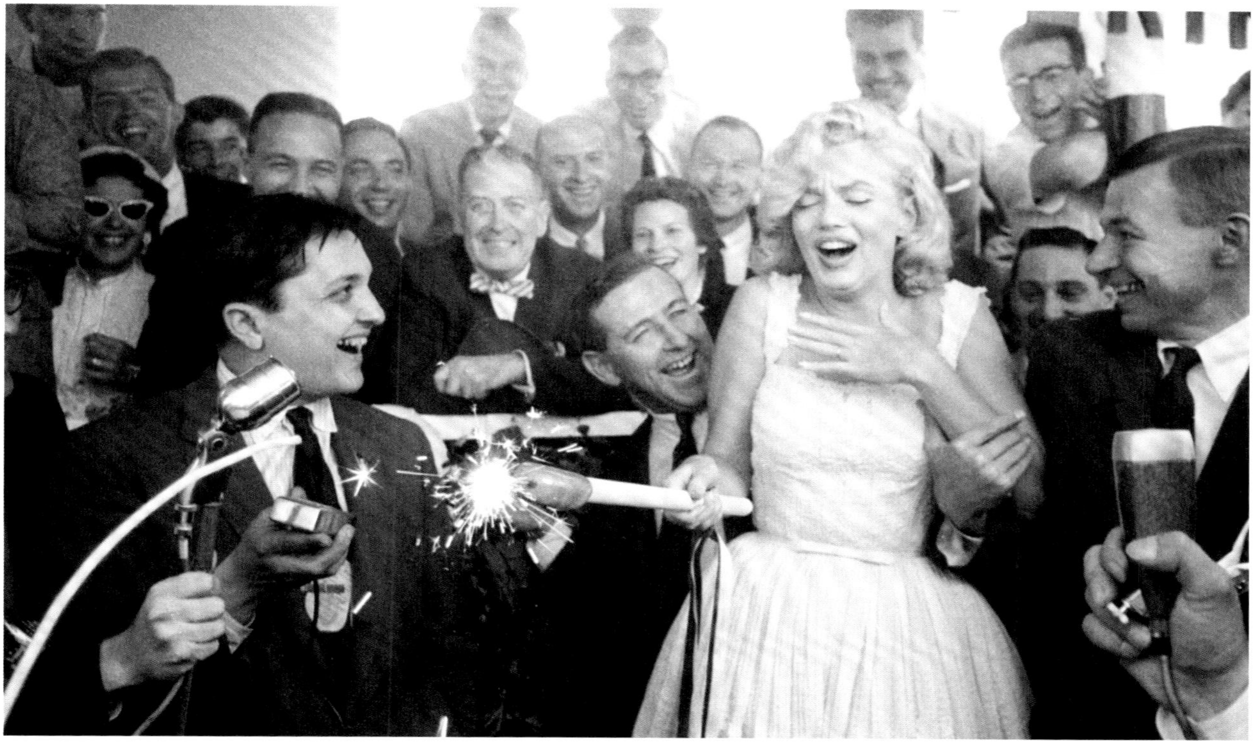

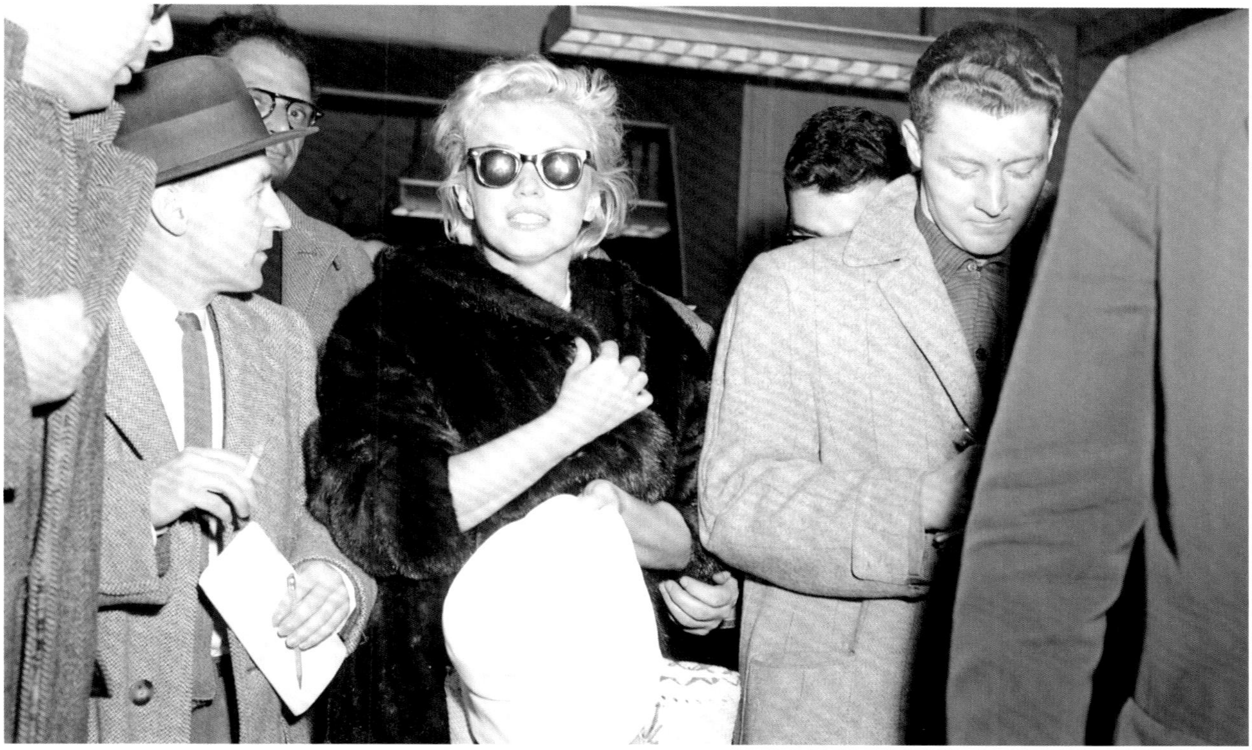

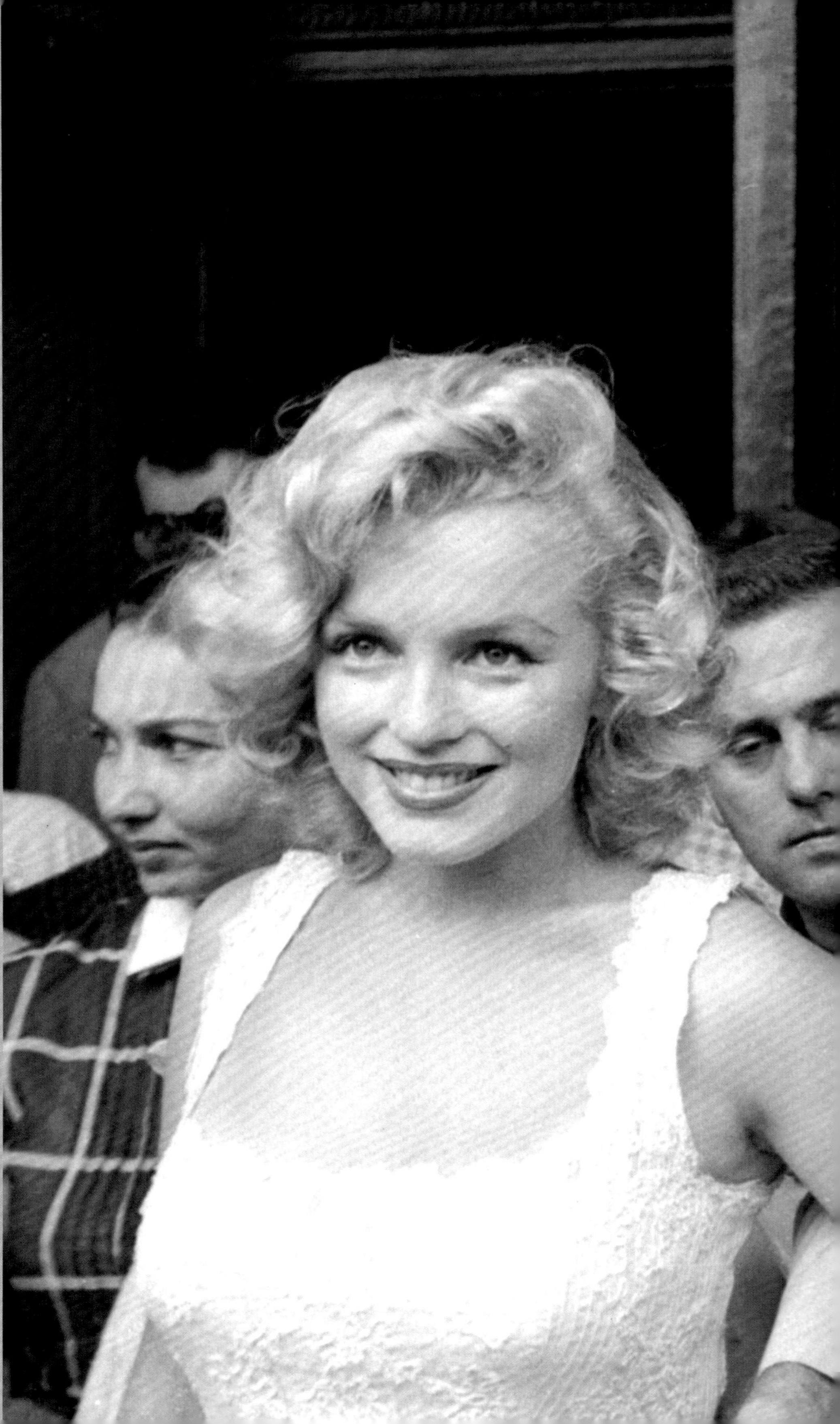

Faire bonne figure

La grossesse de Marilyn tourna court et, bien qu'elle fût déprimée, on la voit ici affronter bravement les journalistes, en compagnie d'Arthur Miller, à sa sortie du Doctors Hospital de New York, en août 1956.

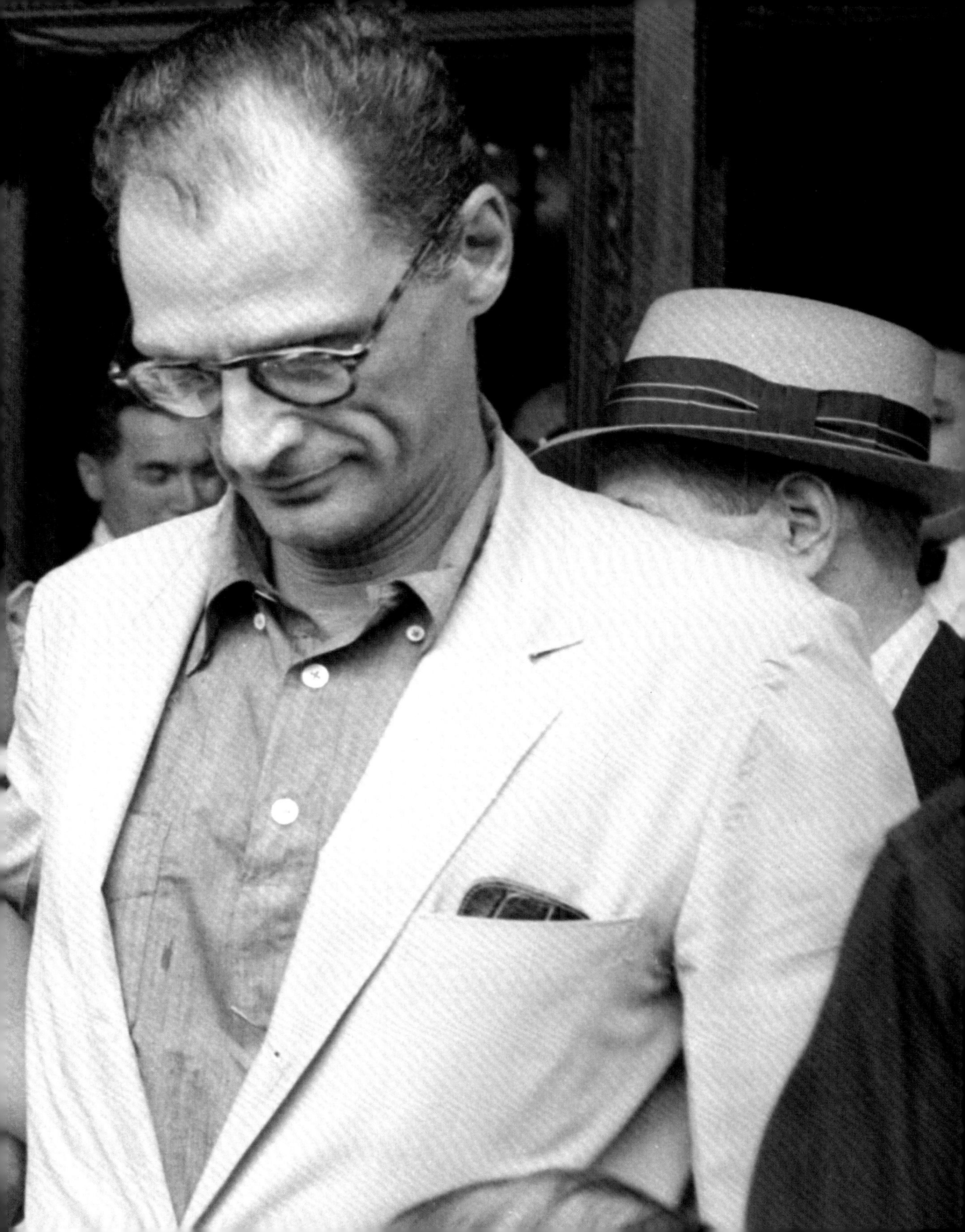

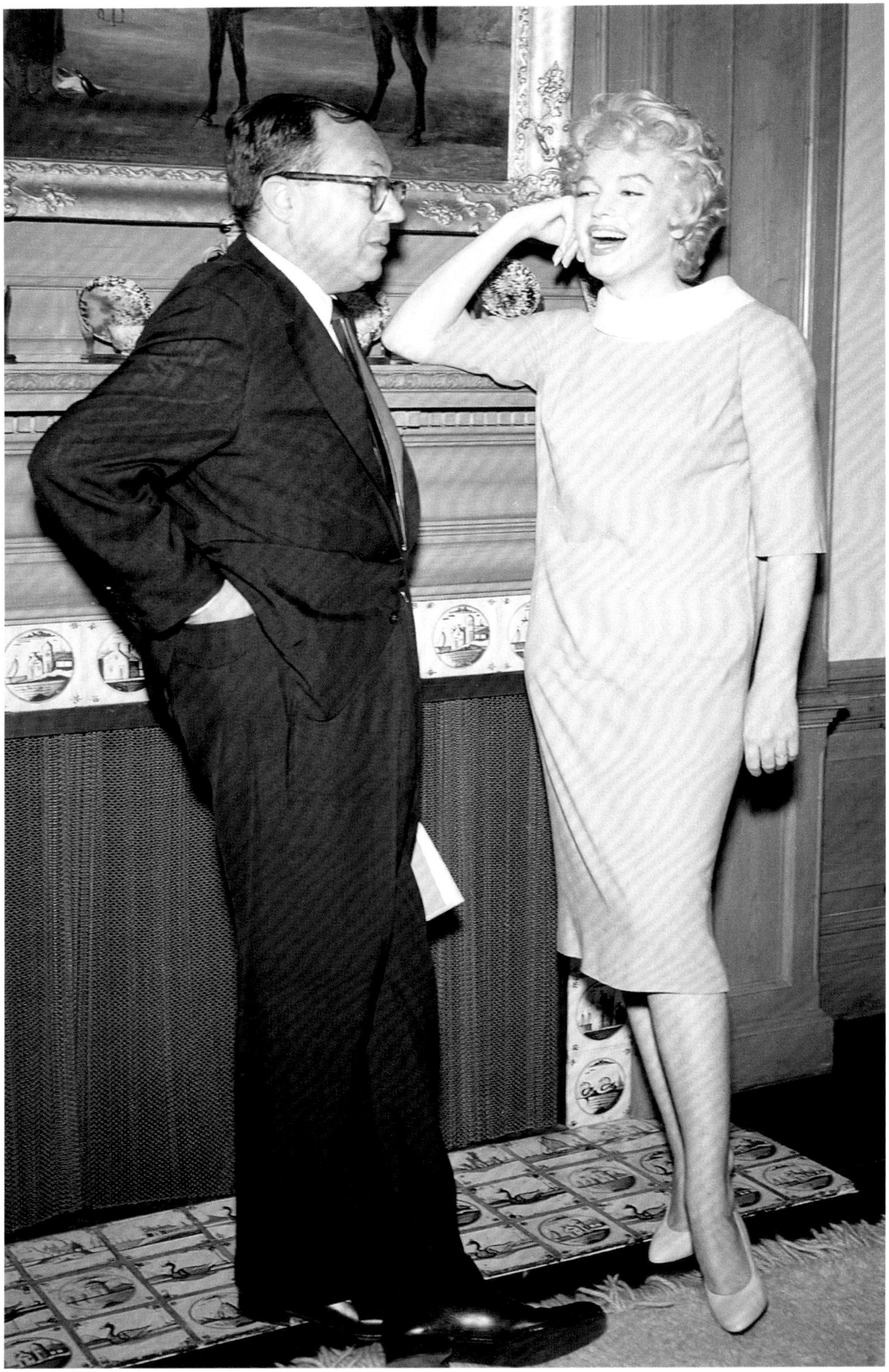

Séance de signature…

Ci-contre : Harold Mirisch, président de la Mirisch Company, s'entretient avec Marilyn de leur prochaine production, *Certains l'aiment chaud*. Le film serait dirigé par Billy Wilder, le scénario de I.A.L. Diamond étant tiré d'un film allemand intitulé *Fanfaren der Liebe* (1951). Marilyn devait tenir un second rôle, mais à la minute où elle arriva sur le plateau, elle sembla prendre en main tout le film. Elle ne voulait plus jouer le rôle de la ravissante idiote, mais désirait prendre sa revanche sur le demi-succès du *Prince et la Danseuse*.

Double page suivante : lors de l'admission d'Arthur Miller au National Institute of Arts and Letters, le 21 mai 1958, Marilyn, tout heureuse, signe des autographes pour ses fans.

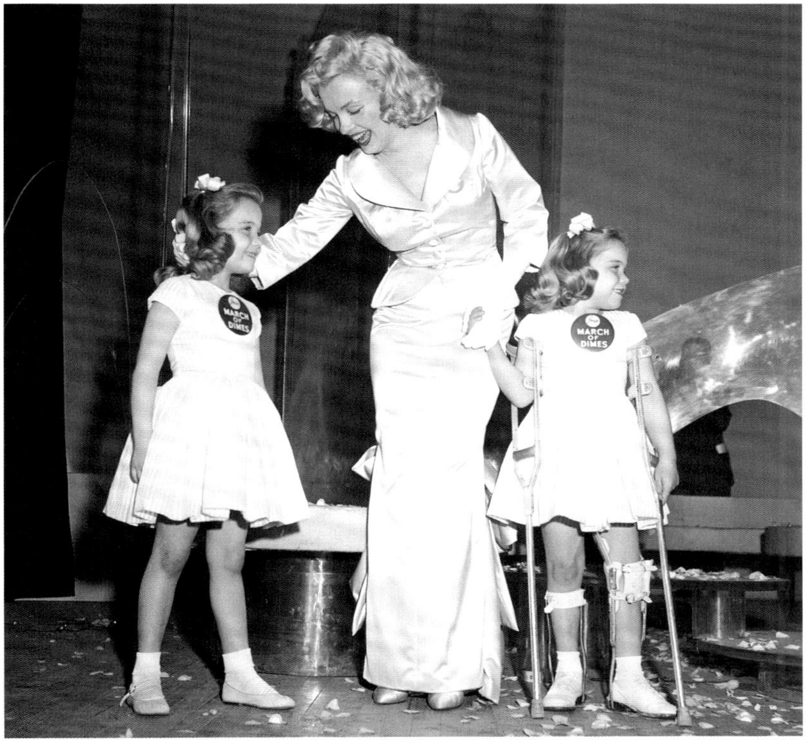

Aider les autres

Ci-contre et ci-dessous : en mars 1958, au March of Dimes Fashion Show, Marilyn joua les mannequins et fut photographiée avec les jumelles Lindy et Sandy Sue Solomon, qui figurèrent sur l'affiche du March of Dimes. Cette œuvre de bienfaisance aidait les enfants atteints de poliomyélite, et l'une des jumelles marchait avec des attelles depuis sa maladie. Le défilé de mode, qui se déroulait au Waldorf Astoria, était l'œuvre de couturiers du New York Dress Institute, ainsi que d'autres stylistes de New York, de Californie et d'Italie. Marilyn porte un tailleur de satin champagne, dessiné par John Moore pour Talmack.

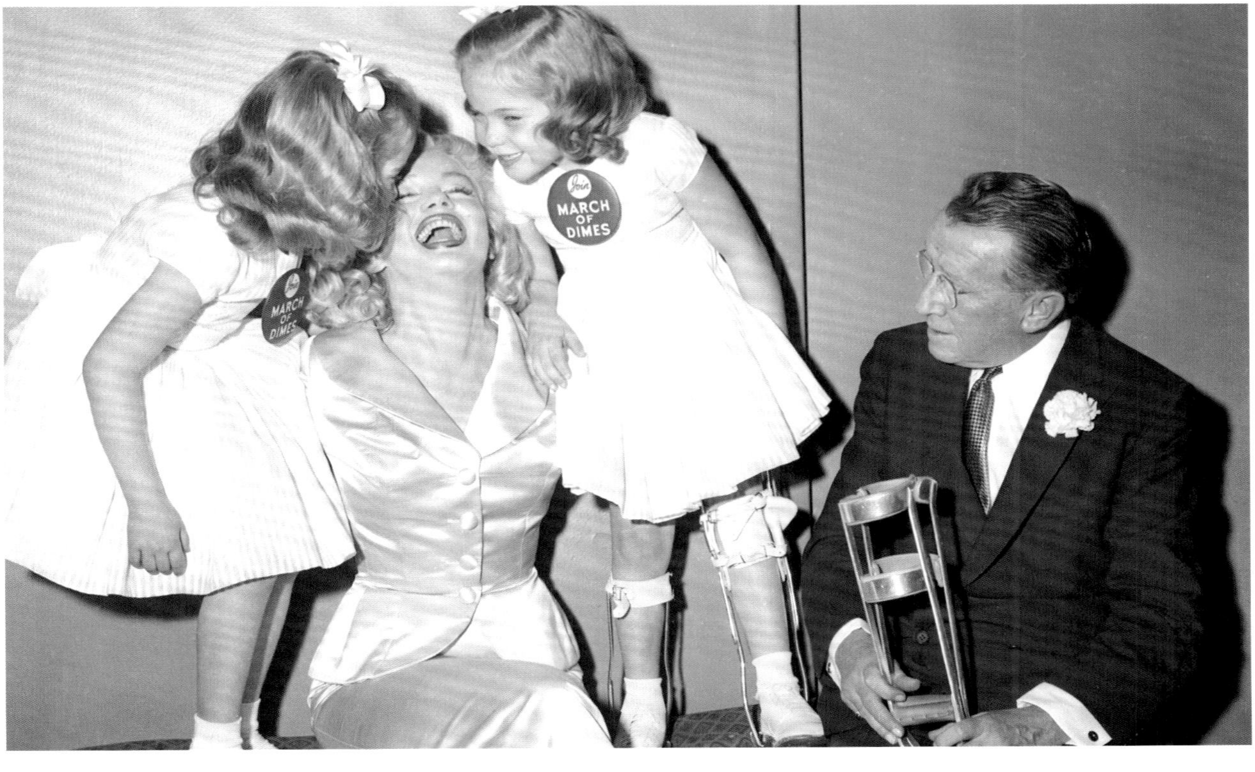

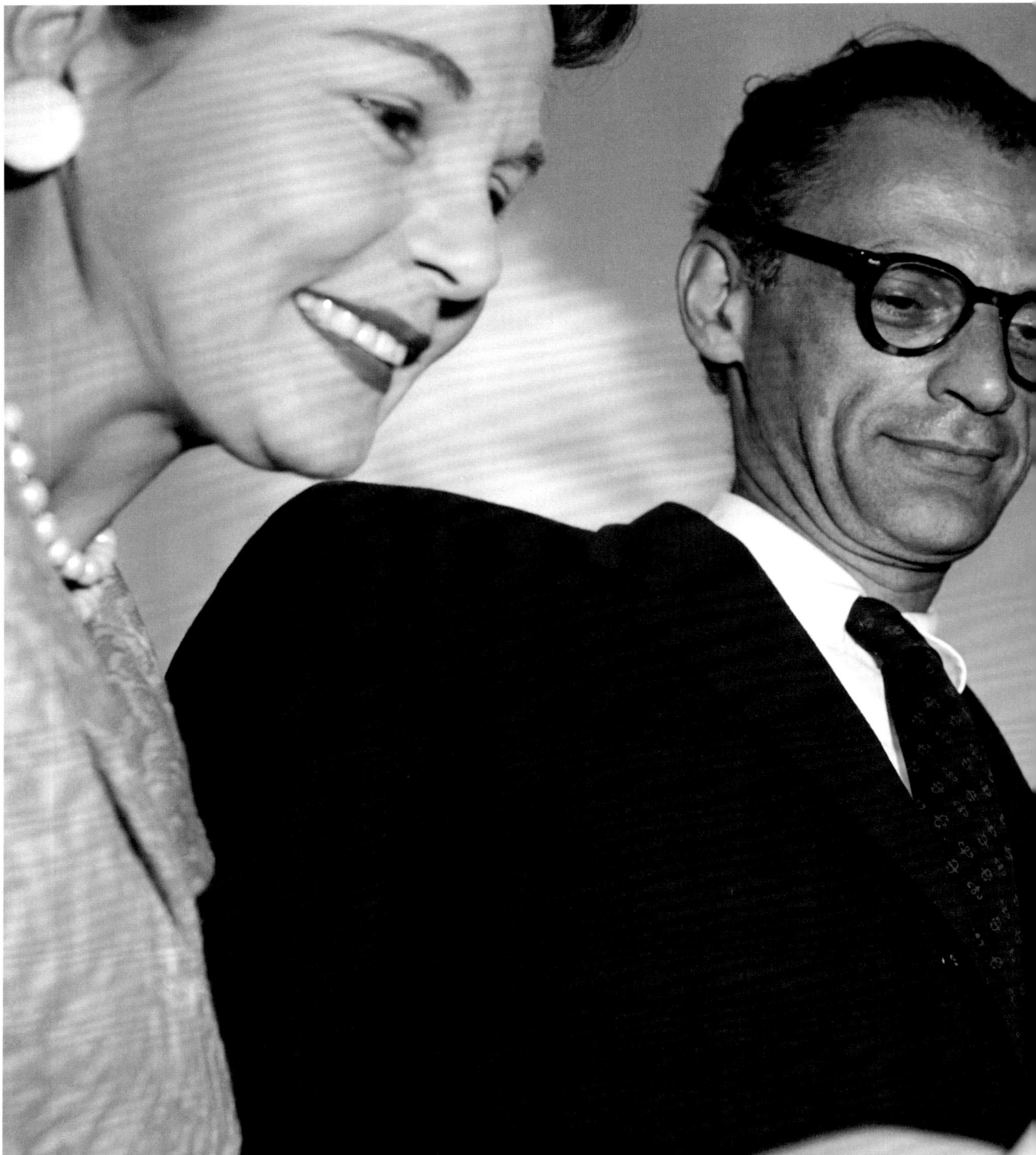

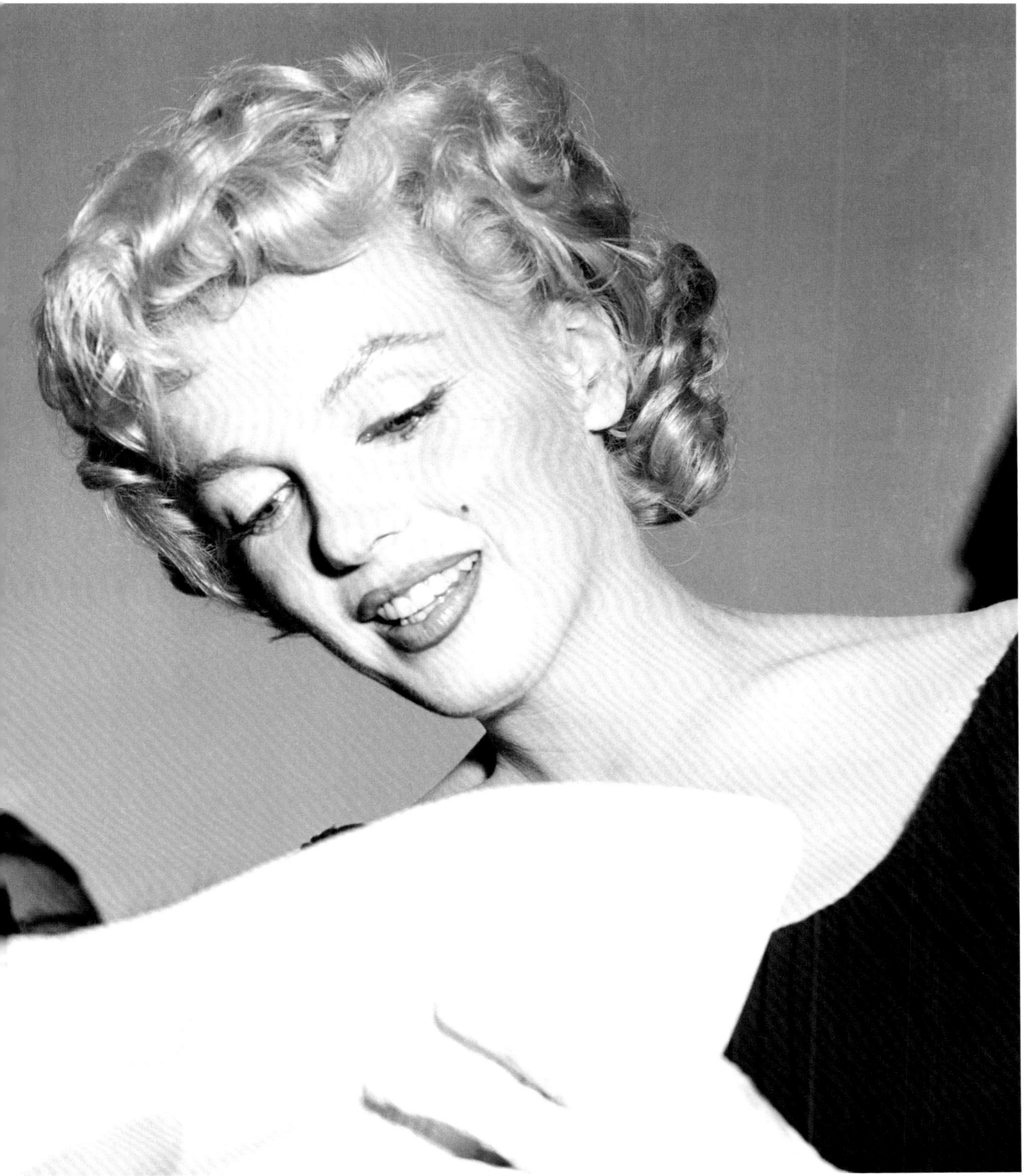

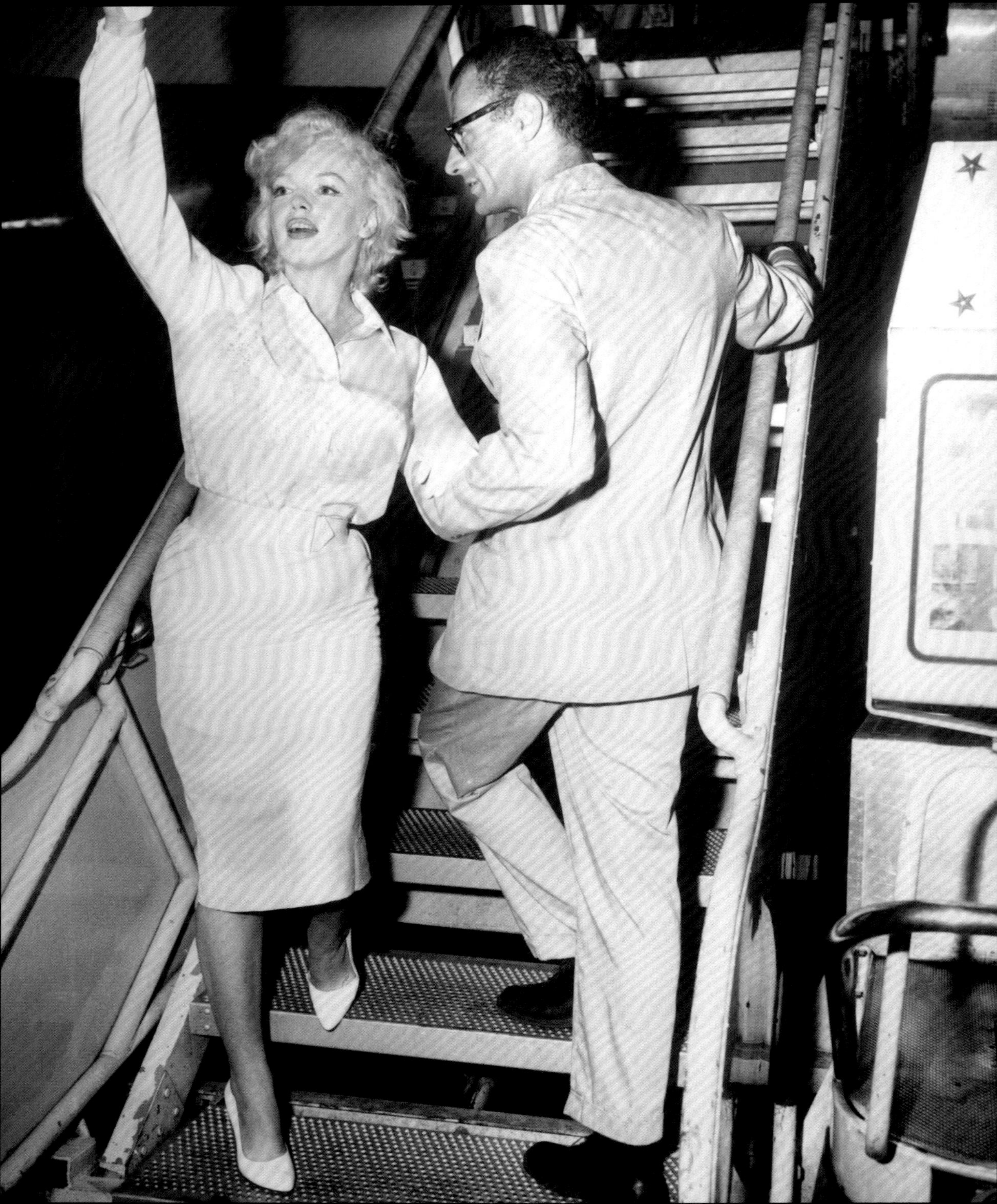

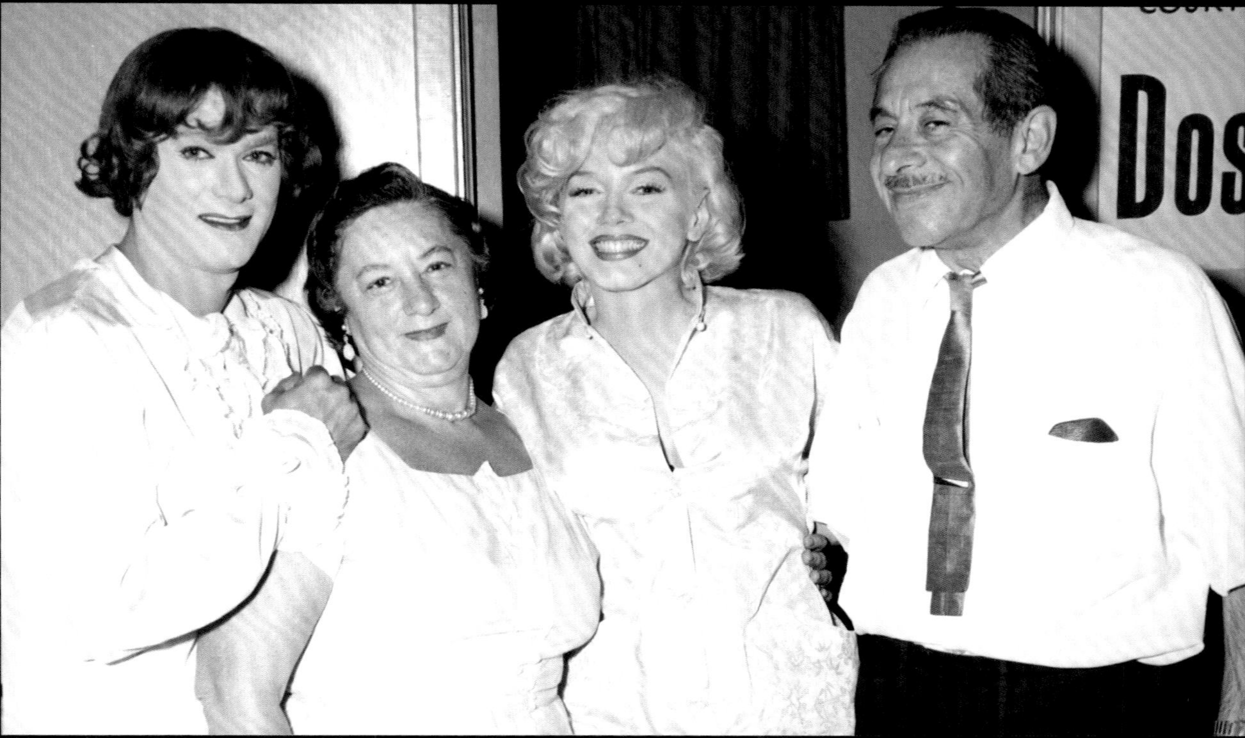

Certains l'aiment chaud

Page ci-contre : Marilyn et Arthur Miller quittent New York, pour le tournage de *Certains l'aiment chaud*.

Ci-dessus : Tony Curtis, le partenaire de Marilyn, tourna tout le film travesti en femme, le scénario prévoyant qu'il devait se cacher dans un orchestre de dames pour échapper à la mafia, après avoir été témoin du massacre de la Saint-Valentin, dans les années 1920. Curtis était mal à l'aise dans des vêtements féminins, mais il se fit aider du travesti Babette et apprit vite à se comporter en femme. Jack Lemmon ne se montra pas aussi doué.

Ci-contre : le metteur en scène Billy Wilder discute d'une scène avec Marilyn. Elle avait été surprise de découvrir que le film serait tourné en noir et blanc et non en Technicolor. Wilder expliqua que les tests avaient montré que l'épais maquillage de Curtis et de Lemmon, virait au vert en Technicolor et leur donnait l'aspect de clowns.

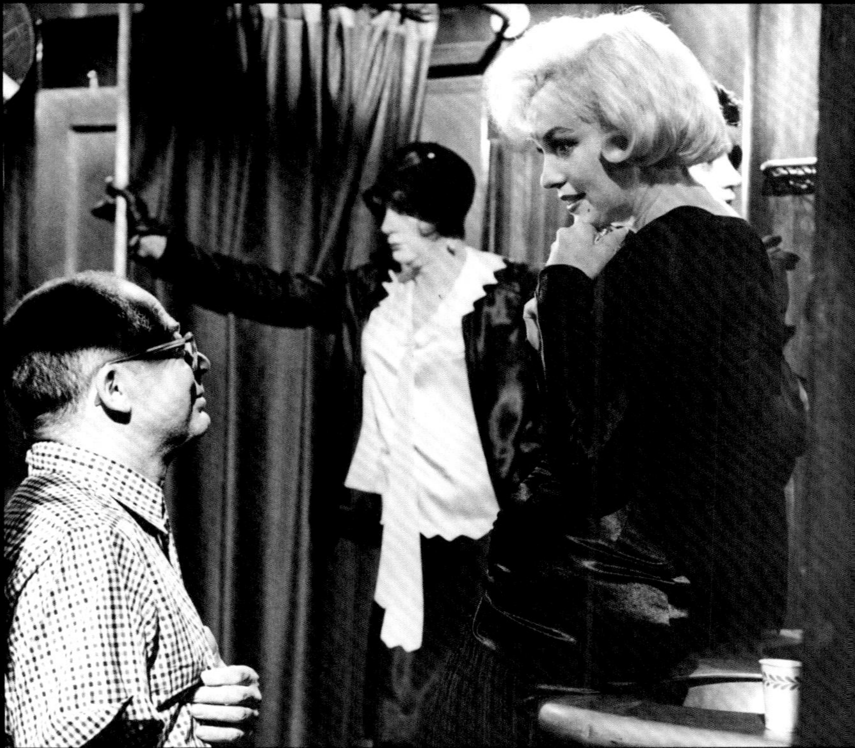

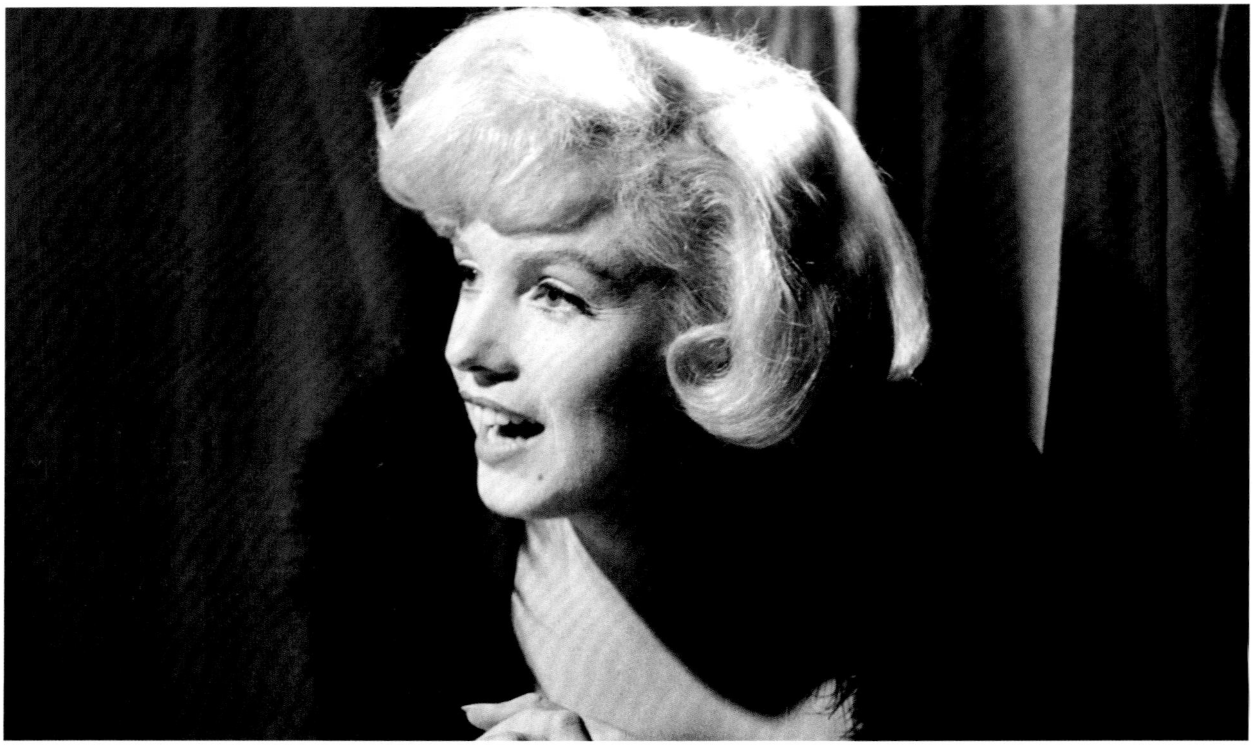

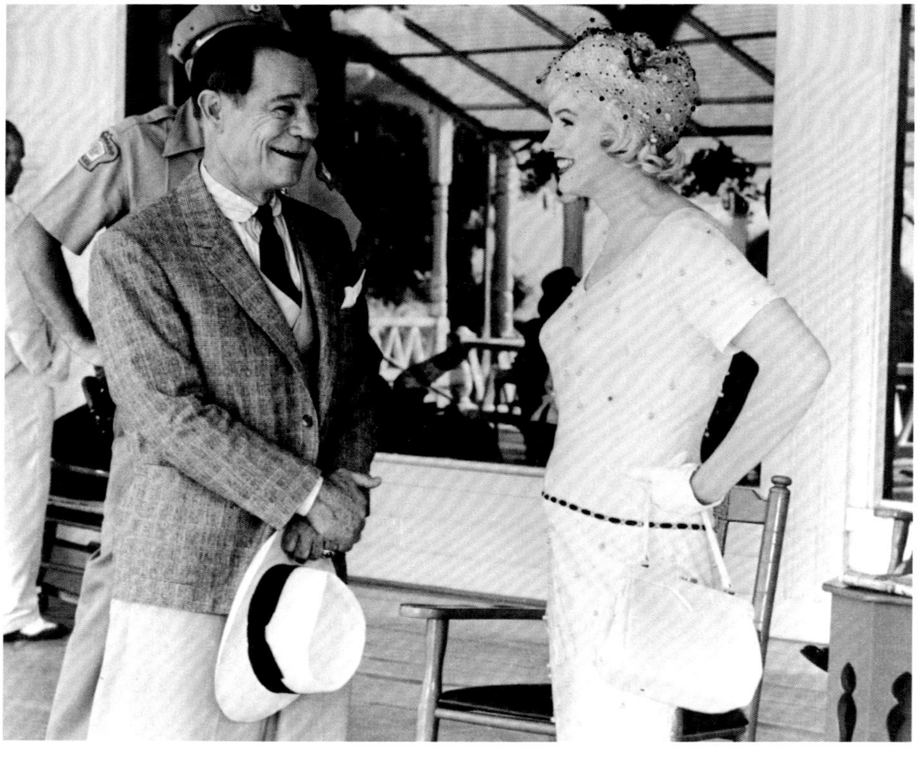

Le casting de Sugar

Ci-dessus et page ci-contre : Marilyn joue Sugar, la chanteuse et joueuse d'ukulélé de l'orchestre. Wilder avait pensé à plusieurs acteurs pour les principaux rôles masculins, dont Frank Sinatra, Danny Kaye et Bob Hope, avant de choisir Lemmon et Curtis. Malgré les difficultés rencontrées lors de *Sept Ans de réflexion*, Wilder apprécia beaucoup la prestation de Marilyn et l'engagea pour le rôle de Sugar, considérant qu'il n'y avait pas meilleure qu'elle pour ce personnage. Les prises de vues débutèrent en septembre 1958, mais Miller et Diamond continuèrent à remanier le scénario tout au long du tournage.

Ci-contre : Joe E. Brown, qui joue le millionnaire Osgood Fielding, bavarde avec Marilyn sur le plateau. Fielding s'éprend de Daphné, Jack Lemmon travesti en femme.

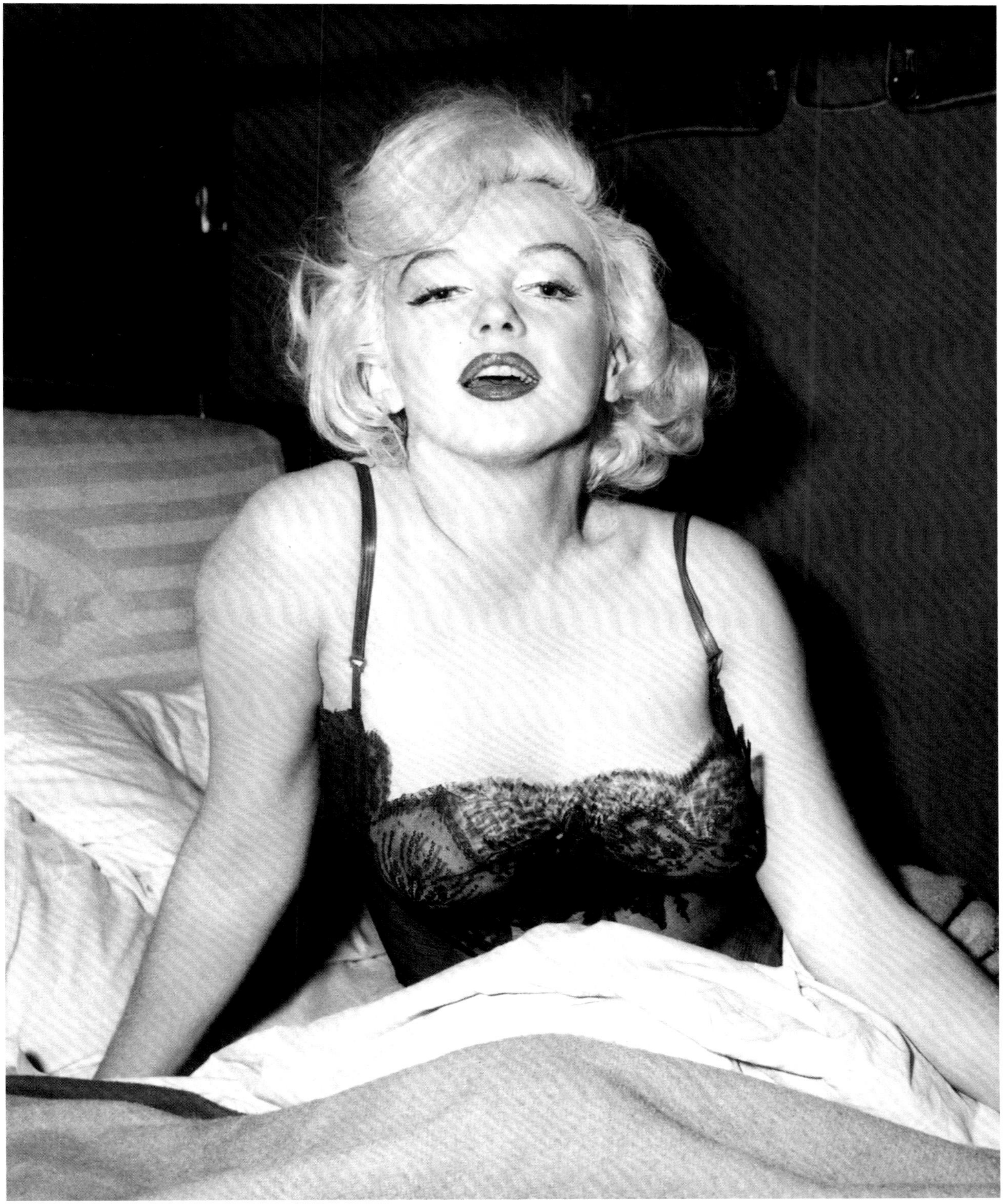

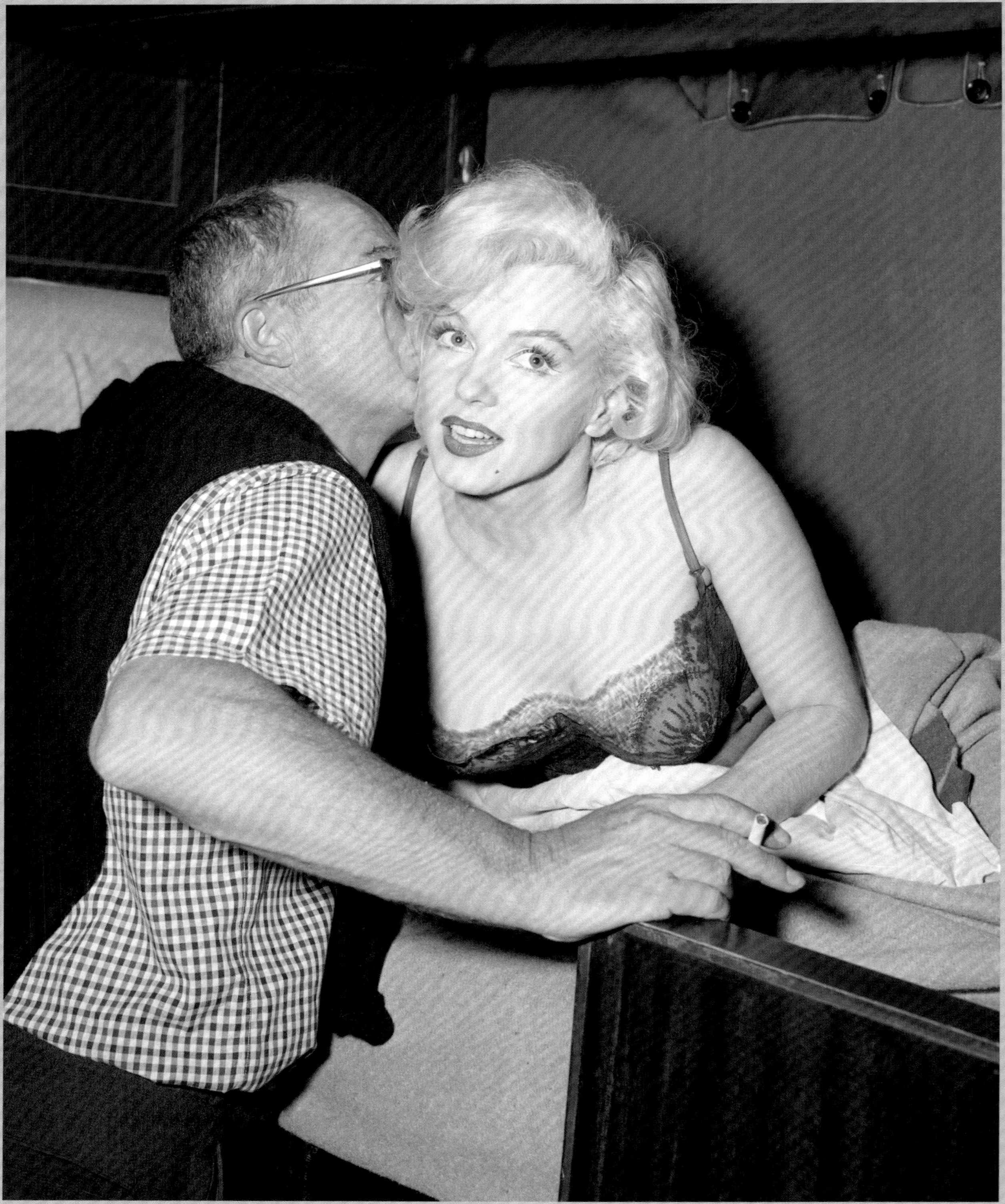

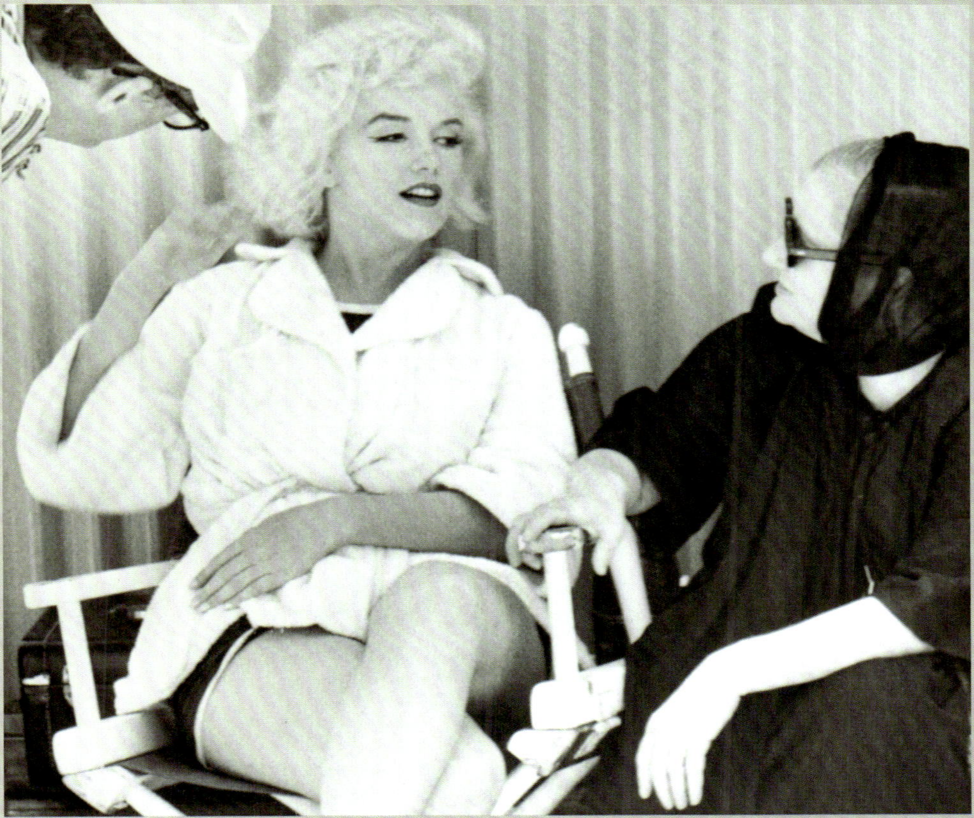

Travailler avec Paula

Ci-contre : Marilyn avec Paula Strasberg. La plupart des metteurs en scène n'avaient pas apprécié les interventions de Paula sur le plateau, mais Wilder s'imposa d'emblée : « C'est moi le boss ! »

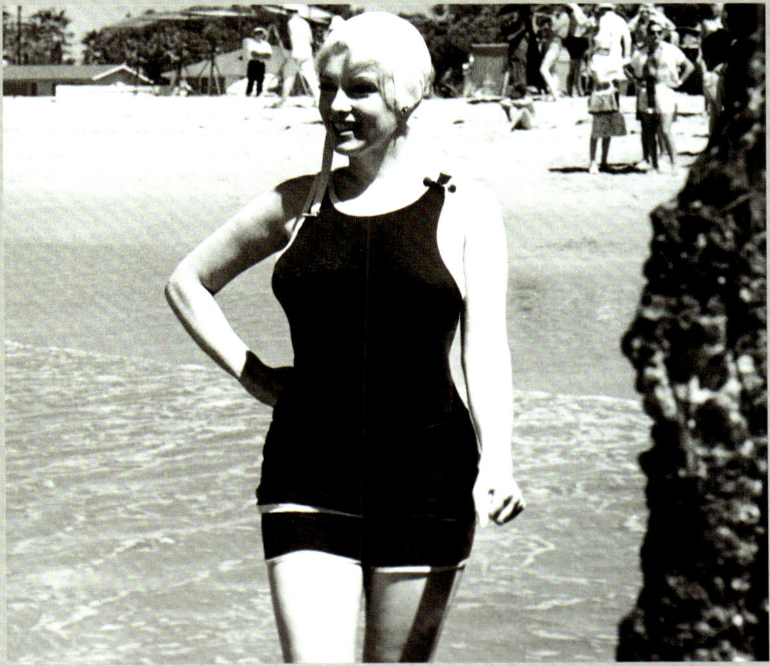

Problèmes sur le plateau

Ci-contre : lors des prises de vues des scènes de plage, Marilyn portait un maillot de bain de style années 1920, bien plus couvrant que les maillots audacieux portés dans d'autres occasions. Au moment du tournage, on crut apercevoir un requin à proximité. Le tournage fut retardé de 3 heures.

Page ci-contre : le réalisateur Billy Wilder donne gentiment des conseils à Marilyn. Quand Joe Hyams, du *New York Herald*, interviewa Wilder, vers la fin du film, ce dernier se plaignit du manque de ponctualité de Marilyn et de sa difficulté à retenir son texte. Mais lorsqu'il lui fut demandé s'il travaillerait encore avec elle, il répondit : « J'en ai discuté avec mon docteur et mon psychiatre, et ils m'ont dit que j'étais trop vieux et trop riche pour récidiver. » Mais c'était une réaction à chaud et il dit plus tard de Marilyn : « N'importe quel acteur peut avoir des trous de mémoire, mais seule une authentique artiste peut, comme elle, avoir oublié son texte et interpréter magnifiquement sa scène. »

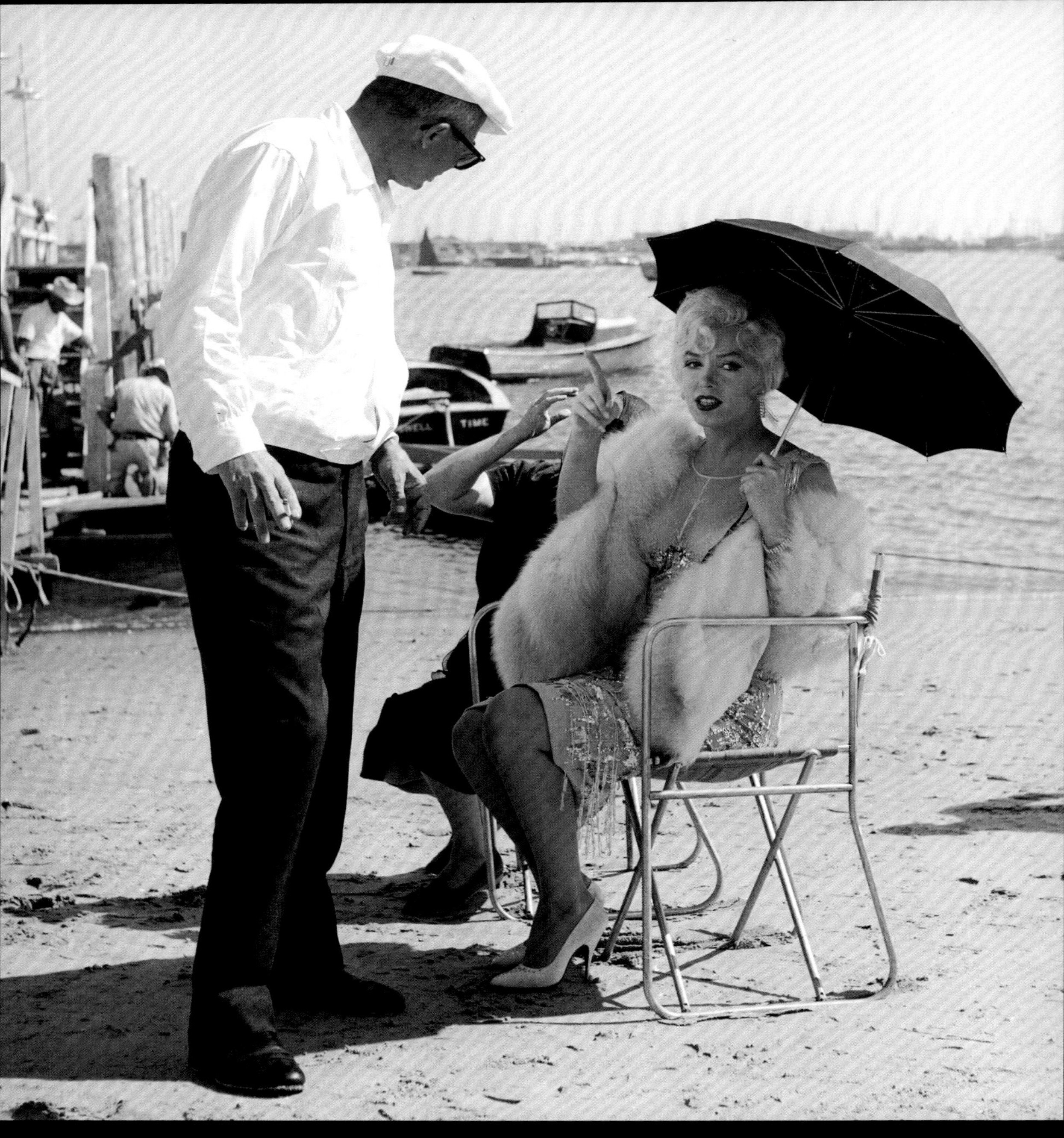

À la plage

Ci-dessus : Marilyn et Billy Wilder à la plage, sur le tournage de *Certains l'aiment chaud*.

Page ci-contre : Tony Curtis feint d'être un magnat du pétrole pour attirer l'attention de Sugar. Les prises de vues furent effectuées en Floride, mais les extérieurs filmés à l'Hotel del Coronado, une bâtisse de style victorien datant de 1880, près de San Diego. Cette station balnéaire était très en vogue à la fin du XXe siècle et l'on prétend que c'est là que le roi d'Angleterre Édouard VII rencontra Wallis Simpson.

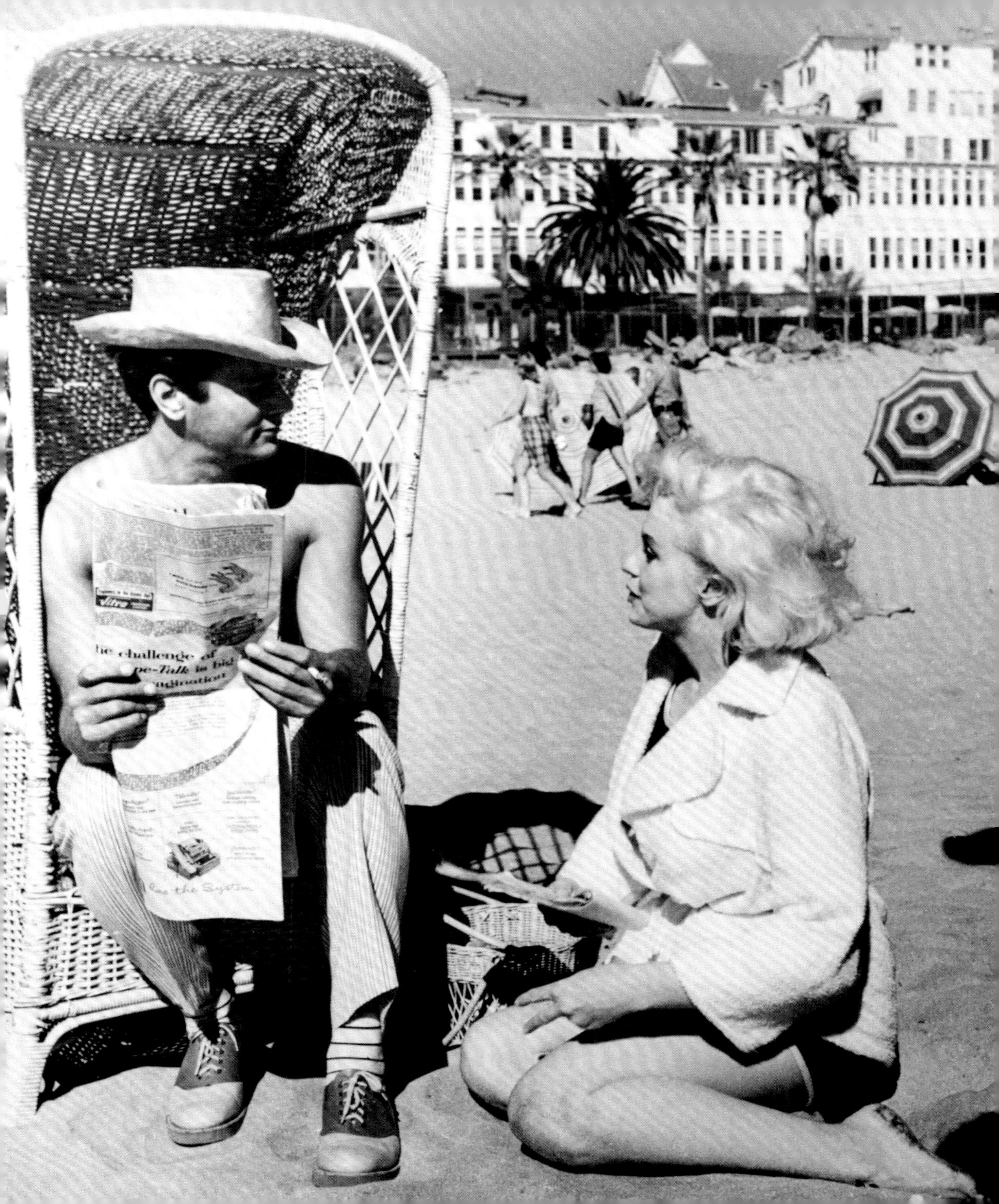
the challenge of

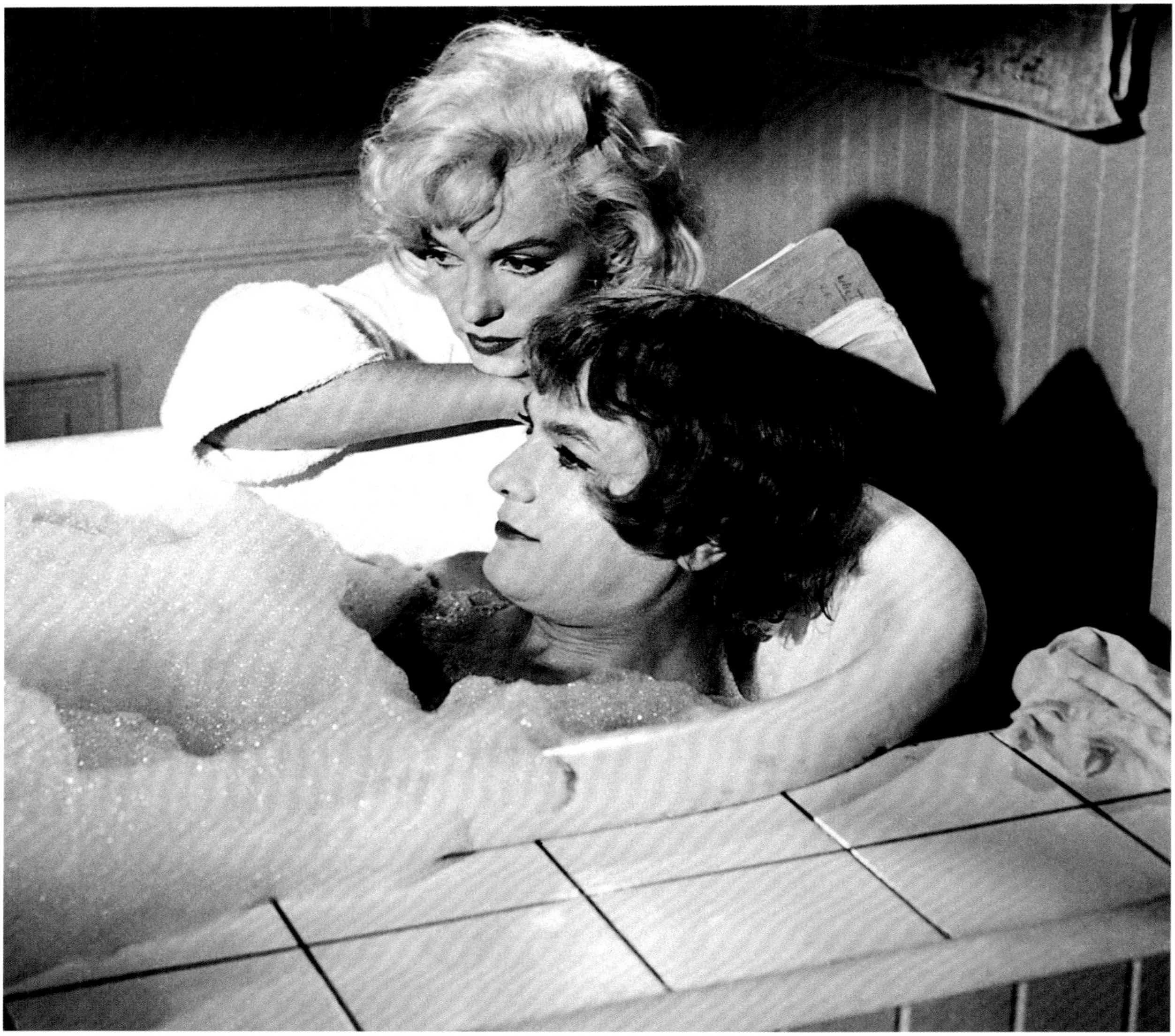

Un succès au box-office

Ci-dessus : Sugar papote avec Joséphine, plongée dans son bain. Tony Curtis était très gêné, car Marilyn oubliait souvent son texte, ce qui nécessitait de refaire une scène une douzaine de fois, sans parler de ses perpétuels retards. Parfois, elle était incapable de dire des répliques très simples et pouvait reprendre 40 fois : « C'est moi, Sugar ! » Curtis fit à un journaliste ce commentaire humoristique : « Embrasser Marilyn, c'est comme embrasser Hitler. » Mais il se corrigea plus tard, disant qu'il ne fallait pas prendre cette plaisanterie au sérieux. Cependant, Marilyn fut blessée de ce propos et répliqua avec esprit que Curtis était jaloux car elle portait dans le film de plus jolies robes que les siennes. En dépit des problèmes inhérents au tournage et une première désastreuse, *Certains l'aiment chaud* fut un immense succès au box-office, l'un des trois premiers films en tête du classement de 1959. C'est devenu un véritable film culte, très souvent projeté, même 40 ans plus tard. C'est aussi l'un des meilleurs films de Marilyn.

Page ci-contre : Maurice Chevalier, en visite sur le plateau de *Certains l'aiment chaud*, est en admiration devant Marilyn. Sa robe très suggestive fut dessinée par Orry-Kelly, qui la créa pour la circonstance. Le film obtint six nominations aux oscars, dont celles de Jack Lemmon comme meilleur acteur et de Wilder comme meilleur metteur en scène. Mais le seul vainqueur fut Orry-Kelly pour les costumes.

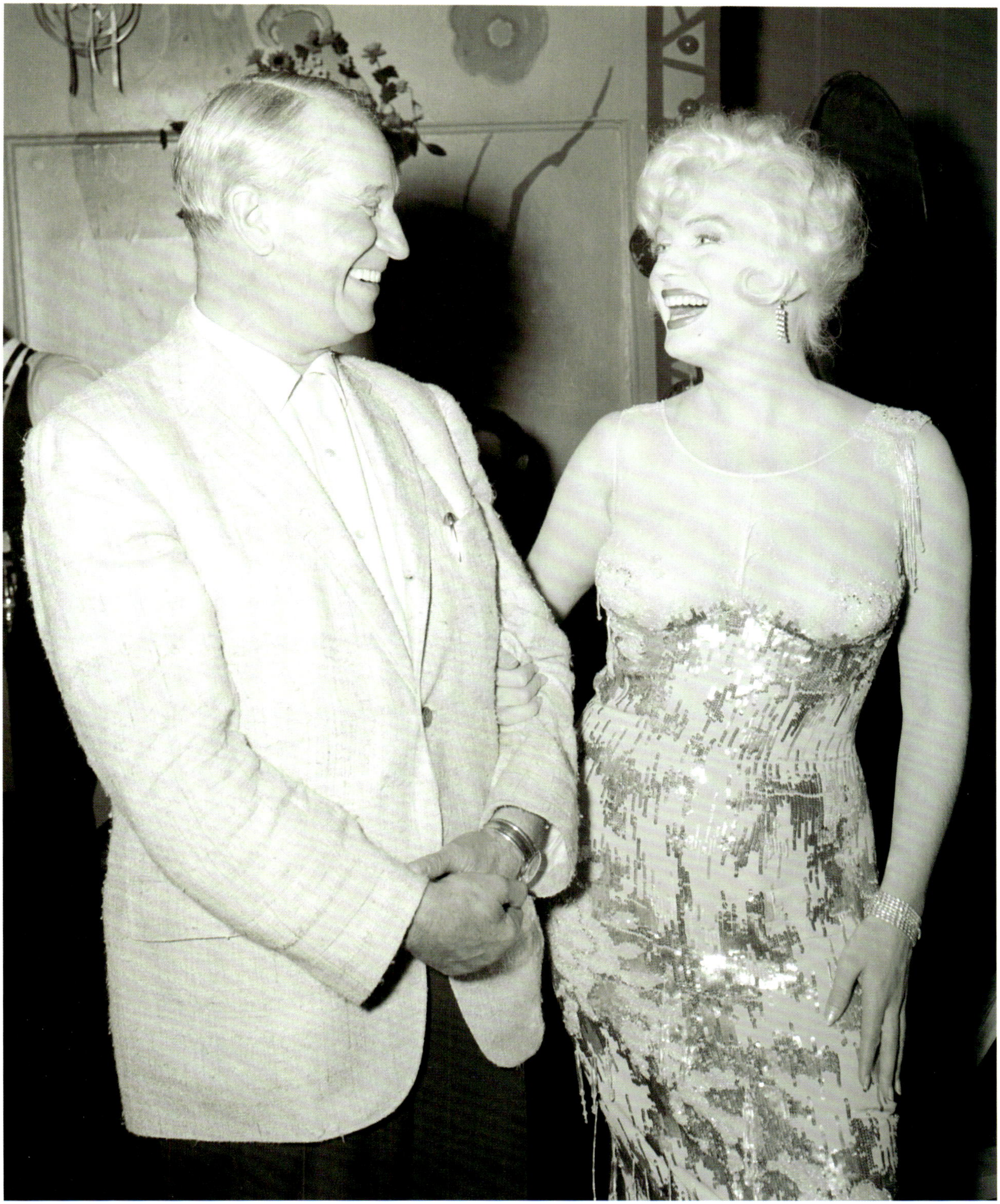

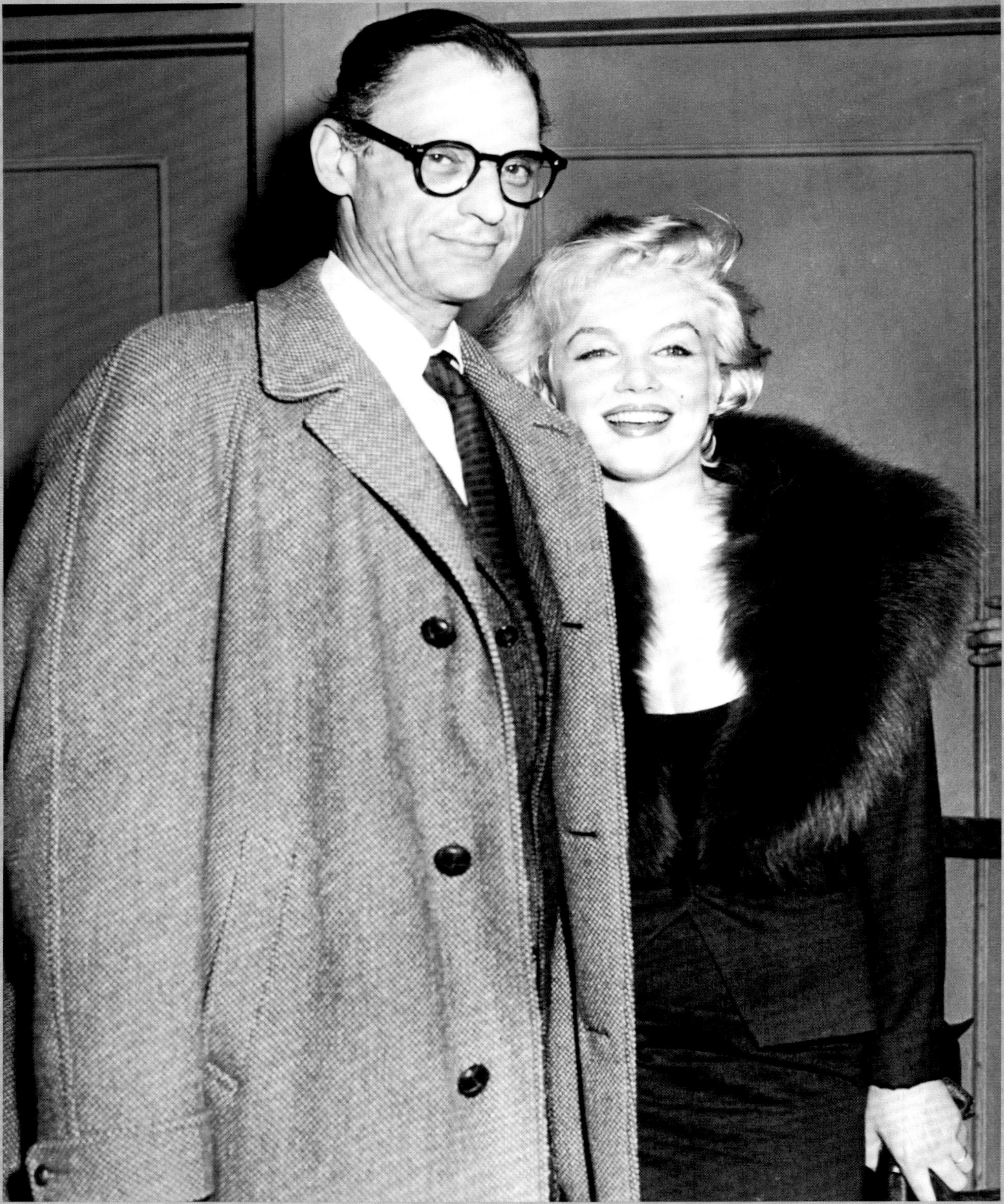

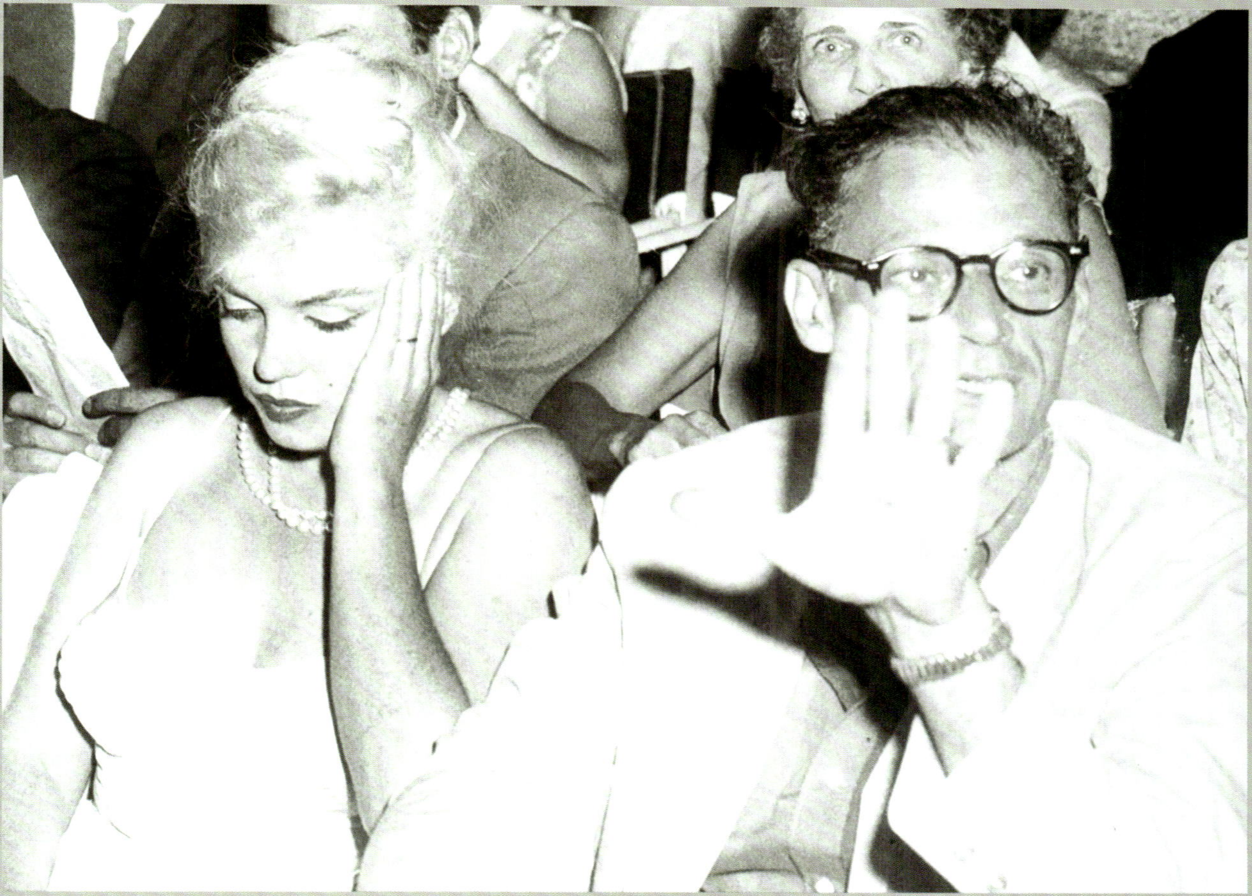

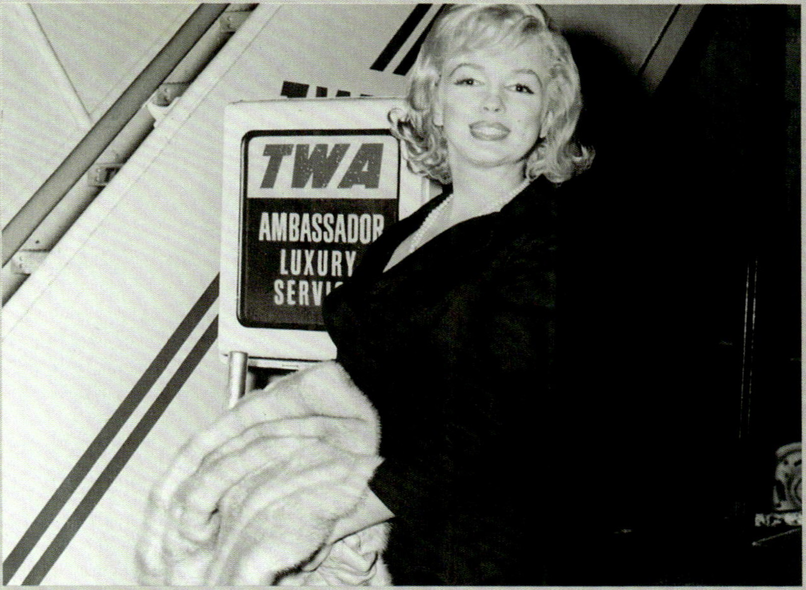

Apparitions publiques…

Page ci-contre : Arthur Miller et Marilyn à la première de Certains l'aiment chaud, au Loew's Capitol Theater de Broadway, à New York, le 29 mars 1959. Marilyn avait perdu son bébé en décembre et s'était tenue un certain temps à l'écart de la vie publique.

Ci-dessus : Arthur Miller tente de chasser les photographes au Boston Arts Center Theater, près de chez lui, à Roxbury (Connecticut), où il était venu assister à une représentation de *Macbeth*. Miller trouve l'attention constante de la presse et du public difficile à supporter.

Ci-contre : Marilyn pose à son arrivée à Los Angeles.

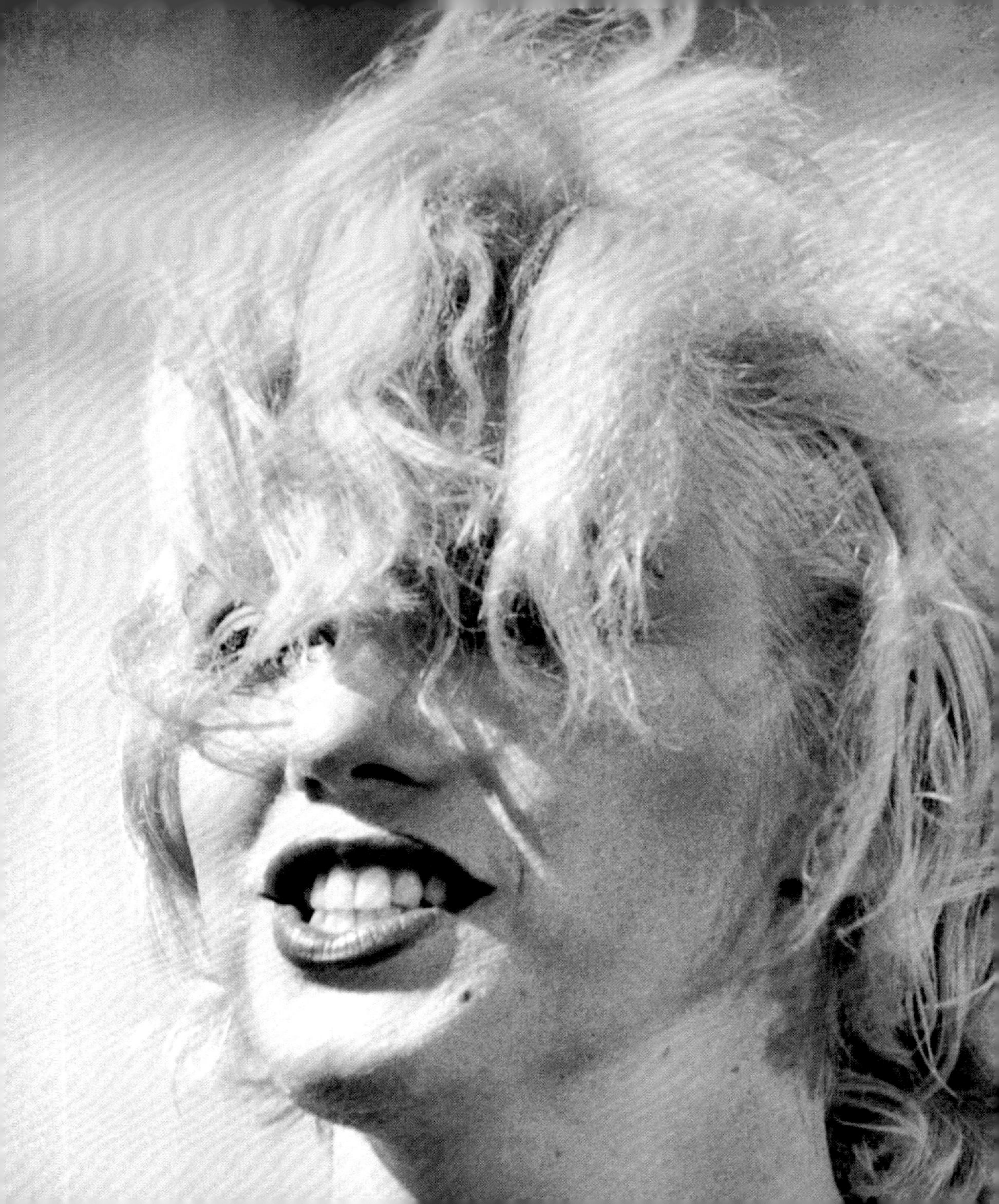

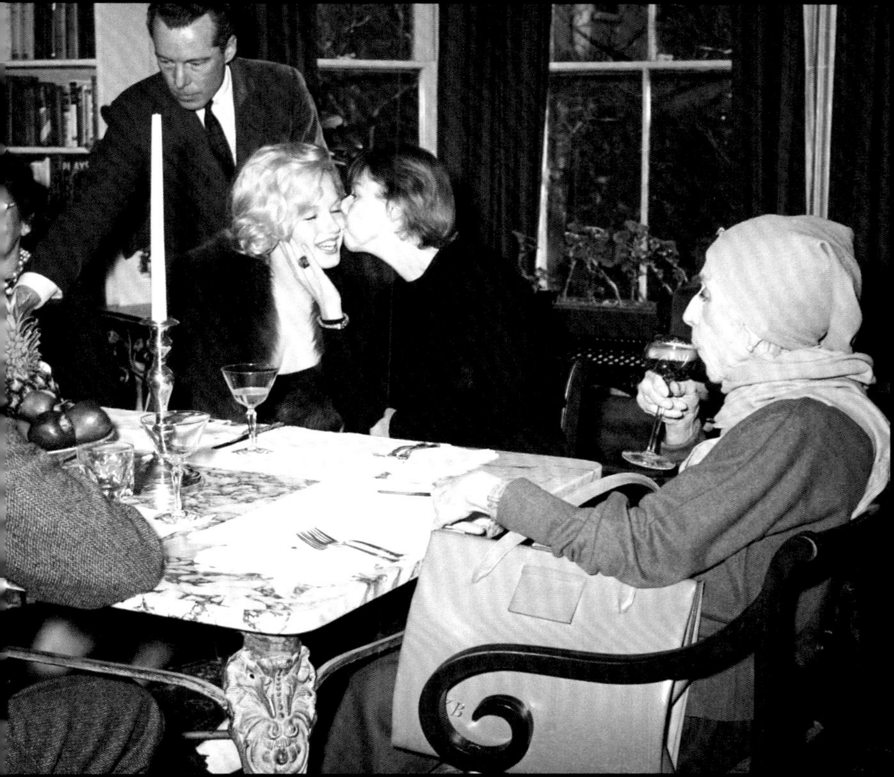

La liberté

Page ci-contre : Marilyn à la plage. Sa couleur de cheveux, très éclaircie pour *Certains l'aiment chaud*, tirait sur le blanc. Sa chevelure commençait à souffrir des nombreuses années de décoloration.

Ci-contre : Carson McCullers donne un baiser à Marilyn. Les deux femmes se connaissaient depuis 1955, au temps où Marilyn habitait New York. Elles étaient toutes deux descendues au Gladstone Hotel, sur 52e Rue Est.

Ci-dessous : Marilyn rencontre la baronne Karen Blixen, l'auteure de *Out of Africa*, dans la demeure new-yorkaise de l'écrivain américain Carson McCullers. Marilyn et Miller faisaient partie des invités à une réception en l'honneur de Karen Blixen, pendant son voyage promotionnel aux États-Unis, en février 1959.

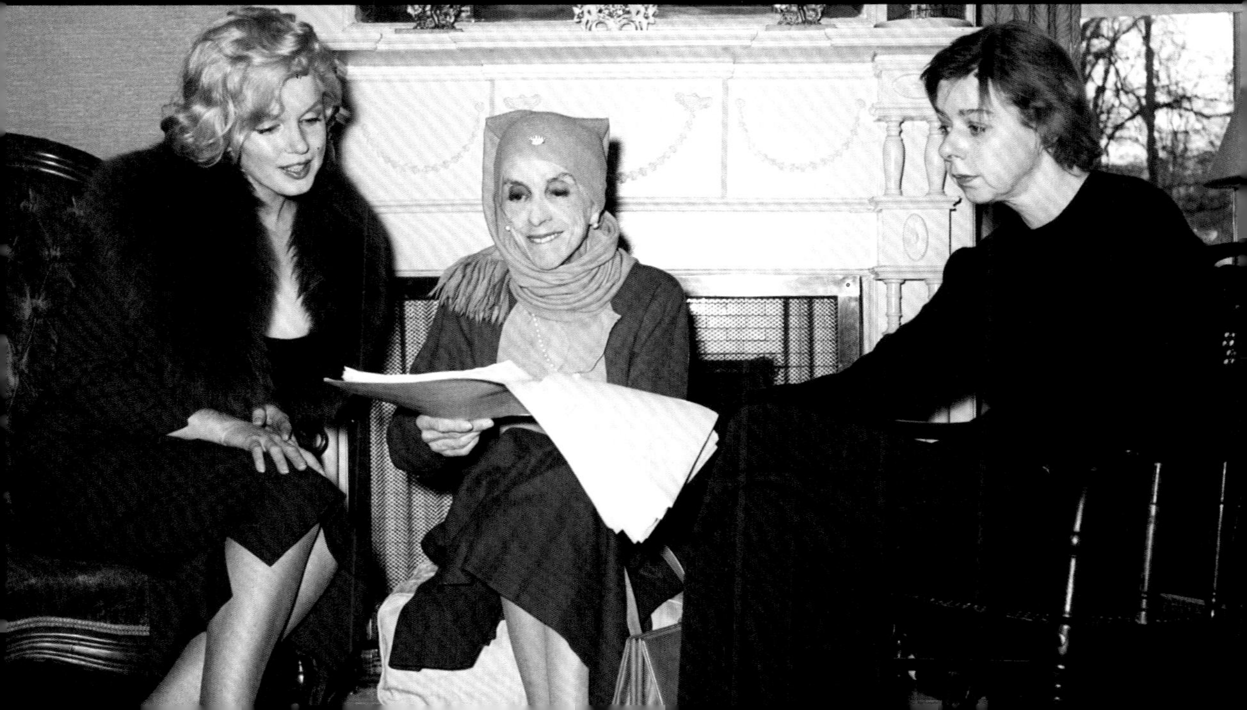

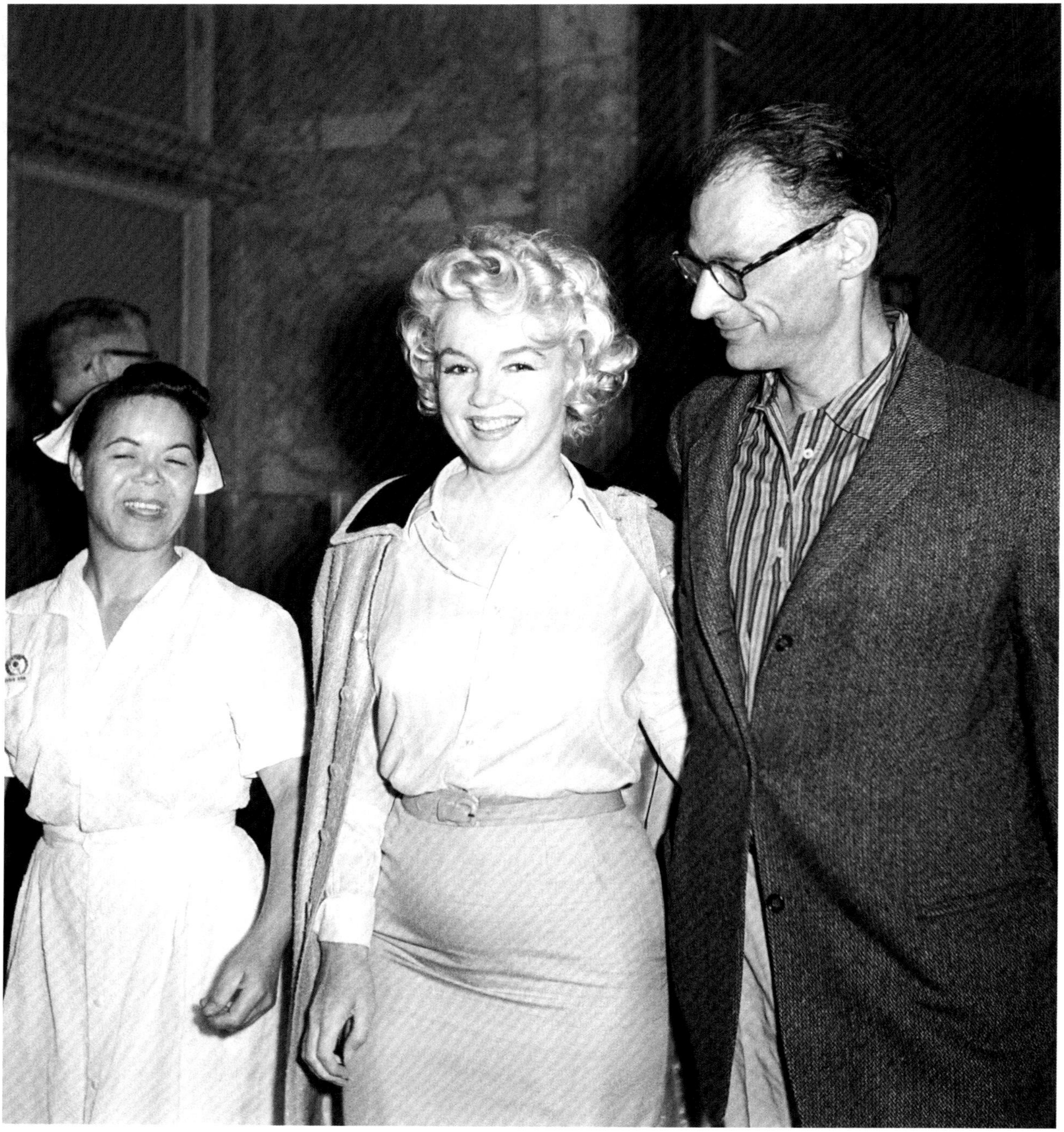

Un sourire dans l'adversité

Page ci-contre et ci-dessus : Arthur Miller est au côté de Marilyn lorsqu'elle quitte le Lennox Hill Hospital, après avoir subi une intervention destinée à soigner son endométriose chronique. Malgré les apparences, leur mariage est au bord du gouffre, car Marilyn est convaincue que l'absence d'enfant éloignera Miller.

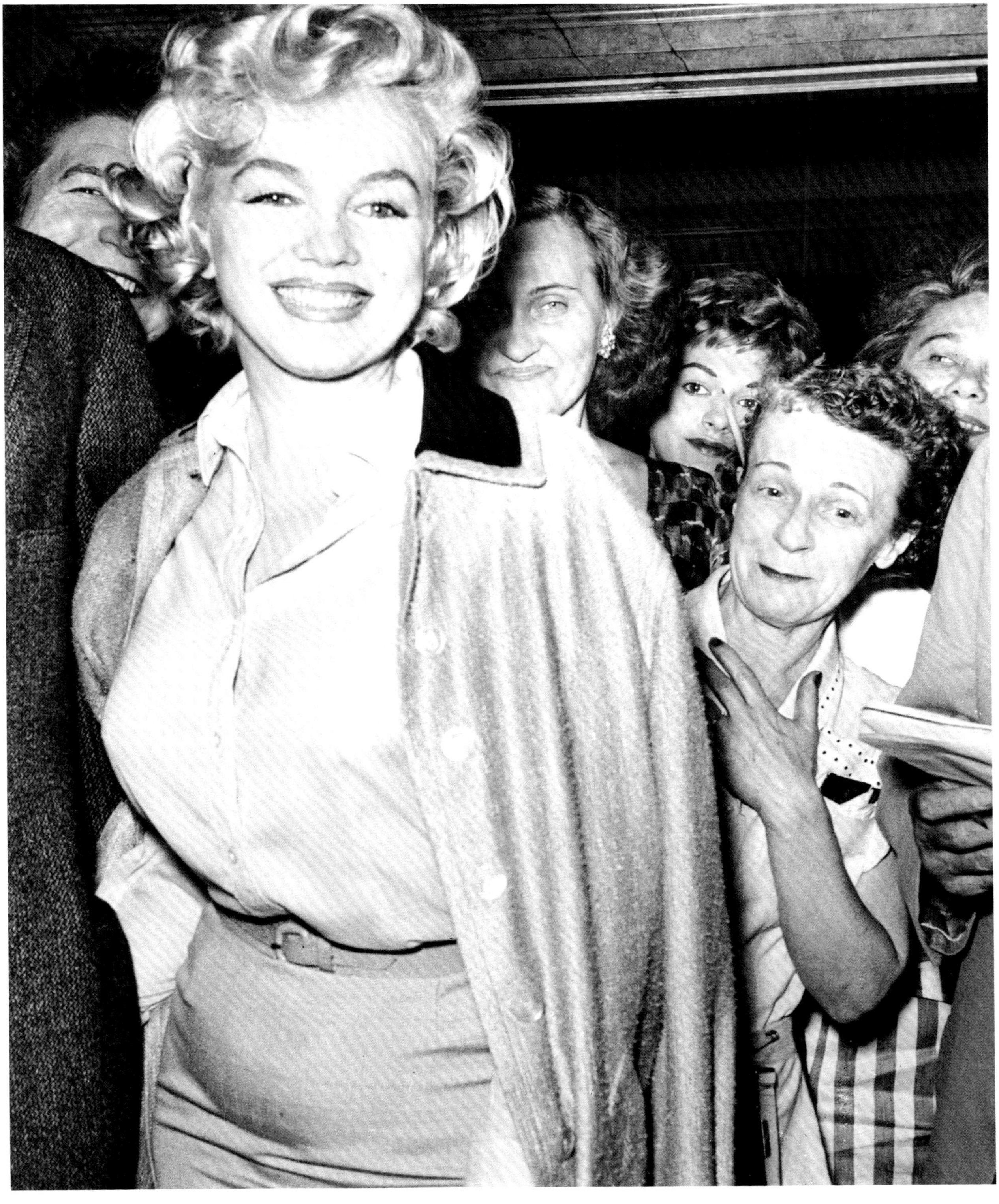

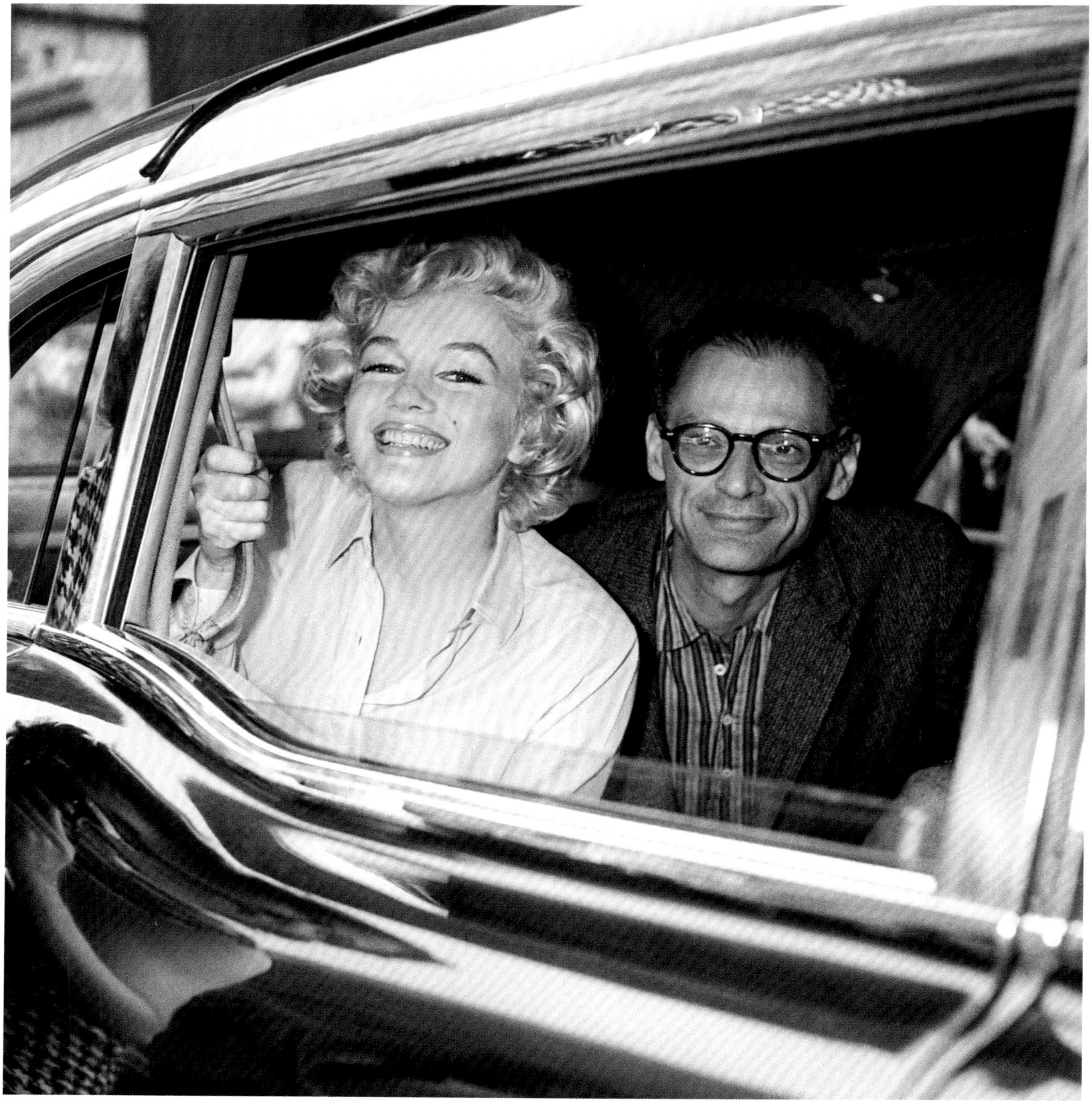

La reprise du travail

Ci-dessus : Arthur Miller et Marilyn quittent l'hôpital. Le tournage du Milliardaire devait commencer quelques jours plus tard, mais le projet ne démarra pas avant 1960. La vedette masculine devait être Gregory Peck, mais le retard pris par le film l'empêcha de prendre part au tournage, et il fallut le remplacer. Miller avait passé des mois à remanier son scénario et avait espéré que Marilyn serait libre de le tourner dès avril 1960.

Page ci-contre : Marilyn brave le vent glacial à son arrivée à l'aéroport La Guardia de Chicago, pour la projection de *Certains l'aiment chaud*.

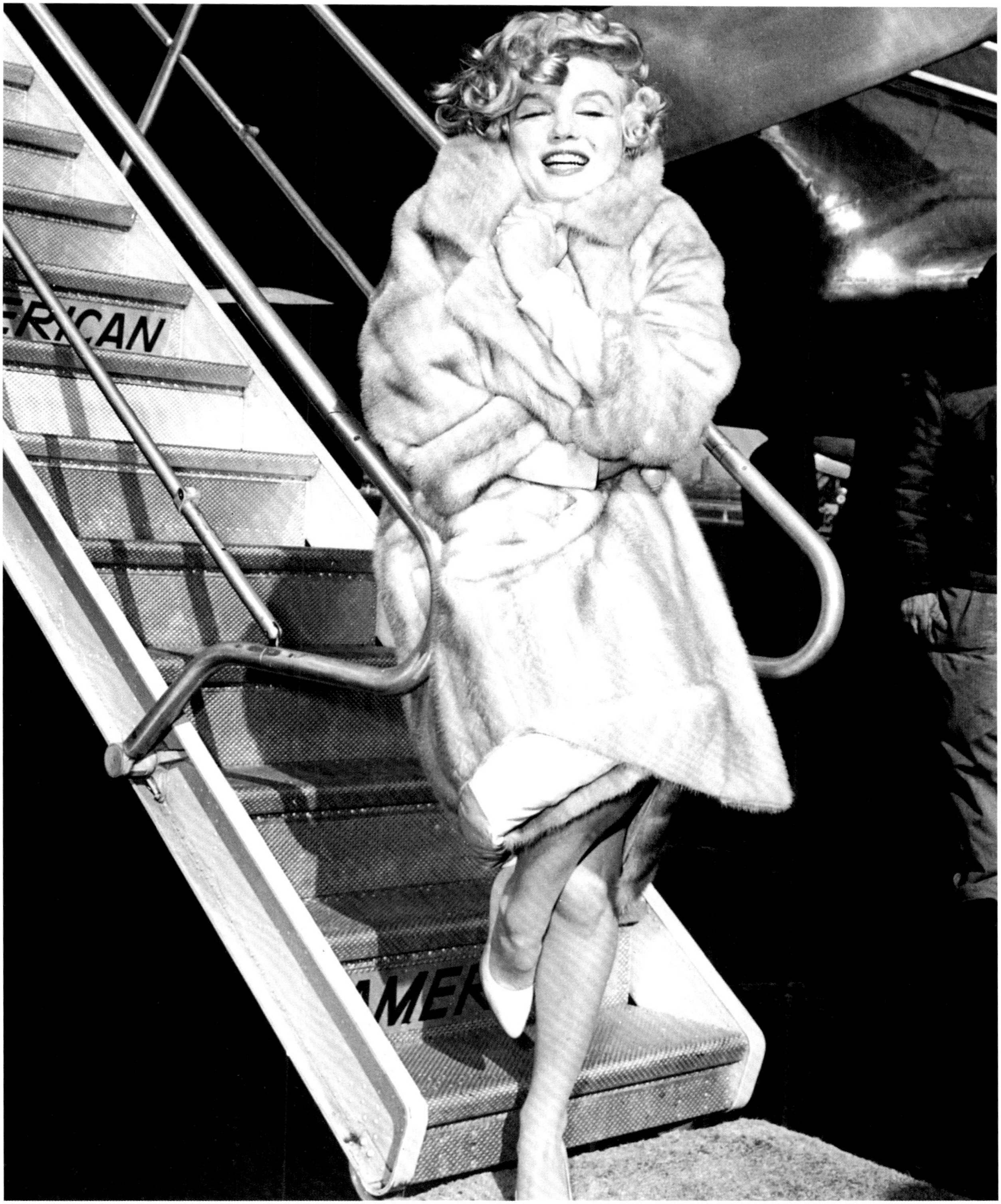
ERICAN
AMER

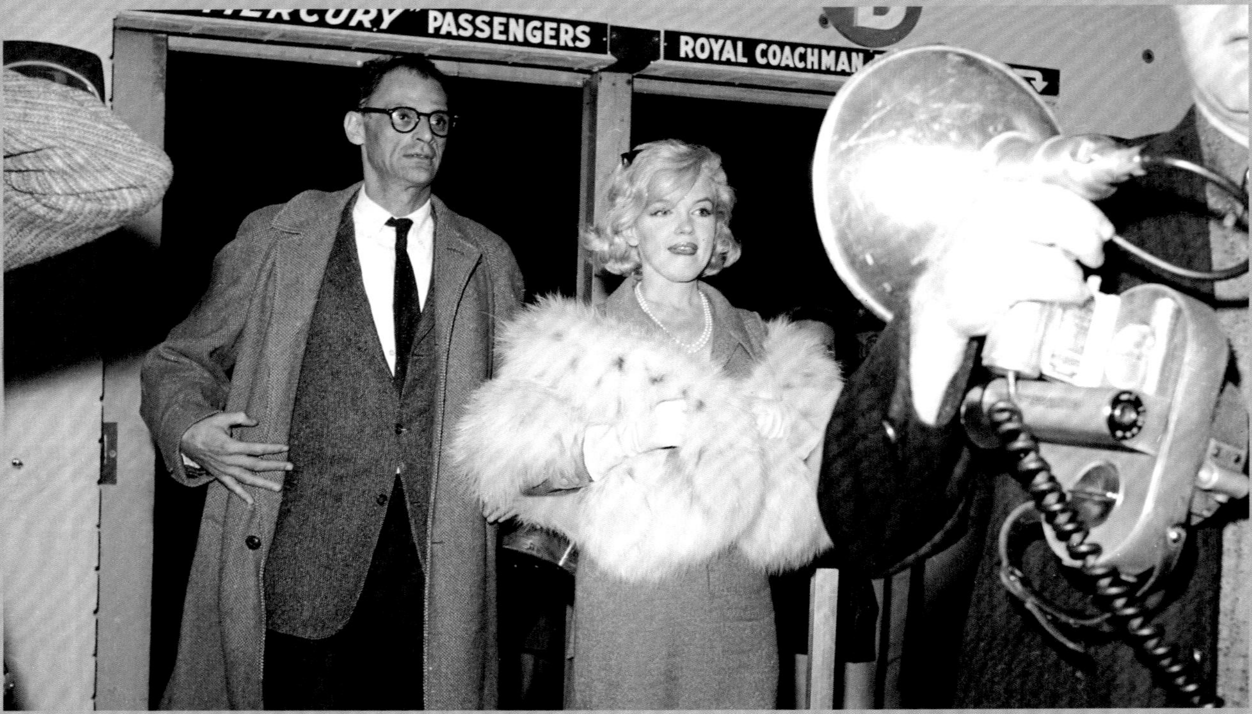

La rencontre avec Khrouchtchev

Ci-dessus : Marilyn et Arthur en novembre 1959.

Ci-contre : Marilyn, dans une attitude rêveuse, alors qu'elle écoute Nikita Khrouchtchev prononcer son allocution. Marilyn avait toujours été intéressée par la Russie – tous ses professeurs d'art dramatique suivaient la méthode d'enseignement de Constantin Stanislavski. Lorsque Nikita Khrouchtchev rendit visite aux studios de la Fox lors de son voyage aux États-Unis, elle fit le voyage de New York pour assister au repas de gala donné en l'honneur du chef de l'État soviétique et, une des rares fois dans sa vie, arriva à l'heure.

Page ci-contre : malgré sa rayonnante beauté sur cette photo prise à la fin de 1959, Marilyn était en mauvaise santé, et le début du tournage du *Milliardaire* fut sans cesse différé. Désormais, il lui arrivait de ne pas se présenter sur le plateau plusieurs jours de suite. À ses problèmes d'accoutumance aux médicaments et à l'alcool s'ajoutait sa mauvaise humeur, sa façon à elle de signifier qu'elle n'était pas d'accord avec le scénario ; Arthur Miller dut en récrire des scènes entières. Personne ne fit état de ce travail, car le tournage des *Désaxés* devait marquer les débuts de scénariste de Miller et sa première collaboration directe avec Marilyn, le film entier ayant été conçu et écrit pour elle.

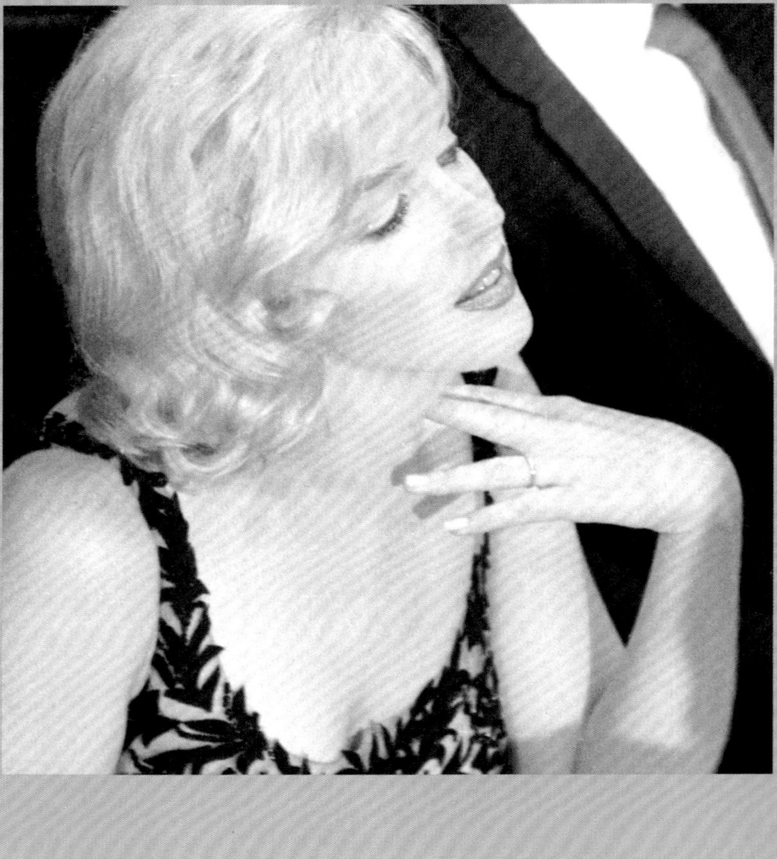

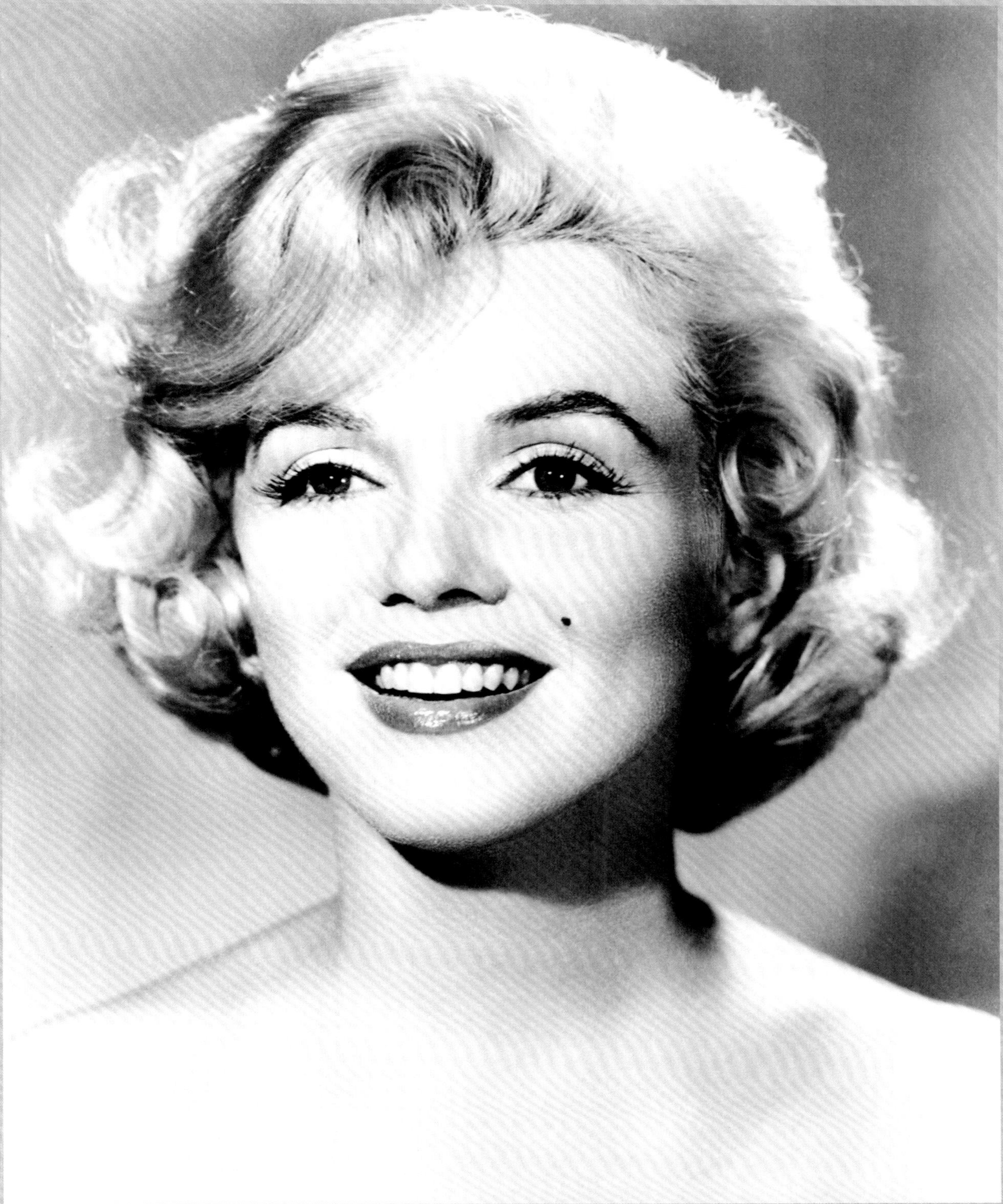

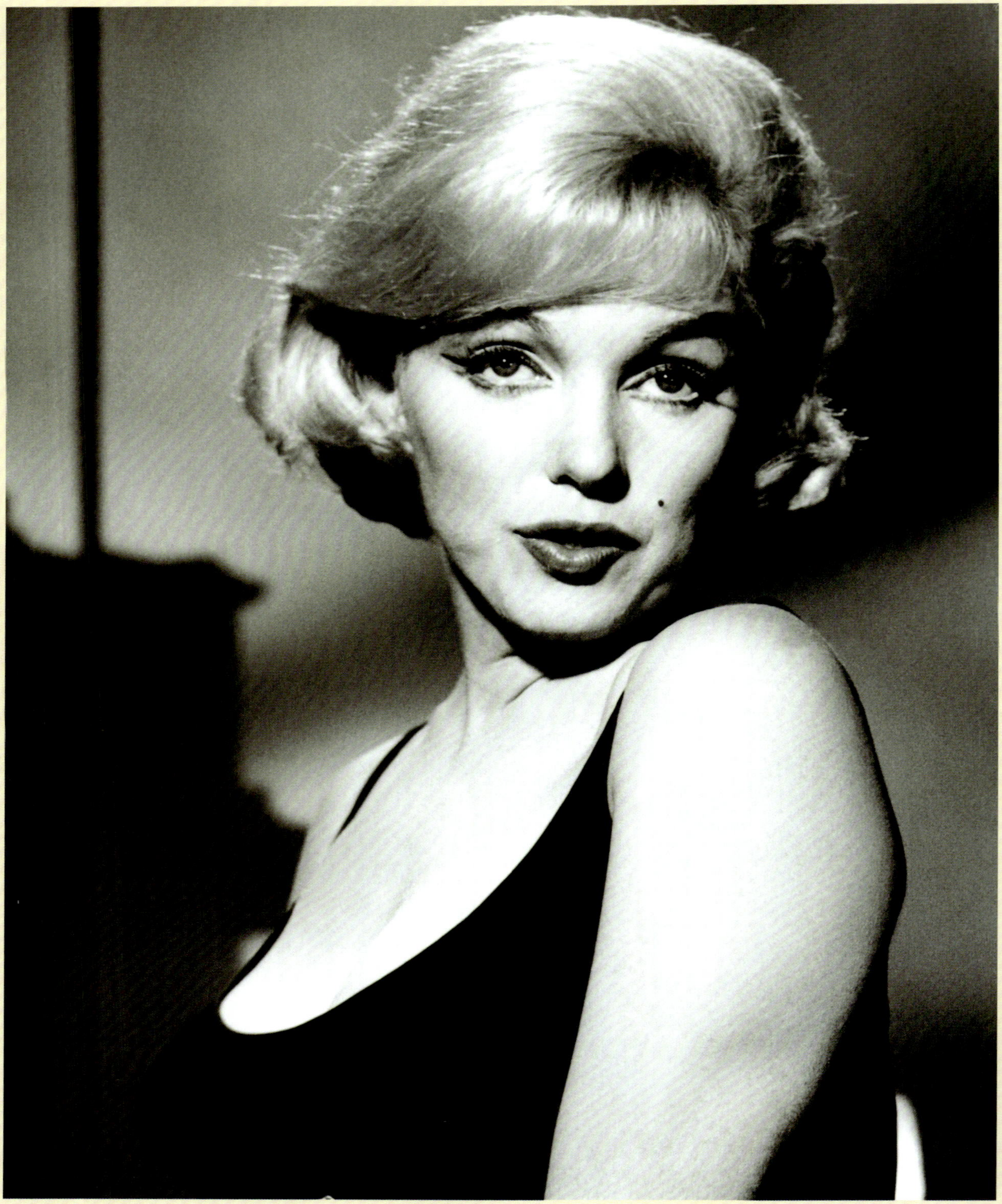

CHAPITRE SIX

Les Désaxés

Le sujet de la comédie *Le Milliardaire* repose sur des quiproquos d'identité et de situations. La trame de l'histoire se fonde sur un spectacle en cours de production à Greewich Village et sur l'histoire d'un milliardaire imaginaire, Jean-Marc Clément. Le véritable milliardaire, ayant connaissance du spectacle, se rend à une répétition. Il y rencontre l'époustouflante Amanda Delle et tombe amoureux d'elle. Le metteur en scène le prend pour un sosie venu passer une audition pour être la doublure de Jean-Marc Clément, et l'engage, abasourdi par sa ressemblance avec le véritable milliardaire. À l'origine, une grande partie du ressort comique relève du fait que Jean-Marc Clément ne sait ni chanter ni danser. Or il doit le faire dans le spectacle et conquérir Amanda. Plusieurs vedettes masculines, en particulier Gregory Peck, avaient été pressenties pour le rôle du milliardaire, et personne n'avait accepté le redoutable honneur de tourner avec Marilyn. Miller suggéra le nom d'Yves Montand, qui faisait alors une tournée aux États-Unis. Il était connu pour savoir danser et chanter, mais son anglais était approximatif, ce qui n'en faisait pas le partenaire idéal. Ces objections furent balayées car Montand accepta et, de son côté, la Fox avait bien trop besoin de commencer le tournage au plus vite. Marilyn, Miller, Montand et sa femme Simone Signoret sympathisèrent très vite et occupèrent des bungalows voisins au Beverly Hills Hotel. Miller fit pratiquer l'anglais à Montand, Marilyn fit des emplettes avec Simone. Cela n'empêcha pas Marilyn et Montand d'entamer une idylle dès que Miller rentra à New York pour travailler sur le scénario des *Désaxés* et que Simone regagna la France.

Pour Marilyn, sa relation avec Montand n'avait pas grande importance en soi – elle avait surtout besoin d'attention et d'affection. Miller l'avait encore abandonnée pour travailler sur son scénario et, bien que le scénario des *Désaxés* fût écrit pour elle, elle croyait désormais dur comme fer que Miller faisait passer sa carrière avant elle. Peut-être par cette aventure voulait-elle tester l'attachement de Miller : y prêterait-il attention ? Serait-il furieux, offensé, et reviendrait-il en courant ? Certainement pas. Cette fois, Marilyn semblait vraiment heureuse de travailler, et Miller était parti confiant. Montand était un étranger à Hollywood et avait noué une affaire de cœur avec une belle femme, loin de chez lui. Il n'en attendait rien d'autre qu'une satisfaction immédiate, comme d'ailleurs Marilyn, et Simone Signoret ignorait tout. Plus tard, parlant de cette affaire, cette dernière déclara que si Marilyn était amoureuse de son mari, c'est qu'elle avait bon goût.

Cette affaire de cœur mise à part, le tournage du *Milliardaire* se déroula comme prevu, avec les retards traditionnels sur le plateau, les textes oubliés et les coups de téléphone dans le vide. L'avantage dont bénéficia Cukor fut qu'il n'eut pas affaire à Paula Strasberg, Marilyn ayant provisoirement décidé de se passer d'elle.

Pendant ce temps, Miller avait pratiquement terminé le script des *Désaxés*, dont le tournage devait débu-

Page ci-contre : Marilyn in *Let's Make Love*.

ter en juillet. Il avait manifesté, dès le début, une attitude ambiguë vis-à-vis du projet. D'un côté, il créait un personnage sur mesure pour Marilyn, ce qui signifiait qu'il devait pratiquer une autocensure sur leurs relations. De l'autre, il désirait renouer avec le succès de *Mort d'un commis voyageur* et espérait que *Les Désaxés* lui donnerait l'occasion de prouver que son talent s'était enrichi. Pour couronner le tout, il se sentait moralement supérieur au monde d'Hollywood, bien qu'il courût après le succès. Il avait partiellement résolu le problème en espérant que *Les Désaxés* seraient un film à part, qui serait projeté dans des cinémas d'art et d'essai et bénéficierait d'un lancement exclusif et coûteux. Le metteur en scène John Huston mit rapidement fin à ses rêves. Il lui fit comprendre que sans doute son scénario était-il très bon et que cela donnerait sûrement un bon film, mais pas un chef-d'œuvre.

Le retard pris par *Le Milliardaire*, pour des raisons diverses, obligea Marilyn à passer directement d'un film à un autre. Et, comme elle investissait dans son travail une forte charge émotive, l'absence de pause entre deux rôles compromettait son psychisme et sa santé. Un autre problème, avec *Les Désaxés*, surgit du sujet du film lui-même. Marilyn avait espéré et cru que Miller créerait pour elle un rôle intéressant et, surtout, différent de tous les précédents. Mais son personnage était un double d'elle-même. Miller avait donné à Roslyn, l'héroïne des *Désaxés*, les sentiments de sa femme, les mots qui sortaient de sa bouche étaient ceux de Marilyn. En bref, le personnage se comportait comme elle. Lorsqu'il avait commencé à écrire, Miller était amoureux de Marilyn, et le personnage de Roslyn, sous bien des aspects, était une projection idéalisée de sa femme. Maintenant que les Miller étaient au bord du divorce, liés par le seul projet du film, Miller voyait son épouse d'un œil différent et n'avait pas adapté son héroïne à cette évolution, la laissant dans une espèce de flou artistique. Marilyn fut anéantie lorsqu'elle découvrit que son mari avait mis à nu sa vulnérabilité, ses blessures et ses faiblesses, et campé un personnage sans profondeur ni densité. Elle fut blessée qu'il n'ait vu en elle que ses côtés négatifs et qu'il n'ait pas hésité à dévoiler des aspects de leur vie de couple.

Il se produisit sur ce film plus d'incidents et de bisbilles qu'à l'ordinaire. Le climat brûlant du Nevada en juillet, avec des températures dépassant souvent 40 °C, exacerbait les tensions. Vers le milieu du film, la santé chancelante de Marilyn s'altéra brusquement. Elle quitta le Nevada pour Los Angeles et se fit hospitaliser au Westside Hospital pendant dix jours. Elle revint cependant pour terminer le film, qui fut achevé un mois plus tard. Peu après, Marilyn et Miller annoncèrent qu'ils s'étaient séparés et, deux jours plus tard, Clark Gable décéda d'un infarctus. Le film gagna en célébrité en raison de tous ces événements, au détriment de ses qualités propres. Pourtant, Gable y avait joué l'un de ses meilleurs rôles et Marilyn s'était montrée excellente.

Le divorce prochain signifiait un nouvel échec pour elle, qui se remettait avec peine des fatigues de deux films consécutifs et absorbait de plus en plus de médicaments pour tenir le coup. Elle revint à New York, espérant trouver un peu de sérénité auprès des Strasberg. Mais Lee profita de sa présence pour lui parler d'un film nouveau, *Rain* (« Pluie »), adapté d'une œuvre de Somerset Maugham, qu'il envisageait de diriger. Il estimait qu'un rôle sérieux conviendrait parfaitement à Marilyn. Cependant, il manquait d'expérience pour mener à bien ce projet et pensait que la notoriété de Marilyn pourrait lui ouvrir des portes.

À la veille de Noël 1960, Marilyn se retrouvait seule, mais une énorme masse de fleurs lui fut livrée à l'improviste. La carte d'accompagnement disait : « Meilleurs vœux, Joe. » Ainsi que Marilyn le dit à son assistante, Joe n'avait pas changé et, de ce jour, il espéra de nouveau compter dans sa vie.

Marilyn se rendit à Mexico pour entamer la procédure de divorce le 20 janvier 1961, espérant qu'au même moment la visite du président John F. Kennedy dans cette ville occuperait suffisamment la presse. Quelques jours plus tard, elle assista à la première des *Désaxés*, mais Miller et elle s'évitèrent soigneusement. Marilyn s'enfonça de plus en plus dans la dépression nerveuse et, sur le conseil de son analyste, le docteur Kris, entra de son propre gré à la Payne-Whitney Clinic sous le nom de Faye Miller. Dans l'état où elle se trouvait, elle ne réalisa pas que cet établissement était un hôpital psychiatrique. Elle avait toujours eu une peur panique de devenir folle et d'être enfermée, car elle croyait que la démence était héréditaire dans sa famille. Son arrière-grand- père s'était suicidé, son grand-père était mort à l'hôpital d'une crise de folie et sa grand-mère Della était maniaco-dépressive. De plus, sa mère Gladys avait passé des années dans divers hôpitaux. Pourtant, Marilyn n'avait pas de raisons de s'inquiéter. Certes, son grand-père avait mis fin à ses jours, mais seulement lorsqu'il avait senti ses forces l'abandonner et qu'il allait perdre sa ferme. De fait, beaucoup de gens s'étaient suicidés pendant la Grande Dépression de 1930. Ce grand-père avait eu des crises de folie, mais il s'agissait d'une infection des tissus crâniens et non d'une maladie héréditaire. Sa grand-mère Della mourut d'une crise cardiaque et avait précédemment été victime d'un infarctus, ce qui peut expliquer certains problèmes mentaux, mais il n'y a aucune raison de penser qu'elle fût psychotique. Enfin, Gladys avait certainement souffert de dépression, mais, à cette époque, cette maladie n'était pas clairement diagnostiquée et les effets des nouveaux remèdes n'étaient pas parfaitement évalués. Plusieurs amis de Marilyn craignirent plutôt que des troubles du comportement temporaires ne se transforment en incapacité permanente, car elle prenait énormément de médicaments.

Quand Marilyn se rendit compte de son état, elle fracassa une porte en verre avec une chaise et aurait pu se blesser sérieusement si on ne l'avait maîtrisée. Des aides-soignants l'apaisèrent et l'emmenèrent dans une chambre pour patients violents, où elle fut calmée. Elle tenta de contacter les Strasberg, mais c'est finalement DiMaggio qui la retrouva et la fit sortir, contre l'avis des médecins. Il insista pour qu'elle fût transférée au Columbia-Presbyterian Medical Center, un autre hôpital, mais pas un établissement psychiatrique.

Malgré tous ces remous, Strasberg essayait toujours de faire avancer son film *Rain*, alors que la Fox tentait d'intéresser Marilyn à une comédie intitulée *Goodbye Charlie*, le dernier film qu'elle devait au studio. Personne ne semblait se douter que c'était tout le travail récemment fourni qui l'avait mise dans un état de santé lamentable. Cukor, le metteur en scène choisi pour *Goodbye Charlie*, déclina l'offre et aucun autre réalisateur désigné sur le contrat ne put accepter, à l'exception de Lee Strasberg. Lorsqu'il sentit qu'il avait sa chance, il cessa subitement de prétendre que Marilyn n'avait pas à tourner une comédie de plus. Mais il réclamait un salaire trop élevé, et la Fox décida de reporter le projet jusqu'à ce que Marilyn accepte le principe de tourner *Goodbye Charlie* comme son dernier film pour le studio. Strasberg ne fut pas retenu comme metteur en scène et Marilyn refusa de tourner sans lui.

Marilyn sortit de l'hôpital, et DiMaggio l'emmena en Floride, où il jouait avec les Yankees pendant leur entraînement de printemps. Elle se reposa au soleil, marcha sur la plage et apprécia la compagnie de DiMaggio, bien qu'ils ne fussent plus que des amis, toute perspective d'un remariage étant écartée. Malheureusement, c'était loin d'être la fin de ses problèmes de santé : elle fut de nouveau hospitalisée deux fois cette année-là, pour être opérée d'une affection non précisée et pour l'ablation de la vésicule biliaire.

De retour à Hollywood, l'été 1961, elle retomba dans un cycle de réceptions, de cocktails et de leçons d'art dramatique, et rencontra un beau jour Peter Lawford. C'était un ami de Sinatra, et elle le connaissait depuis qu'elle fréquentait Hollywood. Les réceptions des Lawford étaient très courues, car la femme de Lawford était Pat Kennedy, la sœur du Président. Il y avait à parier que Marilyn y rencontrerait un jour son beau-frère. C'est donc chez eux que se virent un soir Marilyn et les frères Kennedy, John et Robert, l'un président des États-Unis, l'autre ministre de la Justice. Bien qu'elle fût séduite par John, c'est avec Robert qu'elle eut une relation plus sérieuse.

Le rêve d'une vie nouvelle à New York s'étant désormais évanoui, elle décida donc de s'installer définitivement à Hollywood, tout en conservant son appartement à Manhattan. Elle trouva un petit appartement à Doheny Drive, dans le même immeuble qui l'avait vue devenir une star, sept ans auparavant. C'était comme un retour à la maison, une façon d'oublier les mauvais moments des années précédentes.

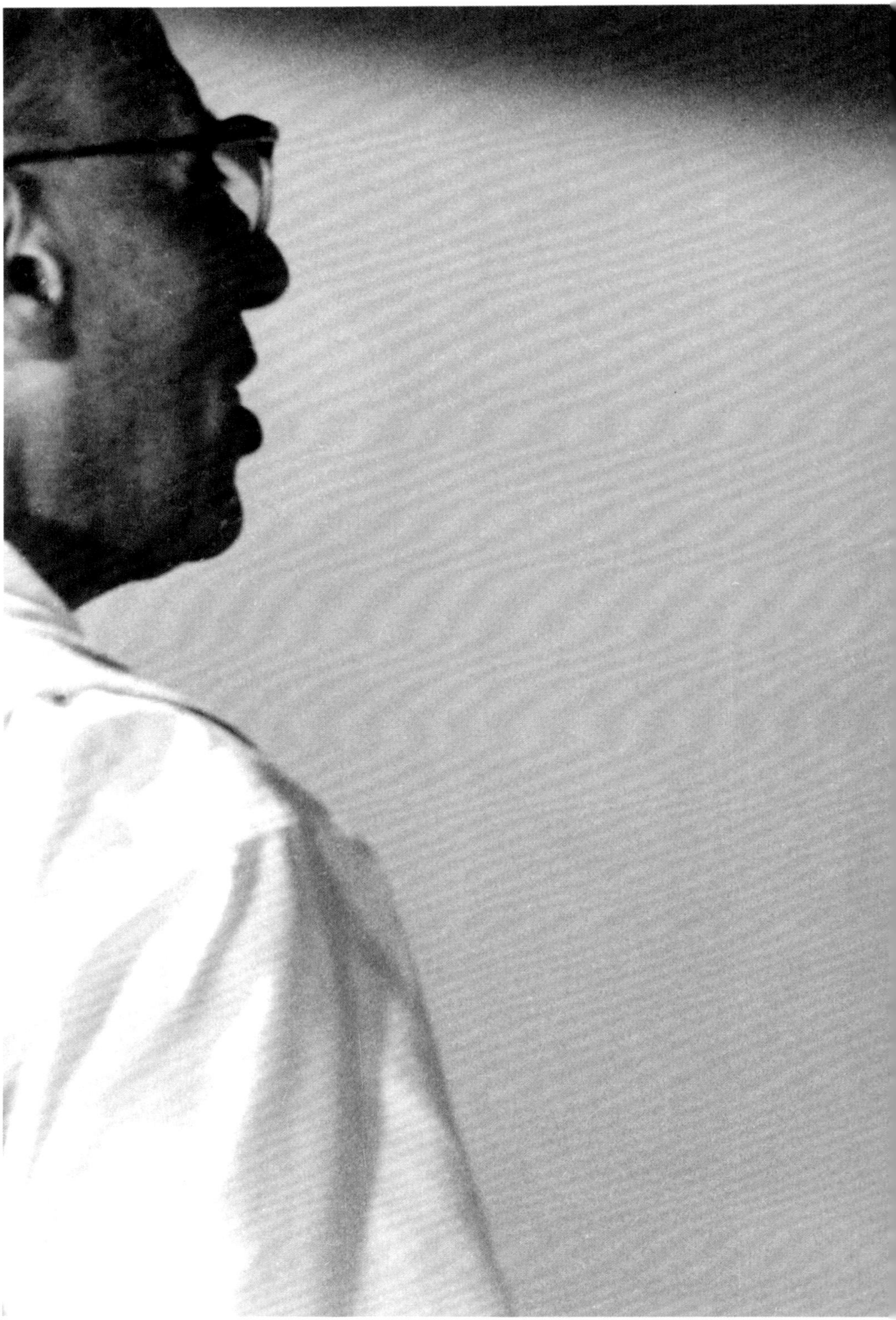

Le Milliardaire

Le metteur en scène George Cukor discute d'une scène avec Marilyn. Le chorégraphe Jack Cole, qui régla toutes les séquences de danse, avait travaillé sur tous les numéros dansés de Marilyn depuis *Les hommes préfèrent les blondes*, en 1953. Elle lui faisait totalement confiance et l'avait expressément réclamé pour *Le Milliardaire*. Cukor, exaspéré par les perpétuels malaises et par le manque de ponctualité de Marilyn, laissa le plus souvent la direction des numéros dansés à Jack Cole. Marilyn et Cole étaient très amis, mais le travail mit leur relation au bord de la rupture. Le mariage de Marilyn et d'Arthur était sur une pente fatale, Marilyn avait de plus en plus conscience que sa présence devant la caméra n'était pas aussi bonne qu'à l'ordinaire, et les rushes quotidiens étaient décevants. Ses problèmes ne l'avaient jamais empêchée de produire un effet magique devant une caméra, mais, cette fois, ce n'était plus le cas.

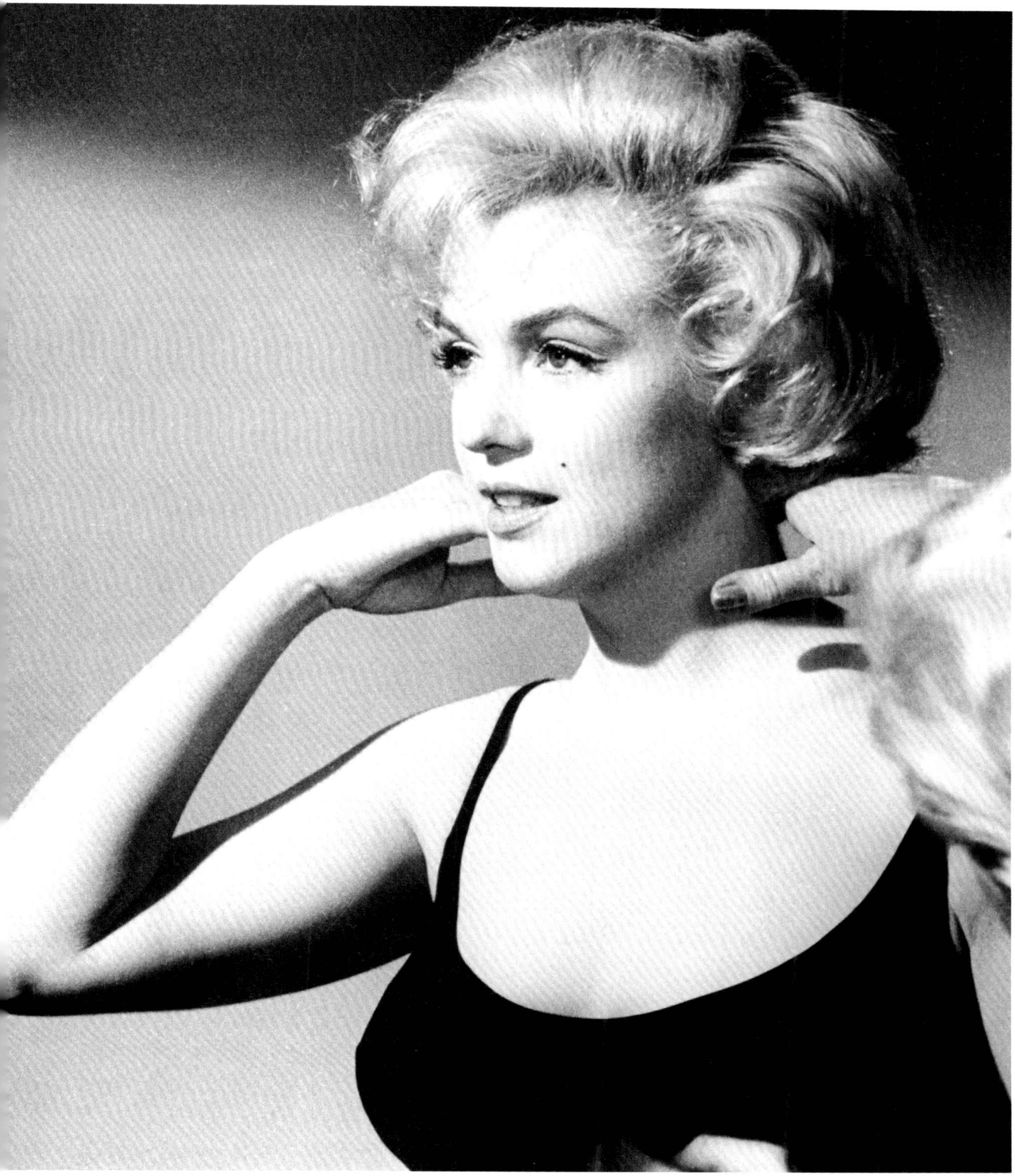

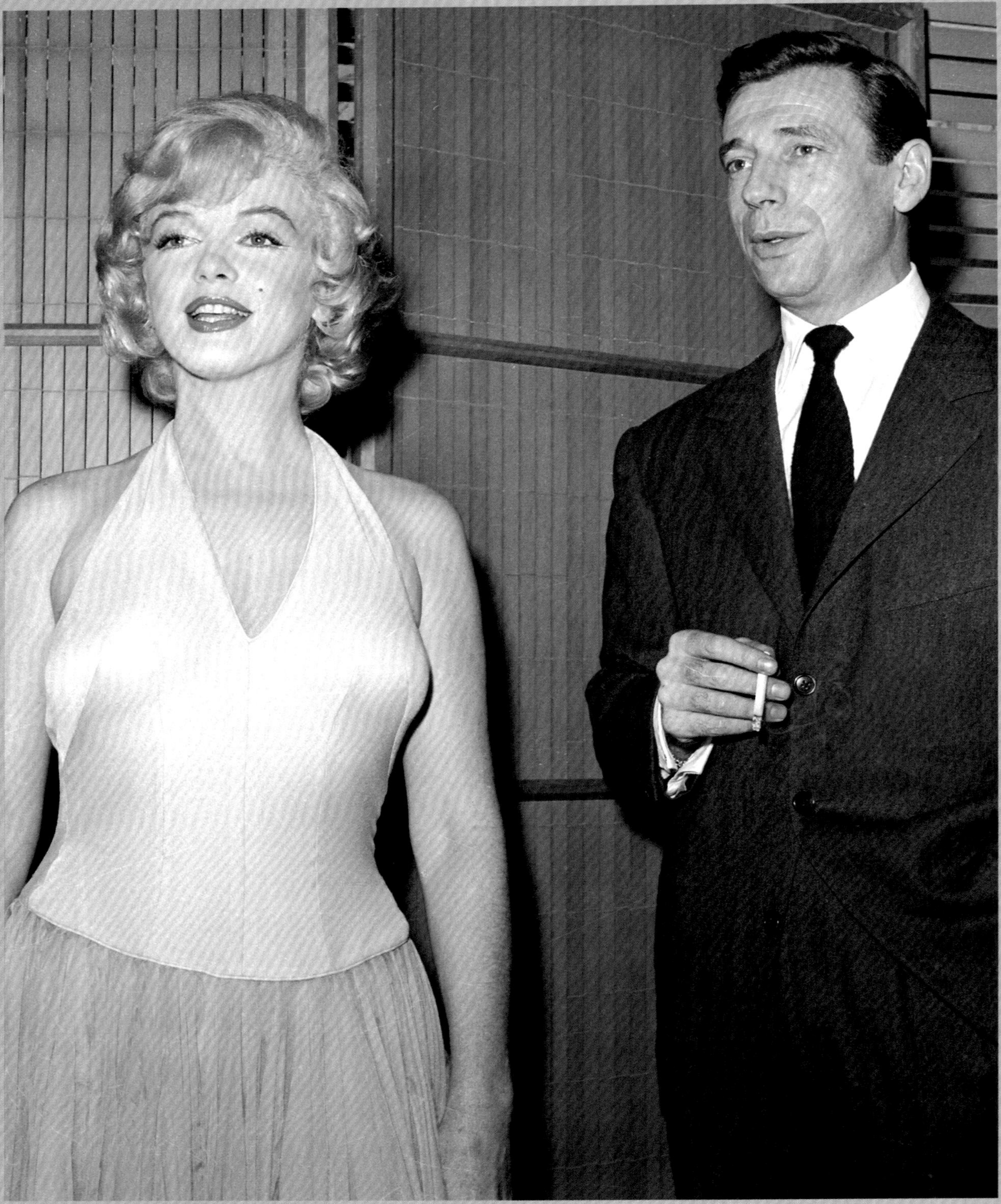

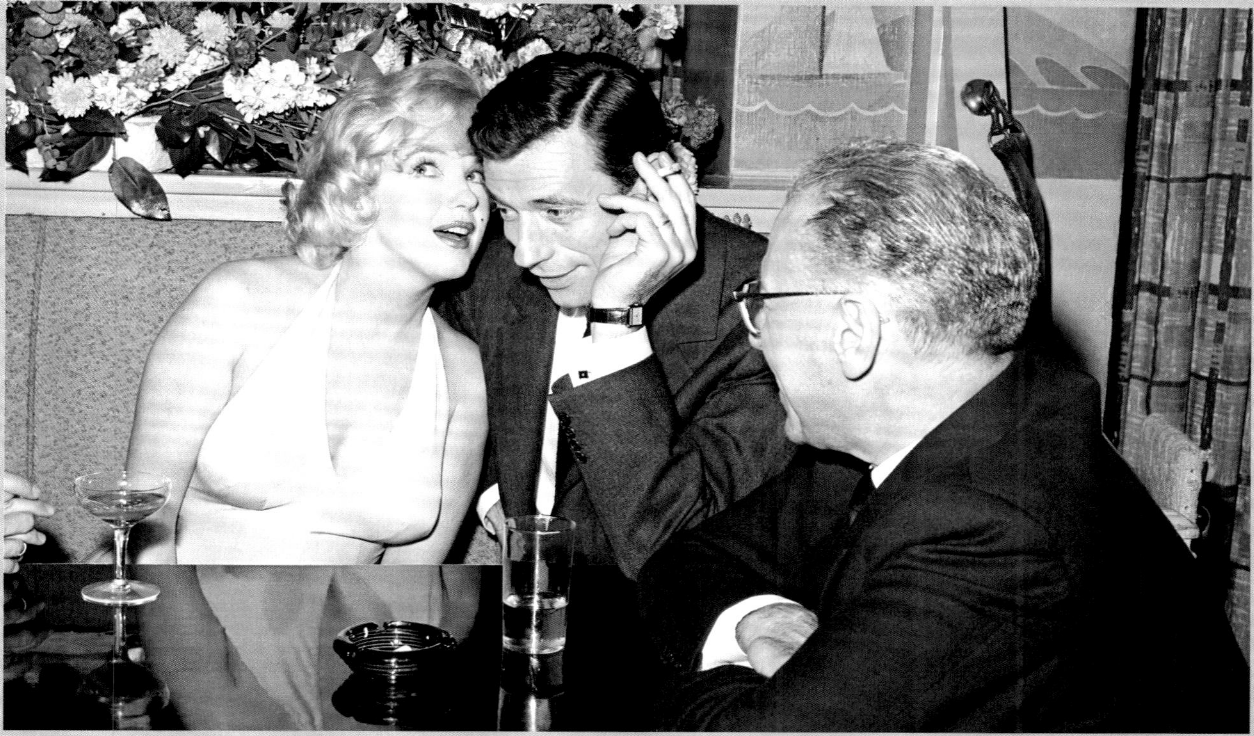

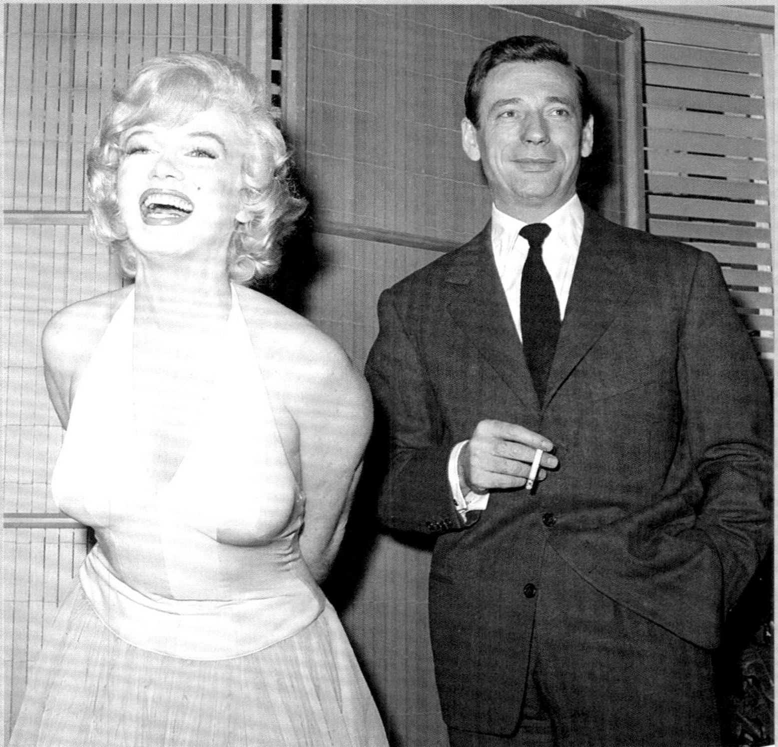

Bienvenue à Hollywood !

Le 15 janvier 1960, la Twentieth Century Fox donna un cocktail de bienvenue à Hollywood en l'honneur d'Yves Montand, partenaire de Marilyn dans *Le Milliardaire*. Montand n'était pas le premier choix du metteur en scène, c'est Gregory Peck qui avait été initialement pressenti, mais les dates de tournage ne lui convenaient pas. D'autres acteurs, dont Cary Grant et James Stewart, avaient refusé le rôle avant que Miller ne suggérât Montand.

Ce cocktail devait être l'occasion de présenter l'équipe du film à la presse. Yves Montand n'était pas très connu aux États-Unis et ne parlait pas un anglais très courant. Mais son récent one-man show à Los Angeles avait connu un vif succès. Dès leur première rencontre, le courant passa très vite entre Marilyn et Montand, et il ne leur fallut pas longtemps pour vivre une passion ardente. À ce moment, Miller s'activait pour retravailler le scénario du *Milliardaire*, car il était pressé de voir aboutir son autre projet, *Les Désaxés*.

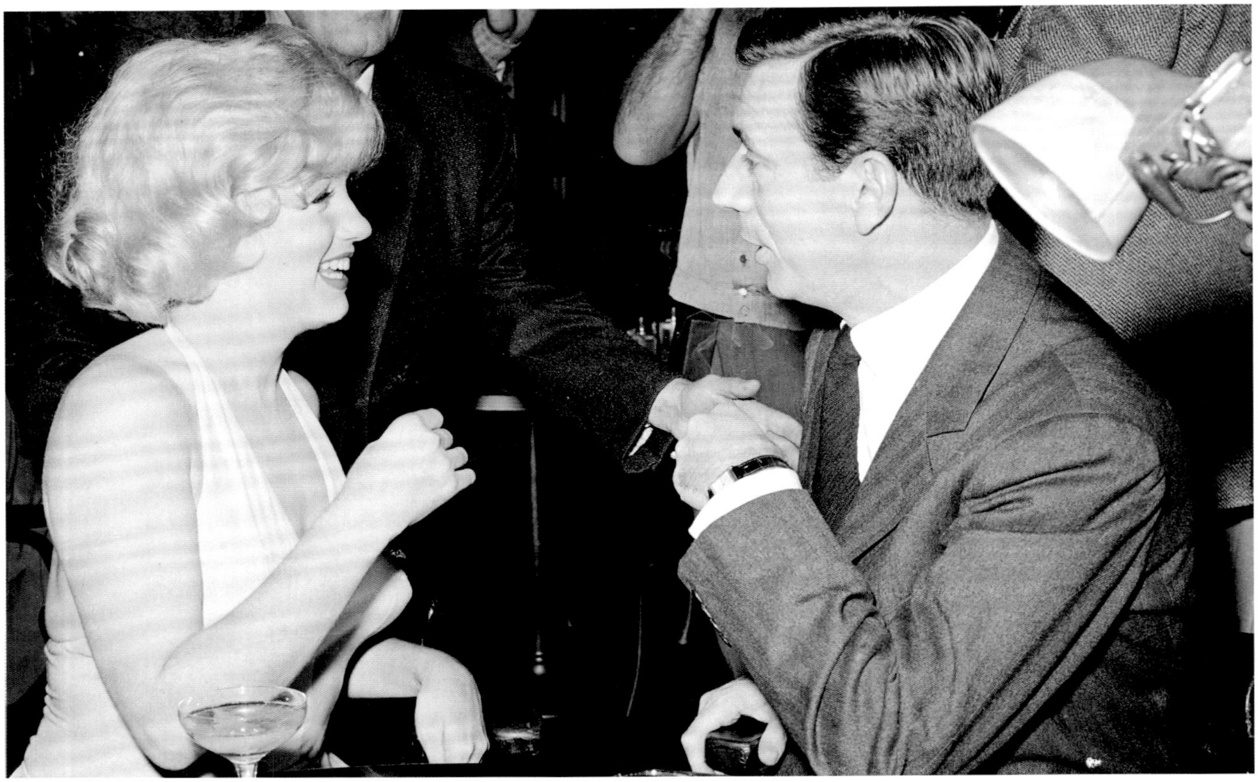

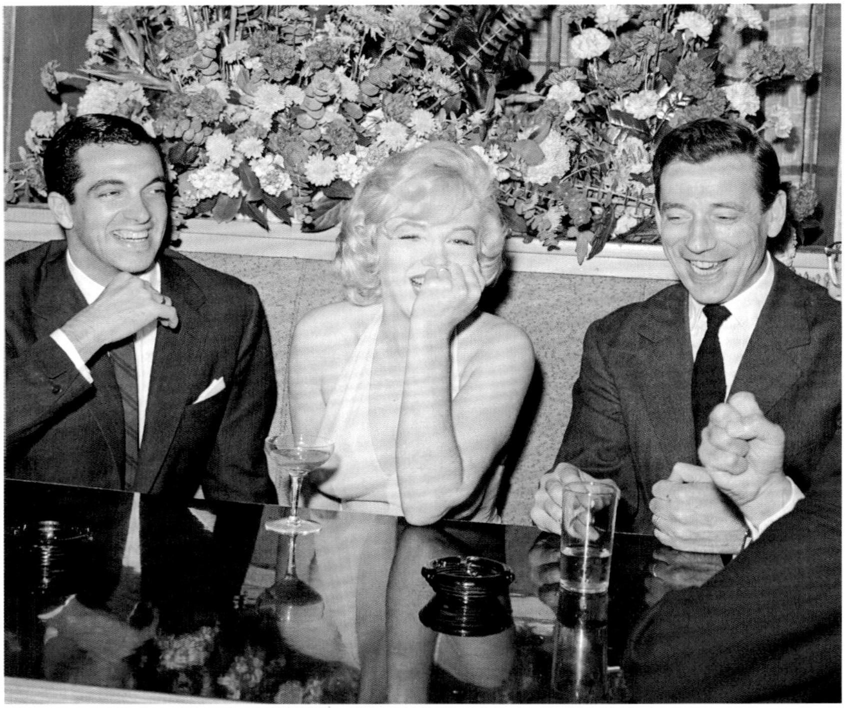

Une amitié naissante

Ci-contre et ci-dessus : Arthur Miller et Yves Montand devinrent de grands amis avant même le début du tournage. Il est vrai que Montand avait joué dans la version française des *Sorcières de Salem*. Simone Signoret et Marilyn avaient également sympathisé. Au début des prises de vues du *Milliardaire*, les deux couples avaient loué des bungalows au Beverly Hills Hotel et passaient beaucoup de temps ensemble. Mais, en avril 1960, Miller rentra à New York pour travailler sur le film et Simone Signoret dut regagner la France. Demeurés seuls, il était inévitable que Marilyn et Montand se laissent aller à une irrésistible relation amoureuse.

Page ci-contre : Marilyn et Yves Montand pendant une répétition. À un cocktail de bienvenue en l'honneur de Montand, Marilyn dit aux journalistes qu'après son mari et Marlon Brando, Montand était l'homme le plus séduisant qu'elle ait connu. Ce qu'elle n'avoua qu'à ses amis, c'est que Montand lui rappelait Joe DiMaggio.

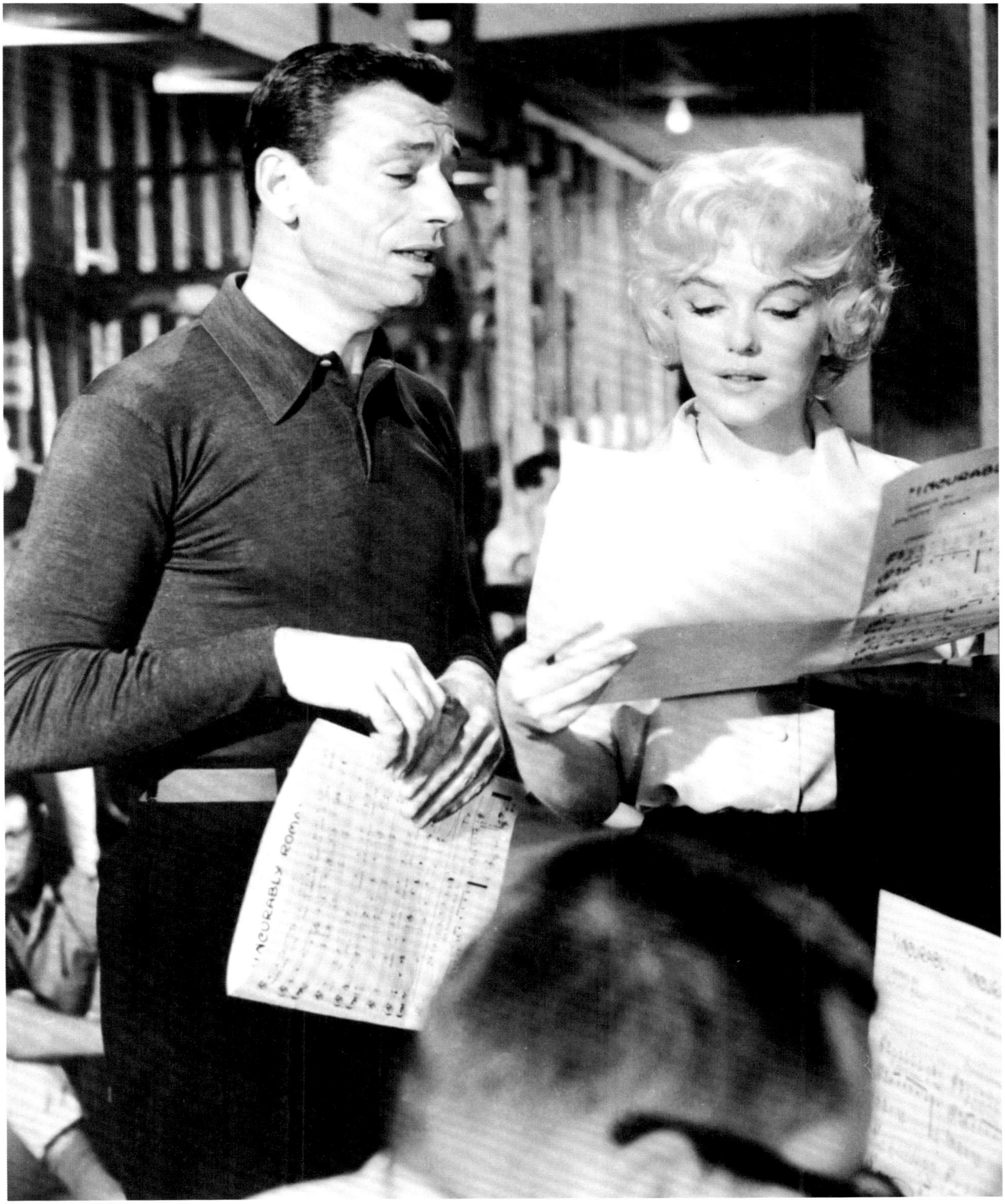

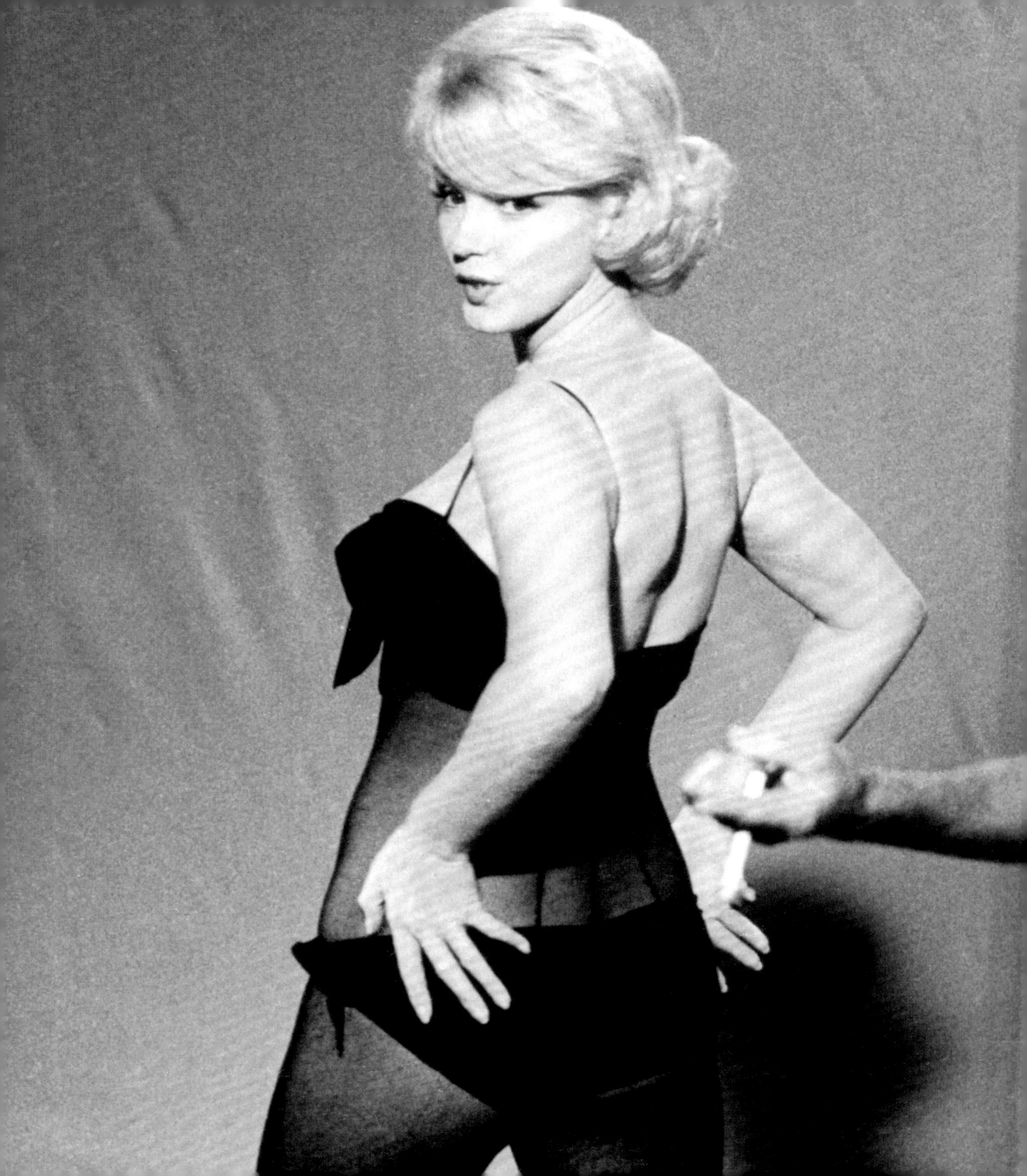

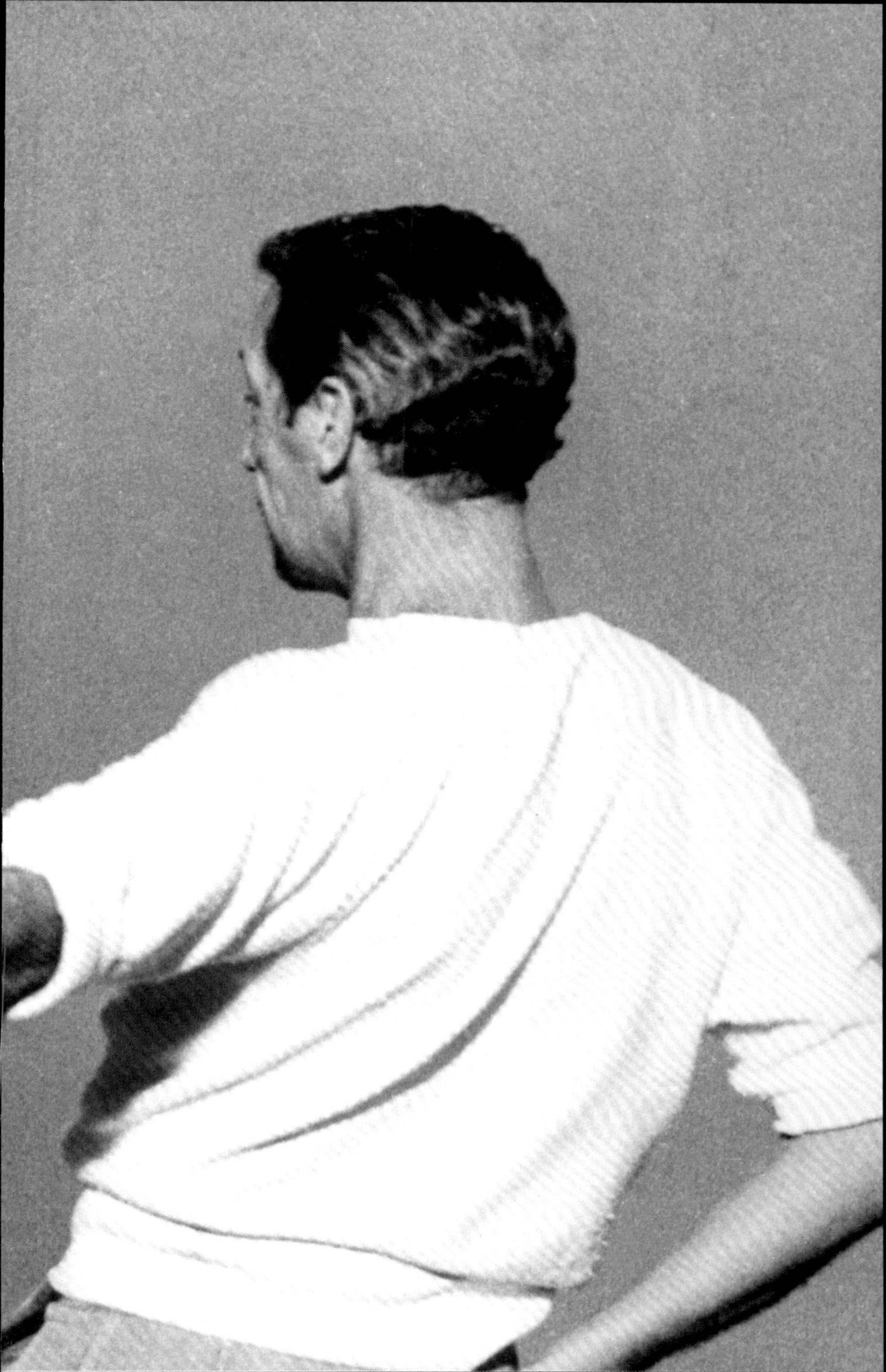

Répétitions avec Jack Cole

Marilyn se prépare à danser dans une scène du Milliardaire. Il s'agissait d'une répétition dans une répétition, car l'action de ce « film dans un film » se passe dans les coulisses d'une compagnie montant une comédie musicale, au regard chargé d'humour sur le métier. Les célèbres numéros de Marilyn furent exécutés avec le chanteur et danseur Frankie Vaughan.

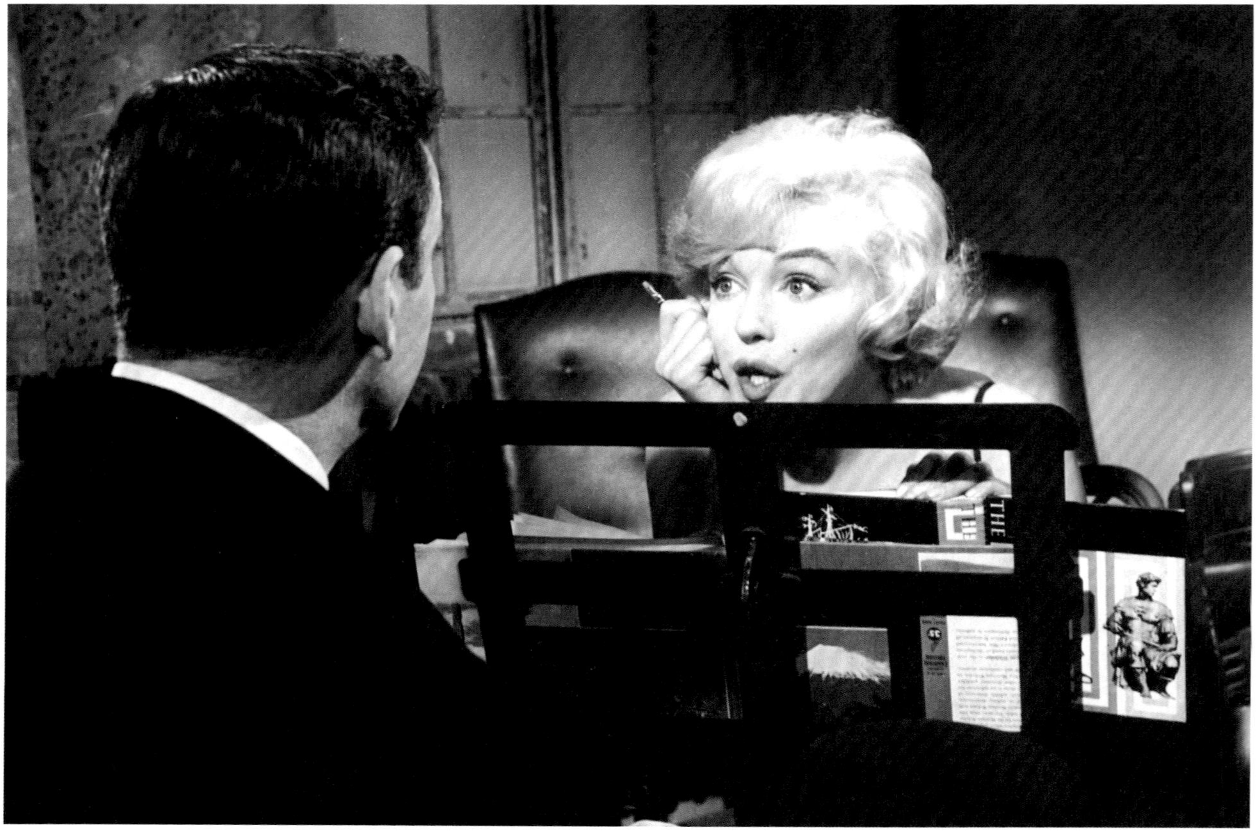

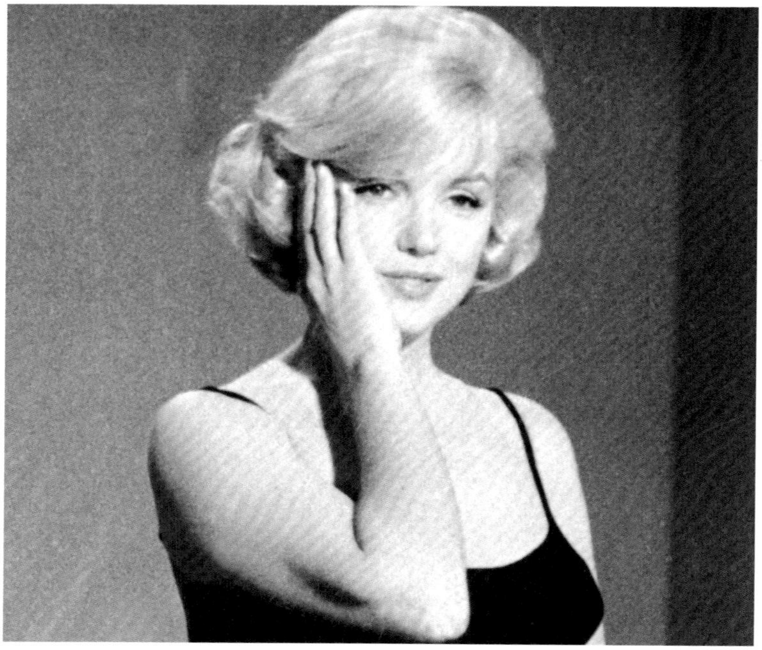

Trop de rondeurs ?

Page ci-contre : Marilyn avec Yves Montand. Au début du film, Marilyn était très svelte, mais, pendant une pause provoquée, non par elle cette fois, mais par une grève des acteurs et des écrivains en mars 1960, elle prit beaucoup de poids. Ce fut au point que, dans certaines scènes – comme celle de la page ci-contre –, elle apparaît franchement grassouillette. Cukor se plaignit de perdre beaucoup de temps à s'efforcer de la filmer sous l'angle le plus avantageux.

Ci-dessus : Yves Montand et Marilyn au piano. Montand et Frankie Vaughan n'étaient pas les seuls acteurs à chanter et danser ce film. Gene Kelly et Bing Crosby firent également une apparition.

Ci-contre : Marilyn pendant les répétitions.

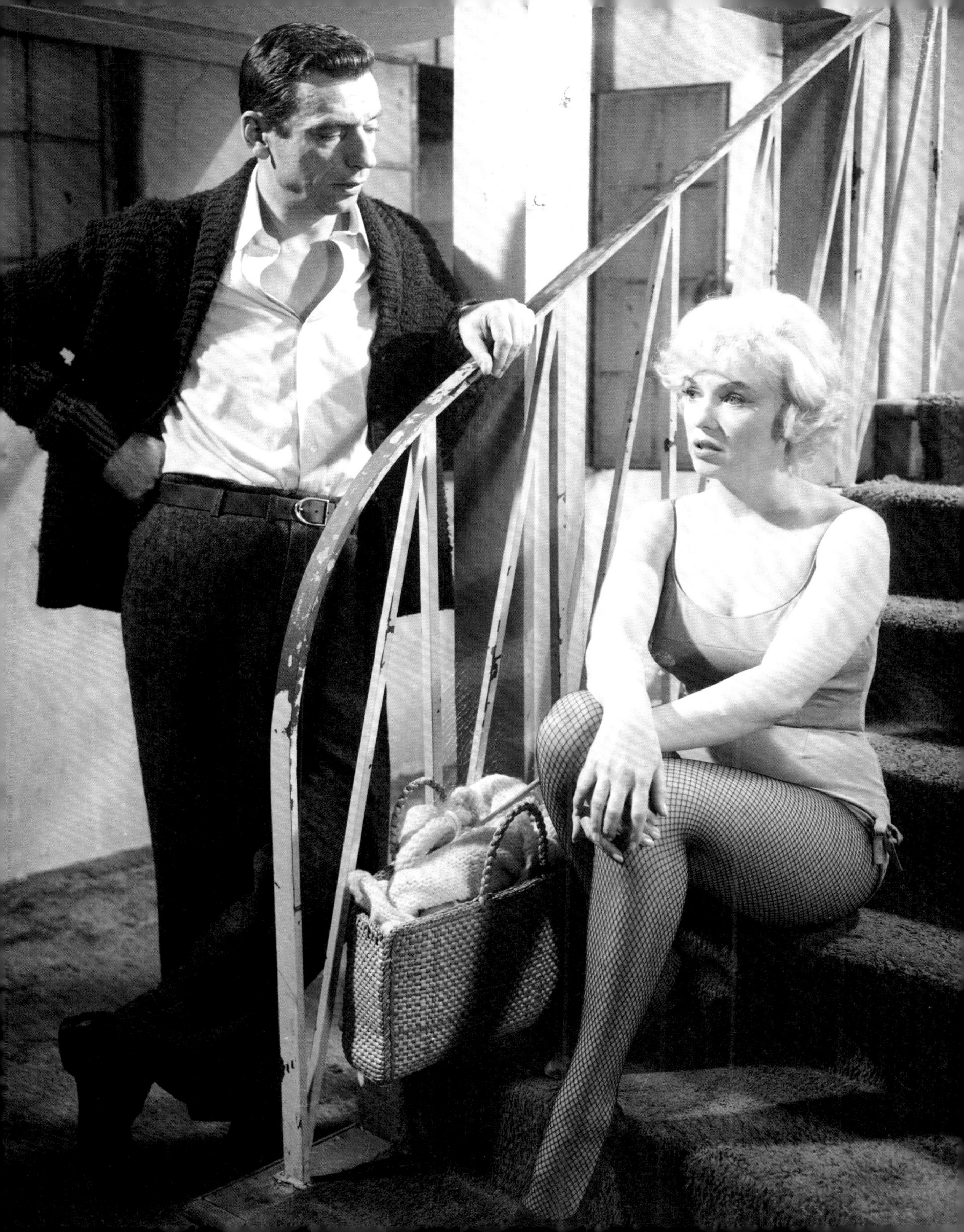

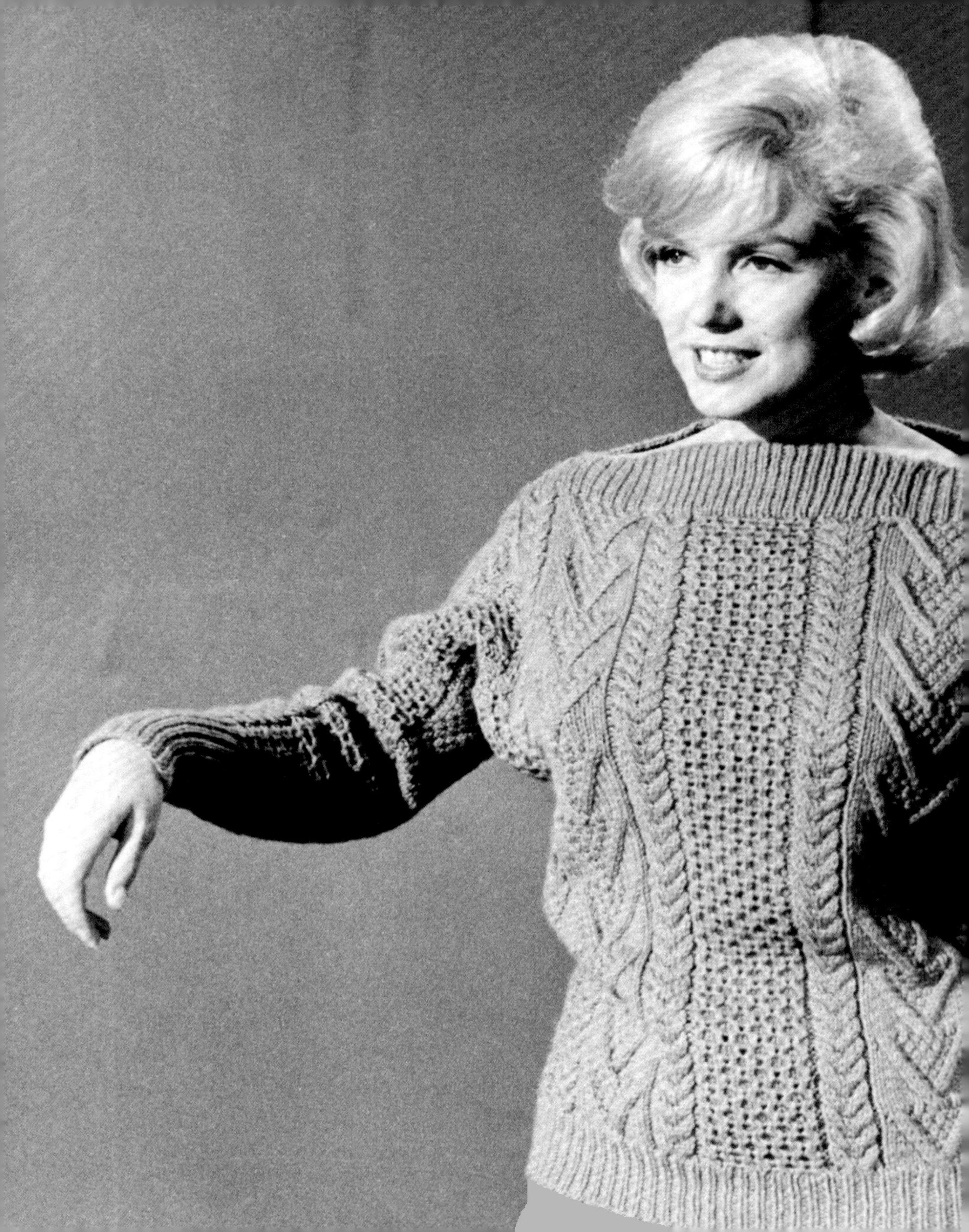

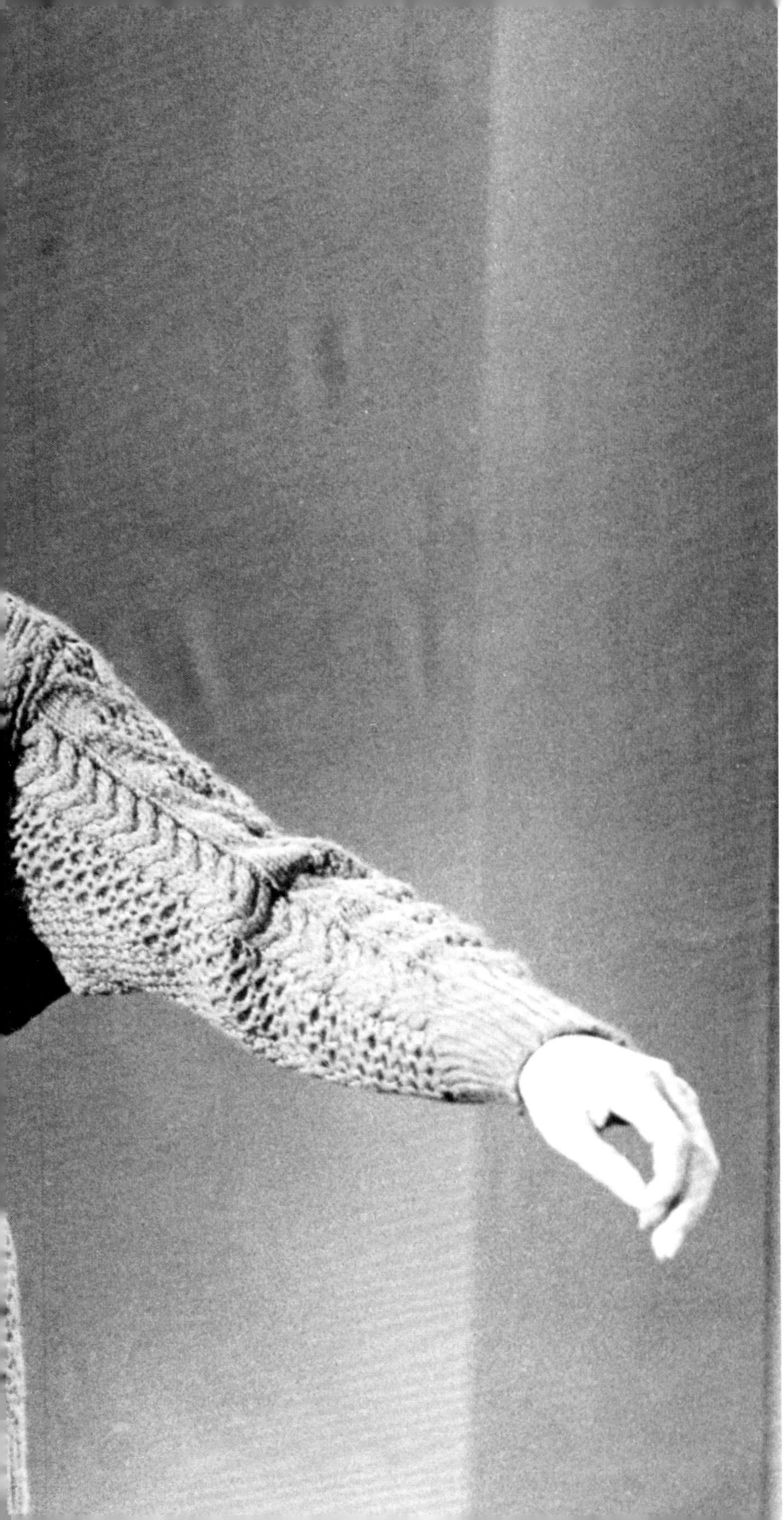

Mon cœur est à papa…

Le chef de studio Buddy Adler se plaignit de ce que Marilyn eût pris tant de poids dans la première version de sa séquence dansée qu'elle semblait enceinte. Il détestait aussi son maquillage très pâle, semblable à celui qu'elle avait dans *Arrêt d'autobus*. Si cela se justifiait dans ce film, car le personnage de Chérie travaillait la nuit et dormait le jour, ce n'était pas le cas cette fois, car cela donnait à Marilyn l'air malade. Le producteur Jerry Wald essaya de le convaincre que la séquence dansée serait tellement raccourcie dans la version finale que personne ne remarquerait l'air de Marilyn.

Cependant, le retard pris sur le tournage provoqua un dépassement de budget de 500 000 dollars, et malgré les polémiques sur le maquillage de Marilyn, il n'y eut pas de retouches sur les prises de vues.

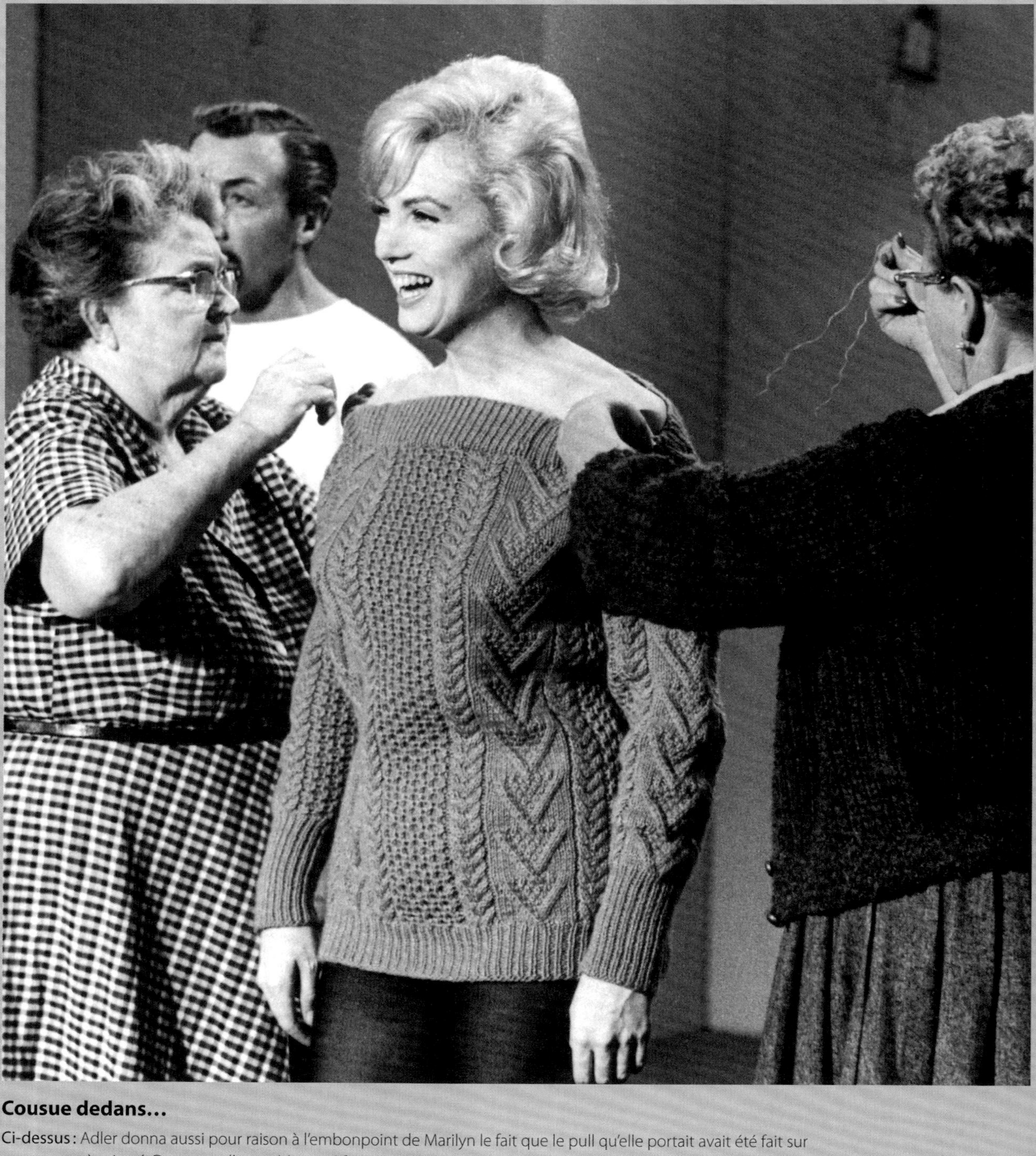

Cousue dedans…

Ci-dessus : Adler donna aussi pour raison à l'embonpoint de Marilyn le fait que le pull qu'elle portait avait été fait sur mesure et très ajusté. Du coup, elle semblait mal fagotée. Il préconisa qu'il soit élargi, moins près du corps, pour que les mouvements de Marilyn soient plus libres et, de fait, cette solution fut la bonne. Marilyn avait d'abord tourné seule les scènes dansées et chantées, il lui restait à jouer celles avec Yves Montand, bien que le début des *Désaxés* se profilât à un horizon assez proche.

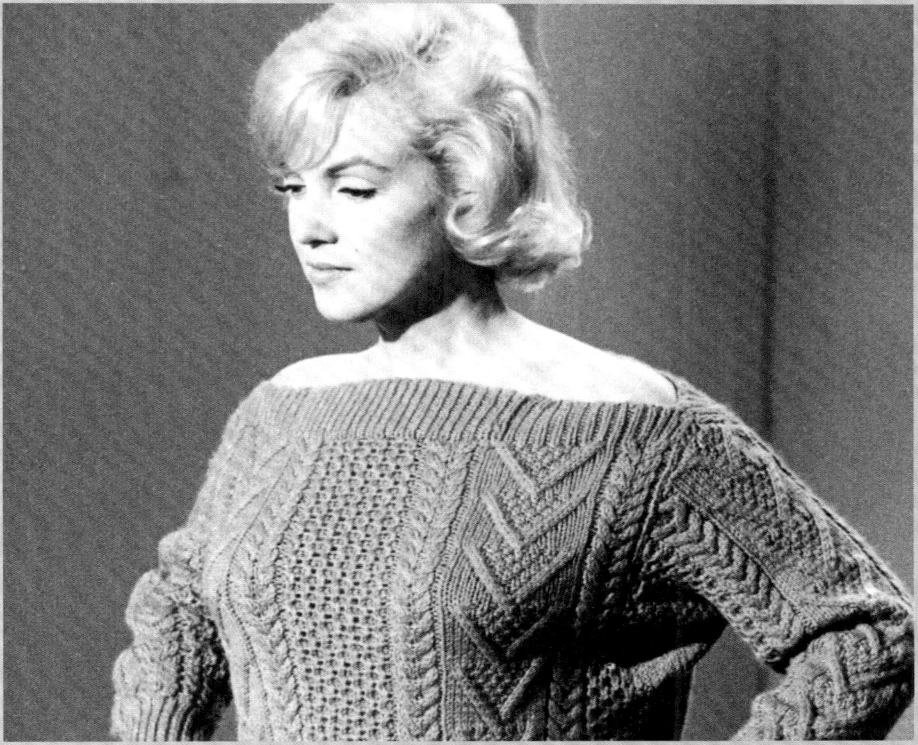

Reprenons du début...

Ci-contre : Marilyn l'air songeur sur le plateau du *Milliardaire*. Même quand elle se sentait mal, elle avait toujours un sourire pour la caméra. Depuis janvier 1960, elle consultait un nouveau psychanalyste, Ralph Greenson, qui lui avait été recommandé par son analyste de New York. Greenson essaya de lui faire réduire sa consommation de médicaments et l'aida à se sentir assez forte pour terminer le film. Il restera son psychanalyste jusqu'à la fin de sa vie, deux ans plus tard.

Ci-dessous : une séquence de la scène dans laquelle Marilyn danse et chante la chanson de Cole Porter: *My Heart Belongs to Daddy*.

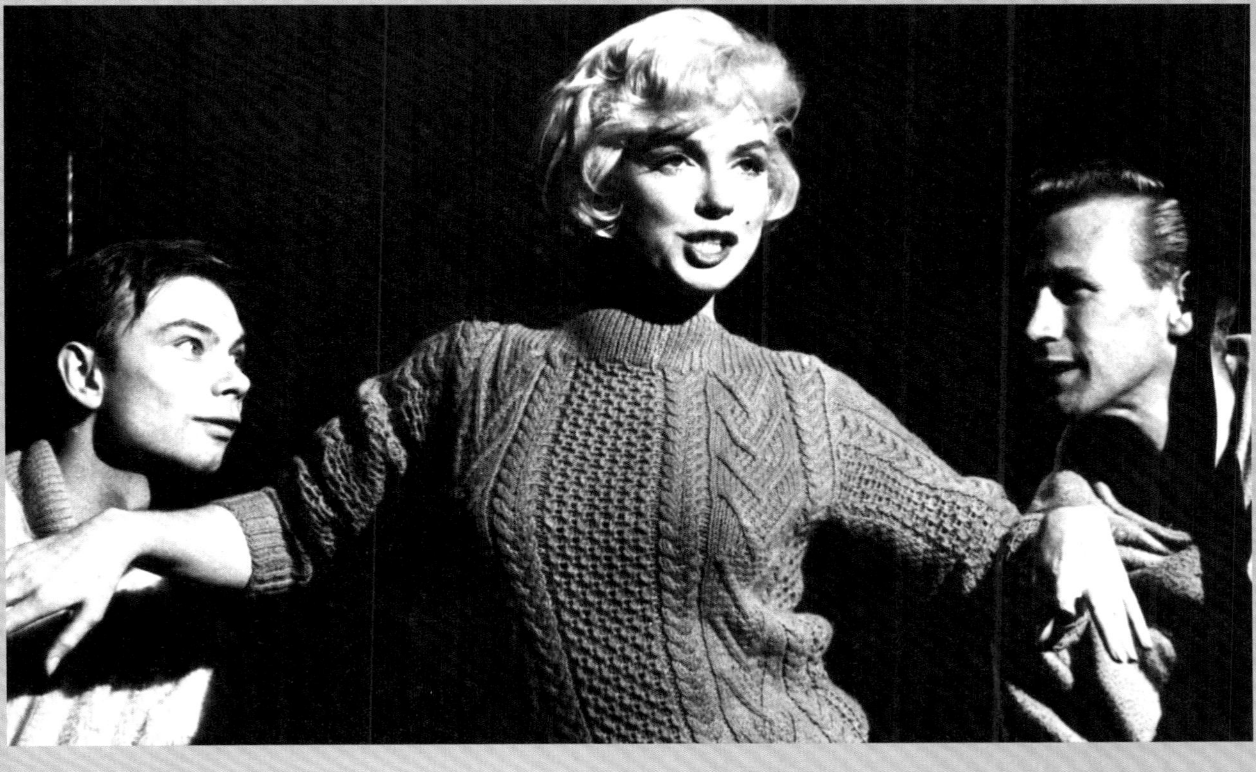

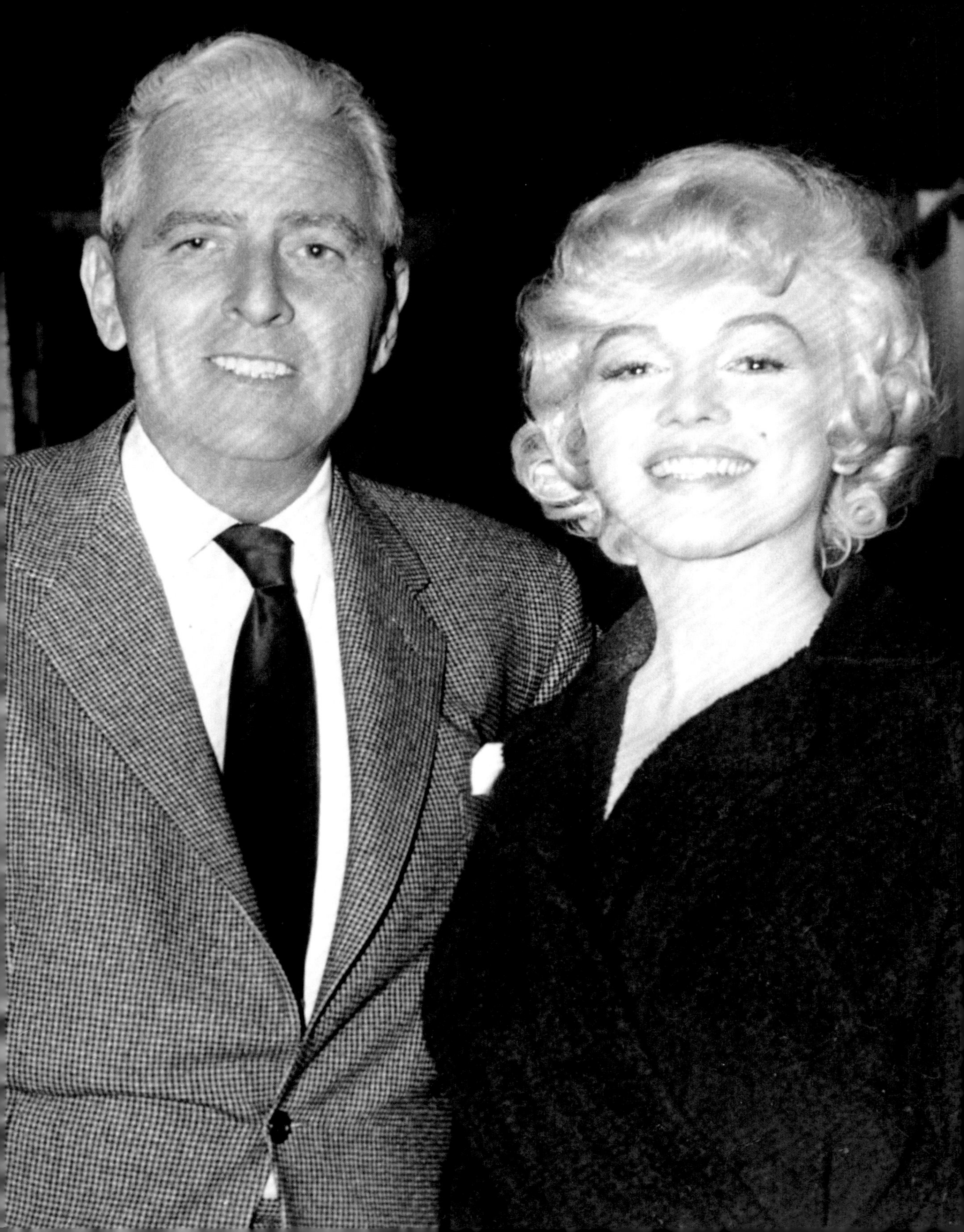

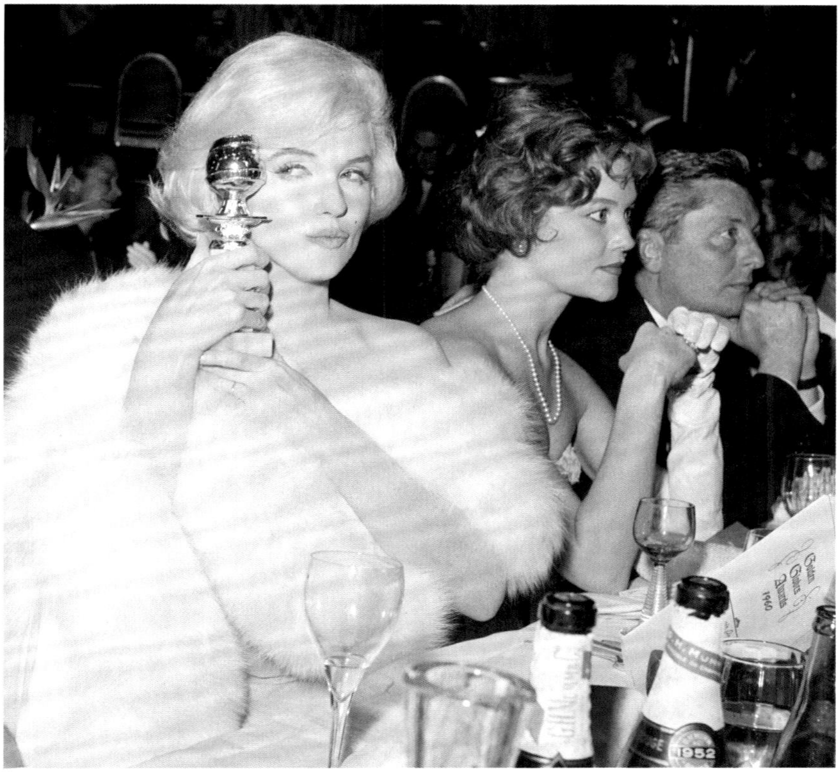

Félicitations !

Page ci-contre : le directeur de la Twentieth Century Fox accueille Marilyn sur le plateau du *Milliardaire*.

Ci-contre : Marilyn exhibe fièrement son golden globe de la meilleure actrice, décerné par la presse étrangère hollywoodienne et obtenu pour sa prestation dans *Certains l'aiment chaud*. Beaucoup s'étonnèrent qu'elle n'ait pas été nommée aux oscars cette année-là. Elle félicita chaleureusement Simone Signoret, qui reçut l'oscar de la meilleure actrice étrangère pour *Les Chemins de la haute vie*.

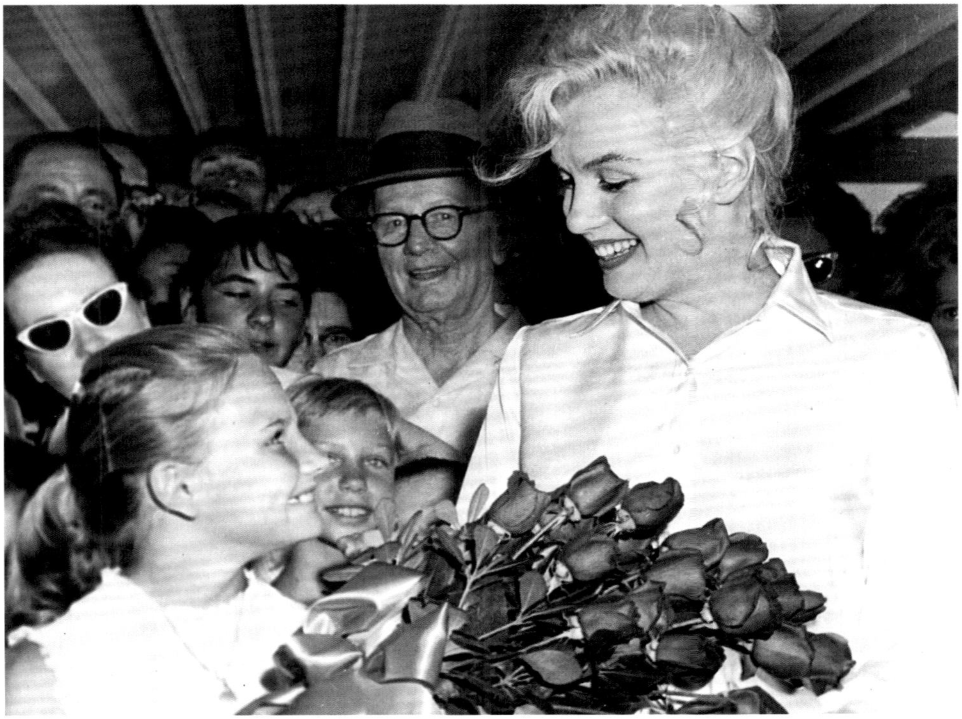

En route pour Reno

Ci-contre : Gail Sawyer, la fille du gouverneur du Nevada Grant Sawyer, offre des roses à Marilyn à son arrivée à l'aéroport de Reno, pour le tournage des *Désaxés*. Miller avait commencé à en écrire le scénario en gage d'amour pour sa femme, mais Marilyn n'accueillit pas son travail comme une marque d'affection, mais plutôt comme un moyen pour lui de s'introduire comme écrivain dans le monde du cinéma.

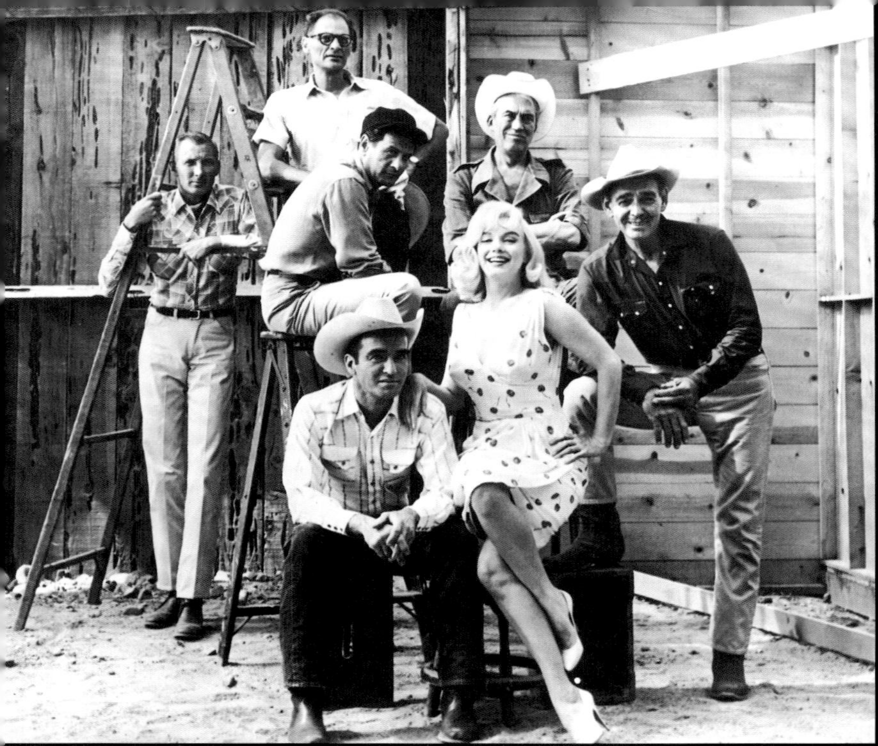

Les Désaxés

Ci-contre : Marilyn en compagnie de ses partenaires et de techniciens des *Désaxés*. En haut de la photo, Arthur Miller et, au-dessous, Eli Wallach. Au premier plan, Montgomery Clift, Marilyn et Clark Gable. Derrière Marilyn, le réalisateur John Huston. Marilyn offre aux photographes son sourire étincelant. Pourtant, Montand était retourné en France et leur histoire d'amour était terminée.

Ci-dessous : une scène des *Désaxés*, dans laquelle Gay (Clark Gable) et Roslyn (Marilyn) plantent des laitues dans le potager.

Page ci-contre : Marilyn joue Roslyn Tabor, venue à Reno pour divorcer. Elle conduit une voiture très cabossée car tous les hommes fonçaient dedans pour faire sa connaissance. Marilyn trouvait le personnage de Roslyn trop gentil pour être crédible.

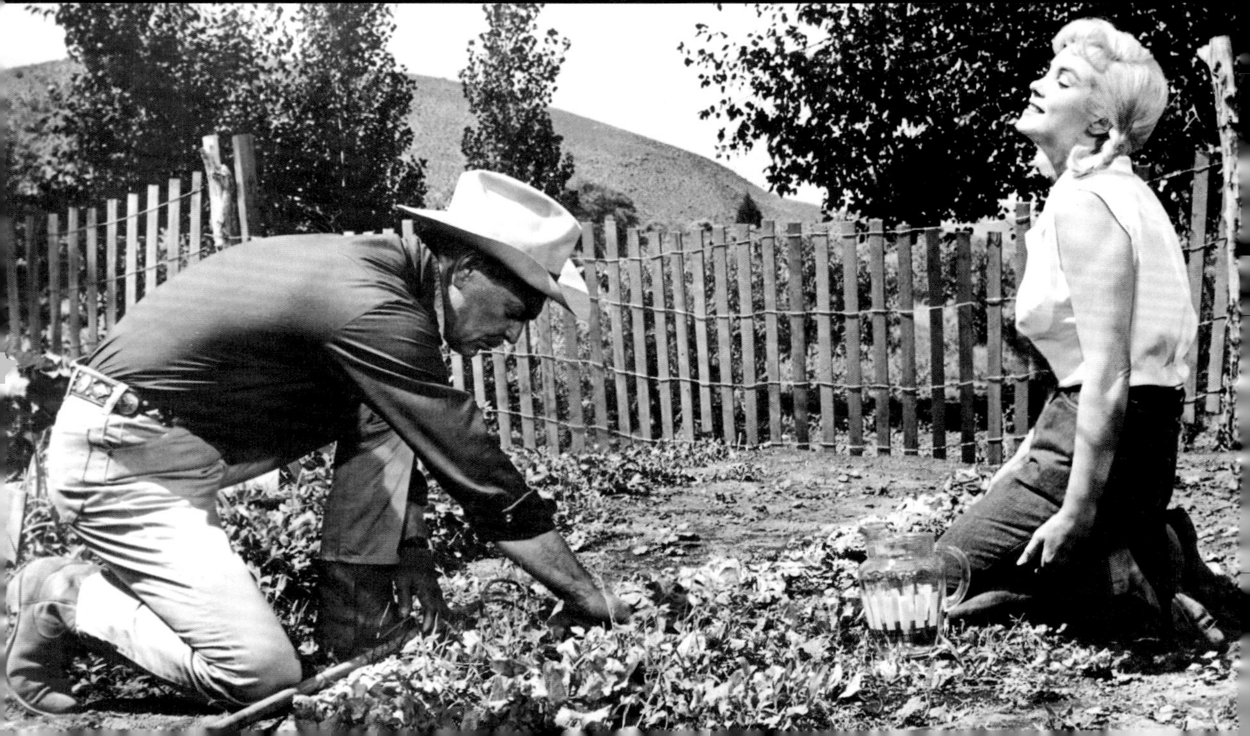

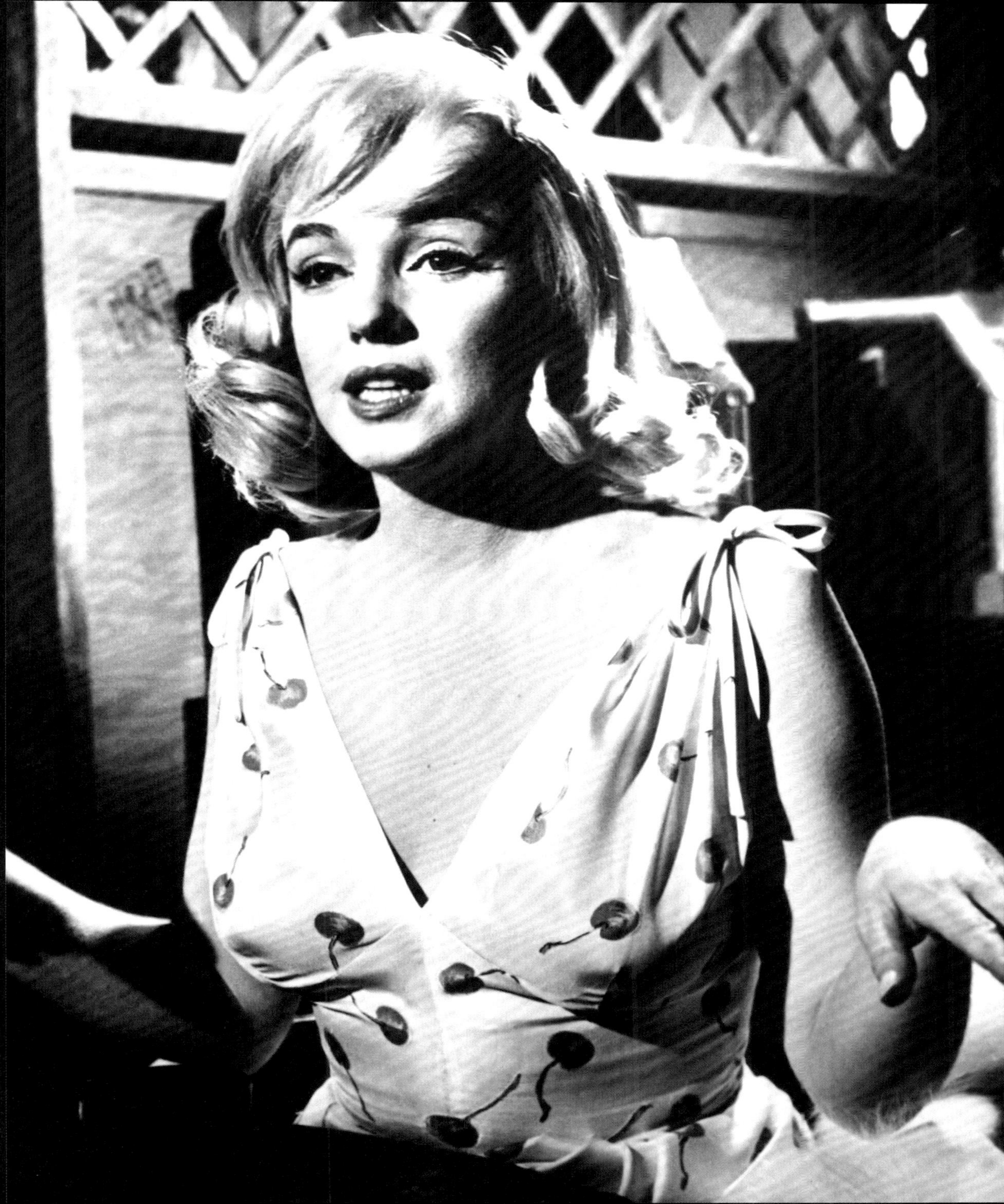

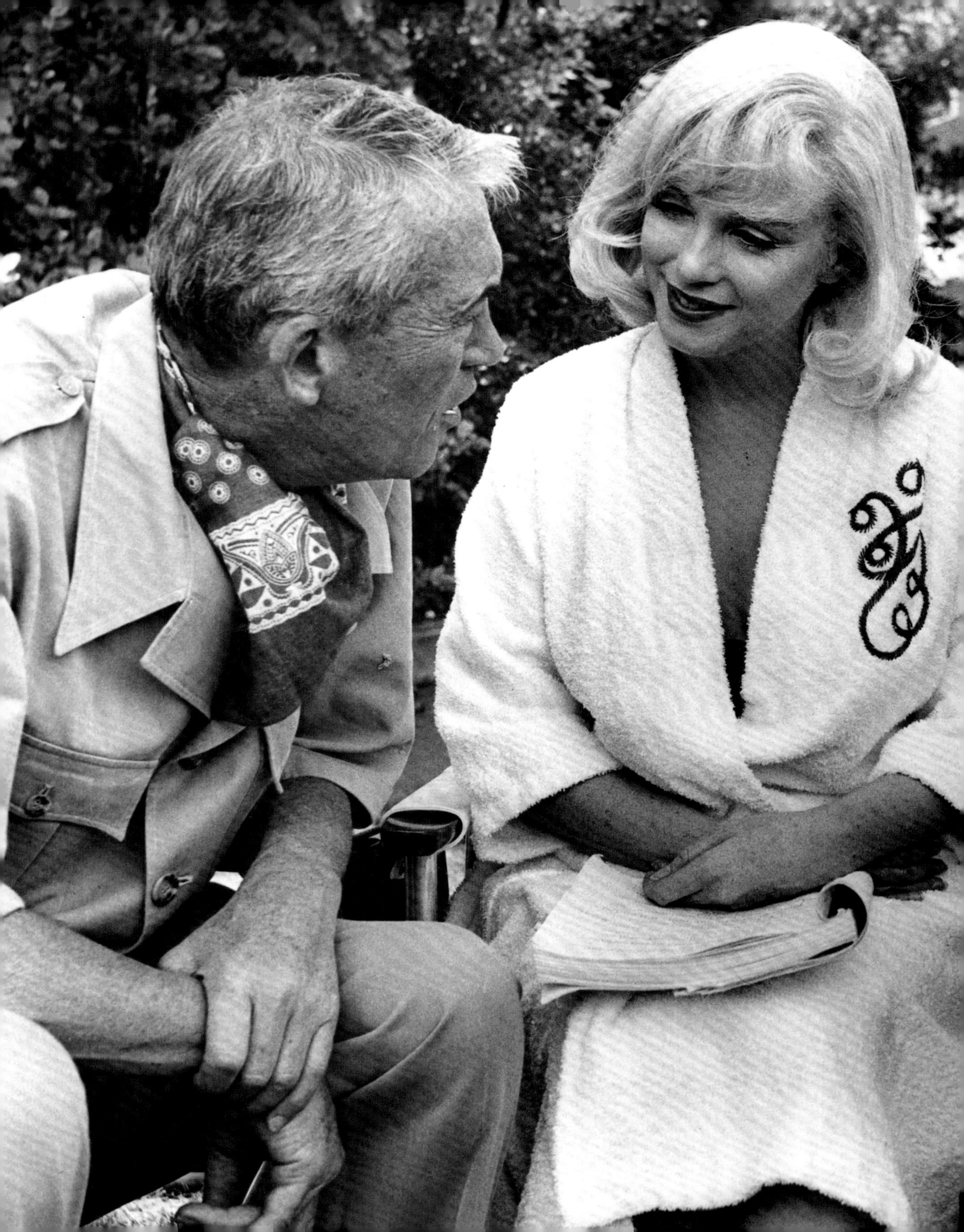

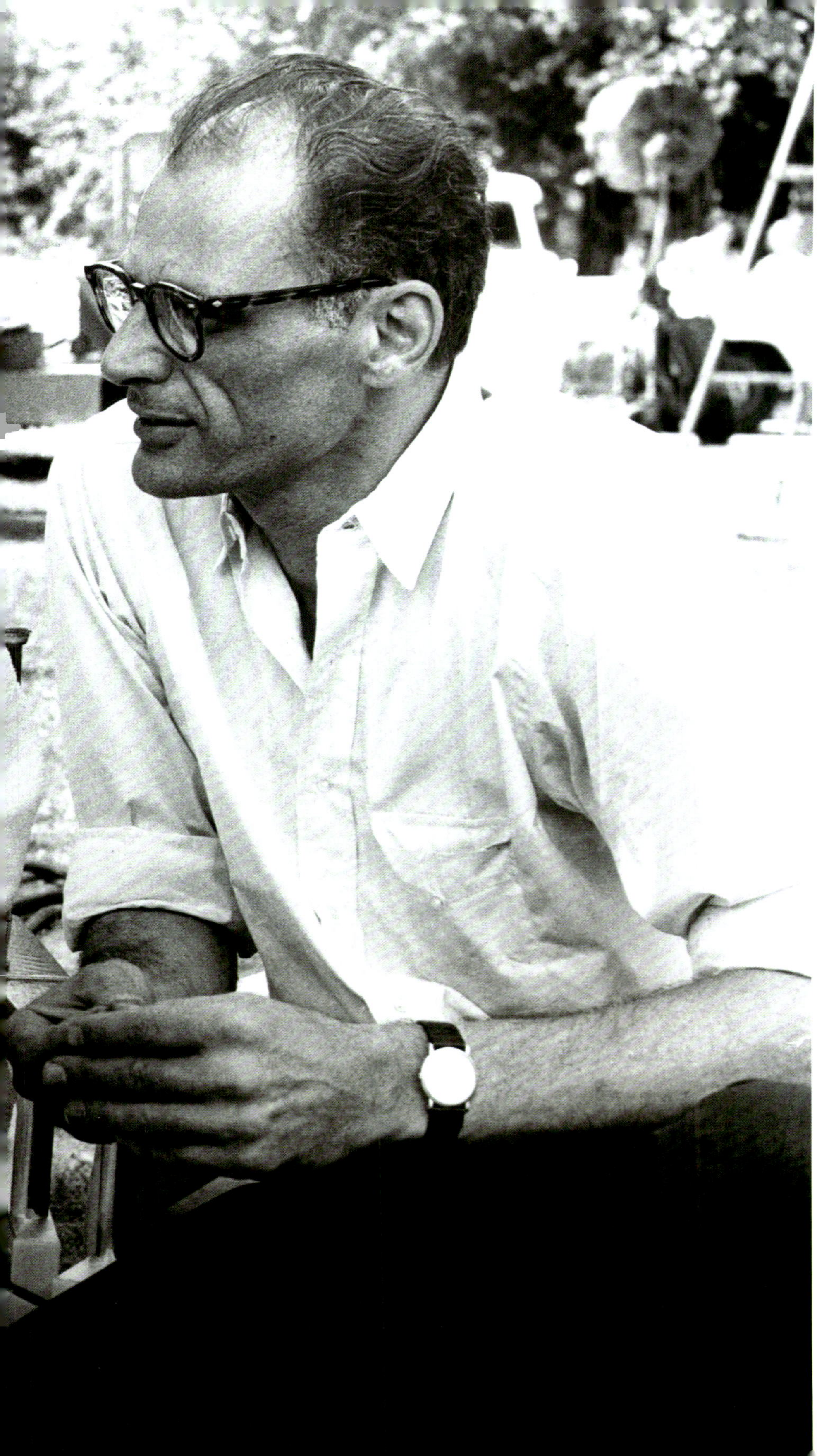

Le scénario

Le metteur en scène John Huston, Marilyn et Arthur Miller discutent sur le plateau. Miller remaniait sans cesse le scénario, incapable de décider de la façon dont le film finirait. Huston le trouvait magnifique, mais jugeait qu'il fallait pratiquer des coupes et des révisions. Miller espérait avoir écrit une grande histoire américaine, un chef-d'œuvre comparable à sa célèbre pièce de théâtre *Mort d'un commis voyageur*, mais Huston était plus réaliste et trouvait l'histoire très imparfaite. De son côté, Miller était si content de lui-même qu'il était incapable de porter sur son travail un regard critique. Marilyn était blessée et furieuse que le personnage de Roslyn, qui la calquait trait pour trait, ne montre d'elle que les aspects inintéressants de sa personnalité. Elle se dit que Miller ne l'acceptait pas telle qu'elle était et prit cette attitude pour un rejet.

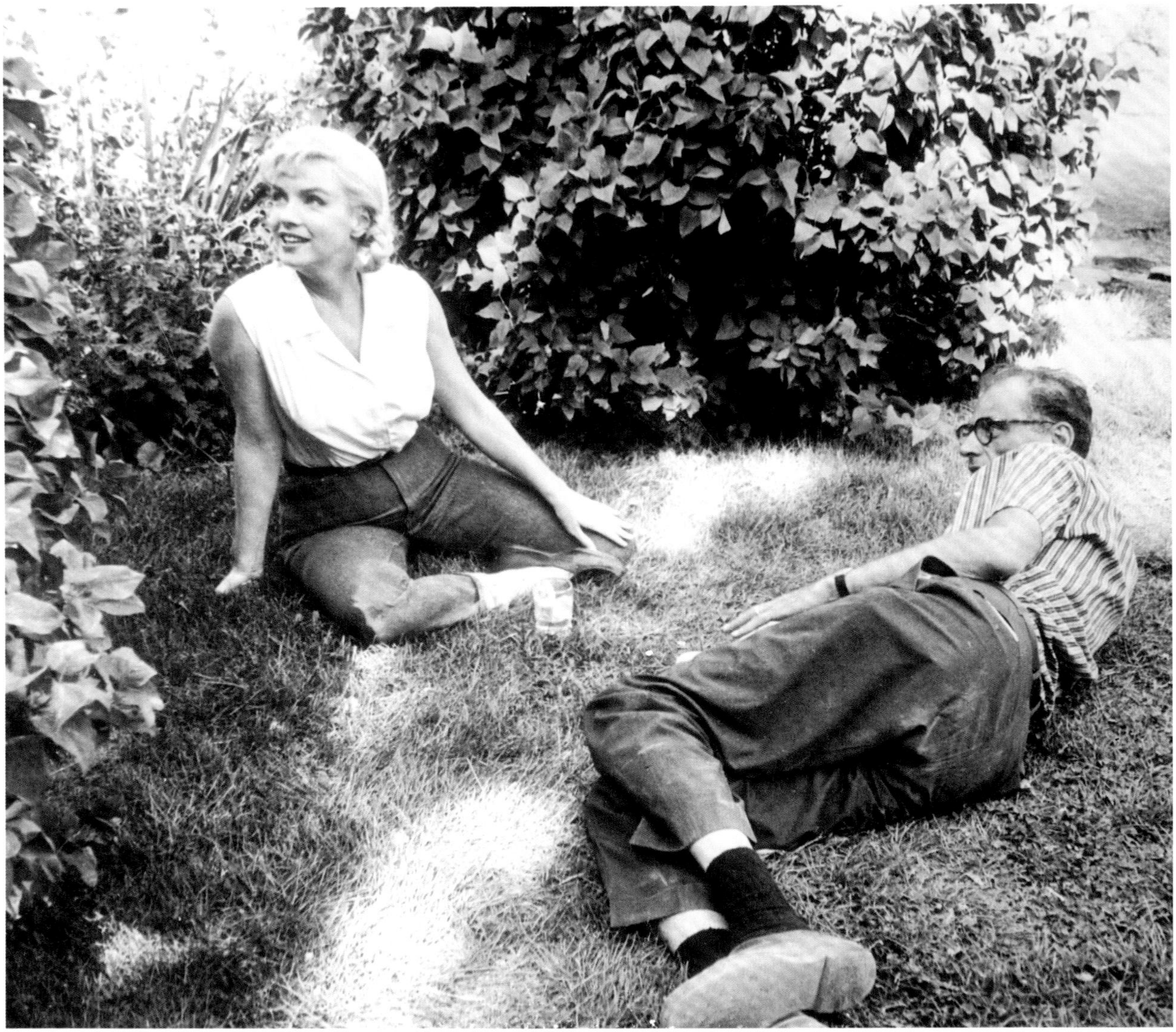

Un couple pas si heureux que cela...

Ci-dessus : Arthur Miller et Marilyn, lors du tournage des *Désaxés*, en 1960, alors que la fin du tournage approche. Bien qu'ils fassent bonne figure en public, on remarque l'absence de sourire et d'éclat dans le regard de Marilyn, et une distance perceptible entre les époux. À cette époque, on parlait déjà d'une liaison entre Miller et Inge Morath, une jeune photographe de plateau. Quant à Marilyn, elle s'était installée dans la suite d'hôtel de Paula Strasberg. Une semaine après la clôture des prises de vues, le couple annonça son divorce.

Page ci-contre : Gable serre Marilyn contre lui. Malgré la chaleur et l'exaspération provoquée par ses incessants retards, il se montra toujours bienveillant avec elle. Quand il mourut d'un infarctus, peu après le tournage, on accusa Marilyn de l'avoir poussé à bout, mais il faut surtout incriminer son engagement personnel dans son rôle, allié au fait que c'était un gros fumeur. Sur le plateau, il se montrait calme et patient, tant avec Marilyn qu'avec Montgomery Clift, lequel avait une personnalité complexe qui collait parfaitement au titre du film. Marilyn dira de lui qu'il était la seule personne en plus mauvais état qu'elle.

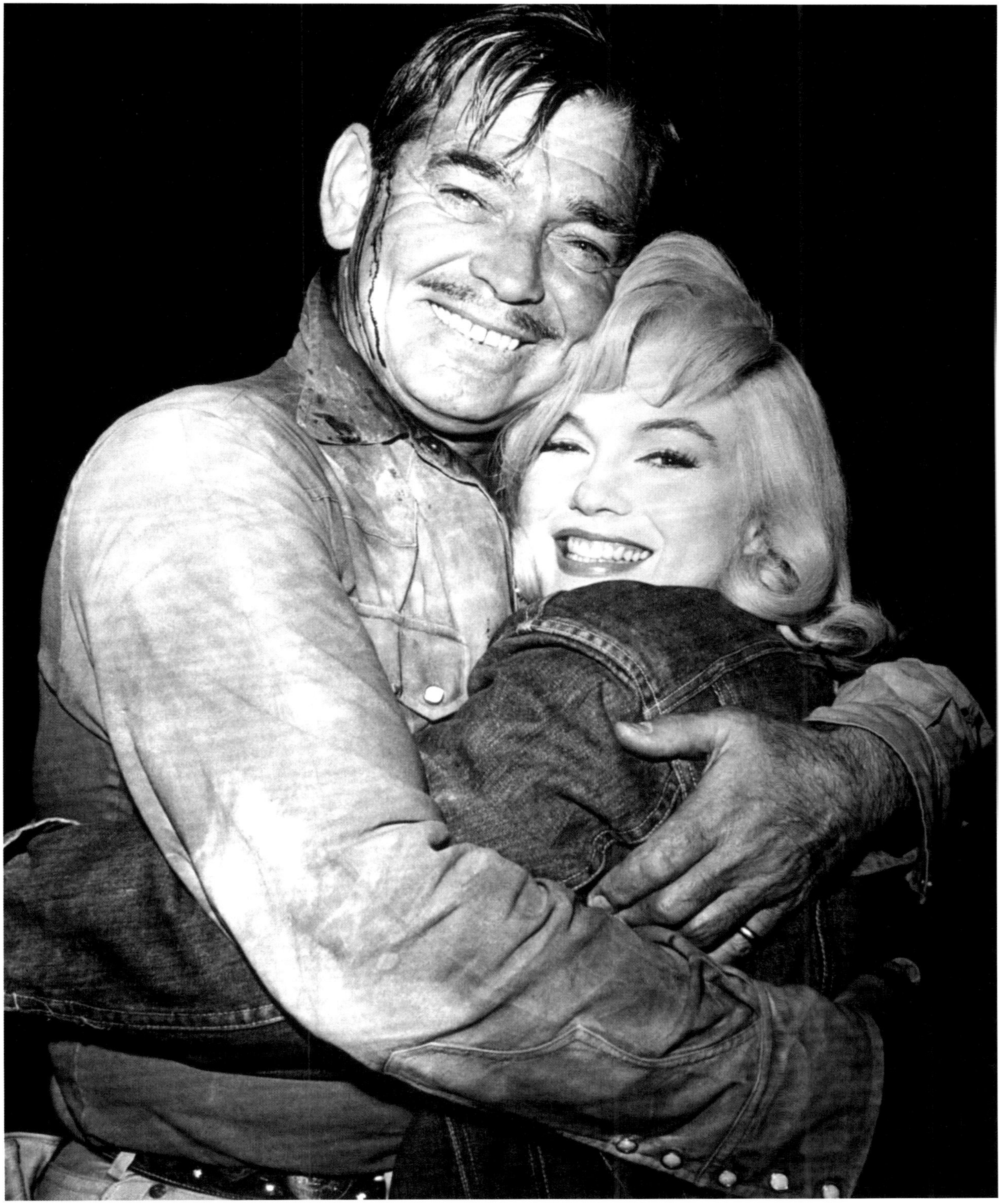

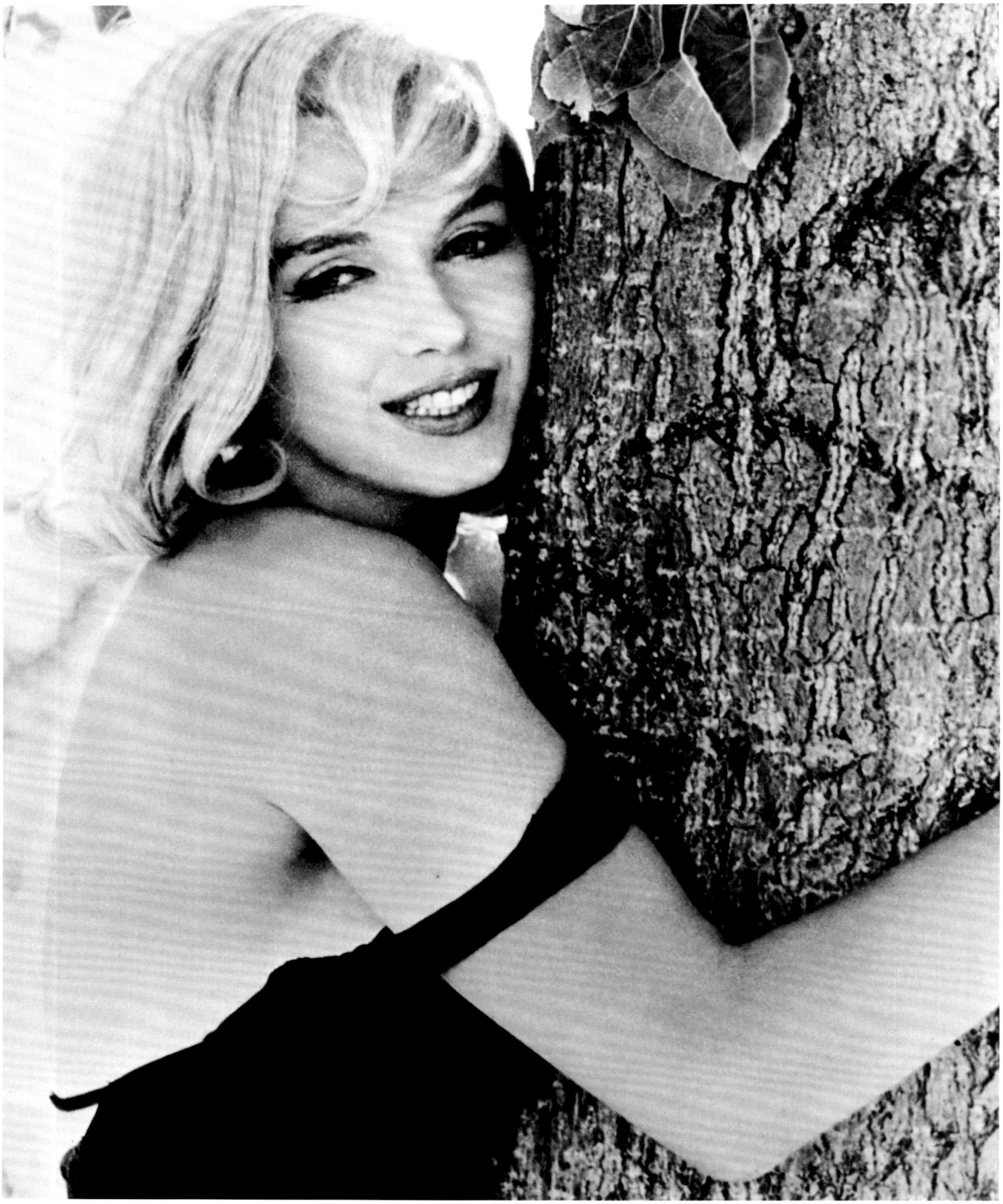

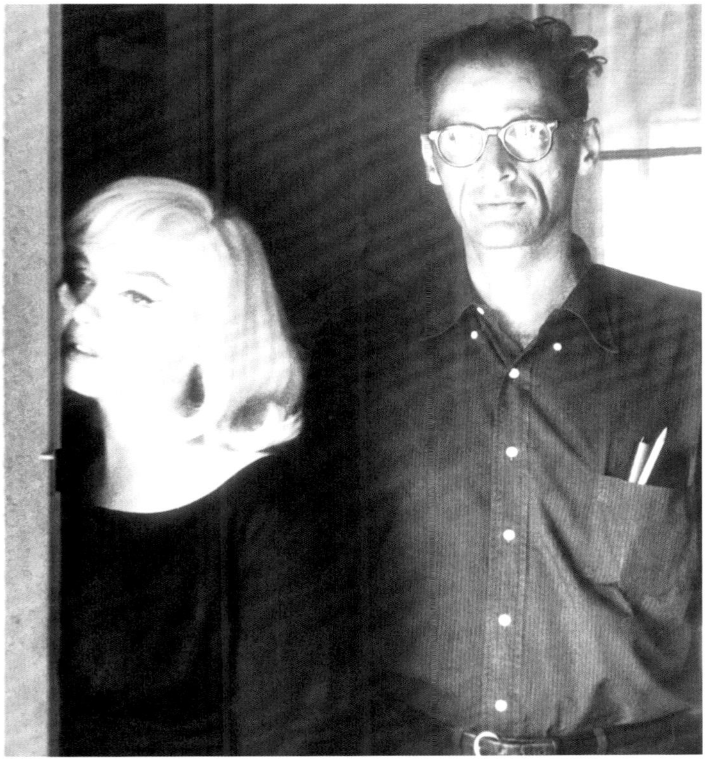

Un état de santé lamentable

Ci-contre : sa relation avec Arthur Miller n'était pas le seul problème de Marilyn. Sur le tournage des *Désaxés*, sa santé s'était si dégradée qu'elle dut être hospitalisée quelques jours. Sa dépendance aux médicaments l'empêchait de travailler. À la fin du tournage, elle était dans un état lamentable.

Page ci-contre : Marilyn pose avec une perruque réalisée pour le film.

Ci-dessous : Marilyn arrive au Capitol Theater de Broadway, le 31 janvier 1961, pour la première des *Désaxés*. Miller y assistait avec ses trois enfants, mais Marilyn et lui s'évitèrent. Un article paru dans le *New York Daily* relata : « Mlle Monroe n'a jamais semblé en aussi mauvaise santé ; la caméra ne la flatte pas. Mais il y a dans son jeu une délicatesse et une tendresse touchantes. »

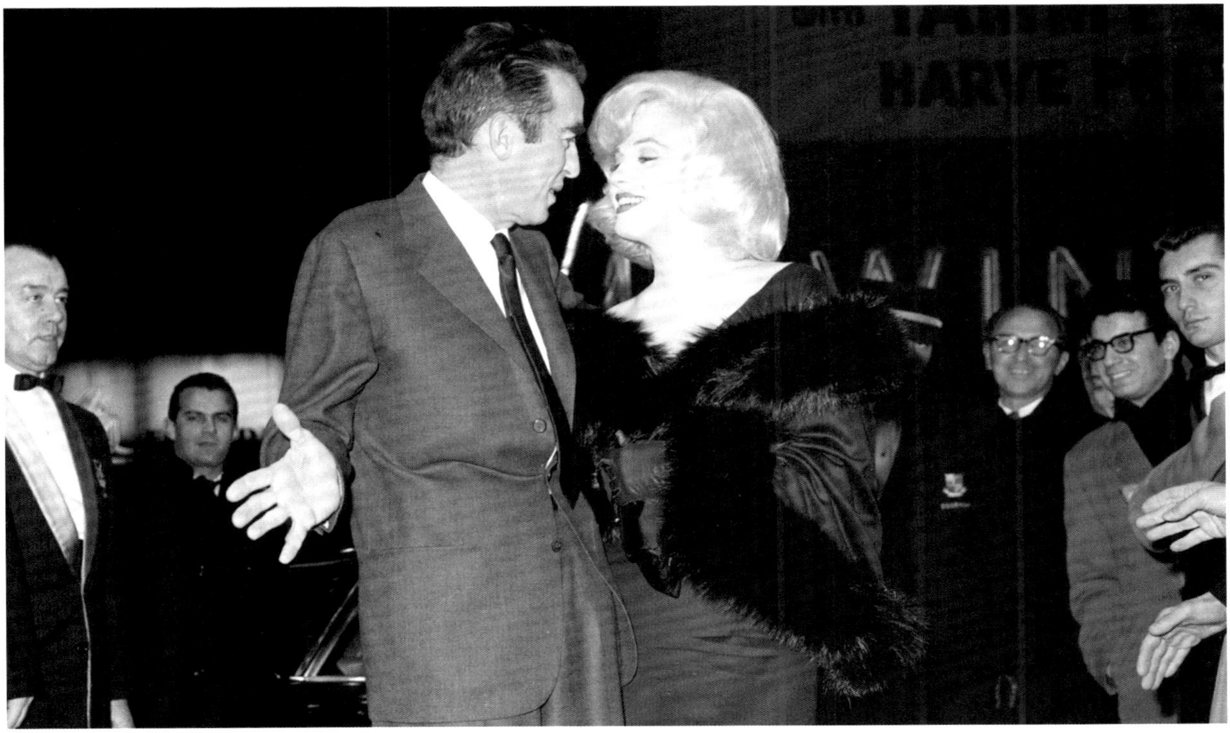

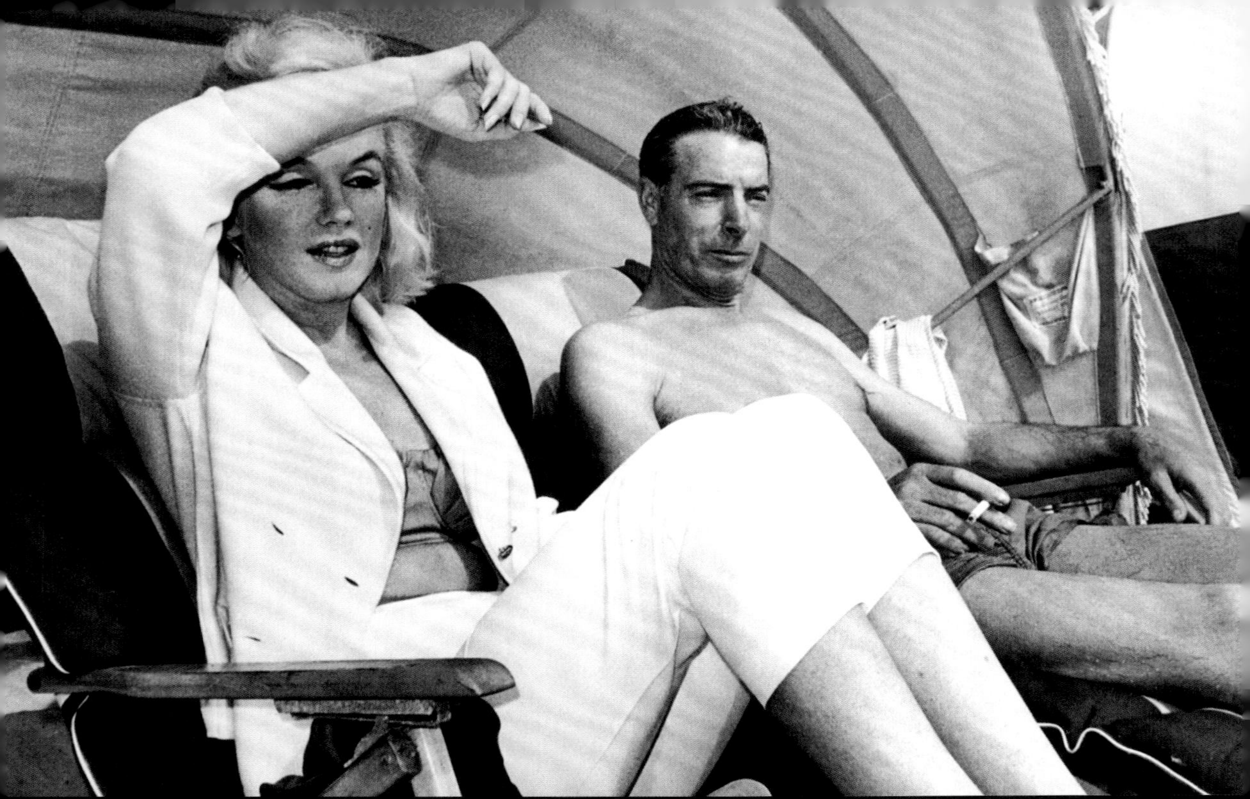

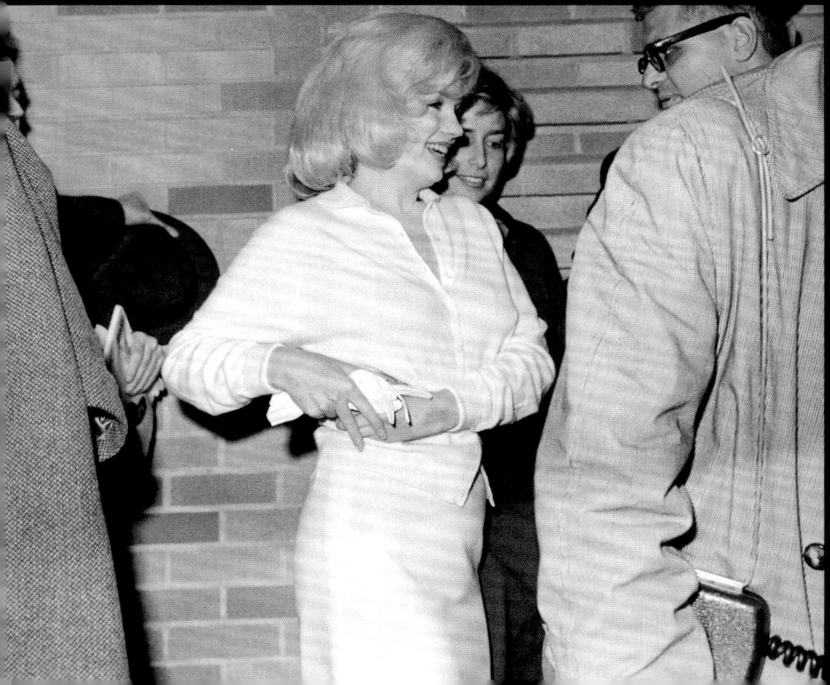

Encore et toujours à l'hôpital…

Ci-contre et page ci-contre : Marilyn quitte le Columbia-Presbyterian Medical Center, où elle a passé trois semaines pour soigner sa dépression.

Ci-dessus : Joe DiMaggio, qui séjournait en Floride pour la saison d'entraînement de printemps de l'équipe des New York Yankees, invita Marilyn à la rejoindre pour se reposer, après sa sortie de l'hôpital, où elle avait subi l'ablation de la vésicule biliaire. C'était son cinquième séjour à l'hôpital en dix mois. En Floride, elle passa de longs moments à se détendre et renoua des liens d'amitié avec son ex-mari.

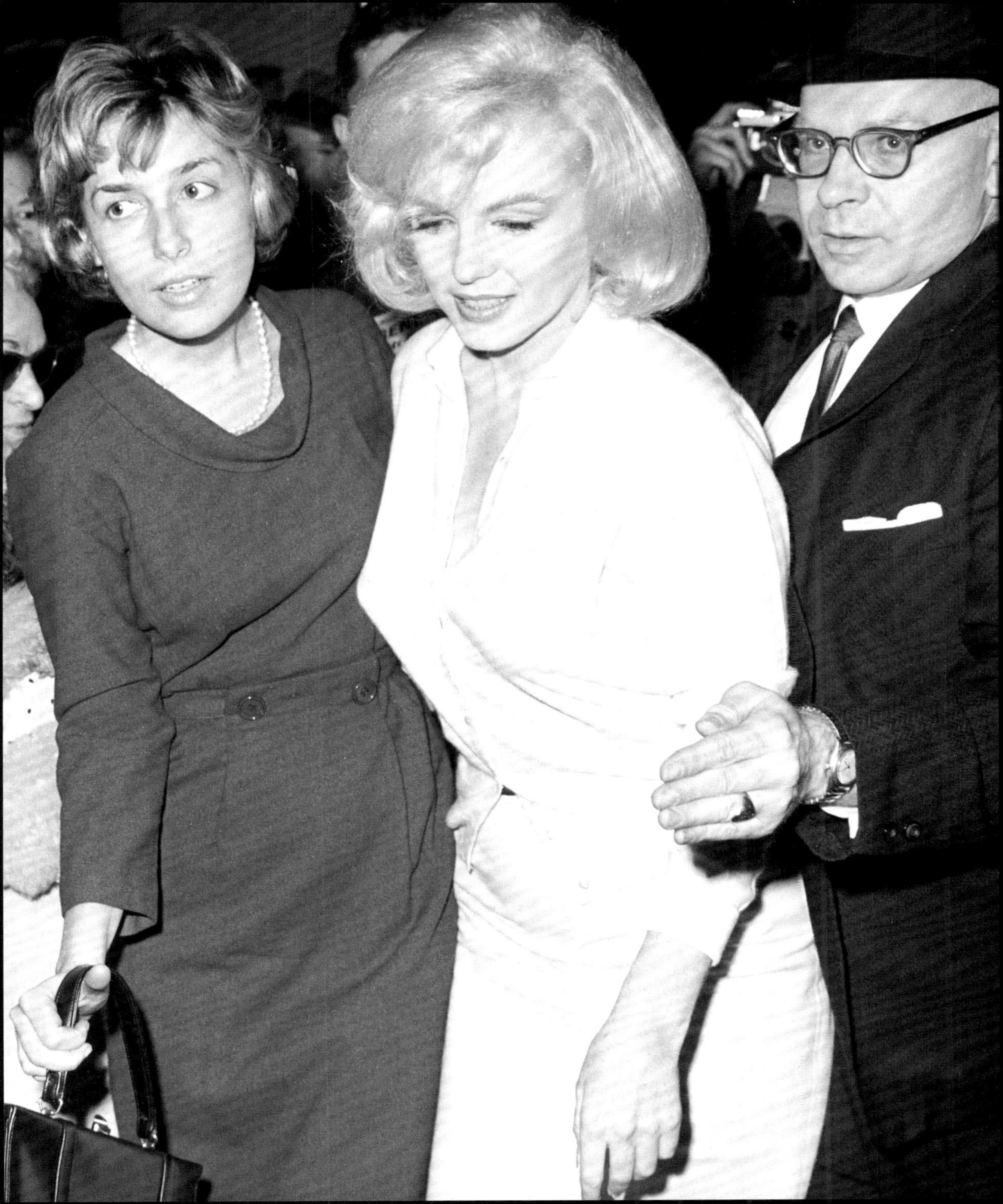

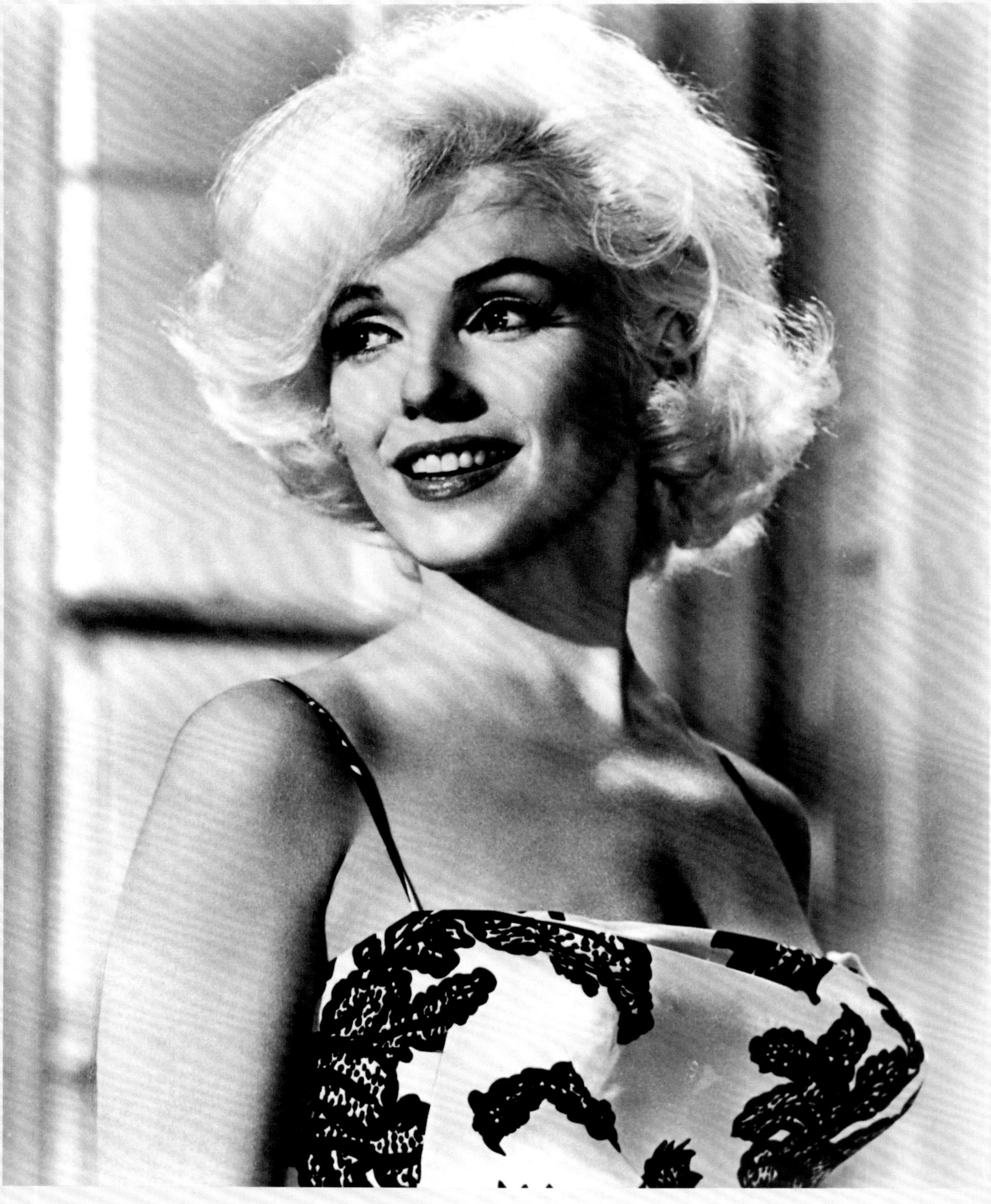

CHAPITRE SEPT

Something's Got To Give

Au début de 1962, Marilyn voyait tous les jours son analyste, Ralph Greenson, qui s'occupait d'elle avec une certaine ambiguïté. D'un côté, il lui était entièrement dévoué, mais, amoureux d'elle, il n'avait plus l'objectivité nécessaire pour mener à bien son analyse. Pis encore, il l'avait admise dans sa vie privée – ce qu'il faisait d'ailleurs avec d'autres patients – et la retenait souvent à dîner. Elle dormait même parfois chez lui, et il l'avait invitée à passer les fêtes de Noël dans sa famille. L'une des premières règles de la psychanalyse impose au praticien de ne pas s'impliquer personnellement dans la vie de ses patients. Mais Greenson estimait que les méthodes traditionnelles ne convenaient pas à Marilyn et qu'elle avait besoin, à ce moment précis de son existence, de vivre l'expérience d'une véritable vie de famille. Ses détracteurs accusent Greenson d'avoir voulu exercer un contrôle sur Marilyn – comme beaucoup d'hommes avaient tenté de le faire auparavant – et d'avoir filtré ses relations. Il plaça l'une de ses amies, Eunice Murray, comme gouvernante chez l'actrice, et c'est elle qui trouva la maison de Fifth Helena Drive, la dernière résidence de Marilyn. Celle-ci aimait beaucoup ce lieu de style mexicain, qui lui rappelait la maison des Greenson.

Ravie d'avoir une résidence bien à elle, Marilyn décida de se rendre à Mexico pour y acheter des meubles, des objets d'artisanat et des tuiles pour le toit. Elle voulait recréer chez elle un décor semblable à celui qu'elle aimait chez les Greenson. Sans doute pensait-elle aussi que cet emménagement marquerait le début d'une vie nouvelle. Dans cette euphorie, elle avait accepté de tourner pour la Fox *Something's Got to Give*, afin de remplir son contrat. Malheureusement, sa joie fut ternie par l'annonce du remariage de Miller, qui l'affecta profondément et anéantit son vieux rêve d'être un jour une épouse heureuse et une mère comblée. À son retour de Mexico, elle était de toute évidence retombée dans le cycle infernal des médicaments en tout genre, bien souvent arrosés de trop de champagne.

Quelques jours après son retour, elle se présenta à la cérémonie des Golden Globe Awards passablement éméchée. Quand elle reçut la statuette qui la consacrait meilleure actrice féminine, elle prononça son discours d'une voix pâteuse, et les ragots allèrent bon train : Marilyn était finie ! Mais, deux semaines plus tard, elle se sentait assez en forme pour se présenter aux séances d'essayage de costumes et de maquillage pour son prochain film, et le studio poussa un soupir de soulagement.

Le sujet de *Something's Got to Give* est tiré de *My Favourite Wife*, une comédie très populaire de 1940 : une femme naufragée, qui a vécu de longues années sur une île déserte et que l'on croit morte, revient un jour chez elle pour découvrir que son mari s'est remarié. Le scénario demandait à être remanié, et Marilyn fut ravie que Nunnally Johnson fût chargé de le faire. Johnson avait

Page ci-contre : une publicité pour *Something's Got To Give.*

écrit le scénario de *Comment épouser un millionnaire* et, bien que Marilyn n'eût plus envie de renouer avec les personnages de blonde évaporée, elle avait désespérément besoin d'un grand rôle pour relancer sa carrière et réduire les mauvaises langues au silence. Cette fois, la situation était toute différente : elle jouerait une épouse et une mère, et non les séductrices. Autres arguments de taille : elle aurait Dean Martin pour partenaire et Cukor – avec qui elle avait tourné *Le Milliardaire* – pour metteur en scène.

Johnson mit au point un scénario qui plut à Marilyn et qui reprenait d'ailleurs beaucoup de ses idées, mais se retira du projet avant le début du tournage. D'autres scénaristes se succédèrent, et Marilyn se sentit de plus en plus mal à l'aise à mesure que les différentes versions s'éloignaient de celle de Johnson. De nouvelles pages du script de couleurs différentes furent remises aux acteurs et aux techniciens, pour que chacun fût bien certain d'avoir en main la dernière version, à l'exception de Marilyn, sans doute pour lui faire croire qu'aucun changement n'était intervenu.

Les modifications du scénario reportèrent le début du tournage au 23 avril, mais Marilyn était malade et Dean Martin travaillait sur un autre film. Marilyn, fiévreuse, passa de longues journées chez elle, tout en continuant à répéter son rôle avec Paula Strasberg, cherchant à s'adapter aux changements de scénario qu'elle recevait continuellement. À ce moment, elle voyait Greenson deux fois par jour.

C'est alors que Greenson partit pour un long voyage, prévu depuis longtemps, en Europe, avec sa famille. Il avoua plus tard qu'il était las de la dépendance de Marilyn à son égard et qu'il avait besoin de soulager la pression de des séances quotidiennes. La semaine suivant son départ, Marilyn arriva à l'heure au studio et travailla d'arrache-pied. Elle avait été invitée à chanter « Bon anniversaire, Monsieur le Président » au gala donné pour les 45 ans de Kennedy au Madison Square Garder, et s'en réjouissait. La semaine précédente, les journaux avaient beaucoup parlé de ce fameux dîner, auquel Miller était aussi convié par l'entremise du ministre français de la Culture. Marilyn n'entendait pas manquer l'occasion de montrer qu'elle aussi était une personnalité importante aux yeux du Président. Cependant, le studio n'avait guère envie de la voir s'absenter, car le film prenait du retard.

Le mardi 17 mai, Marilyn travailla jusqu'à midi, puis prit l'avion pour New York afin de se préparer au gala du samedi soir. Elle se présenta dans une robe outrageusement sexy, qui fit vibrer toute l'assistance. Dès le dimanche, elle était de retour à Los Angeles, prête à travailler le lundi matin. Elle ne s'était guère absentée longtemps, mais les patrons de la Fox ne l'entendirent pas de cette oreille. C'était l'époque où toute l'industrie du cinéma était en crise, et la vieille garde de la Fox avait été critiquée pour l'indulgence dont elle faisait preuve envers les caprices des vedettes. En Italie, *Cléopâtre*, avec Liz Taylor et Richard Burton, avait coûté des millions, et la Fox avait dû vendre une part de ses avoirs pour compenser le dépassement de budget. Ce n'était pas le moment pour Marilyn de défier la direction.

La Fox avait le choix entre annuler le film ou renvoyer Marilyn et la remplacer par une autre actrice. On ne sait si Marilyn avait été mise au courant de ce dilemme, mais elle continua à travailler par intermittence, et ses relations avec Cukor se détériorèrent. Le 1er juin, elle fêta son 36e anniversaire avec toute l'équipe. Peut-être sentait-elle qu'elle vieillissait, ce qui devait beaucoup l'affecter. La semaine suivante, des discussions serrées eurent lieu entre son agent et la Fox, ainsi qu'avec Greenson, hâtivement rappelé d'Europe. Malgré la promesse que Marilyn reviendrait travailler après une semaine de repos, elle fut congédiée. Les studios avaient prévu de la remplacer par Lee Remick, mais Dean Martin réagit vigoureusement, disant qu'il avait signé pour tourner avec Marilyn et que, sans elle, il se retirait lui aussi. Le projet resta en suspens, chacun campant fermement sur ses positions.

Les proches de Marilyn savaient qu'ils avaient besoin d'une bonne publicité pour faire taire les rumeurs d'une sévère dépression nerveuse. Juste avant la fin du tournage, Marilyn avait posé pour une série de photos dans une piscine, et son maillot de bain avait glissé alors qu'elle sortait de l'eau. Ces photos sensationnelles furent rapidement diffusées, et l'une d'elles fit la couverture du magazine *Life* à la fin du mois. Une autre séance de photos d'art par Bert Stern fut programmée pour *Vogue*. La publicité, associée à une opinion publique plus que favorable à l'actrice, finit par faire fléchir la Fox. À la mi-juillet, Marilyn fut donc informée que le studio avait admis le principe de la réintégrer, à condition de revoir certains détails, en particulier de différer la reprise du tournage à septembre dans le but de permettre à Dean Martin de remplir ses obligations.

Il semble bien que Marilyn, une fois encore, avait transformé un désastre en triomphe, mais son entourage se demandait avec inquiétude si elle serait encore capable de travailler. Certes, il lui était souvent arrivé de se relever après des moments difficiles, mais, désormais, elle paraissait bien fragile.

Le 3 août, Marilyn persuada le Dr Engleberg de lui délivrer une ordonnance de 25 comprimés de Nembutal. Engelbert et Greenson s'étaient tous deux toujours efforcés de contrôler consommation de calmants de leur patiente, mais, cette fois, ils ne se consultèrent pas. Le lendemain, Greenson se rendit chez Marilyn et passa avec elle une bonne partie de l'après-midi. Elle avait reçu une invitation à dîner chez les Lawford et, de son côté, Greenson avait lui-même sa soirée engagée ; aussi la quitta-t-il vers 19 heures. Environ une heure plus tard, Lawford téléphona pour demander à Marilyn de confirmer sa venue et s'alarma en l'entendant répondre d'une voix hésitante. Quand elle raccrocha, il fut pris d'inquiétude et téléphona à Milton Rudin, l'avocat de Marilyn, qui, à son tour, se mit en contact avec la gouvernante Eunice Murray. Celle-ci le rassura : Marilyn allait bien. Ce n'est qu'au petit matin du 5 août que la gouvernante s'aperçut que la lumière de la chambre à coucher de Marilyn était toujours allumée. Tout le monde savait qu'elle ne pouvait dormir que dans l'obscurité totale, et ses fenêtres étaient toujours obscurcies par d'épais rideaux. Eunice fit venir Greenson, et tous deux se rendirent dans la chambre de Marilyn, qu'ils découvrirent, affalée en travers du lit, tenant le récepteur du téléphone dans la main. Elle était morte depuis un certain temps déjà, et l'autopsie révéla une absorption massive de Nembutal et d'hydrates de chlorure.

Les théories sur la mort de Marilyn ont fait l'objet (et le feront encore) de nombreux livres. Les opinions sur le sujet diffèrent, depuis le suic de jusqu'au meurtre, en passant par le simple accident. Certes, elle avait déjà tenté de se suicider par le passé, et il lui était arrivé d'absorber des surdoses de médicaments. Il est également possible qu'elle se soit procuré d'autres médicaments auprès d'autres médecins. La théorie de l'assassinat est difficilement crédible. La véritable tragédie est que de semblables accidents s'étaient déjà produits, mais que, cette fois, elle ne fut pas secourue à temps.

Les funérailles, organisées par Joe DiMaggio, avec l'aide de la demi-sœur de Marilyn, Berniece Miracle, et de sa chargée d'affaires Inez Nelson, se déroulèrent au Westwood Memorial Park de Los Angeles. DiMaggio refusa la présence de ses amis d'Hollywood, les tenant pour moralement responsables de sa disparition. La presse et les photographes furent également tenus à distance. Son maquilleur de confiance, Whitey Snyder, la maquilla une dernière fois, remplissant la promesse en forme de boutade, faite des années auparavant, de venir la maquiller en rose dans sa tombe deux fois par semaine.

Des années après sa disparition, Marilyn Monroe demeure l'une des plus flamboyantes légendes du XXe siècle. De chacun de ses films se dégage une aura unique, celle d'une femme-enfant, à la fois innocente et d'une sensualité rayonnante, que les hommes désirent sans pour autant que les femmes la craignent. Dans la vie réelle, c'était une jeune et belle femme, de nature complexe, très peu sûre d'elle, qui ne désirait qu'être aimée pour oublier son passé malheureux. Au cours de sa brève carrière, elle a fait de certains de ses films des classiques par la grâce de sa seule présence.

Peut-être était-il inévitable que Marilyn Monroe mourût jeune. Mais Marilyn Monroe, la star incomparable, demeure une femme extraordinaire et incomparable, qui vit toujours en nous.

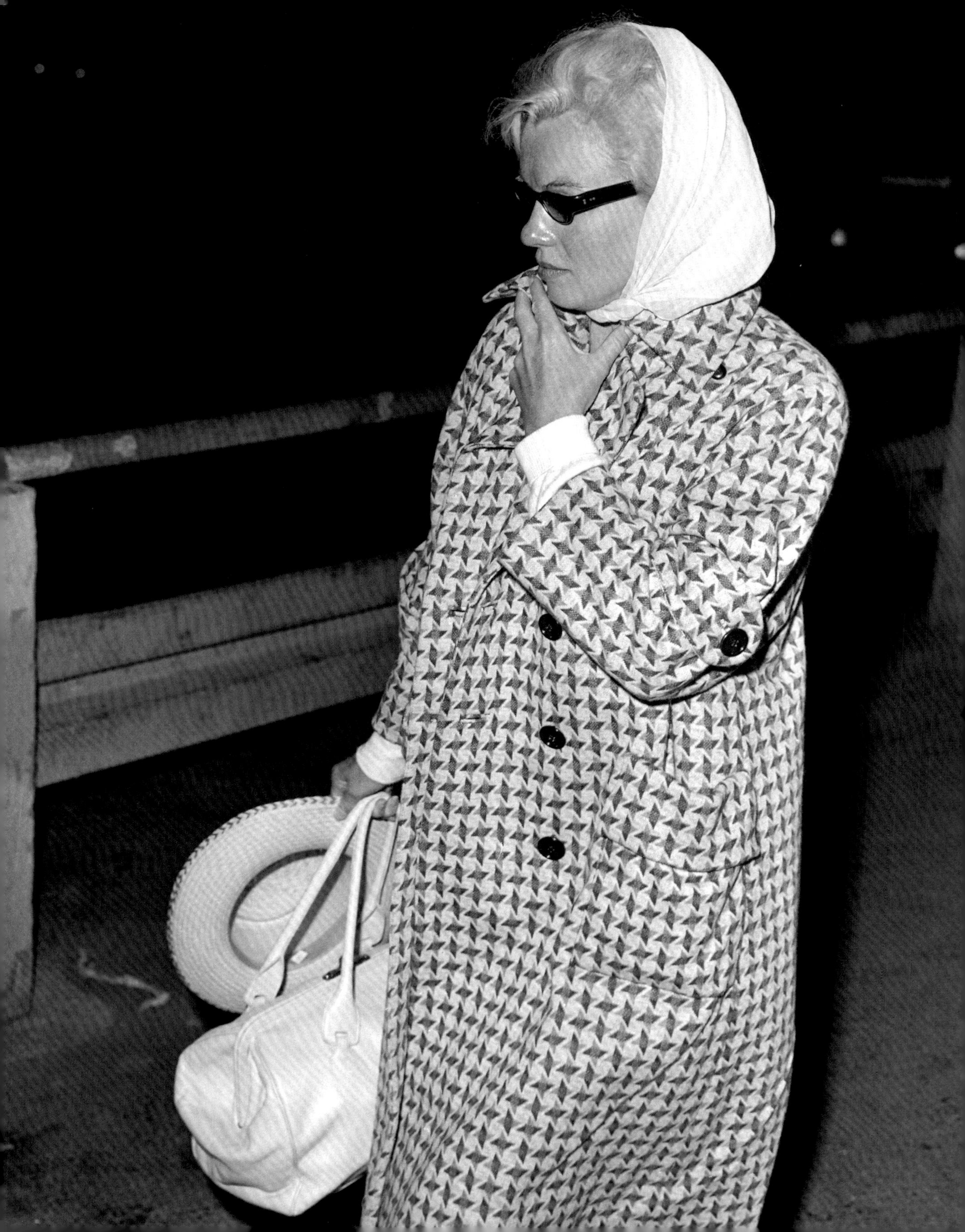

Voyage à Mexico

Ci-contre : Joe embrasse Marilyn pour lui souhaiter un bon voyage vers Mexico, où elle va passer quelques jours de vacances, en février 1962. Elle se rendait au Mexique pour y acheter des meubles destinés à sa nouvelle maison d'Hollywood. Elle avait pris goût au style mexicain chez Ralph Greenson, son psychanalyste. Marilyn n'avait pas travaillé depuis *Les Désaxés*, à la fin de 1960, mais le studio pensait lui faire commencer *Something's Got to Give* dès que l'écriture du scénario serait terminée.

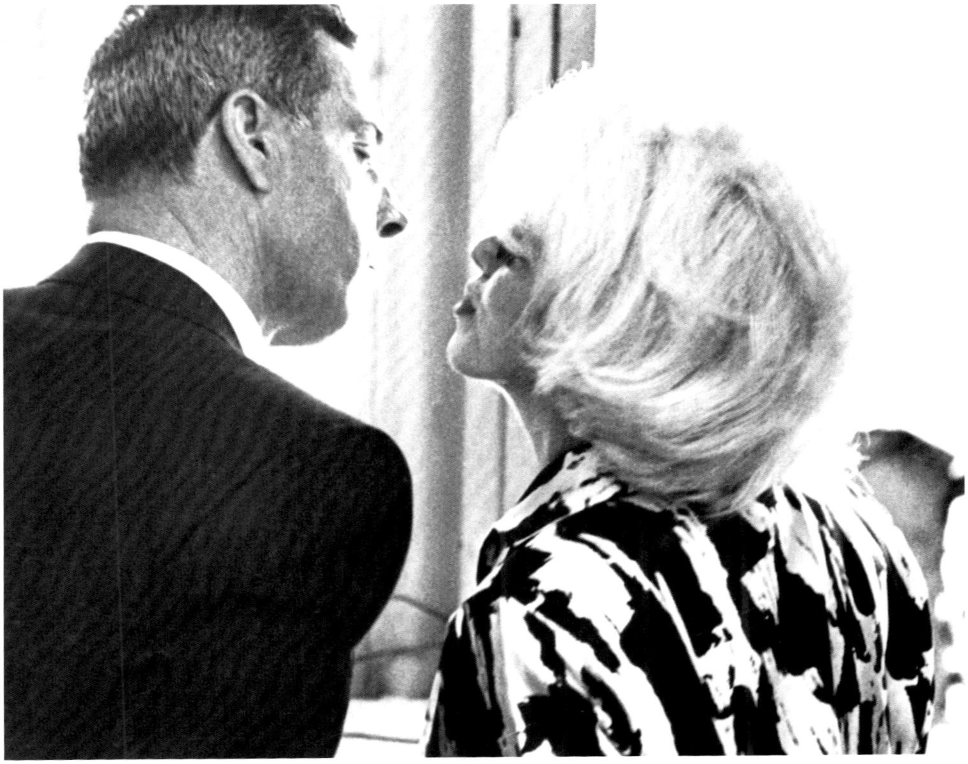

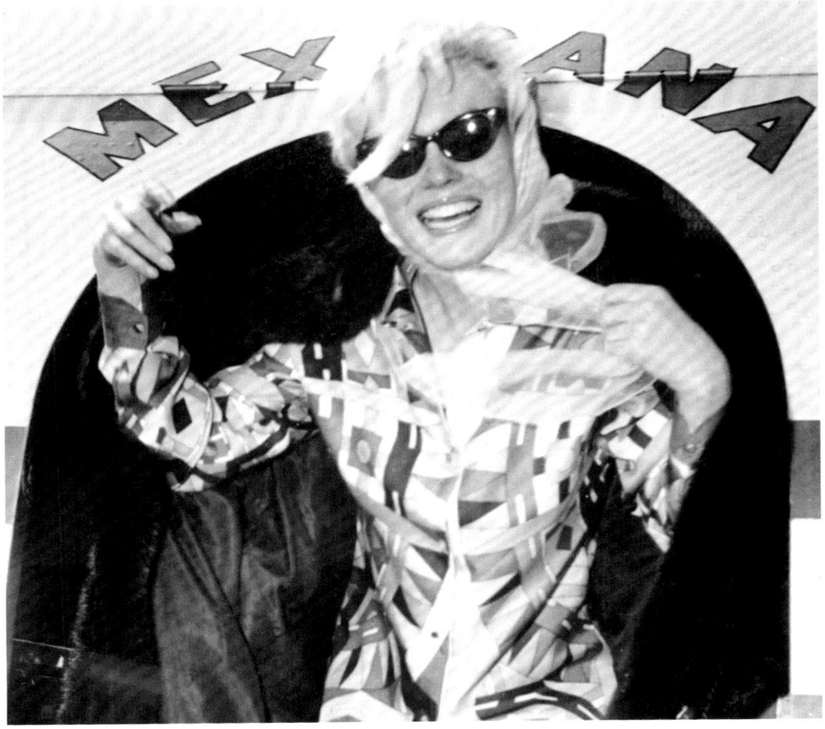

Éviter les caméras

Page ci-contre : Marilyn avait presque réussi, contrairement à son habitude, à échapper aux photographes, si elle n'était trahie par ses cheveux blonds dépassant de son foulard.

Ci-contre : Marilyn salue les journalistes à son retour de Mexico, en mars 1962. Elle n'était pas en grande forme depuis qu'elle avait appris le remariage d'Arthur Miller.

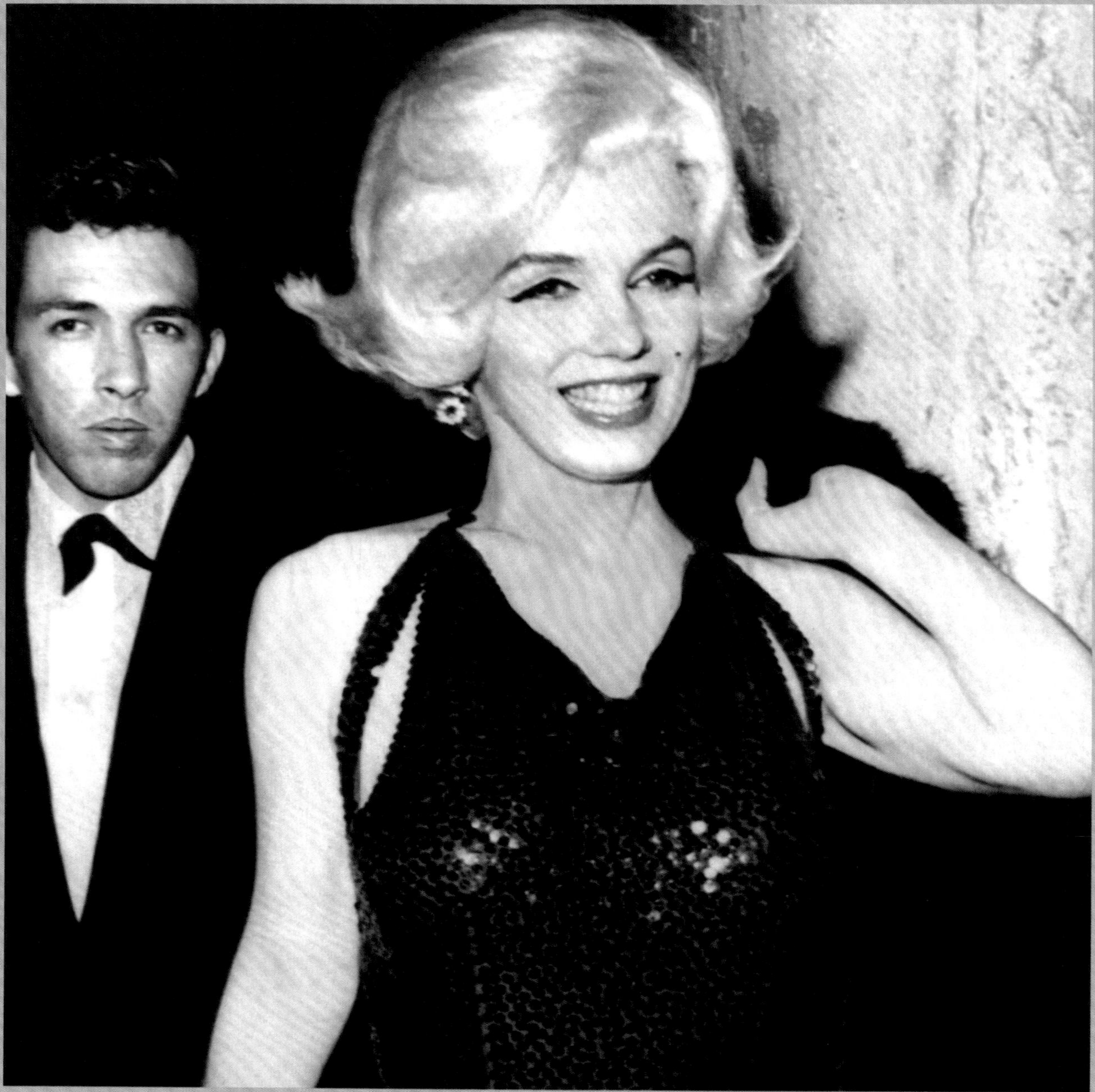

Une récompense méritée

En mars 1962, Marilyn fut sacrée meilleure actrice féminine 1961 par la Foreign Press Association, lors de sa cérémonie annuelle à Hollywood. L'acteur Rock Hudson remet son trophée à Marilyn et semble aussi heureux qu'elle. Sa silhouette élancée et glamour est en flagrante contradiction avec sa fragilité physique et psychologique.

Ci-dessus : Marilyn arrive à la réception après la remise de sa récompense, en compagnie du scénariste mexicain José Bolaños, rencontré durant son récent séjour à Mexico. Après la mort de Marilyn, Bolaños prétendit qu'ils avaient l'intention de se marier. Leur relation n'avait pas duré longtemps.

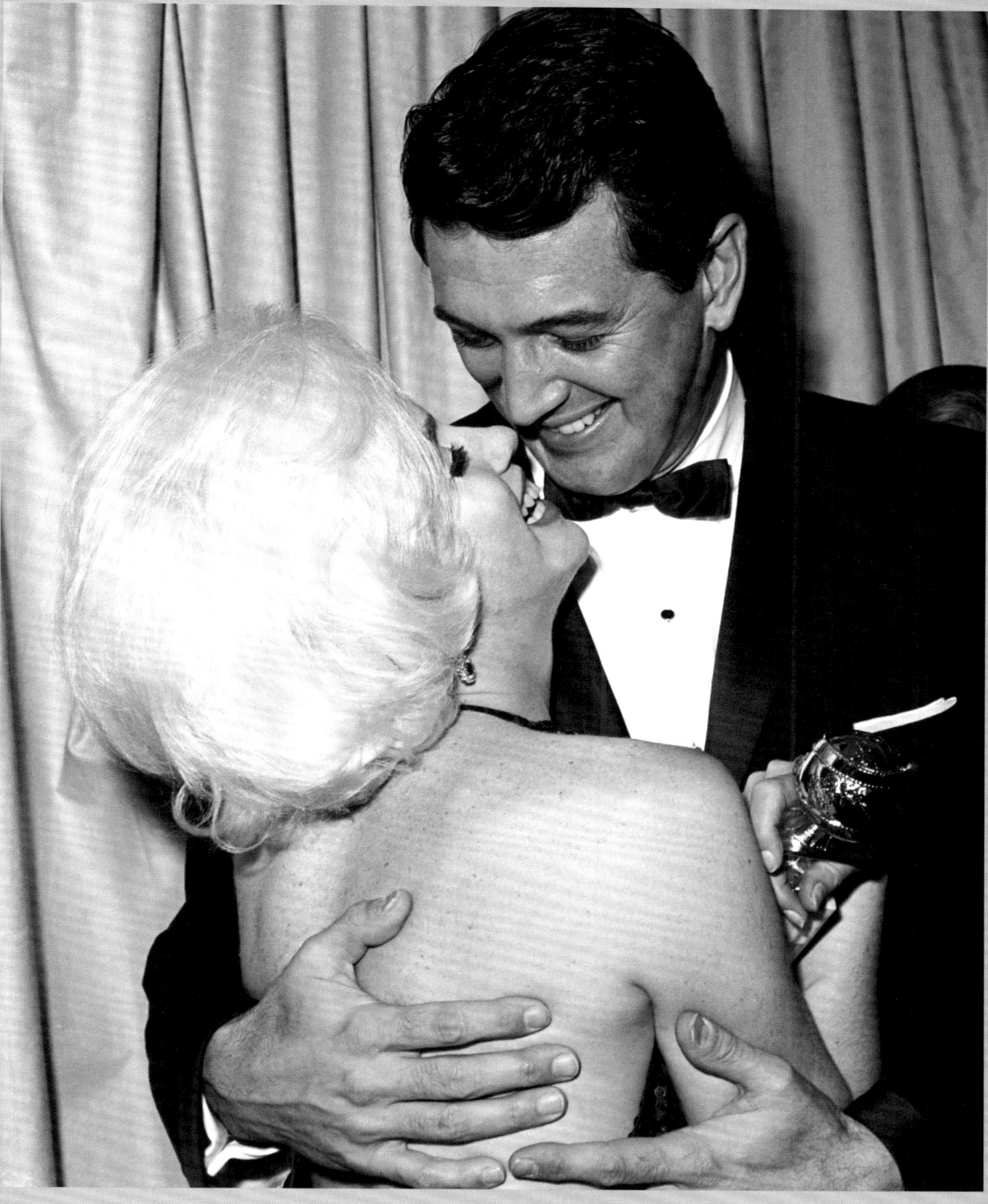

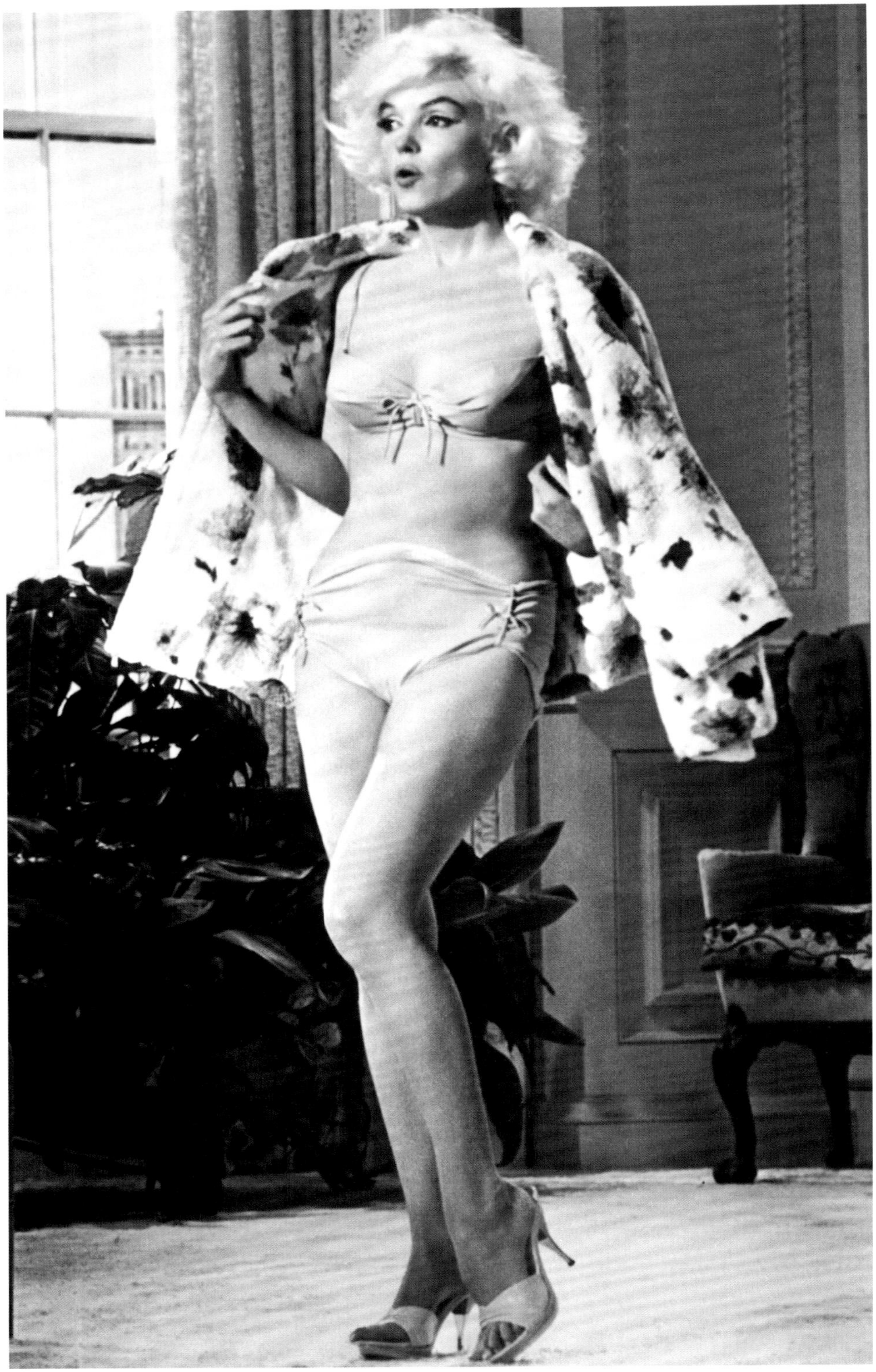

Something's Got To Give

Ci-contre : Marilyn en Eve Garden, au début de *Something's Got to Give*. Peu de prises de vues avaient été réalisées avant qu'elle ne fût renvoyée pour absentéisme, le 8 juin 1962. L'année suivante, le scénario fut remanié et le film intitulé *Move Over Darling*, avec Doris Day dans le rôle de Marilyn, James Garner reprenant celui de Dean Martin.

Page ci-contre, en haut : pour son 36e anniversaire, Marilyn se montra au Chavez Ravine Dodger Stadium de Los Angeles, en compagnie du joueur Albie Pearson, lors d'une partie de base-ball entre les Yankees et les Angels, le 1er juin 1962, au profit d'une œuvre de bienfaisance en faveur de la dystrophie musculaire. Ce fut l'une de ses dernières apparitions publiques.

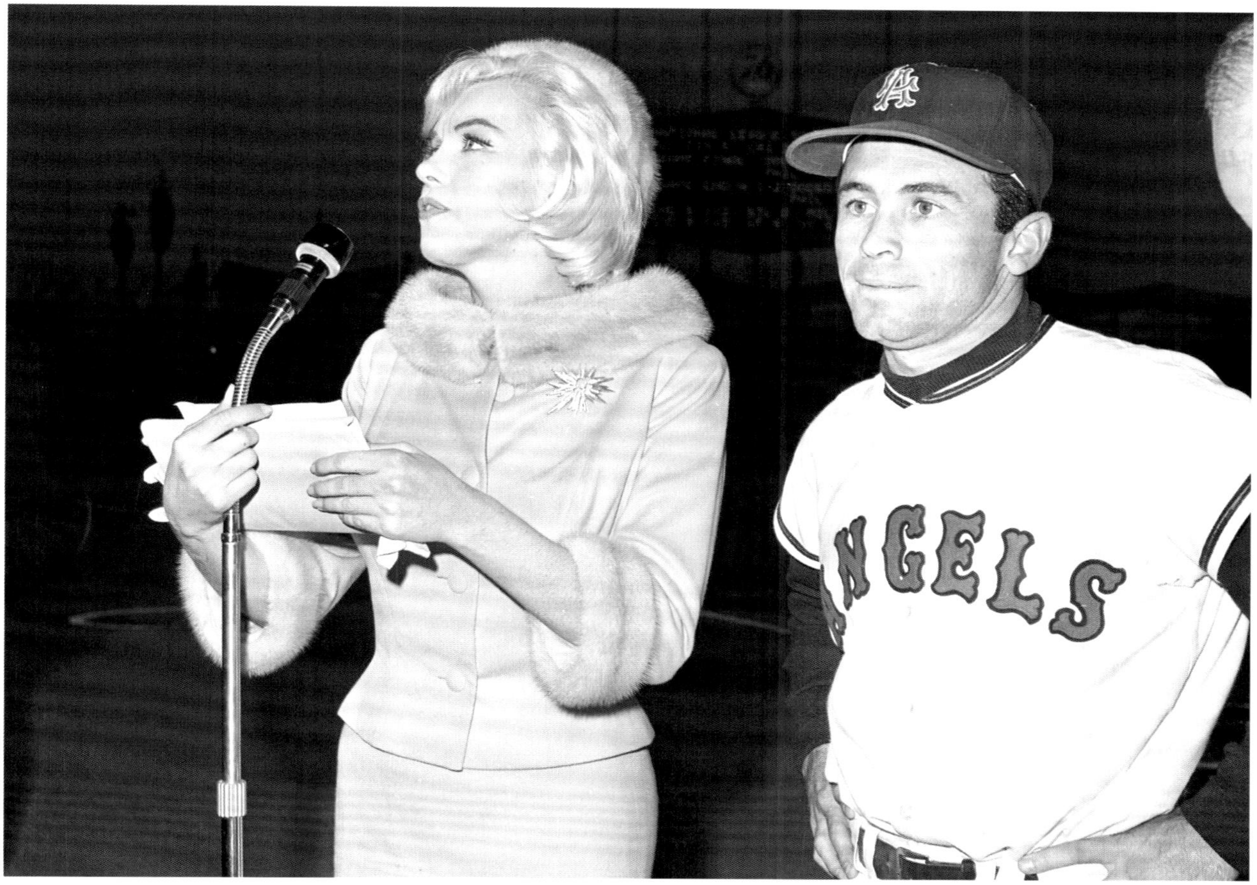

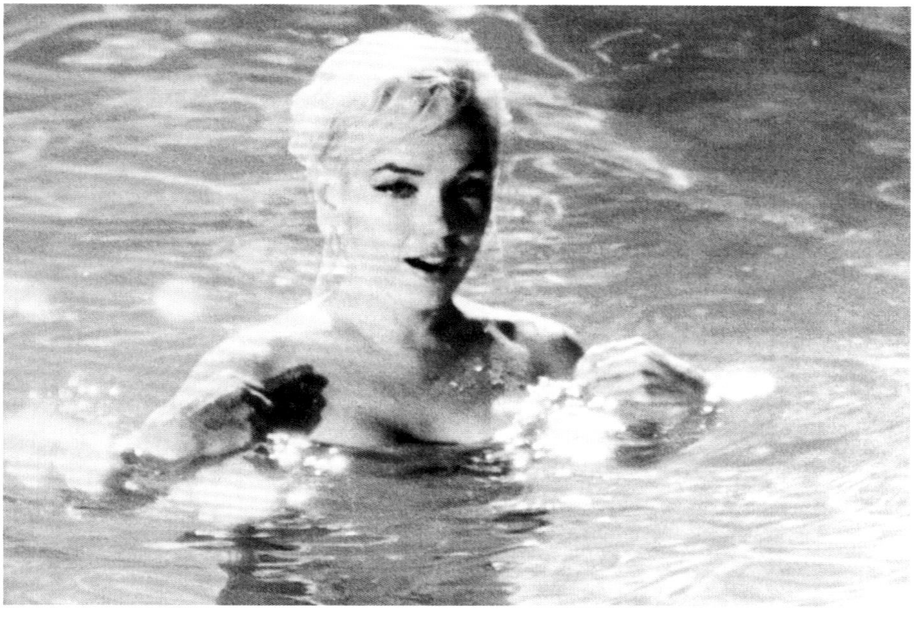

La sirène nue

Ci-contre : pendant la scène de la piscine, dans *Something's Got to Give*, la presse avait été invitée à prendre quelques photos, et Marilyn avait fait sensation en retirant son maillot de bain dans l'eau. Le tournage du film traînait en longueur, le studio se plaignait de perdre de l'argent, et l'ambiance sur le plateau était tendue. Marilyn semblait plus mince qu'elle ne l'avait été les années précédentes, mais elle ne pouvait travailler sans absorber de médicaments et sans l'aide constante de son psychanalyste, le Dr Greenson.

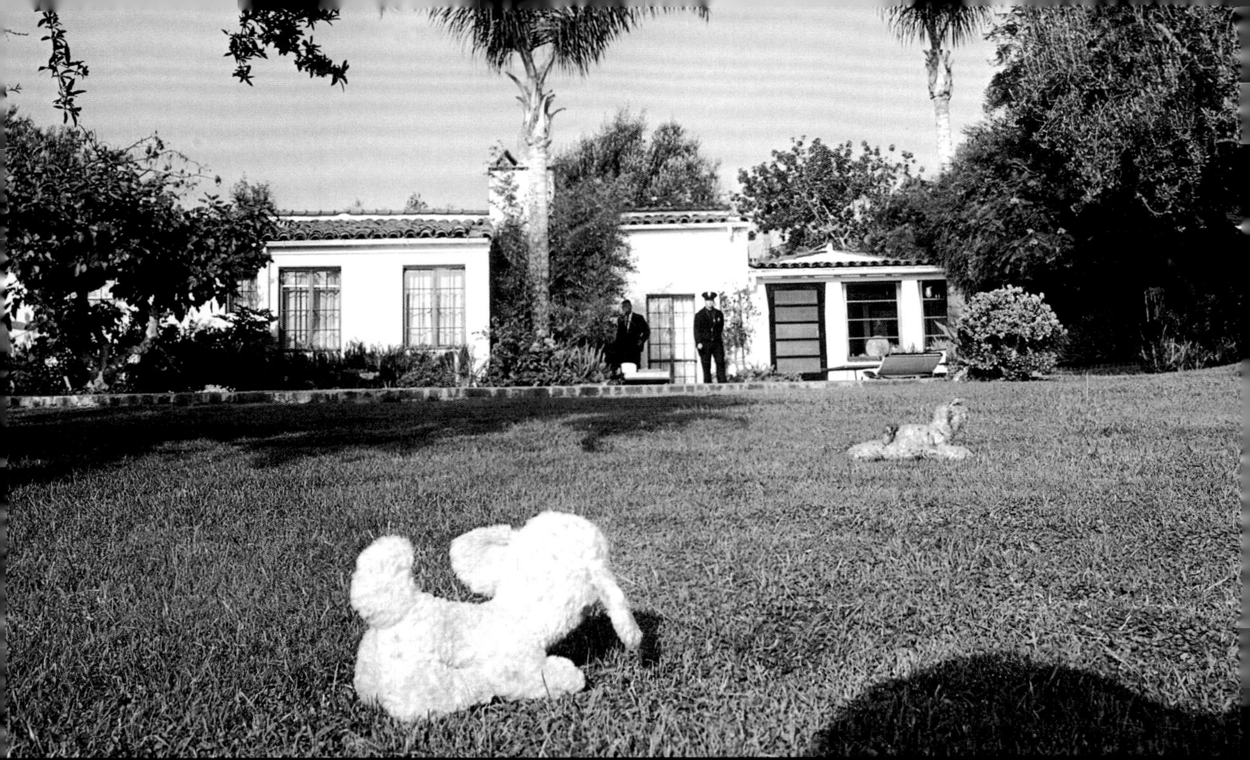

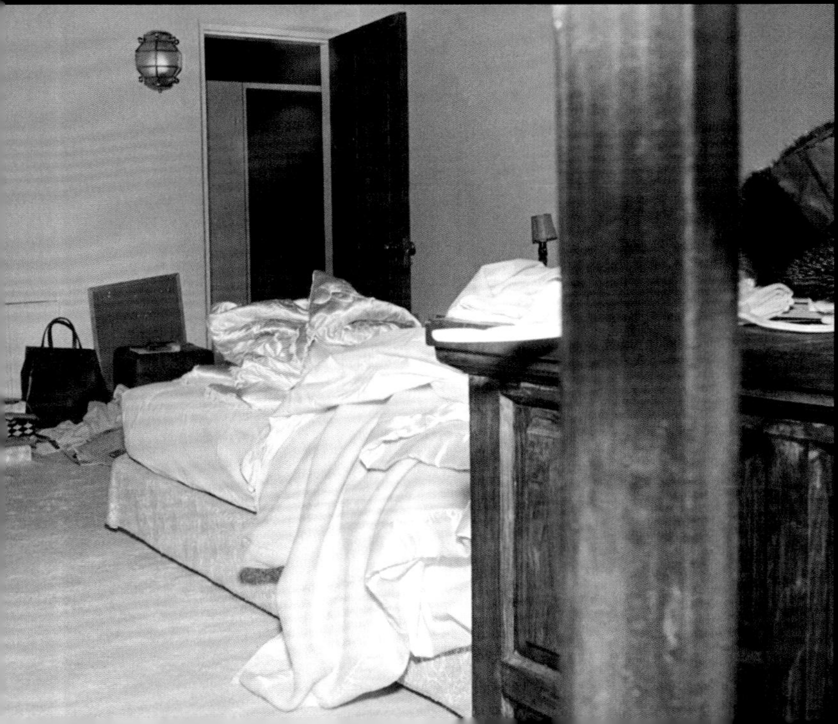

Le jour de sa mort…

Ci-dessus : quand Marilyn fut découverte morte, le 5 août 1962, la police se rendit à son domicile du Fifth Helena Drive. C'est en vain que l'on chercha une lettre d'intention de suicide et que l'on questionna Eunice Murray, son psychanalyste Ralph Greenson et le Dr Engelberg. Les journalistes ne purent approcher, mais les photographes prirent néanmoins des photos de la maison, avec les deux chiens en peluche sur la pelouse.

Ci-contre : la chambre où fut trouvé le corps de Marilyn. Elle n'avait pas eu le temps de vraiment s'installer dans cette maison, et bon nombre des meubles et objets achetés à Mexico n'avaient pas encore été livrés. On pouvait voir des piles de sacs entassés dans les coins, comme s'il n'y avait pas de placards. La maison était de style colonial espagnol, au plan en forme de L, avec une petite maison d'amis. Les murs étaient pour la plupart peints en blanc, comme dans beaucoup d'autres lieux où Marilyn avait vécu.

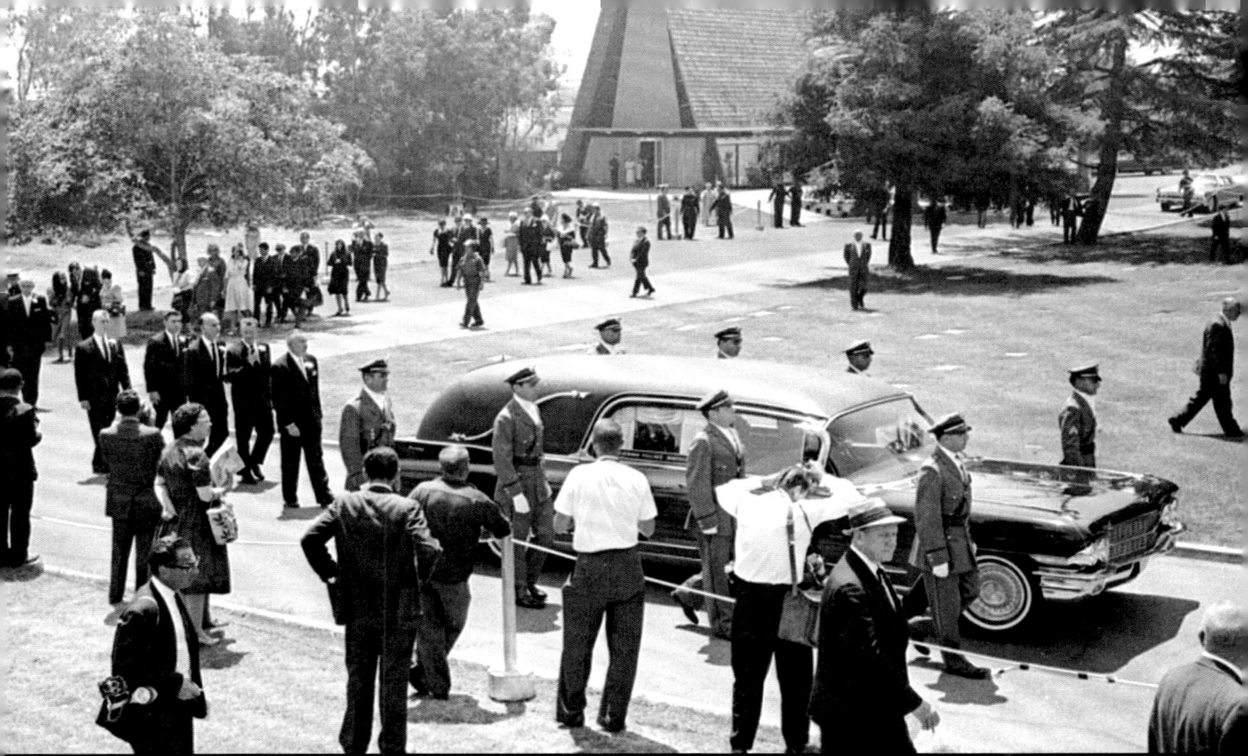

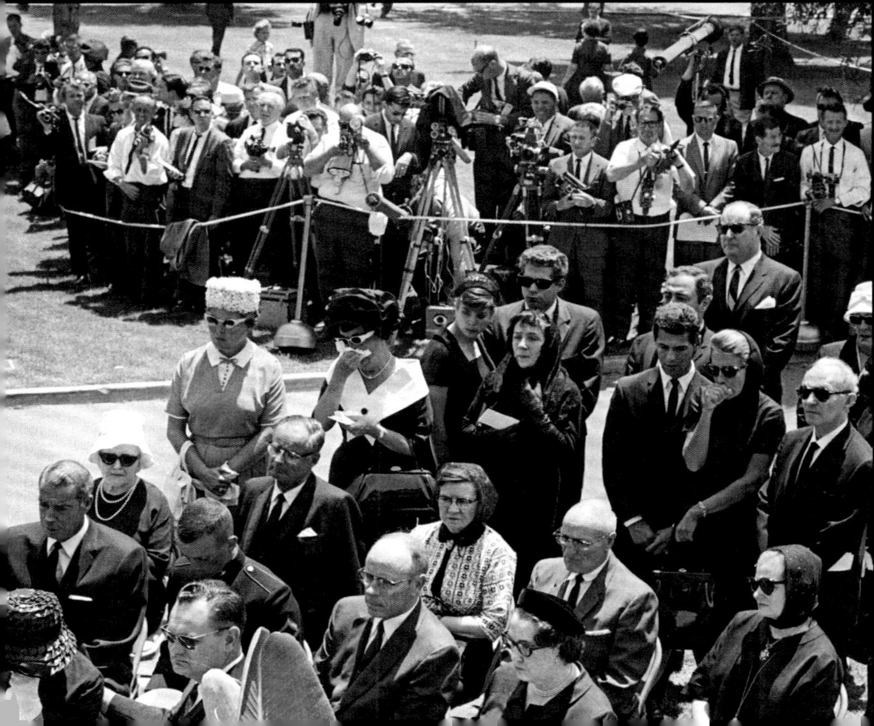

Des funérailles discrètes

Ci-dessus et ci-contre : les funérailles, organisées par le fidèle Joe DiMaggio, se déroulèrent à la Westwood Funeral Chapel. Durant le service funéraire, le corps de Marilyn, vêtu de vert, fut exposé dans un cercueil ouvert. Whitey Snyder l'avait maquillée pour la dernière fois et s'était donné du courage par de larges rasades de gin. Joe avait refusé à ses vieux amis d'Hollywood d'assister à la cérémonie. Il n'y eut que 35 invités, y compris les Strasberg, les Greenson et quelques employés de Marilyn. Arthur Miller préféra s'abstenir.

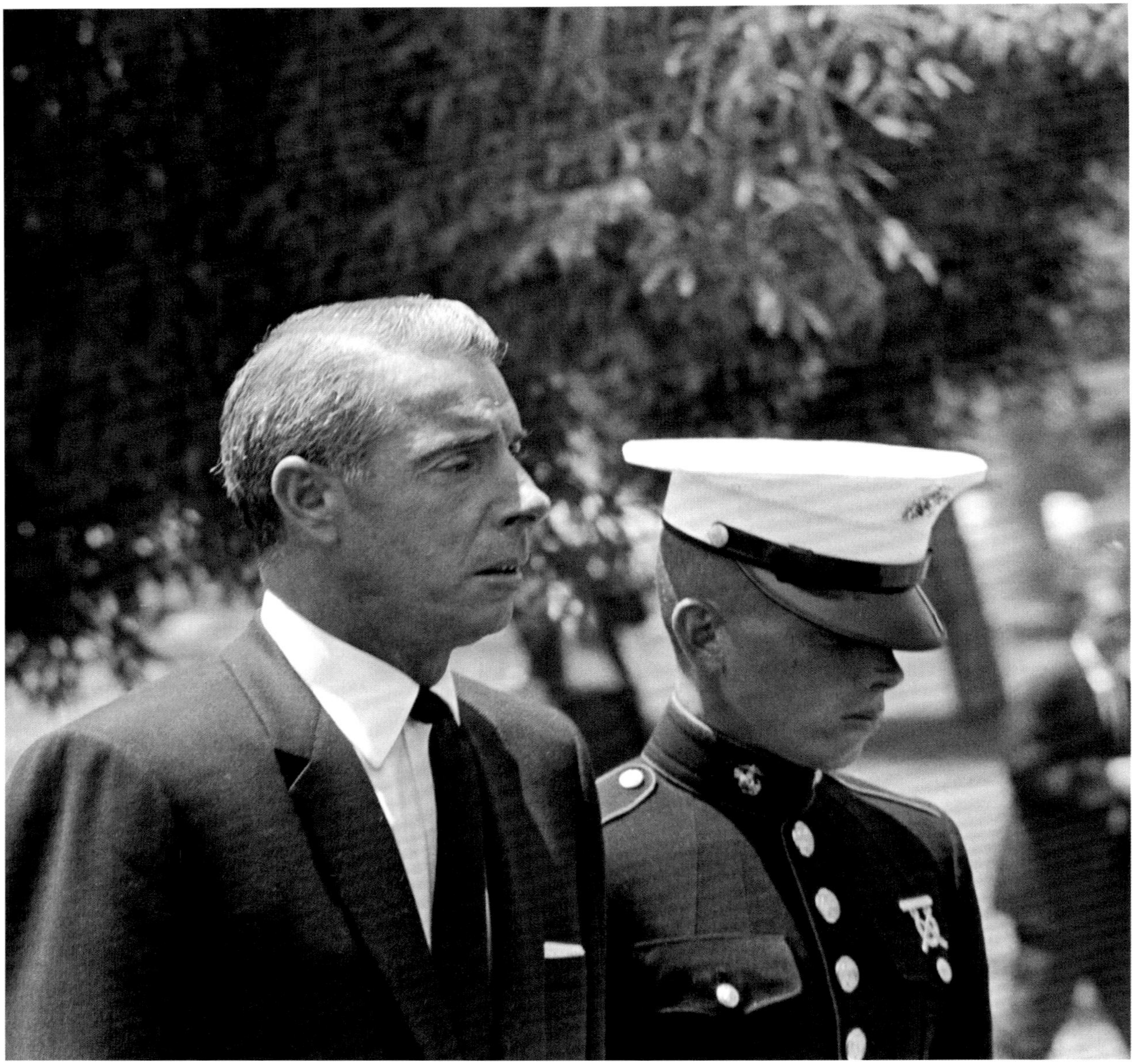

Accablé de douleur

Ci-dessus : Joe DiMaggio et son fils Joe DiMaggio Jr., en uniforme de la marine américaine, se tiennent côte à côte à l'enterrement de Marilyn. Joe Jr. fut la dernière personne à parler à Marilyn au téléphone. Une récente biographie de DiMaggio prétend que la date du 8 août 1962, jour de l'enterrement de Marilyn, devait être celle de leur remariage. Le rapport d'autopsie conclut que Marilyn est morte par absorption d'une dose massive de barbituriques. Le corps ne présentait aucune trace de violence, mais l'analyse de sang révéla la présence de 8 mg d'hydrates de chlorure et de 4,5 g de Nembutal, ce qui semblait, a priori, incompatible avec un suicide.

Page ci-contre, en haut : le cercueil sort de Westwood Park Chapel et passe devant une haie de gardes.

Page ci-contre, en bas : à l'enterrement, le psychanalyste de Marilyn, Ralph Greenson, avec sa femme et ses enfants.

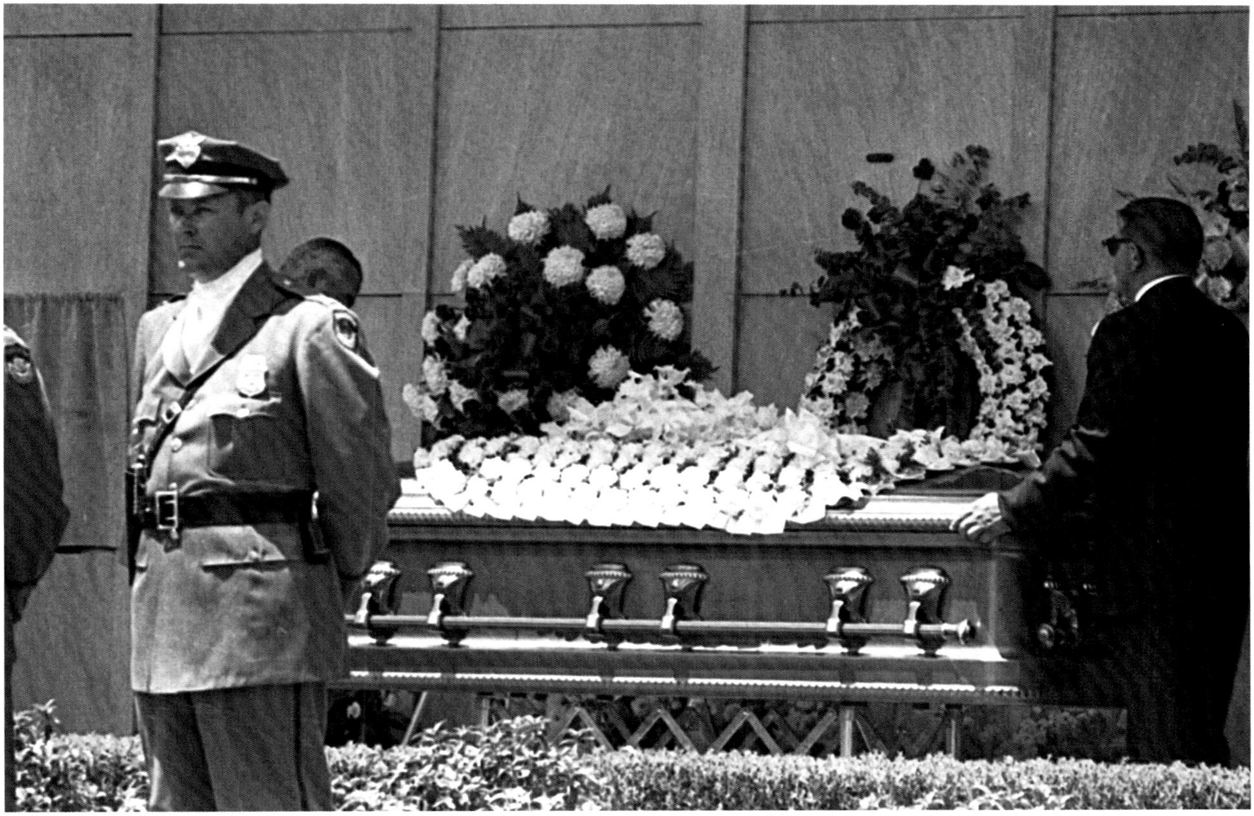

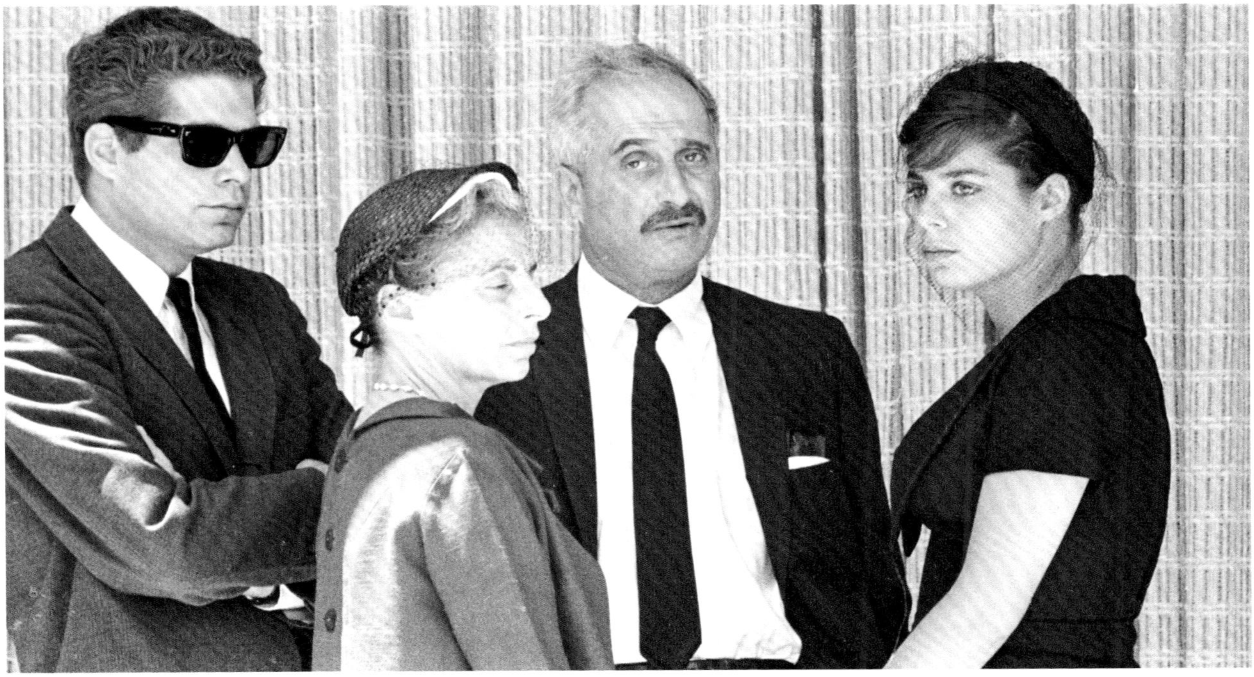

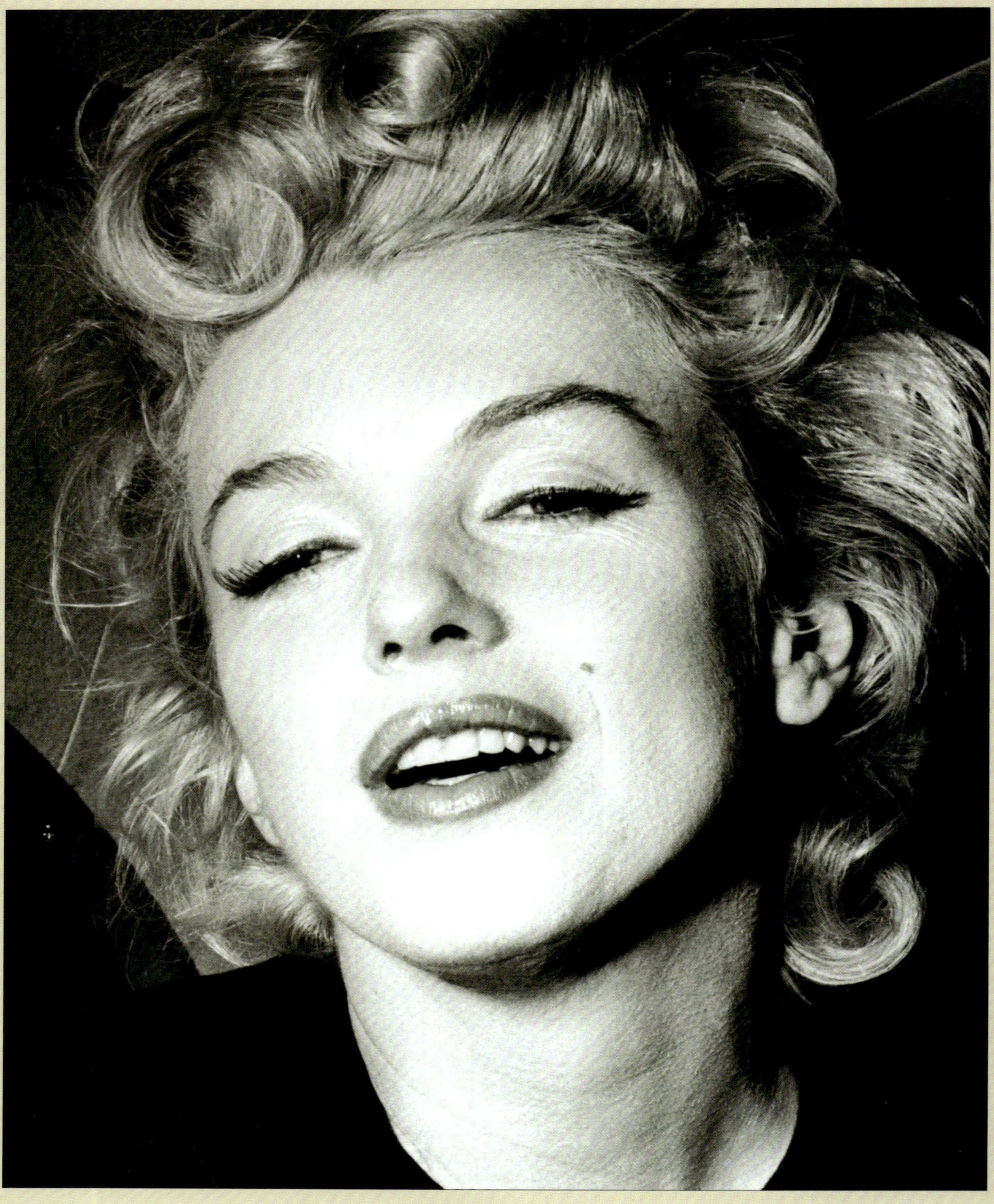

Chronologie

1926

1er juin Naissance de Norma Jeane Mortensen à Los Angeles, Californie.

13 juin Le nouveau-né est confié à des voisins, la famille Bolender, à la reprise du travail de sa mère.

Décembre L'enfant est baptisée Norma Jeane, ce second prénom étant écrit avec ou sans « e » final dans son enfance.

1927

Juillet L'enfant Norma est presque étouffée par sa grand-mère Della Monroe, admise ensuite au Metropolitan State Hospital de Norwal (Los Angeles).

23 août Della meurt d'une crise cardiaque.

1933

Juin Norma Jeane quitte les Bolender pour vivre avec sa mère, Gladys, à Hollywood.

Août Gladys obtient un prêt et achète une maison à Arbol Street, qu'elle partage avec un couple d'Anglais.

Octobre Gladys apprend que son grand-père, Tilford Hogan, s'est suicidé.

1934

Janvier Gladys, en dépression nerveuse, par en maison de repos à Santa Monica.

1935

Janvier Gladys est transférée au Metropolitan State Hospital de Norwalk (Los Angeles). Diagnostic : paranoïa, schizophrénie.

Avril La maison de Gladys, impayée, est récupérée par la banque.

1er juin Grace McKee est chargée de la liquidation de la maison de son amie Gladys.

13 septembre Norma Jeane est placée dans un orphelinat de Los Angeles.

1936

26 février Une décision officielle confie la garde légale de Norma Jeane à Grace.

1937

Printemps Grace obtient la garde légale de Norma Jeane.

26 juin Norma Jeane quitte l'orphelinat et s'installe chez Grace et son nouveau mari.

Novembre Norma Jeane va vivre à Compton (Los Angeles), chez Ida Martin, une lointaine parente.

1938

Août Norma Jeane va vivre avec Anna Lower, la tante de Grace.

1941

Décembre Norma Jeane fréquente Jim Dougherty.

1942

19 juin Norma Jeane épouse Jim Dougherty et les jeunes mariés s'installent dans un appartement.

1943

Printemps Jim et Norma Jeane retournent chez les parents de Jim.

Automne Le couple se réinstalle dans un appartement.
Jim Dougherty est incorporé dans la marine marchande. Il est envoyé comme instructeur à la base de Santa Catalina.

1944

Printemps Jim est muté sur un navire de guerre dans le Pacifique Sud.

Avril Marilyn s'installe chez sa belle-mère et travaille à la Radio Plane Munitions Factory, à Burbank.

1945

26 juin À la Radio Plane, Marilyn est photographiée par David Connover pour le magazine Yank.

2 août Marilyn est acceptée à la Blue Book Agency.

1946

26 avril Première apparition de Norma Jeane en couverture du magazine national *Family Circle*.

Juin Norma Jeane se fait teindre en blonde.

Juillet Harry Lipton, de la National Concert Artists Corporation, devient l'agent de Norma Jeane.

16 juillet Norma Jeane donne sa première interview à Ben Lyon, à la Twentieth Century Fox.

19 juillet Le premier bout d'essai de Norma Jeane pour la Twentieth Century Fox est concluant.

29 juillet Première mention de Norma Jeane (comme Jean Norma) dans un journal d'Hollywood.

26 août La starlette signe son premier contrat avec la Twentieth Century Fox et prend le nom de Marilyn Monroe.

Septembre À Las Vegas pour son divorce, Norma Jeane est hospitalisée au Las Vegas General Hospital pour une infection aiguë de la bouche, après l'extraction de ses dents de sagesse.

13 septembre Norma Jeane obtient le divorce de Jim Dougherty à Las Vegas (Nevada).

1947

Été Premier rôle à texte de Marilyn dans *Dangerous Years*.

26 juillet Le contrat de Marilyn avec la Twenthieth Century Fox n'est pas renouvelé.

25 août Le contrat de Marilyn avec la Twentieth Century Fox est de nouveau signé.

4 décembre Marilyn signe un contrat d'assistance avec Lucille Ryman et John Carroll.

7 décembre Sortie de *Dangerous Years*.

1948

Février Marilyn rencontre Joe Schenck à Hollywood.

20 février Marilyn est couronnée reine de l'artichaut, en Californie.

14 avril Sortie de *Scudda Hoo, Scudda Hay*.

9 mars Marilyn signe un contrat de six mois avec la Columbia.

Le professeur de chant Fred Karger travaille avec Marilyn sur ses chansons dans *Les Reines du music-hall*. Elle l'aime sans retour.

Avril Marilyn rencontre Natasha Lytess, son professeur d'art dramatique à la Columbia, qui sera son coach personnel pendant plusieurs années.

Tournage des *Reines du music-hall*.

9 septembre Le contrat de Marilyn avec la Columbia n'est pas renouvelé.

22 octobre Sortie des *Reines du music-hall*.

31 décembre Marilyn rencontre l'agent Johnny Hyde, de l'agence William Morris, à la fête du Nouvel An donnée par Sam Spiegel.

1949

Février Marilyn tourne dans *La Pêche au trésor (Love Happy)*. La chroniqueuse Louella Parson parle d'elle.

27 mai Marilyn pose nue pour le célèbre calendrier du photographe Tom Keller, publié de façon anonyme.

24 juillet Première interview de Marilyn par Earl Wilson.

15 août Début du tournage du *Petit Train du Far-West*.

Johnny Hyde devient l'agent de Marilyn.

Marilyn tourne dans *Right Cross* (non mentionnée).

Octobre La MGM fait signer un contrat à Marilyn pour un rôle dans *Quand la ville dort*.

10 octobre Le magazine *Life* publie des photos de Marilyn dans un reportage sur les actrices débutantes.

1950

5 janvier Marilyn commence le tournage de *The Fireball*.

8 avril Sortie du film *La Pêche au trésor*.

27 mars Marilyn obtient un petit rôle dans *Ève*.

19 mai Sortie du *Petit train du Far-West*.

23 mai Première mondiale de *Quand la ville dort* au Grauman's Egyptian Theater.

14 octobre Sortie de *Ève*.

9 novembre Release of *The Fireball*

15 novembre Sortie de *Right Cross*.

10 décembre Marilyn signe un contrat avec la Twentieth Century Fox.

18 décembre Johnny Hyde meurt d'un infarctus.

Décembre Intervention de chirurgie esthétique pour rectifier une légère bosse sur le nez.

Décembre Marilyn tourne pour la Fox dans *Rendez-moi ma femme*.

Décembre Première rencontre de Marilyn et d'Arthur Miller sur le plateau de *Rendez-moi ma femme*, à la Twentieth Century Fox.

1951

Mars Marilyn attire l'attention de Spyros Skouras, président de la Fox ; son contrat est renouvelé.

29 mars Marilyn présentatrice à la cérémonie de remise des oscars.

18 avril Début du tournage de *Nid d'amour*, pour la Fox.

11 mai Les six mois de contrat avec la Fox sont convertis en contrat de sept ans.

Sortie *Hometown Story*.

Petit rôle dans *Chéri, divorçons*.

2 août Sortie de *Rendez-moi ma femme*.

21 août La Fox prête Marilyn à la RKO pour *Le démon s'éveille la nuit*.

8 septembre Le premier article sur Marilyn paraît dans le magazine *Colliers*.

Automne Marilyn essaie de contacter son père présumé, C. Stanley Gifford, qui refuse de la rencontrer.

Marilyn étudie l'art dramatique avec Michael Chekov.
Tournage du *Démon s'éveille la nuit*.

Tournage de *Troublez-moi ce soir*.

10 octobre Sortie de *Nid d'amour*.

23 octobre Première apparition de Marilyn en couverture du magazine *Look*.

6 novembre Sortie de *Chéri, divorçons*.

15 novembre Le magazine *Quick* publie un reportage sur Marilyn, sous le titre « La nouvelle Jean Harlow ».

Décembre Le magazine *Focus* publie un article sur Marilyn, la comparant avantageusement à Lana Turner, Betty Grable et Rita Hayworth.

1952

26 février Marilyn commence le tournage de *Chérie, je me sens rajeunir*.

13 mars La presse découvre Marilyn nue sur le calendrier. Elle admet avoir posé par besoin d'argent.

15 mars Première rencontre entre Marilyn et Joe DiMaggio.

7 avril Marilyn en couverture du magazine *Life*.

28 avril Marilyn est opérée de l'appendicite à l'hôpital Cedars of Lebanon.

3 mai Le studio de publicité avait présenté Marilyn comme une orpheline. Mais la découverte de sa mère fait l'objet d'un rectificatif dans la presse.

1er juin Marilyn obtient le rôle de Lorelei dans *Les hommes préfèrent les blondes*.

Juin Début du tournage de *Niagara*.

18 juin Sortie du *Démon s'éveille la nuit*.

12 juillet Sortie de *Cinq mariages à l'essai*.

18 juillet Sortie de *Troublez-moi ce soir*.

Août Première à New York de *Troublez-moi ce soir*.

31 Août Marilyn passe pour la première fois à la radio et lit le rôle principal d'une pièce.

1er septembre Marilyn pose pour l'armée des États-Unis, pour des photos servant au recrutement. Ces photos ne seront pas utilisées, le photographe ayant travaillé depuis un balcon, révélant trop profondément le décolleté de son modèle.

2 septembre Marilyn mène la parade pour l'élection de Miss America.

5 septembre Générale de *Chérie, je me sens rajeunir*.

16 octobre Sortie de *La Sarabande des pantins*.

26 octobre Marilyn vedette de l'émission radiophonique d'Edgar Bergen et de son pantin ventriloque.

17 novembre Tournage des *Hommes préfèrent les blondes*.

22 novembre Un article intitulé « La vérité sur moi » paraît dans *The American Weekly*, sous la signature de Marilyn.

1953

Janvier La célèbre photo de Marilyn nue est republiée sous l'intitulé « Miss Golden Dreams » (« miss rêves d'or ») à la page de janvier d'un nouveau calendrier.

21 janvier Sortie de *Niagara*.

9 février Gladys Baker est transférée au Rockhaven Sanatorium, aux frais de Marilyn.

6 mars Fin du tournage des *Hommes préfèrent les blondes*.

9 mars La photo de Marilyn, primée par le magazine Photoplay, dans la robe moulante en lamé or des *Hommes préfèrent les blondes*, fait scandale.

Mars Parution dans *Photoplay* d'un article de Jim Dougherty, intitulé « Marilyn Monroe, ma femme ».

Avril Tournage de *Comment épouser un millionnaire*.

Mai Marilyn paraît en couverture du magazine *Cosmopolitan*.

26 juin Marilyn et Jane Russell impriment leurs mains dans le ciment, devant le Grauman's Chinese Theater.

15 juillet Sortie des *Hommes préfèrent les blondes*.

Août Tournage de *Rivière sans retour* au Canada.

20 août Lors du tournage, Marilyn glisse et se blesse à la jambe.

Août Première officielle des *Hommes préfèrent les blondes* au Grauman's Chinese Theater.

13 septembre Première apparition de Marilyn à la télévision, dans le Jack Benny Show.

Octobre Marilyn signe un contrat de disques avec la RCA.

10 octobre Marilyn accompagne DiMaggio dans sa famille à San Francisco.

4 novembre Première de *Comment épouser un millionnaire* à Los Angeles.

Décembre La célèbre photo de Marilyn nue paraît dans le premier numéro du magazine *Playboy*, comme la Playmate du mois, ainsi qu'une photo de Marilyn vêtue, à l'intérieur.

15 décembre Marilyn absente à la première répétition de *La Diablesse en collants roses*.

1954

4 janvier La Fox suspend Marilyn pour absentéisme.

14 janvier Marilyn épouse le joueur de base-ball Joe DiMaggio, à la mairie de San Francisco.

2 février Le couple arrive à Tokyo pour sa lune de miel.

16 février Marilyn rend visite aux troupes de Corée.

5 mars Marilyn rentre à Los Angeles.

14 mars Marilyn désignée meilleure actrice 1953 par le magazine *Photoplay*.

31 mars Charles Feldman, de la Famous Artists Agency, devient officiellement l'agent de Marilyn.

14 avril Marilyn revient aux studios, après l'annulation de sa suspension.

30 avril Sortie de *Rivière sans retour*.

28 mai Début de tournage de *La Joyeuse Parade*.

7 juillet Marilyn reçoit d'un représentant de l'armée un trophée et une plaque pour son action en faveur du moral des troupes.

10 août Début de tournage de *Sept Ans de réflexion*.

9 septembre Marilyn arrive à New York pour le tournage de *Sept Ans de réflexion*.

10 septembre Milton Greene photographie Marilyn en danseuse.

16 septembre Tournage de la scène de la jupe dans *Sept Ans de réflexion*.

5 octobre Séparation officielle de Marilyn et de DiMaggio.

27 octobre Introduction de l'instance en divorce, officialisé l'année suivante.

4 novembre Fin du tournage de *Sept Ans de réflexion*.

5 novembre Joe DiMaggio et Frank Sinatra pensent surprendre Marilyn avec son professeur de chant, mais défoncent la porte du voisin.

6 novembre Marilyn invitée à une réception au Romanoff.

7 novembre Marilyn entre à l'hôpital Cedars of Lebanon pour soigner une endométriose.

Décembre Marilyn quitte Hollywood pour New York.

16 décembre Sortie de *La Joyeuse Parade*.

31 décembre Création de Marilyn Monroe Productions.

1955

7 janvier Milton Greene et Marilyn tiennent une conférence de presse pour annoncer la création de Marilyn Monroe Productions.

10 janvier Bref retour de Marilyn à Hollywood pour tourner une scène rajoutée à *Sept Ans de réflexion*.

15 janvier La Fox suspend de nouveau Marilyn.

Février Marilyn commence à travailler avec Lee Strasberg, fondateur de l'Actors Studio, à New York.

9 mars À la première de *À l'Est d'Éden*, projeté au profit de l'Actors Studio, Marilyn est l'ouvreuse.

30 mars À la première du Ringling Brothers Barnum & Bailey Circus, au bénéfice d'une fondation newyorkaise contre l'arthrite et les rhumatismes, Marilyn entre en scène juchée sur un éléphant rose.

8 avril Edward R. Murrow interviewe Marilyn dans l'émission Person to Person.

Été Brève idylle entre Marilyn et Marlon Brando. Ils demeureront toujours amis.

1er juin Première mondiale de *Sept Ans de réflexion*.

26 juillet Rupture du contrat d'agence avec Famous Artists. Marilyn signe avec MCA.

29 septembre Marilyn assiste à la première de la pièce d'Arthur Miller, *Vu du pont*, au New York's Coronet Theater.

31 octobre Divorce officiel de Marilyn et de DiMaggio.

31 décembre Marilyn signe avec la Fox un contrat de sept ans pour quatre films.

1956

4 javier La Twenthieth Century Fox annonce qu'un accord est intervenu avec Marilyn et qu'elle va revenir à Hollywood.

9 février Lors d'une conférence de presse à New York, Laurence Olivier annonce une production commune, *Le Prince et la Danseuse*.

17 février Marilyn joue à l'Actors Studio, à New York.

23 février Norma Jeane change légalement son nom en Marilyn Monroe.

25 février Marilyn rentre à Hollywood après un an d'exil à New York.

3 mars Début du tournage d'*Arrêt d'autobus*.

12 avril Souffrant de bronchite, Marilyn passe quatre jours au St-Vincent Hospital de Los Angeles.

14 mars *Time Magazine* présente Marilyn en couverture, pour la seule fois.

11 juin Arthur Miller divorce.

29 juin Cérémonie civile du mariage de Marilyn et d'Arthur Miller.

1er juillet Cérémonie religieuse du mariage de Marilyn et Miller.

14 juillet Le couple Miller prend l'avion pour Londres.

7 août Début du tournage du *Prince et la Danseuse* en Angleterre.

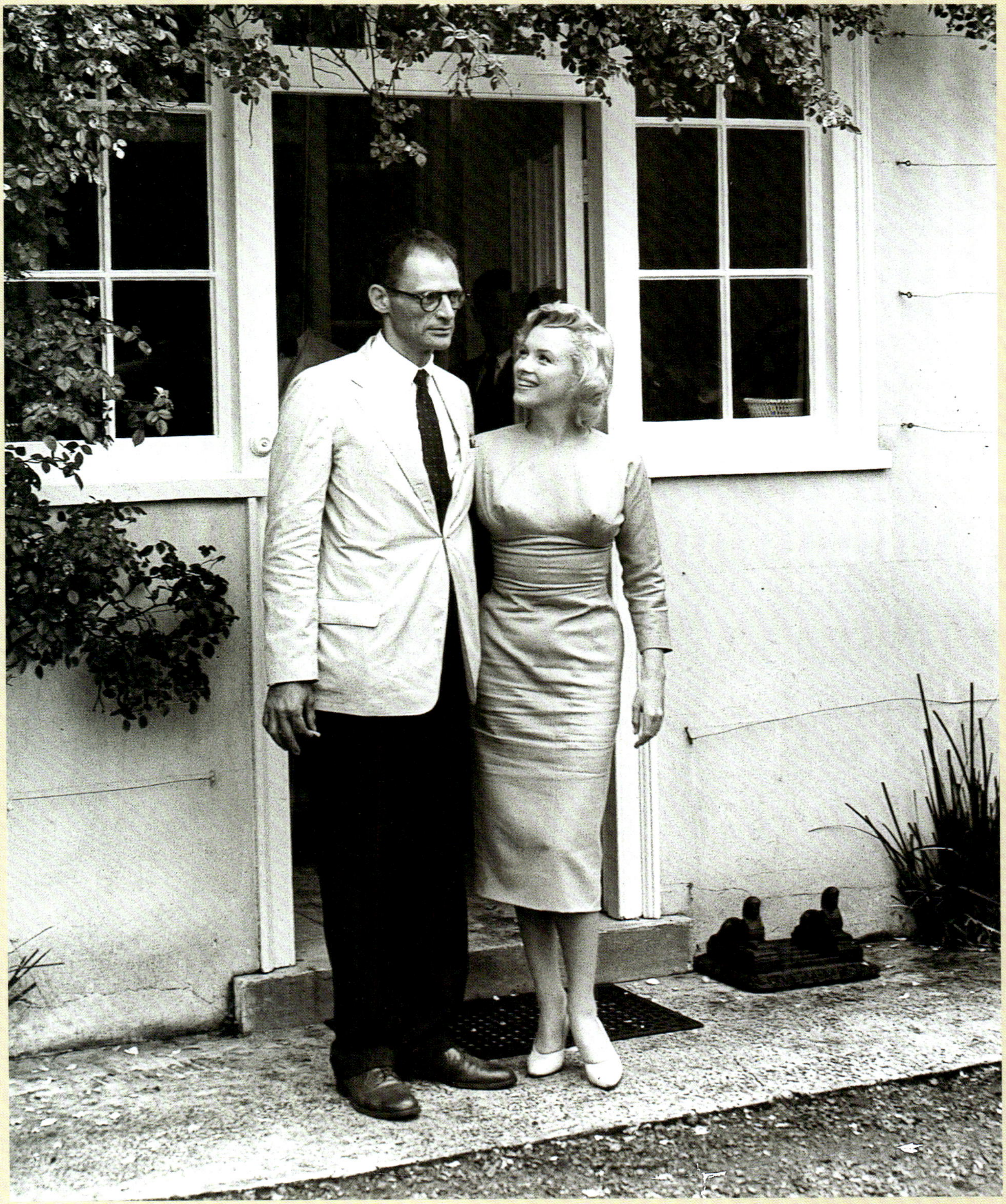

31 août Sortie d'*Arrêt d'autobus*.

Septembre Marilyn est enceinte, mais perd son bébé au bout de quelques semaines.

29 octobre Marilyn est présentée à la reine Élisabeth II au cours de la cérémonie lors de la projection de *La Bataille de River Plate*, à Londres.

17 novembre Fin du tournage du *Prince et la Danseuse*.

20 novembre Les Miller rentrent aux États-Unis.

18 décembre Marilyn participe à une émission de radio, retransmise depuis le Waldorf Astoria.

1957

18 février Miller est placé sous le coup de deux chefs d'accusation par la Commission des activités antiaméricaines.

27 février Frank Sinatra entendu pour l'affaire du « raid de la mauvaise porte », effectué avec Joe DiMaggio en 1954.

1er mars À la première audience, Miller plaide coupable.

11 avril Greene se voir reprocher de mal s'occuper de Marilyn Monroe Productions.

14 mai Après avoir été cité à comparaître à Washington, Miller est mis en accusation par le Congrès ; Marilyn l'accompagne, mais se tient en retrait.

13 juin Première du film *Le Prince et la Danseuse*.

1er août Marilyn admise d'urgence au Doctors Hospital de New York, pour une grossesse extra-utérine.

10 août Marilyn quitte l'hôpital, sous la pression des journalistes.

1958

28 janvier Marilyn assiste au défilé de mode annuel du March of Dimes, au Waldorf-Astoria de New York.

4 avril Marilyn signe le contrat pour le film *Certains l'aiment chaud*.

7 juillet Marilyn rentre à Hollywood pour se préparer à tourner.

4 août Début de tournage de *Certains l'aiment chaud*.

Octobre Marilyn de nouveau enceinte.

6 novembre Fin de tournage de *Certains l'aiment chaud*.

16 décembre Marilyn perd son bébé. Elle entre au Polyclinic Hospital de New York.

1959

29 mars Première de *Certains l'aiment chaud* au Loew's Capitol Theater de Broadway.

Juin Marilyn reçoit le prix du cinéma italien David di Donatello, pour son interprétation dans *Le Prince et la Danseuse*.

23 juin Marilyn subit une intervention chirurgicale au Lennox Hill Hospital pour remédier à son endométriose.

18 septembre Nikita Khrouchtchev rencontre Marilyn au repas offert en son honneur aux studios de la Twentieth Century Fox, à Hollywood.

14 octobre Marilyn ne se présente pas à New York aux répétitions de son nouveau film *Le Milliardaire*.

9 novembre Marilyn commence à travailler sur *Le Milliardaire*.

1960

25 janvier Marilyn finit de tourner la première partie des numéros musicaux du *Milliardaire*.

8 mars Marilyn reçoit le prix du Golden Globe comme meilleure actrice pour *Certains l'aiment chaud*.

Yves Montand et Marilyn ont une brève liaison sur le tournage du *Milliardaire*.

Juin Marilyn consulte quotidiennement Ralph Greenson, son psychanalyste.

18 juillet Début de tournage des *Désaxés*.

27 août Marilyn, épuisée, est admise à l'hopital Westside de Los Angeles.

5 septembre Marilyn retourne au Nevada pour finir le tournage des *Désaxés*.

8 septembre Sortie du *Milliardaire*.

4 novembre Fin de tournage des *Désaxés*.

Novembre Yves Montand rencontre brièvement Marilyn à New York avant de rejoindre sa femme en France.

11 novembre Séparation officielle de Marilyn et d'Arthur Miller.

16 novembre Clark Gable décède d'une crise cardiaque.

1961

20 janvier Le divorce entre Marilyn et Arthur Miller est officiellement prononcé à Juarez, Mexique.

31 janvier Première des Désaxés.

7 février Marilyn entre à la Payne-Whitney Clinic de New York sous le nom de Faye Miller.

11 février Trois jours plus tard, Joe DiMaggio fait transférer Marilyn au Neurological Institute du Columbia-Presbyterian Hospital.

5 mars Marilyn quitte l'hôpital.

Mars Margaret Parton interviewe Marilyn pour le *Ladies Home Journal*, mais l'article n'est pas publié, car l'éditeur le juge trop complaisant pour l'actrice.

Mai Marilyn entre de nouveau à l'hôpital Cedars of Lebanon pour une opération sans gravité.

Été Frank Sinatra et Marilyn ont une brève liaison.

28 juin Marilyn entre au Polyclinic Hospital de New York pour subir l'ablation de la vésicule biliaire.

11 juillet Marilyn quitte l'hôpital.

8 août Marilyn quitte définitivement New York pour Hollywood.

Octobre Robert Kennedy et Marilyn, qui se sont rencontrés chez Peter Lawford, entament une liaison.

19 novembre Marilyn dîne chez Peter Lawford, avec le président John Kennedy.

1962

Février Marilyn achète une maison à Brentwood (Californie).

21 février Marilyn se rend au Mexique en compagnie de sa gouvernante, afin d'acheter des meubles et des objets pour sa nouvelle maison.

2 mars Marilyn revient du Mexique.

5 mars À la remise des prix du Golden Globe Awards, Marilyn reçoit une statuette la récompensant comme meilleure actrice mondiale.

10 avril Marilyn se rend aux essais de costumes et de maquillage pour le film *Something's Got to Give*.

23 avril Début de tournage de *Something's Got to Give*.

19 mai Marilyn chante « Joyeux anniversaire » au président John Kennedy au Madison Square Garden.

28 mai Pendant le tournage, Marilyn est photographiée nue dans une piscine.

1er juin Dernière apparition de Marilyn en public.

8 juin Marilyn est renvoyée de *Something's Got to Give* pour absentéisme.

23 juin Premières photos pour *Vogue*.

28 juin Négociations avec la Fox pour sa réintégration dans *Something's Got to Give*.

29 juin Séance de photos de trois jours pour le magazine *Cosmopolitan*.

4 juillet Richard Meryman commence une longue interview de Marilyn, qui sera la dernière.

12 juillet Marilyn rencontre les dirigeants de la Fox.

20 juillet Marilyn entre à l'hôpital Cedars of Lebanon pour soigner son endométriose.

28 juillet Marilyn passe le week-end à Cal-Neva Lodge.

1er août Marilyn se voit offrir un contrat prévoyant un salaire double et la réintégrant dans *Something's Got to Give*.

3 août Marilyn paraît en couverture du magazine *Life*, pour la dernière fois.

4 août Le Dr Greenson passe six heures avec Marilyn.

5 août Marilyn est trouvée morte à son domicile de Brentwood.

8 août Funérailles de Marilyn au Westwood Memorial Park de Los Angeles (Californie).

1995

1er juin Un timbre de Marilyn est émis dans la série « Personnages de légende des États-Unis ».

Octobre Marilyn est désignée actrice la plus sexy de tous les temps par le magazine anglais *Empire*.

1997

Octobre Marilyn occupe le huitième rang dans le classement des cent plus grands acteurs de tous les temps par le magazine *Empire*.

1998

Décembre Marilyn est désignée par le magazine *Playboy* actrice la plus sexy du XXe siècle.

1999

Octobre La robe que portait Marilyn à la soirée d'anniversaire de Kennedy est vendue 1 million de dollars aux enchères chez Christie's.

Décembre Le magazine *Playboy* désigne Marilyn comme la star sexy absolue du XXe siècle.

Bibliographie

ARNOLD Eve, *Marilyn Monroe*, Paris, La Martinière, 2005.

FREEMAN Lucy et MALLET Guy, *Pourquoi Norma Jean a tué Marilyn Monroe*, Éditions Zélie, 1993.

SHAW Sam et ROSTEN Norman, *Marilyn et ses amis*, Paris, Ramsay, 1988.

SCHNEIDER Michel, *Marilyn, dernières séances*, Paris, Grasset, 2006.

SPOTO Donald, *Marilyn Monroe : la biographie*, Paris, Presses de la Cité, 1993.

VICTOR Adam, *Marilyn Monroe* Cologne, Könemann, 2000.

WOLFE Donald H., *Marilyn Monroe, Enquête sur un assassinat*, Paris, Albin Michel, 1998.

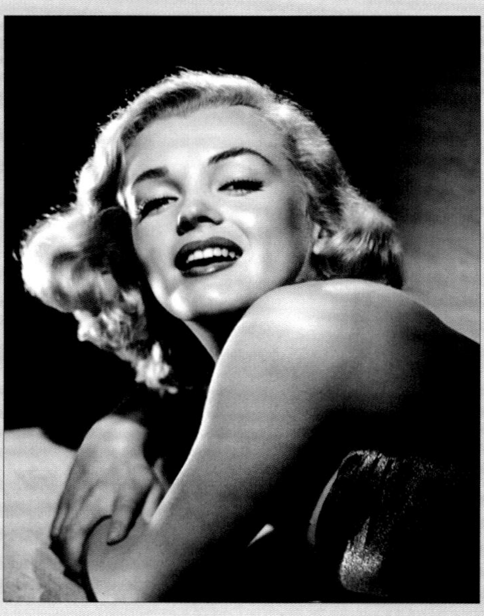

REMERCIEMENTS

Toutes les photographies illustrant cet ouvrage sont reproduites grâce à l'aimable autorisation de Getty Images et Associated Newspapers Archive. Merci à tous les photographes ayant contribué à cet ouvrage ainsi qu'aux compagnies cinématographiques qui nous ont donné accès à leurs archives. En particulier :

Columbia *Ladies of the Chorus* ; MGM *The Asphalt Jungle* ; 20th Century Fox *Ticket to Tomahawk, All About Eve, We're Not Married, Monkey Business, Gentlemen Prefer Blondes, How to Marry a Millionaire, There's No Business Like Show Business, Something's Got to Give* ; Wald/Krasna Productions *Clash by Night* ; Charles K. Feldman Group *The Seven Year Itch* ; Marilyn Monroe Productions *Bus Stop* ; Ashton Productions *Some Like It Hot* ; Warner Brothers *The Prince and the Showgirl* ; Company of Artists *Let's Make Love* ; Seven Artists Productions *The Misfits*

Toutes les photographies sont reproduites grâce à l'aimable autorisation de Getty Images à l'exception de celles figurant sur les pages 116, 146, 147, 148, 149 (en haut), 150 (en bas, à gauche et à droite), 151, 152-153, 154 (en bas), 155, 156, 157, 158, 159, 160-161, 162, 163, 164, 165, 253, qui sont la propriété de Associated Newspapers Archive.

L'éditeur s'est efforcé de ne pas commettre d'erreur dans l'attribution des copyrights. Dans le cas contraire, merci de bien vouloir contacter l'éditeur.